PAULO DE TARSO
O MAIOR BANDEIRANTE DO EVANGELHO

Huberto Rohden

TEXTO INTEGRAL

Série Ouro

COLEÇÃO A OBRA-PRIMA DE CADA AUTOR

PAULO DE TARSO
O MAIOR BANDEIRANTE DO EVANGELHO

Huberto Rohden

TEXTO INTEGRAL

MARTIN CLARET

CRÉDITOS

© *Copyright* desta edição: Editora Martin Claret Ltda., 2007

**IDEALIZAÇÃO E
COORDENAÇÃO**
Martin Claret

CAPA

Ilustração
Marcellin Talbot

Direção de Arte
José Duarte T. de Castro

Editoração Eletrônica
Editora Martin Claret

MIOLO

Revisão
Marinice Argenta
Denísia Moraes

Papel
Off-Set, 70g/m²

Projeto Gráfico
José Duarte T. de Castro

Impressão e Acabamento
PSI7

Editora Martin Claret Ltda. - Rua Alegrete, 62 - Bairro Sumaré
CEP: 01254-010 - São Paulo - SP
Tel.: (11) 3672-8144 - Fax: (11) 3673-7146

www.martinclaret.com.br / editorial@martinclaret.com.br

Agradecemos a todos os nossos amigos e colaboradores — pessoas físicas e jurídicas — que deram as condições para que fosse possível a publicação deste livro.

1ª REIMPRESSÃO – 2011

PALAVRAS DO EDITOR

A história do livro e a coleção "A Obra-Prima de Cada Autor"

MARTIN CLARET

Que é o livro? Para fins só estatísticos, na década de 1960, a UNESCO considerou o livro "uma publicação impressa, não periódica, que consta de no mínimo 56 páginas, sem contar as capas".

O livro é um produto industrial.

Mas também é mais do que um simples produto. O primeiro conceito que deveríamos reter é o de que o livro como objeto é o veículo, o suporte de uma informação. O livro é uma das mais revolucionárias invenções do homem.

A *Enciclopédia Abril* (1972), publicada pelo editor e empresário Victor Civita, no verbete "livro" traz concisas e importantes informações sobre a história do livro. A seguir, transcrevemos alguns tópicos desse estudo didático sobre o livro.

O livro na Antiguidade

Antes mesmo que o homem pensasse em utilizar determinados materiais para escrever (como, por exemplo, fibras vegetais e tecidos), as bibliotecas da Antiguidade estavam repletas de textos gravados em tabuinhas de barro cozido. Eram os primeiros "livros", depois progressivamente modificados até chegar a ser feitos — em grandes tiragens — em papel impresso mecanicamente, proporcionando facilidade de leitura e transporte. Com eles, tornou-se possível, em todas as épocas, transmitir fatos, acontecimentos históricos, descobertas, tratados, códigos ou apenas entretenimento.

Como sua fabricação, a função do livro sofreu enormes modificações dentro das mais diversas sociedades, a ponto de constituir uma mercadoria especial, com técnica, intenção e utilização determinadas. No moderno movimento editorial das chamadas sociedades de consumo, o livro pode ser considerado uma mercadoria cultural, com maior ou menor significado no contexto socioeconômico em que é publicado. Como mercadoria, pode ser comprado, vendido ou trocado. Isso não ocorre, porém, com sua função intrínseca, insubstituível: pode-se dizer que o livro é essencialmente um instrumento cultural de difusão de idéias, transmissão de conceitos, documentação (inclusive fotográfica e iconográfica), entretenimento ou ainda de condensação e acumulação do conhecimento. A palavra escrita venceu o tempo, e o livro conquistou o espaço. Teoricamente, toda a humanidade pode ser atingida por textos que difundem idéias que vão de Sócrates e Horácio a Sartre e McLuhan, de Adolf Hitler a Karl Marx.

Espelho da sociedade

A história do livro confunde-se, em muitos aspectos, com a história da humanidade. Sempre que escolhem frases e temas, e transmitem idéias e conceitos, os escritores estão elegendo o que consideram significativo no momento histórico e cultural que vivem. E assim, fornecem dados para a análise de sua sociedade. O conteúdo de um livro — aceito, discutido ou refutado socialmente — integra a estrutura intelectual dos grupos sociais.

Nos primeiros tempos, o escritor geralmente vivia em contato direto com seu público, que era formado por uns poucos letrados, já cientes das opiniões, idéias, imaginação e teses do autor, pela própria convivência que tinha com ele. Muitas vezes, mesmo antes de ser redigido o texto, as idéias nele contidas já haviam sido intensamente discutidas pelo escritor e parte de seus leitores. Nessa época, como em várias outras, não se pensava no enorme percentual de analfabetos. Até o século XV, o livro servia exclusivamente a uma pequena minoria de sábios e estudiosos que constituíam os círculos intelectuais (confinados aos mosteiros no início da Idade Média) e que tinham acesso às bibliotecas, cheias de manuscritos ricamente ilustrados.

Com o reflorescimento comercial europeu em fins do século XIV, burgueses e comerciantes passaram a integrar o mercado livreiro da época. A erudição laicizou-se, e o número de escritores aumentou, surgindo também as primeiras obras escritas em línguas que não o latim e o grego (reservadas aos textos clássicos e aos assuntos considerados dignos de atenção).

Nos séculos XVI e XVII, surgiram diversas literaturas nacionais, demonstrando, além do florescimento intelectual da época, que a população letrada dos países europeus estava mais capacitada a adquirir obras escritas.

Cultura e comércio

Com o desenvolvimento do sistema de impressão de Gutenberg, a Europa conseguiu dinamizar a fabricação de livros, imprimindo, em cinqüenta anos, cerca de vinte milhões de exemplares para uma população de quase cem milhões de habitantes, a maioria analfabeta. Para a época, isso significou enorme revolução, demonstrando que a imprensa só se tornou uma realidade diante da necessidade social de ler mais.

Impressos em papel, feitos em cadernos costurados e posteriormente encapados, os livros tornaram-se empreendimento cultural e comercial: os editores passaram logo a se preocupar com melhor apresentação e redução de preços. Tudo isso levou à comercialização do livro. E os livreiros baseavam-se no gosto do público para imprimir, sobretudo, obras religiosas, novelas, coleções de anedotas, manuais técnicos e receitas.

O percentual de leitores não cresceu na mesma proporção que a expansão demográfica mundial. Somente com as modificações socioculturais e econômicas do século XIX — quando o livro começou a ser utilizado também como meio de divulgação dessas modificações, e o conhecimento passou a significar uma conquista para o homem, que, segundo se acreditava, poderia ascender socialmente se lesse — houve um relativo aumento no número de leitores, sobretudo na França e na Inglaterra, onde alguns editores passaram a produzir, a preços baixos, obras completas de autores famosos. O livro era então interpretado como símbolo de liberdade, conseguida por conquistas culturais. Entretanto, na maioria dos países, não houve nenhuma grande modificação nos índices percentuais até o fim da Primeira Guerra Mundial (1914/18), quando surgiram as primeiras grandes tiragens de livros, principalmente romances, novelas e textos didáticos. O número elevado de cópias, além de baratear o preço da unidade, difundiu ainda mais a literatura. Mesmo assim, a maior parte da população de muitos países continuou distanciada, em parte porque o livro, em si, tinha sido durante muitos séculos considerado objeto raro, passível de ser adquirido somente por um pequeno número de eruditos. A grande massa da população mostrou maior receptividade aos jornais, periódicos e folhetins, mais dinâmicos e atualizados, além de acessíveis ao poder aquisitivo da grande maioria.

Mas isso não chegou a ameaçar o livro como símbolo cultural de difusão de idéias, como fariam, mais tarde, o rádio, o cinema e a televisão.

O advento das técnicas eletrônicas, o aperfeiçoamento dos métodos fotográficos e a pesquisa de materiais praticamente imperecíveis fazem alguns teóricos da comunicação de massa pensar em um futuro sem os livros tradicionais, com seu formato quadrado ou retangular, composto de folhas de papel, unidas umas às outras por um dos lados.

Seu conteúdo e suas mensagens, racionais ou emocionais, seriam transmitidos por outros meios, como, por exemplo, microfilmes e fitas gravadas.

A televisão transformaria o mundo inteiro em uma grande "aldeia" (como afirmou Marshall McLuhan), no momento em que todas as sociedades decretassem sua prioridade em relação aos textos escritos.

Mas a palavra escrita dificilmente deixaria de ser considerada uma das mais importantes heranças culturais, para todos os povos.

E no decurso de toda a sua evolução, o livro sempre pôde ser visto como objeto cultural (manuseável, com forma entendida e interpretada em função de valores plásticos) e símbolo cultural (dotado de conteúdo, entendido e interpretado em função de valores semânticos). As duas maneiras podem fundir-se no pensamento coletivo, como um conjunto orgânico (em que texto e arte se completam, como, por exemplo, em um livro de arte) ou apenas como um conjunto textual (no qual a mensagem escrita vem em primeiro lugar — em um livro de matemática, por exemplo).

A mensagem (racional, prática ou emocional) de um livro é sempre intelectual e pode ser revivida a cada momento.

O conteúdo, estático em si, dinamiza-se em função da assimilação das palavras pelo leitor, que pode discuti-las, reafirmá-las, negá-las ou transformá-las. Por isso, o livro pode ser considerado um instrumento cultural capaz de liberar informação, sons, imagens, sentimentos e idéias através do tempo e do espaço.

A quantidade e a qualidade das idéias colocadas em um texto podem ser aceitas por uma sociedade, ou por ela negadas, quando entram em choque com conceitos ou normas culturalmente admitidas.

Nas sociedades modernas, em que a classe média tende a considerar o livro como sinal de *status* e cultura (erudição), os compradores utilizam-no como símbolo mesmo, desvirtuando suas funções ao transformá-lo em livro-objeto.

Mas o livro é, antes de tudo, funcional — seu conteúdo é que lhe confere valor (como os livros das ciências, de filosofia, religião, artes, história e geografia, que representam cerca de 75% dos títulos publicados anualmente em todo o mundo).

O mundo lê mais

No século XX, o consumo e a produção de livros aumentaram progressivamente. Lançado logo após a Segunda Guerra Mundial (1939/45), quando uma das características principais da edição de um livro eram as capas entreteladas ou cartonadas, o livro de bolso constituiu um grande êxito comercial. As obras — sobretudo *best-sellers* publicados algum tempo antes em edições de luxo — passaram a ser impressas em rotativas, como as revistas, e distribuídas às bancas de jornal. Como as tiragens elevadas permitiam preços muito baixos, essas edições de bolso popularizaram-se e ganharam importância em todo o mundo.

Até 1950, existiam somente livros de bolso destinados a pessoas de baixo poder aquisitivo; a partir de 1955, desenvolveu-se a categoria do livro de bolso "de luxo". As características principais destes últimos eram a abundância de coleções — em 1964 havia mais de duzentas nos Estados Unidos — e a variedade de títulos, endereçados a um público intelectualmente mais refinado.

A essa diversificação das categorias adiciona-se a dos pontos-de-venda, que passaram a abranger, além das bancas de jornal, farmácias, lojas, livrarias, etc. Assim, nos Estados Unidos, o número de títulos publicados em edições de bolso chegou a 35 mil em 1969, representando quase 35% do total dos títulos editados.

Proposta da coleção
"A Obra-Prima de Cada Autor"

A palavra "coleção" é uma palavra há muito tempo dicionarizada, e define o conjunto ou reunião de objetos da mesma natureza ou que têm qualquer relação entre si. Em um sentido editorial, significa o conjunto não-limitado de obras de autores diversos, publicado por uma mesma editora, sob um título geral indicativo de assunto ou área, para atendimento de segmentos definidos do mercado.

A coleção "A Obra-Prima de Cada Autor" corresponde plenamente à definição acima mencionada. Nosso principal objetivo é oferecer, em formato de bolso, a obra mais importante de cada autor, satisfazendo o leitor que procura qualidade.*

Desde os tempos mais remotos existiram coleções de livros. Em Nínive, em Pérgamo e na Anatólia existiam coleções de obras literárias de grande importância cultural. Mas nenhuma delas superou a célebre biblioteca de Alexandria, incendiada em 48 a.C. pelas legiões de Júlio César, quando estes arrasaram a cidade.

A coleção "A Obra-Prima de Cada Autor" é uma série de livros a ser composta de mais de 400 volumes, em formato de bolso, com preço altamente competitivo, e pode ser encontrada em centenas de pontos-de-venda. O critério de seleção dos títulos foi o já estabelecido pela tradição e pela crítica especializada. Em sua maioria, são obras de ficção e filosofia, embora possa haver textos sobre religião, poesia, política, psicologia e obras de auto-ajuda. Inauguram a coleção quatro textos clássicos: *Dom Casmurro*, de Machado de Assis; *O Príncipe*, de Maquiavel; *Mensagem*, de Fernando Pessoa e *O Lobo do Mar*, de Jack London.

Nossa proposta é fazer uma coleção quantitativamente aberta. A periodicidade é mensal. Editorialmente, sentimo-nos orgulhosos de poder oferecer a coleção "A Obra-Prima de Cada Autor" aos leitores brasileiros. Nós acreditamos na função do livro.

M

---

* Atendendo a sugestões de leitores, livreiros e professores, a partir de certo número da coleção, começamos a publicar, de alguns autores, outras obras além da sua obra-prima.

Advertência do autor

A substituição da tradicional palavra latina *crear* pelo neologismo moderno *criar* é aceitável em nível de cultura primária, porque favorece a alfabetização e dispensa esforço mental — mas não é aceitável em nível de cultura superior, porque deturpa o pensamento.

Crear é a manifestação da Essência em forma de existência — *criar* é a transição de uma existência para outra existência.

O Poder Infinito é o *creador* do Universo — um fazendeiro é um *criador* de gado.

Há entre os homens gênios *creadores*, embora não sejam talvez *criadores*.

A conhecida lei de Lavoisier diz que "na natureza nada se *crea*, nada se aniquila, tudo se transforma", se grafarmos "nada se *crea*", esta lei está certa, mas se escrevermos "nada se *cria*", ela resulta totalmente falsa.

Por isso, preferimos a verdade e clareza do pensamento a quaisquer convenções acadêmicas.

Prefácio do Editor
para a 18ª edição

Na extensa bibliografia do filósofo e educador Huberto Rohden, Paulo de Tarso *ocupa um lugar de destaque.*

Escrito em um dos momentos mais difíceis da vida do autor, é um divisor de águas. É o Rubicão do escritor.

Publicado pela primeira vez em 1939, marcou o rompimento definitivo do autor com algumas alas superotordoxas do clero católico. Neste livro, pela primeira vez Rohden expõe e proclama a Cristo-redenção (redenção pelo Cristo interno) em lugar da alo-redenção (redenção por fatores externos).

Na 6ª edição de Paulo de Tarso, *Rohden escreveu um dramático prefácio, explicando o conflito de ideologias atrasadas e a verdadeira mensagem do Cristo e do apóstolo São Paulo, ou seja: A Cristo-redenção, a redenção pelo Cristo interno e não pelo Cristo histórico que viveu e morreu na Palestina no ano 33 de nossa era.*

Para Rohden, "a mensagem do Cristo e de Paulo antecipa por quase vinte séculos a última conquista da filosofia sapencial dos nossos dias. Os invólucros opacos das epístolas paulinas estão se tornando cada vez mais transparentes, e o seu conteúdo Cristo cósmico se revela cada vez mais nitidamente".

Esta 18ª edição de Paulo de Tarso *é uma comemoração. Comemoramos os 57 anos de publicação de uma obra extraordinária. Mais de 100 mil exemplares já foram entregues aos leitores brasileiros. Acreditamos que, aproximadamente, 500 mil pessoas (5 pessoas por exemplar) leram e se emocionaram com esta biografia do grande bandeirante do cristianismo.*

O livro sai, agora, com nova capa e diagramação totalmente reformulada.

O livro é dividido em três partes, a saber:

1ª) De Tarso a Damasco — Fariseu e Perseguidor.
2ª) De Damasco a Roma — Apóstolo e Organizador.
3ª) De Roma a Óstia — Prisioneiro e Mártir.

Esta divisão, além de ser um auxílio didático para o leitor, oferece, de início, uma visão panorâmica da vida do biografado.

Existem outras biografias de Paulo de Tarso em língua portuguesa. A mais célebre é a do filósofo e historiador francês Ernest Renan, publicada pela primeira vez em Paris, em 1869*. Há, também, uma biografia psicografada, muito lida pelos brasileiros.

A biografia escrita por Rohden destaca-se das demais pela beleza literária e pelo rigor histórico em que é narrada. Na maioria dos títulos dos capítulos e dos subcapítulos são anotadas indicações dos lugares paralelos onde os assuntos são citados nas Epístolas *e nos* Atos dos Apóstolos.

No fim do Prefácio para a 6ª Edição, diz Rohden: "Paulo de Tarso, quando intuído espiritualmente, revela-se um profeta além de tempo e espaço, um vidente da Realidade cósmica, um arauto do eterno Presente, eqüidistante de passado e futuro. As suas palavras não devem ser analisadas intelec-

---

* No Brasil, esta obra — *Paulo, o 13ª Apóstolo*, Ernest Renan — foi traduzida e publicada pela Editora Martin Claret. (N. do E.)

tualmente, mas vividas e vivenciadas intuitivamente, segundo o seu próprio aviso: 'A letra mata, mas o espírito dá vida'.

A humanidade elite está amadurecendo para compreender o grande bandeirante Cristocêntrico do primeiro século como sendo o arauto do Cristo carismático da nova humanidade do terceiro Milênio."

Nós, os editores de Huberto Rohden, sentimo-nos felizes e altamente realizados em poder oferecer aos nossos amigos leitores brasileiros e portugueses a 18ª edição desta biografia do maior bandeirante do Evangelho.

Prefácio da 6ª edição

O livro Paulo de Tarso, *ora em 6ª edição, apareceu, em primeira edição, no ano de 1939, coincidindo com o rompimento da Segunda guerra mundial — e marcou também o rompimento de uma luta feroz contra o seu autor. É que, neste livro, tomova eu uma atitude muito decisiva a favor da Cristo-redenção,* silenciando totalmente a tradicional clero-redenção *de certa teologia. Esta atitude me valeu a execração de uns, bem como o aplauso de outros. Numerosas igrejas evangélicas me convidaram para fazer conferências sobre o grande bandeirante Cristocêntrico do primeiro século.*

Um decênio mais tarde, apareceu o meu livro Metafísica do Cristianismo, *em que eu expunha a mesma Cristo-redenção, frisando, porém, a redenção pelo Cristo interno, que, segundo o Evangelho, habita em cada hamem e, quando devidamente conscientizado e vivido, redime o homem de todos os seus pecados. E arrefeceu o entusiasmo de muitos.*

Para muitos essa redenção pelo Cristo interno era novidade inconcebível, embora seja a quintessência do Evangelho do Cristo e das epístolas de Paulo de Tarso: "Já não sou eu que vivo, o Cristo vive em mim... o meu viver é o Cristo".

Hoje em dia, a redenção pelo Cristo interno, ou autoredenção, já é compreendida por numerosos cristãos. Em muitas igrejas, já se fala abertamente do "Deus imanente" e do "Cristo interno". O Cristo cósmico já não é simplesmente identificado com a pessoa humana de Jesus de Nazaré, por intermédio da qual ele se revelou aqui na terra. As palavras "o Verbo se fez carne e habita em nós... Eu estou em vós e vós estais em mim... Eu sou a videira e vós sois os ramos... Eu estou convosco todos os dias até a consumação dos séculos" — essas e outras palavras já estão sendo compreendidas em seu sentido real.

Após o Concílio Vaticano II alargaram-se grandemente os horizontes de certa teologia tradicional. Um Monsenhor católico me escreve uma carta, dizendo que eu antecipei por 30 anos algumas decisões do Concílio.

Essa redenção pelo Cristo Carismático, que se realizou pela primeira vez no glorioso domingo de Pentecostes em Jerusalém, cristificando 120 discípulos de Jesus e iniciando o verdadeiro cristianismo, é o Alfa e Ômega dos livros sacros, e sua compreensão marca os últimos decênios do segundo milênio da Era Cristã, preludiando possivelmente a alvorada do terceiro milênio.

Os grandes iniciados são poderosos faróis que projetam seus fulgores antecipadamente para o futuro da humanidade, embora as grandes massas sejam incapazes de compreender devidamente essas verdades, interpretando-as de acordo com a sua pequenez. A evolução vai com passos mínimos em espaços máximos.

O principal obstáculo que impede a verdadeira compreensão da auto-redenção como Cristo-redenção é a nossa ignorância da natureza do homem integral. O homem-ego (o primeiro Adão, de Paulo) é essencialmente pecador; mas o homem-Eu (o segundo Adão) é o redentor. O homem-ego peca, o homem-Eu redime. Não existe ego-redenção, mas existe Eu-redenção, ou auto-redenção, contanto que pelo autós se entenda o elemento divino, Crístico, no homem, o seu Eu cósmico, a sua alma, o seu Atman, *o seu* Self.

"O bem que eu quero fazer não o faço, e o mal que não

quero fazer isto faço... Ora, se faço o que não quero, então não sou eu quem age, mas age em mim o pecado que em mim habita (ego). Quando quero fazer o bem (Eu) sinto-me mais inclinado para o mal (ego). Segundo o homem interior (Eu), acho satisfação na lei de Deus; mas sinto em meus membros outra lei, que se opõe à lei do espírito e me traz cativo sob a lei do pecado, que reina em meus membros" (Rom. 7, 24 ss).

Com estas palavras descreveu Paulo o que os filósofos do Oriente chamam o Aham *(ego)* e o Atman *(Eu)*, e os psicólogos ocidentais designam pelos termos ego e Eu, *ou seja* Ich e Zelbst, *ou então* I e Self.

O ego não é, a bem dizer, o polo negativo externo do homem, e o Eu não é o seu polo positivo e interno. O ego representa o estágio evolutivo do homem primitivo, a sua persona *(máscara) ou* personalidade, que vive na ilusão de ser uma entidade separada da Realidade Infinita ou Divindade, e age de acordo com essa ilusão, porquanto agere sequitur esse, *o agir é uma conseqüência do Ser; quem se julga separado do Infinito age como um separatista, um subversivo, um adversário. Esse ego-agir, conseqüência do ilusório ego-Ser, é o tal "pecado original", que renasce em todo o homem gerado pelos egos e seus progenitores. No atual estado evolutivo da humanidade, somente o ego primitivo é transmissível pelos pais. O Eu superior é ainda uma conquista da consciência individual, não transmissível. O verdadeiro batismo não é um processo ritual, mas um total* mergulho (baptisma, *em grego) do ego inferior no Eu superior, do ego pecador no Eu redentor. "Eu só vos mergulho na água, dizia João Batista, mas após mim virá alguém que vos mergulhará no fogo do espírito santo."*

Este mergulho no fogo espiritual é a redenção do ego pecador pelo Eu redentor. O "primeiro Adam" é remido pelo "segundo Adam". [1]

---

[1] Adam é a contração de duas palavras sânscritas: *Adi* (primeiro) e

O ego adâmico é remido pelo Eu crístico.

Paulo de Tarso sentia em si o conflito entre o "primeiro Adam" (ego) e o "segundo Adam" (Eu), e lança ao Céu o angustioso brado: "Quem me libertará desse corpo mortífero?" Desse ego pecador? E responde: "A graça de Nosso Senhor Jesus Cristo", o Eu crístico me libertará do ego adâmico.

Aqui jazem os alicerces milenares do autoconhecimento e da auto-realização, que, nesses últimos decênios, foram intensamente conscientizados na cristandade ocidental pelos filósofos orientais.

A mensagem do Cristo e de Paulo anteciparam por quase vinte séculos, a última conquista da filosofia sapiencial dos nossos dias. Os invólucros opacos das epístolas paulinas estão se tornando cada vez mais transparentes, e o seu conteúdo Cristo cósmico se revela cada vez mais nitidamente.

Paulo de Tarso, quando intuído espiritualmente, se revela um profeta além de tempo e espaço, um vidente da Realidade cósmica, um arauto do eterno Presente, eqüidistante de passado e futuro. As suas palavras não devem ser analisadas intelectualmente, mas vividas e vivenciadas intuitivamente, segundo o seu próprio aviso: "A letra mata, mas o espírito dá vida".

A humanidade elite está amadurecendo para compreender o grande bandeirante Cristocêntrico do primeiro século como sendo o arauto do Cristo Carismático da nova humanidade do Terceiro Milênio.

"Cristo, ontem, hoje e para todo o sempre."

Huberto Rohden

Aham (ego). O primeiro ego (*Adam*) é mergulhado no segundo ego, o Eu, que é o Cristo, o Adi-Atman, da *Bhagavad Gita*.

Do prefácio de edições anteriores

*N*a alvorada do Cristianismo, nenhum homem prestou tão ingente trabalho como Paulo de Tarso. Espírito dinâmico, homem de vistas largas, reunindo em sua pessoa as três grandes culturas da época — hebraica, grega e romana — é ele o apóstolo por excelência, o maior campeão do Evangelho.

Nenhum outro homem teve sobre a evolução histórica do Cristianismo maior e mais decisiva influência do que Paulo de Tarso. Percorrendo o Oriente e o Ocidente, levou ao seio da jovem igreja inumeráveis multidões de almas, povos e países inteiros.

Divide-se a existência desse homem singular em dois períodos, de duração quase igual, mas de caráter diametralmente oposto um ao outro. Pode-se mesmo falar em duas vidas desse intrépido evangelizador, assim como também usava dois nomes, Saulo e Paulo: trinta anos de Tarso a Damasco, e trinta anos de Damasco a Roma. E, tanto na primeira como na segunda fase, desempenha ele completa e integralmente o seu papel. Adversário mortal de atitudes indefinidas, cumpre Paulo a sua tarefa sempre com corpo e alma, com todas as fibras do seu ser, com toda a veemência do seu gênio, com toda a paixão da sua natureza de fogo. A princípio, combate o Nazareno sem tréguas nem descanso, porque vê nele o grande inimigo da religião revelada; e depois o adora com todas as veias do coração, e o quer ver adorado pelo mundo inteiro, porque o reconhece como Redentor da humanidade.

No centro da vida de Paulo está o Cristo — ontem como inimigo, hoje como amigo; a princípio, alvo de ódio, depois, objeto de amor e glorificação.

Paulo não conhece meias medidas. Detesta a mediocridade. É o tipo autêntico do cristão integral.

E, em todo esse ardor, nada há de fanatismo; tudo é pautado por uma serena racionalidade, que mais parece ocidental do que oriental.

Às portas de Damasco soou a hora do fiat lux *para o feroz perseguidor do Cristo: "Saulo, Saulo, por que me persegues?..."*

Saulo cai por terra — e rui por terra também o soberbo castelo da sua velha teologia judaica... Ruínas e escombros... Não ficou pedra sobre pedra...

Tão intensa é a luz do céu que apaga todas as luzes da terra. Saulo está cego. Completa escuridão por espaço de três dias. É necessário que, por algum tempo, se cale a terra para que o céu possa falar...

Nesse tríduo de silêncio e de introspecção, procura Saulo orientar os seus pensamentos, no meio do incógnito universo que lhe despontou na alma.

"Quem és tu, Senhor?..."

"Eu sou Jesus..."

Desde essa hora dramática, uma só idéia, um só ideal domina a Paulo: tornar o Cristo conhecido, amado e servido de todos os homens.

Foi nessa disposição psíquica que o maior bandeirante do Evangelho iniciou a sua estupenda carreira, de cuja pujança e prosperidade dão eloqüente testemunho os Atos dos Apóstolos *e as* Epístolas *do arauto de Cristo. Cercou-se desde logo de uma seleta falange de auxiliares — homens e mulheres, moços e velhos — e com eles saiu à conquista espiritual do mundo. Por amor a esse ideal se deixa perseguir e caluniar, escarnecer e flagelar, condenar à morte e degolar. E no meio dos seus sofrimentos escreve: "Meus irmãos, eu transbordo de júbilo por entre as minhas tribulações... Cristo é minha vida, e a morte me é lucro. ...Já não vivo eu — o Cristo é que vive em mim..."*

O fato de ter Paulo de Tarso vasado a sua cristologia em vasos judaicos não amesquinha a verdadeira grandeza desse Cristóforo. O seu entusiasmo dinâmico, a sua vida heróica a serviço do Cristo, na Ásia e na Europa, superam infinitamente o fato de ele ter encampado certa ideologia do seu povo e de muitos outros povos da época. Toda a vida de Paulo eclipsa praticamente essa idéia de alo-redenção. A sua vida é uma verdadeira apoteose de auto-redenção, uma redenção pelo Cristo cósmico, e não pelo Jesus humano, tanto assim que ele confessa: "Eu morro todos os dias, e é por isto que eu vivo; mas não sou eu que vivo, o Cristo vive em mim... O meu viver é o Cristo".

Por estas palavras se vê que Paulo era Cristo-vivido, vivido por seu Cristo interno, seu verdadeiro redentor, e não se julgava auto-remido pelo sangue físico do Jesus humano, morto decênios atrás, mas pelo Cristo eterno, "rei imortal dos séculos". Paulo confessa verdadeira auto-redenção no sentido de Cristo-redenção, porquanto identifica a sua alma com o seu Cristo interno, que o redimiu do seu ego humano, que morreu.

De resto, o próprio Paulo é o maior retificador de si mesmo. No auge da sua experiência crística escreve ele estas palavras sublimes: "Se Jesus apenas morreu, mas não ressucitou, vã é a nossa pregação, vã é a nossa fé, e estais ainda nos vossos pecados". Logo, Paulo não admite a redenção pela morte do Jesus humano, pela efusão do sangue físico, mas sim pela vida do Cristo divino. E, como num jubiloso desafio à morte, exclama ele: "Que é da tua vitória, ó morte? Que é do teu aguilhão, ó morte? Foi a morte tragada pela vida, em Jesus Cristo nosso Senhor".

Como se vê, houve uma evolução progressiva e ascensional na vida de Paulo de Tarso. O Paulo plenamente cristificado corrige o Saulo judaizado e judaizante. Para o Paulo crístico e cristificado, o que redime o homem dos seus pecados não é o Sangue do Jesus mortal, mas sim o espírito do Cristo imortal.

É deplorável que as nossas teologias, em pleno século XX, só conheçam o Saulo judaizado e judaizante e ignorem o Paulo cristificado e cristificante.

Huberto Rohden

Parte I
De Tarso a Damasco

Fariseu e perseguidor

1. Israelita e cidadão do mundo

(Fil. 3, 5: At. 22, 28)

Na primeira década da nossa era viviam, simultaneamente, em lugares diversos, dois meninos fadados a se tornar outros tantos marcos miliários na estrada da evolução religiosa e cultural da humanidade.

Perdido nas verdejantes alturas de Nazaré, empunhava a ferramenta de carpinteiro um menino que nem nome parecia ter porque lhe chamavam simplesmente o "filho do carpinteiro".

Ao mesmo tempo vivia em Tarso da Cilícia outro menino de saúde precária, que ensaiava com as mãozinhas desajeitadas os primeiros movimentos no manejo de um primitivo tear. Saulo era o nome hebreu que lhe deram os pais israelitas. Paulo, o seu nome latino de cidadão romano.

Em Nazaré e em Tarso se forjava a mais estupenda epopéia da história, porque nesses pontos do globo existiam dois poderosos focos de espiritualidade.

E onde quer que impere o espírito aí se operam grandes maravilhas.

A dois operários — um carpinteiro e outro, tecelão — confiou-lhes a Providência o destino espiritual da humanidade ocidental.

Durante a sua vida mortal nunca se encontraram, face a face, esses dois meninos, esses operários, esses homens seculares.

Do homem de Nazaré é que deriva essa gigantesca torrente de espiritualidade que irriga cinco continentes.

O homem de Tarso, por sua vez, canalizou essas águas e lhe cavou um leito tão seguro e preciso que até hoje, após 19 séculos, não desviaram ainda do seu curso.

O Cristianismo, é certo, existiria também se Saulo não tombasse às portas de Damasco. Mas teria ele esse cunho característico que lhe conhecemos? Esse vigoroso colorido que lhe admiramos? Essa precisão quase jurídica e essa visão panorâmica, se não fora o espírito genial de Paulo de Tarso? Essa estranha personalidade que sintetizava em si as três grandes culturas da época: hebraica, helênica e romana?

Quem era Saulo?[1]

Responde ele mesmo: "Sou do povo de Israel, da tribo de Benjamim, hebreu e filho de hebreus circuncidado no oitavo dia, fui fariseu em face da lei" (Fil. 3, 5).

À interrogação do comandante da fortaleza romana em Jerusalém não hesita Saulo em declarar: "Eu sou judeu, natural de Tarso, cidade nada obscura da Cilícia (At. 21, 39).

À pergunta do oficial sobre a sua nacionalidade, responde ele: "Eu sou cidadão romano de nascimento" (At. 22, 28).

Vai através de todas essas declarações um quê de briosa ufania; Orgulha-se Saulo da qualidade de hebreu; gloria-se Paulo dos foros de cidadão romano. É que via nisto e naquilo armas poderosas para a conquista espiritual do mundo.

Tarso, capital da província romana da Cilícia, era, nesse

---

[1] Haurimos muitos dos elementos deste livro nas obras de Holzner: Paulus, de Bauman, Sait Paul, e de outros autores modernos.

tempo, um notável empório comercial, ponto de intersecção de duas grandes culturas: a heleno-romana do Ocidente, e a semita-babilônica do Oriente. Situada nas fraldas do Taurus, cujos nevados píncaros dominam os extensos vales da Cilícia — assim como os cumes do Líbano se erguem sobre as planícies da Galiléia — é Tarso regada pelas águas do Cydnus, por onde subiam e desciam então os navios do Mediterrâneo.

Numerosas caravanas de camelos, onerados de negrejantes fardos de pelo de cabra, de algodão e de cereais, cruzavam sem cessar as planuras da Cilícia, porfiando com a navegação fluvial por manter um intenso intercâmbio comercial entre o litoral e o interior.

Afora Atenas e Alexandria, era Tarso o mais importante centro de cultura helênica da época.

Terá o pequeno Saulo freqüentado o célebre *Gymnasion* da metrópole? Ou terá aprendido em casa, com um preceptor, o manejo magistral do idioma de Homero e Aristóteles? Esse idioma em que, mais tarde, redigiu as suas epístolas?

Ainda existiam em Tarso, numerosas obras públicas que, meio século antes de Cristo, mandara realizar o famoso tribuno e escritor romano Cícero, então procônsul dessa província.

Gregos e romanos, assírios e babilônios, persas e fenícios, o oriente e o ocidente, gravaram nos muros de Tarso os vestígios da sua história e o cunho do seu espírito.

Aqui, sobre as águas do Cydnus, reclinada em luxuosos coxins de elegante galera, aguardara a sereia egípcia, Cleópatra, o seu poderoso amante Marcus Antonius (41 a. C.).

Mais acima, não longe das cachoeiras, mostravam os professores a seus alunos o lugar histórico onde Alexandre Magno acampara com o seu exército, depois de atravessar o fatídico desfiladeiro do Taurus. Pouco além, às margens do Issus, era o cenário da trágica derrota de Dario, rei dos persas.

Tudo isto via e ouvia o hebreuzinho, filho de ancestrais fariseus, nascido no ambiente livre e amplo de uma província da Ásia, onde as armas de Roma dominavam os corpos e a filosofia de Atenas empolgava os espíritos.

Dificilmente compreenderá as Cartas de Paulo quem não respirou a atmosfera heleno-romano-judaica que ele inalou durante a sua infância e mocidade, à sombra do Taurus e às margens do Cydnus. Os seus escritos vêm repletos de alusões e reminiscências, de comparações e ideologias hauridas nos panoramas da Cilícia e coloridas pelas concepções mitológicas de uma população heterogênea, caldeada dos mais diversos elementos racionais.

Teria Paulo defendido, mais tarde, com tanto ardor e desassombro, a liberdade do Evangelho e a universalidade da redenção, se nascera e fora educado no ambiente ortodoxo-judaico da Palestina? Teria ele tido a necessária largueza de vistas e independência de espírito para ser o "apóstolo das gentes" se não convivera, desde a mais tenra infância, com toda espécie de povos e raças, de credos e filosofias?

* * *

Cidadão romano por nascimento, espírito helênico por educação, não deixava o pequeno Saulo de ser, com todas as veias de sua alma, filho de Israel, estrênuo paladido do rígido farisaísmo de seus maiores. No meio da babel do politeísmo e panteísmo dos gentios, conservou ele o genuíno monoteísmo de Abraão, Isaac e Jacó.

Gloria-se de pertencer ao povo de Israel e à tribo de Benjamim, única que, após o grande cativeiro, auxiliara Judá a reconstruir os muros de Sion. Competia à tribo de Benjamim formar a vanguarda nas procissões e préstitos litúrgicos: porque fora ela que, no memorável êxodo do Egito, atravessara em primeiro lugar o Mar Vermelho.

Era Saulo da casta dos "fariseus", quer dizer, dos "segregados", espécie de elite religiosa que se ufanava de conhecer melhor e observar mais estritamente do que o comum do povo os preceitos de *Iahweh*.

Depois da sua conversão ao Evangelho de Cristo, considera Paulo como "lixo"[2] toda essa jactância de perfeição legal e todas essas prosápias genealógicas de Israel.

Nada sabemos dos progenitores de Saulo. Não os menciona com palavra alguma. É de supor, todavia, que seu pai tenha sido um homem austeramente religioso, meticulosamente mosaico. Desde cedo, naturalmente, iniciou os filhos nos mistérios da Bíblia hebraica, fazendo-lhes conhecer, outrossim, a versão grega dos tradutores alexandrinos.

Do fato de ter Saulo aprendido o ofício de tecelão, será lícito inferir que seu pai exercia profissão idêntica?

Terá Saulo conhecido sua mãe? Ou terá a infância desse grande espírito corrido à sombra de uma orfandade sem afeto nem carinhos maternos? Mais de uma vez nas suas cartas, recorre o apóstolo a suaves alegorias tiradas do ambiente das dores e solicitudes maternas. Na epístola aos Romanos (16, 13) envia cordiais saudações à mãe de Rufo "que também é minha", diz ele revelando ternura filial para com uma senhora que, nas penosas expedições apostólicas, o agasalhara e tratara com carinho de mãe.

A única notícia histórica que temos da parentela de Saulo é a menção que Lucas faz nos *Atos dos Apóstolos* (23, 16) de uma irmã casada que ele tinha em Jerusalém e de um sobrinho, filho dessa mesma irmã.

2. Enriquecendo a inteligência e o coração

Aos cinco anos de idade, teve Saulo de aprender uma síntese substancial da lei mosaica, compendiada no 5º e 6º capítulos do *Deuteronômio*; bem, como o grande *Hallel* (Salmos

---

[2] O termo *sfhoala*, empregado pelo apóstolo, significa literalmente "aquilo que se lança aos cães".

113-118), que se cantava nas principais solenidades litúrgicas; e, finalmente, a significação das mais notáveis efemérides do ano santo.

Aos seis anos frequentou uma espécie de "jardim de infância", e, depois, a escola anexa ao recinto sagrado. Um "pedagogo" (escravo) acompanhava-o todos os dias a essa escola, carregando-lhe a pasta com os utensílios escolares. Sentado no chão, de pernas cruzadas, sobre uma esteira ou um tapete, ensaiava Saulo as primeiras letras, gravando os caracteres com estilete de ferro sobre uma tabuinha coberta de uma camada de cera.

Os anos subseqüentes foram consagrados, de preferência, ao estudo da história de Israel e das grandes revelações que *Iahweh* fizera a seu povo escolhido. Como não terá vibrado a alma sensível do jovem, ao ouvir da grandiosa epopéia da criação, da tragédia do dilúvio, dos martírios de Israel no Egito, da sua vida nômade pelo deserto, da sua entrada na terra de Canaã! Com que entusiasmo não terá ele ouvido falar das glórias de Davi e Salomão, da construção do templo ao Deus único eterno, onipotente! Com que fervor não entoou os cânticos de Sion! Que emoção profunda não lhe agitou a alma ao repetir os soluçantes trenos de Jeremias sobre as ruínas de Jerusalém!

Que fogo sagrado não brilhou nas escuras pupilas do jovem hebreu quando ouvia falar do Messias, do poderoso rei que elevaria Israel acima de todas as nações do mundo e proclamaria uma idade áurea de glórias e triunfos sem fim!

É possível que os seus colegas, gregos e romanos não o tenham compreendido, que o tenham tachado mesmo de visionário. Saulo, porém, tinha a convicção íntima de ser filho de um grande povo, de uma raça única e excepcional na história, de uma nação que já vivera epopéias de glória no tempo em que Roma e Atenas não passavam ainda de ínvias florestas ou incultas campinas onde hirsutos caçadores perseguiam as feras e ingênuos pastores tangiam as suas primitivas charamelas. E quando os seus camaradas, no Ginásio de Tarso, brincavam de "Cipião e Aníbal", ou contavam os feitos bélicos de César e Alexandre, peregrinava Saulo com Moisés pelas estepes da Arábia ou penetrava com o atleta Sansão nas cidades dos filisteus.

* * *

Aos dez ou doze anos começou para Saulo a segunda e menos serena fase da sua juventude. Com essa idade foi ele iniciado na chamada "lei oral". Tinha de aprender todos os dias, aos pés do rabi, dezenas de "preceitos divinos", e outras tantas "transgressões", cada uma com a sua respectiva penalidade.

Data, provavelmente, deste período o início do angustioso conflito moral na alma de Saulo, conflito que ecoa por todas as epístolas do grande lutador de Deus. Despertou nesse tempo a sua dolorosa inquietude espiritual. Surgem, sinistras esfinges, os profundos problemas metafísicos de pecado e redenção, que só muito mais tarde, após a memorável hora às portas de Damasco, encontrariam solução à luz do Evangelho.

3. Por entre o sussurro do tear

Sabemos pelos *Atos dos Apóstolos*, que Saulo, na sua mocidade, aprendeu o ofício de tecelão.

Segundo os dispositivos da lei mosaica, devia todo rabi — e Saulo era destinado para essa carreira — conhecer um trabalho mecânico, a fim de, em caso de necessidade, poder ganhar o seu sustento com o labor honesto das suas mãos. Já nesse tempo eram as profissões intelectuais e espirituais de uma angustiosa esterilidade econômica.

Desde cedo foi, pois, pequeno tarsense iniciado nos segredos do tear, talvez na oficina do pai. Ainda hoje, como há vinte séculos, usam os nômades do Oriente, para as suas tendas e barracas portáteis, uma espécie de tecido grosseiro fabricado com pêlo de cabra, animal muito abundante na Cilícia[3]. Um viajante dos nossos dias descreve da seguinte forma o trabalho desses tecelões da Ásia:

"Em um dos bairros de Tarso, no interior de uma choupana, encontrei três homens, de aspecto austero, cabelo grisalho, e um deles com uma respeitável calva. Um dos três acionava uma roda de fiar, da qual pendiam dois cordéis. Do bolso de um avental preso ao corpo extraía, aos poucos, os escuros fiozinhos de pêlos de cabra, enlaçando-os na corda em movimento rotativo. Trabalhava em silêncio, avançando lentamente, de costas voltadas, do fundo da choupana em direção à entrada. Lá chegado, depositava no chão os cordéis, colocando-os paralelamente uns aos outros. Os seus dois companheiros estavam sentados no chão, sobre umas peles de carneiro, trabalhando intensamente com as mãos e com os pés. Achavam-se estes últimos colocados dentro de uma escavação aberta no solo. Tinha cada um diante de si um grande tear ligeiramente reclinado para trás. Nele prendiam a trama, ajeitando-a com uma espécie de faca de madeira, e velozmente faziam passar a lançadeira por entre a grosseira urdidura, entesando os fios e calcando-os depois com um instrumento parecido com um pente de madeira polida. Alguns desses pentes lígneos chegam a pesar dois a três quilos".

Tal deve ter sido, nos anos subseqüentes, o trabalho noturno do grande arauto do Evangelho.

Em face disso se compreende o sentido das palavras com que ele finaliza a epístola aos gálatas: "Vede com que letras grandes vos escrevo"; pois, como poderia caprichar em caligrafia um homem exausto de fadiga com as mãos calejadas e os dedos endurecidos pelo diuturno contato com tão pesados e primitivos instrumentos?

Mais tarde, no apogeu do seu apostolado, continua Paulo fiel ao seu ofício de tecelão. É que não quer ser "pesado a

---

[3] Daí o nome "cilício", que damos a certos tecidos ásperos.

ninguém", não tolera que o acusem de pregar o Evangelho por vil interesse; pois, diz ele: "Eu não procuro o que é vosso, mas sim, a vós mesmos".

* * *

Em noites de sábados e de grandes solenidades litúrgicas, sentava-se Saulo, com sua irmã, no amplo terraço da casa em Tarso e, com os olhos fitos nas neves eternas do Taurus, ou, mais além, na silenciosa imensidade do Mediterrâneo, comentavam os livros sagrados e, ansiosos, suspiravam pela vinda do Messias.

Hoje em dia, é assaz rendoso na Cilícia o ofício de fabricante de tendas de pêlo caprino. O tecelão, quando ativo e hábil pode ganhar diariamente uns 50 a 100 centavos, em nossa moeda nova. Se naquele tempo a mercadoria tinha preço idêntico, podia Saulo não somente viver do trabalho das suas mãos, mas ainda dar esmolas aos indigentes. E não dizia ele mais tarde, com íntima satisfação: "Maior felicidade está em dar que em receber?" (At. 20, 35).

Quando escreve aos cristãos de Tessalônica: "Trabalhamos dia e noite para não sermos pesado a nenhum de vós" (1. 2,9); e aos Coríntios: "Afadigamo-nos com o trabalho das nossas mãos" (1. 4, 12), não vai nisto exagero algum.

4. Aos pés de Gamaliel

(At. 22, 3; 26, 4; Gál. 1, 14)

No 12º ano da sua vida, a exemplo de todo jovem israelita, empreendeu Saulo a peregrinação ritual a Jerusalém.

Mais tarde — talvez aos quinze anos — ausentou-se da Cilícia por largos anos, cursando estudos em Jerusalém; porque o pai o destinara a "doutor da lei", e, para adquirir os conhecimentos necessários, era mister freqüentar a célebre escola do templo.

É o que se depreende das palavras do próprio Saulo, quando afirma ter sido "criado aos pés de Gamaliel".

Sabemos pelo segundo livro de Lucas (At. 22, 3; 23, 16) que Saulo tinha uma irmã casada em Jerusalém, cujo filho, mais tarde, o preservou de uma perigosa conspiração da parte dos judeus. É possível que o jovem estudante se tenha hospedado em casa da irmã.

Se imaginarmos o doutorando de Tarso, de estatura média e compleição frágil, sentado aos pés do rabi Gamaliel, sobre uma esteira, com os joelhos nas mãos entrelaçadas, à maneira dos jovens árabes dos nossos dias, quando, em suas mesquitas ou na universidade de El-Azhar do Cairo, circundam, silenciosos, o sábio "imam" sentado em um pequeno estrado — teremos um retrato mais ou menos fiel da grande e tão singela realidade daquele tempo.

* * *

Estavam em voga, nessa época, duas famosas escolas biblico-teológicas, denominadas segundo os célebres rabis-fundadores "Hillel" e "Chammai".

No tempo de Saulo, pontificava na escola de "Hillel" o grande e sábio mestre Gamaliel, neto de Hilleh "Credor de grande prestígio aos olhos do povo", como dizem os *Atos dos Apóstolos* (5, 34), era Gamaliel de espírito largo, tolerante e conciliador, ao passo que a escola de "Chammai" se caracterizava por uma rigorosa e estreita ortodoxia, que muitas vezes culminava em uma casuística descaridosa e pueril. Definem bem a mentalidade de Gamaliel as palavras sensatas e calmas que ele dirige ao Sinédrio, em defesa dos apóstolos presos, ponderando: "Se essa obra vem dos homens, não tardará a ser destruída; se, porém vem de Deus, não a podereis destruir — a menos que vos queirais opor ao próprio Deus" (At. 5, 38-39).

A tradição dá Gamaliel como um secreto discípulo do Cristo.

Tal foi o mestre e mentor de Saulo: espírito calmo, sereno, ponderado; caráter suave, prudente, conciliador.

Não cabe aqui o provérbio: "Qual mestre, tal discípulo". Pois quem conhece a índole de Saulo não deixará de nela descobrir qualidades diametralmente opostas às do grande rabi de Jerusalém. É bem provável que entre o liberalismo tolerante de Gamaliel e a intransigente ortodoxia do fariseu de Tarso se tenham travado violentos conflitos, durante aqueles anos de tirocínio bíblico, à sombra do santuário nacional de Israel.

Mais tarde, insatisfeito com a desídia e as meias-medidas do Sinédrio, vai Saulo a toda a brida a Damasco a fim de exterminar o último adepto do Nazareno. Não conhecia transigência nem perdão. É extremista religioso, inimigo jurado de todos os compromissos pacifistas, adversário nato das atitudes vagas e indefinidas. Achava perigoso o liberalismo contemporizador de Gamaliel.

* * *

Quanto tempo passou Saulo em Jerusalém?
Ignoramos.

Ignoramos, outrossim, qual a influência que o ambiente da metrópole exerceu sobre seu espírito e sua vida. Entretanto, a julgar pelos acontecimentos subseqüentes e pela orientação geral do seu caráter, é fora de dúvida que o fator "espírito" foi sempre o eixo do seu mundo interior.

Jerusalém não era apenas o centro religioso da Palestina, mas também o foco do mais perdulário luxo oriental. Largas camadas sociais davam tanto valor aos livros de Moisés como à voluptuosa literatura grega e romana. A expressão "sepulcros caiados, belos por fora e cheios de podridão por dentro", é a definição clássica com que Jesus caracterizava a corrupção judaica hipocritamente disfarçada sob o verniz de uma religiosidade fictícia e de meras aparências.

As mulheres hebréias primavam pela formosura, e, não raro, também por uma requintada volúpia. Eram muitas as

"Madalenas" e as "Salomés". A perfeição das suas formas, a esbeltez do seu talhe, a estética do seu rosto, o misterioso fulgor dos seus olhos, a vivacidade do seu espírito, exerciam sobre milhares de homens uma sedução irresistível. Muito Sansão perdeu a sua força entre os braços das Dalilas; e o general romano, Tito, habituado a enfrentar legiões de inimigos, capitulou ante o fogo das pupilas de Berenice...

O leitor do século vinte não concebe a biografia de um homem sem a figura de uma mulher — de uma ao menos — seja de uma Circe, seja de uma Beatriz.

Entretanto, na vida de Saulo não encontramos mulher alguma, apesar de ter ele escrito uma das páginas mais dramáticas sobre a "lei da carne em conflito com a lei do espírito". Basta ler o capítulo 7 da epístola aos romanos, para viver toda essa luta íntima do homem-matéria e do homem-espírito, a guerra entre o Saulo de Tarso e o Paulo de Damasco. "Eu sou carnal, vendido ao pecado. Não compreendo o meu modo de agir. Pois não faço aquilo que quero, o bem, mas sim, o que aborreço, o mal. Sei que em mim, isto é, em minha carne, não habita o que seja bom. Está em mim o querer o bem, mas não o executar. Segundo o homem interior, acho satisfação na lei de Deus; mas percebo nos meus membros outra lei, que se opõe à lei do seu espírito, e me traz cativo sob a lei do pecado, que reina nos meus membros. De maneira que, segundo o espírito sirvo à lei de Deus — e, segundo a carne, à lei do pecado". E em um brado cheio de tragicidade, exclama o israelita sensual de Tarso:

"Infeliz de mim! Quem me libertará deste corpo mortífero!?"

E, como um longínquo eco redentor, responde a voz do cristão espiritual de Damasco:

"A graça de Deus, por Jesus Cristo, Nosso Senhor..."

Não lhe faltava, pois, uma veemente sensualidade natural, que o acompanhou através de toda a vida, a tal ponto que Paulo, mais de uma vez, suplicou a Deus que o libertasse do anjo de Satanás que o esbofeteava.

Mas, em um espírito de tão alta potência, dificilmente o perfil de Eva conseguiria assumir contornos bastante nítidos para eclipsar aquele mundo de problemas superiores que se agitavam em sua alma.

Mais tarde, sublimou com razões metafísicas e místicas os motivos intelectuais e psíquicos do seu celibato voluntário. "Quem não é casado cuida das coisas do Senhor e procura agradar a Deus; mas quem é casado, cuida das coisas do mundo e procura agradar à mulher — e está dividido".

Outra não podia, naturalmente, ser a conclusão de Saulo; porque a nota característica do seu Eu é uma lógica retilínea e intransigente: ou ser todo da matéria — ou todo espírito; ou todo da mulher — ou nada da mulher. "Estar dividido" entre Deus e o mundo, entre o espírito e a carne — era coisa incompatível com a inexorável coerência do seu caráter.

A alma de Saulo foi, desde a mocidade, como que um cristal de faces rigorosamente definidas — era tão austera a lei mosaica! Tanto mais é de admirar que, sem sacrificar essa cristalina retilineidade do seu caráter, revelasse Paulo, mais tarde, uma grande elasticidade espiritual, a ponto de realizar em toda a sua plenitude o estranho paradoxo de ser "judeu com os judeus, grego com os gregos, criança com as crianças" — de se tornar "tudo para todos a fim de ganhar todos para Cristo".

* * *

Uma vez que a grande paixão do jovem discípulo de Gamaliel era a investigação dos problemas do espírito, fez ele da Bíblia o seu livro. Porque nesse livro se condensa tudo quanto a humanidade, no decorrer dos séculos e milênios, tem pensado e sofrido de mais profundo e sublime, de mais belo e verdadeiro; tudo quanto o homem tem gozado de mais suave e padecido de mais acerbo — tudo isso se encontra imortalizado nas páginas da Sagrada Escritura.

Saulo conhecia a fundo as antigas escrituras sacras, e em

duas línguas: no original hebraico (*Torah*) e na versão grega dos intérpretes alexandrinos (*Septuaginta*). Dia e noite revolvia o jovem asiata os venerandos pergaminhos e papiros, amarelecidos pelos anos e puídos pelo assíduo manuseio. Eram o maior tesouro da sua vida. A Bíblia era para todo israelita um compêndio da história pátria e um tratado de teologia.

Mais tarde, no seu incessante jornadear pela Ásia e pela Europa os assaltos de que foi vítima, os naufrágios que sofreu lhe roubaram, total ou parcialmente, esses preciosos documentos; mas o seu conteúdo estava tão profundamente gravado na alma de Paulo, que citava de cor, ao pé da letra ou segundo o sentido, extensos trechos do Antigo Testamento. Mais de duzentos desses tópicos se encontram nas epístolas do apóstolo das gentes.

Se, por este lado, se provava provecto e dócil discípulo do rabi Gamaliel, em outros pontos divergia diametralmente do espírito e caráter do venerando mestre.

5. O primeiro sangue

(At. 6, 8-8, 1)

Havia anos que Saulo se despedira de Mestre Gamaliel e abandonara a casa de sua irmã, em Jerusalém.

Terminara os estudos. Regressara para Tarso.

Era "jovem", como afirma Lucas nos *Atos dos Apóstolos* (7, 58), contando talvez uns trinta anos.

Nada consta do paradeiro e da ocupação do novel doutor da lei, nesse período. É possível que, na qualidade de rabi e membro do Sinédrio, tenha sido incumbido, pelas autoridades, de uma missão espiritual na Ásia Menor.

O que parece certo é que Saulo não apareceu em Jerusalém durante todo o período da vida pública de Jesus. Não encontramos nos seus escritos uma só palavra que a tal fato aluda.

Que teria acontecido se o ardoroso fariseu de Tarso se

encontrasse com o suave Nazareno? Teria ficado neutral, passivo, diante dele?

Impossível! Ou pró ou contra Cristo! Ou teria sido o mais ardente dos seus discípulos, ou então o mais feroz dos seus adversários; mas nunca um Nicodemos indeciso e tímido, nem um Arimatéia político e contemporizador.

* * *

Entrementes, penetra na província da Cilícia o eco dos estranhos acontecimentos ocorridos na Palestina, e, sobretudo, em Jerusalém: o filho de um carpinteiro da Galiléia, a exemplo dos malogrados sectários Teudas e Judas Galileu, acabava de fundar uma nova religião. E essa religião contradizia em muitos pontos à lei de Moisés. Três dos conterrâneos de Saulo: Andrônico, Junias e Herodião (Ro. 16, 5 e 10), tinham estado em Jerusalém, por ocasião da última Páscoa, e, de regresso à Cilícia, contaram coisas sensacionais: o tal Nazareno, depois de crucificado e morto, parecia mais perigoso ainda do que em vida. Os seus discípulos o davam como ressuscitado e começavam a espalhar-lhe a doutrina. Numerosos israelitas, sobretudo de Ofel, bairro dos pobres, o veneravam fanaticamente e, todos os dias, de madrugada e ao anoitecer, se reuniam e cantavam louvoures ao filho do carpinteiro, como sendo Deus em pessoa. Até um distinto levita de Chipre, por nome José, com o apelido de Barnabé, acompanhava esse movimento sectário e fora ao ponto de vender suas propriedades para oferecer o produto à comunidade dos que aderiam ao crucificado.

Saulo ouvia, com estranheza e secreto furor, todas essas notícias trazidas de Jerusalém pelos amigos e colegas. E como não cessavam de circular e, com insistência cada vez maior, se repetiam os alarmantes comentários sobre a atividade e estupendos prodígios operados, como se dizia, pelos adeptos do Nazareno, resolveu o doutor da lei empreender uma viagem à Judéia, a fim de se inteirar da realidade.

Existiam nesse tempo, em Jerusalém, inúmeras sinagogas.

Cada grupo de israelitas da "diáspora" se julgava obrigado a manter ali a sua sinagoga.

Assim, funcionava a "sinagoga dos libertos" (At. 6, 9), quer dizer, descendentes dos judeus presos pelo general Pompeu, e, mais tarde, postos em liberdade. Outras sinagogas eram a dos judeus de Cirene, de Alexandria, da Ásia Menor e da Cilícia, torrão natal de Saulo.

O jovem rabi de Tarso, naturalmente, se associou aos seus conterrâneos na capital e todo o sábado, após as cerimônias oficiais do culto, se travavam no mesmo recinto calorosas discussões sobre a pessoa e doutrina de Jesus de Nazaré, crucificado por Pôncio Pilatos, as instâncias do Sinédrio.

Vivia então em Jerusalém um jovem israelita, de nome grego, Estêvão, que era como que o centro do movimento pró-nazareno. Conhecedor profundo da história do povo eleito e da epopéia das revelações divinas, pautara a sua vida pelas normas da sua fé. Era inteligente. Vivia como um santo. Dotado de uma intensa dinâmica espiritual, desenvolvia indefesa atividade no meio dos seus patrícios. Juntamente com Felipe, pai de quatro donzelas dotadas de espírito profético, foi Estêvão escolhido para o "colégio dos sete diáconos". Nessa qualidade aparece no cenário da história o ardente hebreu — pregador e taumaturgo.

Corria o segundo ou terceiro ano após a morte do Nazareno. Quando Estêvão, graças ao irresistível fascínio de sua personalidade e à flamejante dialética do seu verbo inspirado, parecia quebrar de vez todas as resistências e proclamar a vitória integral e definitiva do Evangelho sobre a lei mosaica — eis que, de improviso, aparece na liça o mais poderoso e temível adversário — Saulo de Tarso!

Sobre a entrada de uma das sinagogas de Jerusalém se via, em hebraico e em grego, esta legenda: Sinagoga dos Cilícios.

Todo o sábado se transformava esse recinto em verdadeiro campo de batalha, em uma arena de veementes conflitos entre duas poderosas inteligências.

Entremos.

No meio da sala, sobre um estrado, achava-se Estêvão, o ardoroso campeão do Evangelho, o intrépido líder do novo movimento espiritualista. Não longe, semi-ocultos por uma coluna Pedro e João, discípulos do Crucificado. Acompanhavam, cheios de interesse e emoção, os acontecimentos. Na primeira fila de assentos, quase defronte a Estêvão, vemos um homem dos seus trinta anos. Figura de asceta, magro, rosto pálido, olhos cintilantes por debaixo de um par de negras sobrancelhas — Saulo de Tarso, o doutor da lei.

É a primeira vez que se defrontam esses dois poderosos espíritos. Descem à arena, jovens gladiadores, para um formidável certame — pró e contra Cristo!... Vão cruzar as agudas lâminas da inteligência — em uma luta de vida e de morte!...

Ambos tomam por base o ponto de partida do texto sacro consignado pelos patriarcas e profetas de Deus. E cada um procura provar, à luz da revelação, a justiça da sua causa. Para Saulo, a lei de Moisés tem valor e validade eternos, e o templo de Jerusalém é o intangível santuário do Senhor dos exércitos. Para Estêvão, não passa o mosaísmo de uma alvorada que preludia o sol meridiano do Cristianismo, e o templo de Sion não tardará a atingir a perfeição do seu simbolismo no reino espiritual do Cristo.

Estêvão, para provar esta verdade central, prefere o caminho histórico aos argumentos teológicos. Principia por mostrar, à luz de fatos notórios, que todos os vaticínios dos profetas se cumpriram na pessoa do Nazareno, o qual levou à perfeição a lei mosaica e fundou um reino espiritual, que subsistirá até à consumação dos séculos.

Não conseguiu terminar a sua exposição. Quando os judeus perceberam as palavras referentes ao caráter provisório do templo e da lei de Moisés, taparam os ouvidos, para não ouvir tão horrendas "blasfêmias", e se arrojaram sobre o orador. Arrastaram-no tumultuosamente para fora da sinagoga e dos muros da cidade, colocaram-no contra uma parede e, de pedras em punho, frementes de impaciência e indignação, esperavam a clássica ordem: "Testemunhas para a frente! Atirai a primeira pedra!" conforme preceituava o Deuteronômio (17, 7).

Todos os olhares convergiam sobre Saulo de Tarso, único doutor da lei que se achava presente. Competia a ele dar a ordem fatal.

As testemunhas, os carrascos, tiram os seus mantos e depõem-nos aos pés de Saulo, e, a um aceno deste, sibilante saraivada de pedras desaba sobre o jovem levita. Ferido, cambaleante, cai de joelhos... Crava no céu os olhos cheios de sangue e exclama jubiloso: "Vejo o céu aberto, e o Filho do homem à direita de Deus!..." Depois, com um derradeiro olhar a Saulo, murmura: "Senhor, não lhes imputes este pecado!..."

Um fulgor estranho ilumina por momentos o semblante do jovem herói — apagam-se aquelas pupilas, para sempre emudecem aqueles lábios tão eloqüentes e cessa de pulsar o coração de fogo...

Saulo estava vingado. Eliminado o mais perigoso adversário.

Mas terá ele gozado em cheio a sua vitória?... Terá ele conciliado o sono, na noite próxima?... Não terá entreouvido o pranto com que os discípulos do Nazareno sepultavam o corpo contundido do impávido defensor da fé?...

Quem ousaria crer que, dentro de um ano ou dois, o assassino de Estêvão lhe ocuparia o lugar de apóstolo? Que Saulo, com indômita energia, arrancaria do túmulo da sua vítima a sangrenta bandeira do Crucificado, hasteando-a, gloriosa, no Areópago de Atenas, no Capitólio de Roma e nas mais longínquas plagas do universo?...

Por mais que Saulo "recalcitrasse contra o aguilhão" da graça divina, não tardaria para Paulo a hora solene do "Cristo, rei imortal dos séculos".

Por maior que seja a maldade do homem — a bondade de Deus é ainda incomparavelmente maior...

Parte II
De Damasco a Roma

Apóstolo e organizador

6. Às portas de Damasco

(At. 9, 1 ss; At. 22, 5 ss; 26, 12 ss; 1 Co. 15, 7; 9, 1; 2 Co. 4, 6; Gál 1, 12, 15 s; Ef. 3, 3; Fil. 3, 12; Ti. 1, 9)

Corria o ano 34 ou 35 da nossa era.
Meio-dia.
Espessa nuvem de poeira se levanta na extensa planície da Síria, limitada, mais além, pelas fraldas do Antilíbano.

Ao longe aparecem, por entre verdejantes pomares e tamareiras, umas cúpulas brancas, uma floresta de esguios minaretes; grupos maiores e menores de casas se avistam.

Damasco!

A fulminante caravana estimula as cavalgaduras. Velozes deslizam sobre as brancas areias as sombras fugazes dos camelos.

À frente de todos, um homem em pleno vigor da idade. De estatura média e compleição franzina, domina todos os mais com a potência do seu espírito e o vigor da sua vontade. Vem munido de documentos do Sinédrio; está autorizado a prender todos os adeptos do Crucificado, homens, mulheres e crianças, que em Damasco encontrar. Organizara-se em Jerusalém uma espécie de "tribunal de inquisição", que tinha por fim reprimir

47

a crescente influência dos "nazarenos", e Saulo, o mais ardoroso defensor das tradições paternas, fora investido do cargo de "inquisidor-mor". Tinha carta branca. Podia invadir as casas, de dia e de noite dar buscas e devassas, empregar torturas e instrumentos de suplício, que não faltavam nos subterrâneos das sinagogas (At. 26, 11). Flagelações com "quarenta golpes menos um" estavam na ordem do dia.

Os cárceres de Jerusalém regurgitavam de adeptos do Nazareno. Se ainda existiam na capital discípulos do Crucificado, viviam às ocultas, ou evitavam prudentemente traçar entre a lei de Moisés e o Evangelho de Jesus uma nítida linha divisória, nem assumiam atitude tão desassombrada como Estêvão e seus amigos. Havia um partido mais radical, outro mais tolerante.

Bem sabia Saulo que Damasco era o foco do radicalismo pró-Nazareno.

Em Jerusalém vivia Tiago, universalmente conhecido como amigo e respeitador da lei mosaica, alvo da admiração de Israel.

De súbito — um fulgor estranho — uma claridade intensa!...

Saulo jaz em terra...

No meio da luz, divisa o semelhante de um "homem celeste" (1 Co. 15, 48)... Um par de olhos profundos, cheios de eternidade, se cruzam por um momento com as pupilas de Saulo...

E logo depois — completa escuridão...

E, no meio dessa noite em pleno meio-dia, percebe ele um brado ingente como o rolar do trovão:

"Saulo!... Saulo!..."

E depois, como a voz plangente de incompreendido amor, tremula pelo espaço o eco longínquo de uma voz misteriosa:

"Por que me persegues?..."

Saulo levanta os olhos, crava no céu as órbitas — e nada enxerga...

Cegueira completa...

E pelas trevas meridianas vibra, firme e viril, esta pergunta:

"Quem és tu, senhor, a quem eu persigo?"
Momentos de silêncio... Instante de indizível angústia... Transes de ansiosa expectativa...

Saulo, sempre plenamente ele mesmo, quer saber quem é esse invisível acusador. Está pronto a servir a um "Senhor" que tenha o direito de lhe dar ordens; mas não está disposto a se render a um desconhecido, a um Ser anônimo, talvez a algum fantasma quimérico. A vigilante vontade de Saulo resiste até ao momento supremo. Não cede senão à verdade insofismável, à inegável evidência. Eminentemente racionalista, exige o derrotado que o seu misterioso vencedor se declare, se identifique, apresente as suas credenciais. A inteligência de Saulo, a sua vontade só se renderão a um "mais inteligente", a um "mais poderoso..."

"Quem és tu, senhor?"

Oh! Inaudita temeridade!

O nada pede uma definição ao Todo.

E o Todo, lá das alturas, se define ante o nada, que jaz prostrado no pó, cego, aniquilado...

"Eu sou Jesus a quem tu persegues..."

Jesus vive! — foi esta a mais estupenda revelação da vida de Saulo. Estêvão tinha razão... O Crucificado ressuscitara... Vivia...

Este pensamento fuzila como um relâmpago pela escuridão daquele grande espírito.

Desde então será esta a idéia central da vida de Paulo: Jesus redivivo!... O Crucificado ressurgiu dentre os mortos! Não adoramos um Cristo morto, uma múmia, uma relíquia do Cristo; não o Cristo do passado, da história, da Palestina — mas, sim, o Cristo vivo, presente, hoje e por todos os séculos...

"Eu sou o Jesus a quem tu persegues..."

Foi o momento trágico...

Foi o golpe fatal...

Neste instante, ruiu, ferido de violento terremoto, o soberbo palácio da teologia judaica de Saulo, e sobre essas ruínas se levantaria o templo magnífico do cristianismo de Paulo.

Como? Ele perseguia os discípulos do Cristo — e o Nazareno afirma que Saulo persegue a ele em pessoa?... Logo, Jesus e seus amigos são um e o mesmo.

De relance, à beira da estrada de Damasco, nasceu na alma de Paulo a idéia sublime do "corpo místico do Cristo", idéia que ele, mais tarde, defenderia em todas as suas epístolas.

No meio dessas reflexões que tumultuavam na alma de Saulo, tornou a falar a voz do alto, proferindo palavras repletas de mistério:

"Duro te é recalcitrar contra o aguilhão"!...

O aguilhão!?...

Saulo compreendeu tudo... Havia tempo, sobretudo desde aquele olhar derradeiro de Estêvão agonizante, sentia ele cravada na alma, qual doloroso espinho, uma dúvida cruel. A dúvida na virtude redentora da lei mosaica. Espírito observador, não fugira à sua perspicácia a diferença que ia entre a piedade artificial, o formalismo complexo do israelita, por um lado — e a espontânea e serena espiritualidade dos discípulos do Nazareno, por outro. A lei mosaica, pautada pelo imperativo categórico do dever, filho do terror — e o espírito evangélico do querer, oriundo do amor... O israelita, máxime o fariseu, vivia peado por uma inextricável teia de preceitos — eram, segundo Gamaliel, 248, além de 346 proibições! Acresciam a isto inumeráveis conselhos e diretivas orais, cada um dos quais afetava a consciência com maior ou menor gravidade.

Em face desse caos formalístico da religião judaica, sentia-se Saulo impressionado pela encantadora simplicidade religiosa dos discípulos do Nazareno. Amavam a Deus sobre todas as coisas, e ao próximo como a si mesmos — eis aí a sua religião! Todos os mais atos dimanavam, com espontânea naturalidade, dessas fontes eternas da mística e da ética.

Desde a morte de Estêvão era a alma de Saulo um campo de batalha. Abraçar o Evangelho?... Mas como podia Jesus ser o Messias, se sucumbira à morte?... Que seria da sua religião sem a presença do Mestre?... Não desapareceria em breve da face da terra?...

Saulo "recalcitrava" contra o aguilhão. A imagem é tomada do boi que puxa o carro, e, estimulado pelo acicate, contra ele se defende, escouceia e recusa obedecer. Assim a alma de Saulo. Não queria ceder, não se queria render ao impulso da graça. A sua índole intelectualista, a sua razão judaica e humana relutavam contra a idéia de um Messias morto, um Deus crucificado, um Redentor justiçado por um juiz pagão, a título de criminoso.

O orgulho farisaico do doutor da lei levantara uma barreira imensa à graça divina.

Eis senão quando esse mesmo Jesus morto lhe aparece vivo! O Crucificado, glorioso!... O Nazareno, a continuar a sua obra na pessoa dos seus discípulos!...

"Por que me persegues?"

"Quem és tu, Senhor?"

"Eu sou Jesus!... Não recalcitres! Rende-te, Saulo!... Tem fé em mim, sê fiel a mim!, porque sou vivo — redivivo! E estarei com os meus até à consumação dos séculos..."

Diante desses fulgores divinos desmaiam todas as luzes humanas...

Abertos os olhos do espírito, fechou Saulo os olhos corpóreos...

Estava cego...

Era um vidente...

7. Agir!

(At. 9, 1 ss)

Naqueles poucos momentos, às portas de Damasco, viveu a alma de Saulo séculos inteiros. O espírito não está sujeito às leis do tempo e do espaço.

Durante trinta anos trabalhara o israelita e fariseu de Tarso na construção do seu edifício filosófico-teológico e, no momento em que a construção parecia pronta e inabalavelmente sólida — eis que a graça de Deus sopra contra esse baluarte da humana sabedoria — e ele rui por terra, não ficando pedra sobre pedra!...

"O sopro sopra onde quer..."

E no meio dessa babel de ruínas procura Saulo orientar-se. Orientar-se?

Não, é necessário que Deus o oriente, no meio dessa universal escuridão, após tão horroroso terremoto.

"Que queres, Senhor, que eu faça?" — pergunta o cego, o derrotado.

Só mesmo dos lábios de um Saulo podiam brotar tais palavras. Outro homem teria implorado misericórdia e vida. Saulo não! Não se entrega a covardes gemidos e estéreis lamentações, nem se abandona a melancólicos saudosismos sobre os três decênios que vivera em vão. Não! É necessário agir! É preciso fazer alguma coisa! Realizar alguma obra! Está com um futuro diante de si... Já que está por terra o edifício do mosaísmo, urge levantar no meio desse caos o templo do Cristianismo!

"Que queres, Senhor, que eu faça?"

Se tanto fez ele *sem* o Cristo e *contra* o Cristo — quanto não *fará com* o Cristo e *pelo* Cristo!

Saulo mostrara à Ásia quanto pode o ódio nascido do erro — e mostrará ao mundo inteiro quanto vale o amor, filho da verdade.

"Que queres, Senhor!"

Desde então, não há apóstolo genuíno que não repita estas palavras:

"Que queres, Senhor, que eu faça?"

Quero fazer alguma coisa de grande, mas conforme o teu *querer!* Porque tu és o *senhor* e eu sou teu *servo!*...

* * *

E lá do alto vem a resposta, resposta que foi, certamente, uma dolorosa decepção para Saulo.

"Vai à cidade, e lá te será dito o que deves fazer."
Oh! Desilusão!
Depois de uma cena tão divinamente grande — um epílogo tão humanamente mesquinho! O grande herói que com os próprios olhos contemplou o Cristo glorioso, que com seus ouvidos percebeu a voz do Eterno — esse homem deve agora, como outro qualquer, pedir conselho a um seu semelhante, a um homem talvez medíocre, piedosamente medíocre, e que nunca teve um encontro pessoal com a Divindade!...
Como irá esse oceano acabar em um regato vulgar?... Por que não vem Jesus pessoalmente completar a sua obra tão gloriosamente iniciada?
Mistérios — e mais mistérios!...
Salvar o homem pelo homem — eis a pedagogia de Deus, tão incompreensível ao homem.
"Vai à cidade, e lá te será dito o que deves fazer..."
Por que não conduz Deus, pessoal e diretamente, essa alma que tão lealmente o procura? Por que a expõe à contingência de um possível naufrágio no porto?... Por que obriga essa águia do pensamento a encolher as possantes asas abertas na luminosa amplidão do espaço e entrar na estreita clausura de uma alma alheia?

8. Silêncio e oração

(At, 9, 10 ss; 22, 11 ss)

Quando Saulo se levantou da terra, estava ainda cego.
Chamou os companheiros de viagem, que se conservavam à distância, atônitos, perplexos, com o estranho fenômeno, a luz e as vozes do céu. Tinham visto o intenso clarão, percebido as palavras do alto, mas sem verem ninguém.
Em silêncio, conduziram o chefe pela mão, rumo a Damasco. Passaram por um largo portão que ainda hoje leva o nome de Saulo, e enveredaram pela "rua direita", naquele

tempo uma soberba avenida de um quilômetro de comprimento, ladeada de duas filas de colunas coríntias, cujos restos jazem hoje dispersos no meio de uma babel de casas e casebres.

Hospedou-se Saulo em uma estalagem, cujo proprietário se chamava Judas, como nos diz o historiador. O hospedeiro, algo confuso, recebeu o viajante cego e lhe designou o competente quarto. Trouxeram-lhe refrescos, comida, bebida — Saulo recusou tudo.

Os companheiros queriam ficar com ele — Saulo, porém, os despediu todos. Tinha necessidade de completa solidão; ansiava por estar a sós consigo e com os seus pensamentos.

Os grandes abalos reclamam concentração interior. Para a alma clarividente, o mundo exterior não passa de simples miragem; a intuição interna é que constitui a única realidade.

Retiraram-se os amigos, cheios de estranheza e perplexidade.

E então se seguiu para Saulo de Tarso aquele memorável tríduo de silêncio, de jejum e de oração — tríduo em que o seu espírito percorreu eternidades e a sua alma realizou a mais estupenda evolução que se pode conceber.

* * *

O apóstolo, durante todo o resto da sua vida atribuiu esse acontecimento a uma nítida intervenção divina — e, em última análise, é ele a testemunha mais autorizada e decisiva na questão. Os que pretendem dar o fato como natural, como efeito de uma auto-sugestão, como a solução de um "recalque" psíquico, ou ainda como a resultante de prolongados estudos de Saulo, esquecem-se de quase todas as circunstâncias concomitantes do fenômeno, esquecem-se de que os companheiros de Saulo também viram o estranho clarão e perceberam as palavras do céu, sem as compreenderem; esses explicadores, no afã de eliminar uma incógnita espiritual, introduzem outra incógnita, psíquica, não menos enigmática que a primeira.

Não é possível com todos os recursos da nossa adiantada

psicologia e psicanálise, dar explicação natural satisfatória do fato histórico ocorrido às portas de Damasco. Entretanto, sem querermos despojar o fenômeno do seu nimbo sobrenatural, tentemos penetrar um pouco nessa misteriosa penumbra.

Quando uma alma humana é, de improviso, arrancada, com tronco e raízes, do terreno em que crescia e medrava, e transplantada para um ambiente totalmente diverso, pode daí resultar a morte ou um incurável raquitismo — a não ser que ela seja dotada de um extraordinário potencial de vitalidade, a par de uma poderosa capacidade de adaptação.

De um momento para outro, teve a alma de Saulo de realizar esse processo arriscado, esse "salto mortal", do mais fanático mosaísmo para o mais decidido Cristianismo.

No momento em que, das serenas alturas do céu asiático, refulgiu o estranho clarão, e do silêncio do espaço vibrou o brado terrífico: "Eu sou Jesus a quem tu persegues" — neste momento se abalaram os alicerces daquele cosmos humano e estremeceu nas suas trajetórias o mais poderoso sistema planetário do universo espiritual...

Era completa a ruína...

Do edifício espiritual de Saulo não ficara pedra sobre pedra...

E no meio dos escombros do seu soberbo castelo estava prostrado o ardoroso discípulo de Gamaliel, o assassino de Estêvão, que viera de Jerusalém, com documentos oficiais, a fim de prender todos os discípulos do Nazareno...

Entretanto — e é o que há de mais admirável nesse homem — a alma de Saulo possuía suficiente dinâmica e elasticidade para arquitetar de um mundo em ruínas a "nova criação em Cristo". Não era nenhum Jeremias que se sentasse sobre as ruínas de Sion e deixasse correr, em plangente passividade, o pranto amargo da desilusão e do desânimo. Não! Saulo era antes um Ezequiel que, no meio de um campo semeado de ossadas inertes, sabia lançar o audacioso desafio: "Ossos áridos! Ouvi a palavra do Senhor!"

E deu-se então a grande ressurreição...

Aparece aqui, pela primeira vez em todo o seu fulgor, o cunho característico da alma de Saulo: uma inquebrantável energia de vontade, servida por uma penetrante agudeza de inteligência.

Saulo não se dobra a coisa alguma senão só à verdade nitidamente conhecida; não se curva diante de ninguém senão diante de Deus somente, o Deus da Verdade. Por isso, antes de oferecer os seus serviços ("que queres, Senhor, que eu faça?"), quer saber quem é que lhe fala ("quem és tu, Senhor?").

Mas, uma vez convencido da Verdade, entrega-se de corpo e alma e sem reserva a esse supremo ideal da sua vida.

Integralmente de Moisés — integralmente do Cristo.

O caráter de Saulo é perfeitamente o caráter de Paulo. Nada se extinguiu, nada se apagou, nada se sufocou, nada se eliminou.

Saulo não mudou de caráter, mudou apenas o alvo, o ideal, a causa que ele patrocinava.

* * *

Vibra, através de todas as epístolas desse homem secular, a nota dominante: "*A nova vida em Cristo nasce da morte do homem velho*". É necessário morrer para viver! E necessário que se apaguem todos os sóis mundanos para que Deus possa acender no firmamento noturno da alma as estrelas da sua revelação! E necessário que emudeçam todas as creaturas para que possa falar o Creador!

Morrer — para viver!

Se Saulo não fora aquela personalidade firme e maleável ao mesmo tempo, teriam os trinta anos da sua vida após Damasco sido um vácuo, um deserto repleto dos areais de pessimismo e negação, sem um oásis sequer de esperança e corajosa afirmação. No entanto, a sua vida de apóstolo foi um período de prodigiosa fecundidade e de tão transbordante plenitude que vinte séculos lhe gozam as riquezas, e até ao derradeiro dia da história há de a humanidade encher os seus vácuos com a divina plenitude de Paulo de Tarso.

9. Regenerando em Cristo

(At. 9, 10 ss)

Os três dias que Saulo passou em Damasco, após o estranho fenômeno, foram um tríduo de forja e modelação espiritual.

O último segredo da força com que atuamos sobre outros homens fica para além da nossa consciência, encontra-se nas incontroláveis profundezas do nosso Ser, nos abismos do nosso Eu divino.

Esse fator último e decisivo da nossa força e da nossa influência sobre os outros subtrai-se ao nosso *poder* consciente e vígil, e escapa também ao nosso *querer* consciente.

Podem outros seres dar impulso àquilo que já existe dentro da alma humana, mas não podem nela crear uma nova realidade. Só uma alma pode atuar sobre outra alma, ao ponto de nela crear uma nova realidade, originar um nascimento dentro de outra personalidade. Um Eu desperta em um Tu algo de seu próprio Ser. Para esse despertamento serve-se, geralmente, de um determinado veículo, como sejam o som, o olhar, a escrita, a palavra.

Entretanto, além desses veículos, um tanto grosseiros e primitivos, há outros, bem mais sutis e poderosos: são como umas ondas espirituais, vibrações imponderáveis e intangíveis, que sem cessar irradiam da alma humana e se comunicam ao ambiente espiritual. Dizemos "ondas", porque aqui termina propriamente o nosso saber; aqui começam as analogias e comparações tiradas da esfera das ciências físicas: ondas, fluidos, vibrações, auras, a "graça do Mestre".

Geralmente, a alma nada sabe dessas vibrações íntimas que emite, mas que nem por isso deixam de existir realmente.

Por isso, dentro do âmbito das leis humanas, só existe um

meio para melhorar os homens, para os tornar mais puros, mais caridosos, mais santos — é ser eu mesmo bom, puro, caridoso e santo. O que decide não é aquilo que eu sei, e, sim, o que sou. Pouco importa o que eu diga ou faça, contanto que eu seja alguém.

Até o maior e mais perfeito dos mestres e educadores, nada podia esperar dos seus discípulos, se lhes faltasse esse elemento invisível. A ordem "ide pelo mundo inteiro" só teria eficácia no caso que eles fossem emissários e amigos do Cristo, vasos de eleição, veículos de uma vida divina. Por isso, escolheu ele, à beira do Genesaré, pessoas idôneas para se tornarem veículos de ondas divinas. Para isto nao se requeria dinheiro nem prestígio, nem ciência nem eloqüência — mas era mister uma grande receptividade espiritual; porque esses emissários do Evangelho deviam encher a alma de uma luminosa plenitude, que depois irradiariam pelo mundo. Por isso acrescentou o Mestre: "Eu estarei convosco todos os dias..."

Um homem interiormente bom, muito antes de proferir uma palavra, já atuou salutarmente sobre seus semelhantes. Por outro lado, um homem que oculta nas profundezas do seu ser a impureza, a insinceridade, o espírito de interesse ou ambição, exercerá sobre os outros ação deletéria e contaminadora, mesmo que não faça propaganda explícita das suas idéias; o pior dos contágios é a corrupção íntima do indivíduo. E por mais que tal homem fale da beleza, da virtude e da grandeza de Deus — todo o seu zelo deixará, quando muito, indiferentes e frios os ouvintes, se é que não os fere e ofende...

Pouco importa qual seja a profissão do homem, interiormente bom; o que importa é que ele revele a sua alma — e isto é possível mesmo nas condições mais desfavoráveis. A verdadeira grandeza do homem e o seu maior poder independem da matéria, do tempo e espaço. Onde quer que viva, ore, e sofra e morra um homem reto e bom, intimamente puro e santo, aí existe um foco divino, uma usina geradora de energias espirituais, e desse centro energético irradiam pela terra ondas por vezes tão sutis que não as podemos medir nem definir; mas elas existem, e, se muitos fossem esses homens, talvez essas emanações espirituais assumiriam forma mais concreta e tangível.

Todo homem, quando não devidamente espiritualizado, vive na estranha ilusão de que a sua influência sobre os outros homens provenha das suas palavras ou dos seus atos externos; acha que é o seu saber, a sua perícia, a sua eloqüência que conduz as almas do erro à verdade, das trevas do mal à luz do bem. E é dificílimo tirá-lo dessa ilusão. É o último e mais árduo capítulo da psicologia, da pedagogia e também da vida espiritual convencermo-nos de que não é o nosso saber ou dizer que torna melhores os homens, mas unicamente o nosso ser. O que influi sobre os outros, o que os comove, abala, arrasta, ilumina, converte, santifica, é, em última análise, a nossa santa e pura espiritualidade e não a nossa ardente e espalhafatosa atividade.

Ser intimamente bom é o mais poderoso apostolado.

Onde quer que, na vastidão do globo, exista um poderoso foco de espiritualidade, aí está um centro salvador do gênero humano. E ainda que essa central de energias espirituais se encontre padecendo sobre o catre anônimo de um hospital, ou reclusa por detrás das grades escuras de um claustro, ou perdida na solidão das florestas amazônicas, nos desertos da África, ou nas geleiras do Alasca — pouco importa! — esse foco atua poderosamente sobre a humanidade. Basta que de fato exista e tenha a devida potencialidade.

Se o homem é capaz de atuar a grandes distâncias por meio de ondas eletrônicas — quem ousaria negar a existência de irradiações mentais ou espirituais emitidas por certas almas dotadas do elevado potencial? Seriam as ondas físicas mais poderosas que as ondas metafísicas? Seria a matéria superior ao espírito? Teria o nosso saber científico um raio de ação mais vasto que o nosso ser real?

O analfabeto e o principiante na vida espiritual costuma dar excessiva importância às atividades externas do seu ego humano, ao passo que o iniciado e mestre nas disciplinas do espírito concentra toda a sua atenção no elemento interno e imanente do seu Eu divino.

Fazer alguma coisa é acessível a qualquer ego personal — *ser* alguém é privilégio do Eu espiritual.

Daí essa calma e imperturbável serenidade do homem verdadeiramente espiritual. Não tem pressa, não se afoba, não se precipita, não se torna impaciente ou nervoso; ainda que em plena viagem, está sempre no termo da jornada; ele sabe que o seu valor e a sua influência são independentes do tempo e espaço.

Essa calma e serenidade atingiram o seu mais alto grau na pessoa de Jesus Cristo.

E todos os seus discípulos participam desse carisma.

* * *

Enquanto Saulo, em casa de Judas, em profunda solidão, procurava orientar-se nesse caos imenso e levantar o edifício cristão sobre as ruínas do judaismo, disse Deus a um piedoso discípulo do Cristo, em Damasco: "Ananias, põe-te a caminho e vai à rua Direita e procura em casa de Judas um tal Saulo, de Tarso".

Ananias estremeceu. Saulo de Tarso? O terrível perseguidor dos cristãos? O inimigo mortal que vem a Damasco com autorização do Sinédrio para lançar em ferros os discípulos do Nazareno?...

Acrescentou a voz misteriosa: "Ele está orando..."

Dissiparam-se um tanto as nuvens na alma de Ananias. Homem que ora não é homem perigoso nem mau.

Ainda assim, não conseguiu compreender tão estranho paradoxo — um anticristo em oração — e ousou externar suas dúvidas.

Insistiu a voz do alto com energia: "Vai, porque este homem é um instrumento por mim escolhido para levar o meu nome diante de pagãos, de reis e dos filhos de Israel. Eu lhe mostrarei quanto lhe cumpre sofrer por meu nome".

Homem que ora, homem que sofre é homem amigo e bom...

Ananias pôs-se a caminho, rumo à rua Direita.

Nesse meio-tempo tivera também Saulo uma visão que coincidia com a de Ananias.

É bem compreensível a hesitação de Ananias. Só mesmo uma ordem categórica do alto o podia mover a penetrar na caverna do leão...

Bateu à porta da casa de Judas, e, cheio de ansiosa expectativa, ficou aguardando o resultado. Abre-se a porta. Ananias expõe o seu pedido. É apresentado a um homem cego, pálido, debilitado do prolongado jejum e da intensa meditação dos últimos dias.

Lá estava o inimigo número um do Cristianismo...

"Irmão Saulo — disse Ananias, com voz trêmula — o Senhor Jesus, que te apareceu no caminho, enviou-me para que recuperes a vista e sejas repleto de um espírito santo."

"Irmão Saulo" — pela primeira vez ouve o Tarsense essa linda fraternal saudação — "irmão" — saudação que desde então ecoa através de todas as suas Epístolas. Como eram bons, esses amigos do Nazareno! E não era apenas uma frase convencional: era o reflexo de uma jubilosa realidade; os primeiros discípulos de Cristo, de fato, se tratavam como irmãos, porque amavam a Deus em essência, e amavam-no também em existência, em sua imagem humana.

Sentou-se Ananias — assim podemos imaginar em um banco ou tamborete. E Saulo, a seus pés, ouviu a primeira lição de "doutrina cristã". Quadro maravilhoso! Cena encantadora para o pincel de um Rafael ou de um Murilo!...

Em casa de Judas, morador à rua Direita, em Damasco, se leciona uma aula de Evangelho! Lente: Ananias, leigo piedoso e versado nas letras sagradas. Ouvinte: Saulo de Tarso, doutor da lei, discípulo de Gamaliel, ex-fariseu e ainda ontem o mais fanático perseguidor da igreja do Cristo.

Saulo trazia, certamente, no bolso, durante essa lição, a ordem de prisão contra esse mesmo Ananias, que não podia deixar de ser um dos chefes do movimento religioso em Damasco — e eis que o algoz se converte em dócil discípulo, e a vítima em preceptor e diretor espiritual.

O *lupus rapax* da tribo de Benjamim, feito mansa ovelhinha...

É que a "ordem de prisão" partida do céu era mais poderosa que a do Sinédrio de Jerusalém — e desde então se considera Paulo como um "prisioneiro do Cristo; capitulou com armas e bagagens e se rendeu ao divino vencedor...

"Que queres, Senhor, que eu faça?"

E Ananias, em nome de Deus, o mergulhou e admitiu à igreja do Cristo.

Desceram os dois a ladeira, Saulo conduzido por Ananias, e foram à praia do rio Barada, que em centenas de canais e meandros irriga a cidade de Damasco, fertilizando os jardins e pomares dos seus habitantes. Saulo entrou nas águas, e Ananias o mergulhou em uma consagração simbólica ao Cristo.

Saulo compreendeu de relance o profundo simbolismo deste ato: entra na água um homem profano — e sai da água um homem sagrado! Assim como Cristo, submergindo nas trevas do sepulcro, simbolizou a morte do ego mortal e dele emergiu para o Eu imortal — assim deve também o discípulo do Cristo imergir em um mergulho o "homem carnal" e dele emergir como "homem espiritual".

É esta a idéia genial que ele, mais tarde, inculcará aos seus ouvintes e leitores.

Neste momento sentiu Paulo desvanecerem-se, com a noite da alma, também as trevas das suas pupilas, e voltou-lhe a luz dos olhos. Tinha a impressão de que lhe caíssem escamas dos olhos, como refere Lucas.

Voltou à casa de Judas, tomou alimento e recobrou forças.

Amanhecera a vida nova!...

10. A sós com Deus

(At. 9, 20 ss; Gál. 1, 11 s; 16-17; 2 Co. 11, 32 s)

No primeiro sábado após a sua conversão, entrou Saulo na sinagoga de Damasco e começou a falar em Jesus, provando ser ele o Messias prometido, o Filho de Deus.

Indescritível foi a sensação provocada por essa atitude de Paulo. Indignação da parte dos judeus, desconfiança da parte dos cristãos. Aqueles execravam-no como traidor e trânsfuga e lhe juraram morte e perdição — estes não criam na sinceridade das suas intenções e receavam um estratagema; pois, como admitir que o mais feroz inimigo do Nazareno e dos seus discípulos se transformasse, de um dia para outro, em apóstolo do Evangelho?

Juridicamente, era gravíssimo o caso. O Sinédrio incumbira oficialmente a Saulo de combater e exterminar a heresia do Nazareno e o munira de documentos e faculdades amplíssimas — e este homem trai a sua missão, deserta da sinagoga e se constitui advogado e defensor dessa mesma causa que devia condenar — traição infame!

Assim foi que esta primeira tentativa apostólica em Damasco resultou nula e contraproducente.

Paulo, não menos prudente que enérgico, desistiu do seu intento e abandonou a cidade.

Talvez não pudesse ainda dizer como mais tarde: "A morte me lucro"; mas já podia afirmar: "o Cristo é minha vida."

* * *

Refere o apóstolo, em sua epístola aos Gálatas (1, 17), que, depois disso, se "retirou para a Arábia".

Estas palavras brevíssimas compreendiam um período de nada menos de três anos. Paulo desaparece do cenário da história. Se a sua conversão se deu no ano 34 da nossa era, só em 37 é que ele torna a emergir da escuridão e do silêncio.

Qual a razão desse triênio solitário nas plagas da Arábia? Nem Paulo nem o seu biógrafo Lucas o dizem. Temos de recorrer a conjeturas mais ou menos plausíveis.

Antes de tudo, convém rebater a idéia pueril de certos cristãos piedosos e ingênuos que imaginam os santos como que "caídos do céu" e se esquecem de que o santo se forma aos poucos, evolve, progride, se aperfeiçoa através de mil vicissitudes, por entre os fluxos e refluxos da luz e das trevas, do bem e do mal. O céu não é uma espécie de panótico ou cosmorama de almas humanas que nasçam perfeitas ou apareçam definitivamente santas e imaculadas desde o dia da sua conversão, homens que, de monstros que talvez tenham sido, passem repentinamente — em virtude não se sabe de que inaudito milagre de Deus — a creaturas angélicas sem defeito algum.

Grande parte da nossa literatura ascética alimenta no povo esse conceito errôneo e a "arte" dos fazedores de imagens e estátuas contribui o seu tanto para confirmar o público nessa idéia absurda. Santo é aquele que faz milagres — pensa o povo que tem visões, êxtases, revelações; o santo é quem leva sobre a cabeça um resplendor, tem os olhos languidamente voltados ao céu, traja vestes de cores berrantes, fora do comum, e assume atitudes tais que a um cristão dos nossos dias levariam para o manicômio ou para o posto de psicopatas.

Paulo nada tem dessa "santidade" esquisita. Ele é sempre e em tudo verdadeiro homem, homem tão humano como foi o próprio Cristo na sua vida mortal. Depois de se tornar discípulo do Nazareno, não abdicou da sua natureza humana em benefício do Cristianismo, não; o Cristianismo de Paulo sublimou e elevou ao mais alto potencial a personalidade de Saulo. Não a extinguiu, não a matou, não a reduziu a uma caricatura, não lhe amesquinhou uma só das qualidades naturais.

Quando Saulo tombou não se ergueu São Paulo — levantou-se apenas Paulo, esse homem singular que através de uma larga e trabalhosa ascensão espiritual, conseguiu atingir o cume da montanha onde está escrito: "Já não vivo eu — o Cristo é que vive em mim".

Desde o ano 34, ou 35 quando a veemência da graça divina o prostrou às portas de Damasco, até o ano 67, quando, em Óstia Tiberina, ele oferece a cerviz à espada do algoz, vai Paulo de Tarso evolvendo, dia a dia, vai se aperfeiçoando, santificando, através de longos decênios de dores e labores sempre iluminado pela luz divina que irradia de Jesus o Crucificado.

É este o Paulo da história e da vida — e não existe outro Paulo.

* * *

Depois do seu primeiro fracasso apostólico na sinagoga de Damasco, retirou-se pois, o recém-converso para o deserto da Arábia. Sentia em si a necessidade de ficar a sós consigo e com Deus. Era demasiado grande e vasto o novo mundo para que Paulo o pudesse compreender e organizar devidamente no meio do tumulto e bulício da sociedade. Pressentia que, nos anos vindouros, teria de repartir em profusão — e por isso convinha recolher com abundância.

Paulo nunca falou desse silencioso triênio; limita-se a mencioná-lo de passagem.

Assim como nada sabemos dos dezoito anos que Jesus passou na solidão de Nazaré, nada sabemos dos três anos que Paulo passou no silêncio da Arábia.

O termo "Arábia" comportava, nesse tempo, um sentido amplo. Abrangia toda a península arábica e se estendia até Damasco, e além, até as águas do Eufrates. A alma desse país era formada pelo reino dos nabateus, chamada "Arábia Pétrea", com o famoso centro caravaneiro Petra. Aretas, rei dos árabes nabateus, vivia então em pé de guerra com Herodes Antipas, tetrarca da Galiléia, o qual repudiara a sua legítima esposa, filha de Aretas, por amor a Herodias.

Calculou Paulo que nesse recanto se acharia seguro contra

os esbirros do Sinédrio, que súditos de Herodes, dificilmente penetrariam nos domínios do rei Aretas.

Internou-se, pois, o discípulo de Gamaliel em um dos ermos que ocupam vasta zona da península arábica. Vestido de beduíno, com larga túnica branca, cinta de couro cru e *keffife* (turbante) de variadas cores, foi habitar em uma caverna, ou pediu agasalho em modestíssima tenda a um dos nômades que viviam na monotonia dessas estepes agrestes, onde, mais tarde, se espiritualizariam tantos eremitas cristãos.

Destarte, começou o segundo yogui do cristianismo, a exemplo do primeiro yogui em Nazaré — construindo a vertical da mística antes da horizontal da ética.

A solidão exerceu sempre fascinação estranha sobre as almas dotadas de grande potencialidade. Moisés e Elias, Gregório de Nazianzo e João Crisóstomo, Francisco de Assis e Inácio de Loiola, João Batista e o próprio Cristo foram grandes amigos da sugestiva solitude do deserto e das montanhas, onde o homem parece ser mais ele mesmo e onde Deus parece falar melhor à alma do que na profana lufa-lufa da sociedade.

Em nossos dias, homens como Mahatma Gandhi, Ramakrishna, Ramana Maharishi seguiram o mesmo caminho.

Meditação e trabalho — eis o ambiente quotidiano de Paulo nesse período de introspecção.

Ainda hoje, como naquele tempo, vendem os beduínos dessas plagas o negrejante pêlo caprino, de que os tecelões fabricam um grosseiro tecido para as barracas dos nômades, que cruzam essas regiões, no incessante vaivém da sua vida errante.

Ei-lo, o tecelão de Tarso, o doutor da lei de Jerusalém, sentado novamente ao pé do tear, à sombra escassa de uma tamareira! As auras cálidas do deserto amorenaram-lhe a tez. Os incêndios da sua alma emprestaram intenso fulgor às pupilas... Enquanto as mãos acompanham mecanicamente as ásperas tranças de lã, e os olhos vigiam os movimentos rítmicos da lançadeira, mergulha o espírito de Paulo nas misteriosas profundezas da divindade. Ao lado dele, sobre a escassa relva, jazem os rolos amarelentos das Sagradas Escrituras, pergaminhos preciosos, inseparáveis companheiros desse grande aventureiro do Evangelho. Os vaticínios de Isaías, Jeremias, Davi e Daniel, tão seus conhecidos, lhe aparecem agora em uma luz nova. O que mais tarde, nas suas epístolas escreverá aos cristãos da Ásia e da Europa sobre a pessoa do Messias aqui, no silêncio da estepe, por entre o ciciar das flabelas das palmeiras e o ranger monótono do tear, aqui meditou, viveu e sofreu Paulo em solitários colóquios com o espírito do divino Mestre...

A Arábia, onde o grande Moisés vivera vida solitária de pastor durante quarenta anos, veio a tornar-se noviciado e seminário para o grande discípulo de Cristo.

Trinta anos de farisaísmo em Tarso e Jerusalém, três dias de concentração em Damasco, três anos de retiro espiritual na Arábia, trinta anos de indefeso apostolado mundial, e tudo isso ruborizado pelo sangue do martírio — eis a síntese da sua vida.

Nessa profunda solidão lançou Paulo as bases para uma nova filosofia cristã, que culmina nesse paradoxo, que tãosomente à luz do Evangelho é verdade e vida: "Tudo que se me afigura lucro passei a considerá-lo como perda, por amor a Cristo; sim considero como perda todas as coisas, em face do inexcedível conhecimento de meu Senhor Jesus Cristo; por amor dele é que renunciei a tudo isto e o tenho em conta de lixo, a fim de possuir o Cristo e viver nele" (Fil. 3, 7ss).

Se o caráter de Paulo não se distinguisse precisamente por uma acentuada racionalidade, se ele fosse mais platônico do que aristotélico, quem sabe se essa prolongada solidão e essa intensa introspecção não teriam acabado por envolvê-lo nos nevoeiros de um sentimentalismo sonhador e estéril, quem sabe se não se teria deixado embair pelos fogos fátuos de um misticismo incerto e vago? Pelas miragens encantadoras de um ascetismo subjetivo e alheio às cruas realidades da vida humana? Entretanto, graças a essa serena racionalidade da sua alma, não valeu a suave poesia das divagações místico-ascéticas alheiá-lo do rude prosaísmo do trabalho e das lutas, que formam o "pão nosso de cada dia" de todos os homens.

Já nesse tempo, é certo, elaborou Paulo a sua "concepção de Cristo".

Cada um dos autores sacros tem de Cristo a sua idéia peculiar. Idéias verdadeiras, todas elas, mas cada uma com o seu colorido especial, com a sua tonalidade característica.

Para João Evangelista resume-se a história da redenção nestas palavras: "A tal ponto amou Deus o mundo que lhe enviou o seu Filho Unigênito, para que todos os que nele cressem tivessem vida eterna".

Paulo de Tarso, educado na atmosfera do rigor jurídico da legislação romana, vê no corpo dilacerado do Crucificado o título de dívida dos nossos pecados, título agora roto pelos cravos e cancelado pelo sangue de Cristo, que se constituiu fiador nosso, devedores insolventes perante o credor justiceiro.

Se, para o discípulo do amor, a epopéia da redenção é um espontâneo transbordamento da divina bem-querença, para o doutor da lei é ela um ato de severa justiça, a execução de um contrato bilateral, o pagamento de um débito que o homem faz a Deus.

* * *

Paulo compreendeu nitidamente a verdadeira "catolicidade", ou seja, o caráter universal da redenção. Nascido e criado na atmosfera livre e ampla de um dos grandes centros culturais da época; conhecedor da miséria do homem, quer judeu, quer gentio; convencido da ineficiência das obras puramente rituais — proclama Paulo ao mundo inteiro que não há salvação senão em Cristo, o Crucificado; que ele é o Deus das misericórdias; que em face dele nada vale a circuncisão nem a descendência natural, mas tão-somente a "nova creatura".

Para Paulo, é Cristo o segundo Adão, que com a sua

obediência salvou a humanidade exposta à perdição pela desobediência do primeiro Adão.

Quanto tempo levou Paulo para elaborar, do caos da sua ideologia judeu-farisaica, o cosmo dessa cristologia, base de muitos dos tratados teológicos dos séculos posteriores?

Não sabemos. O que sabemos é que, nessa tarefa, andaram de mãos dadas a natureza e a graça, contundiram os seus fulgores à luz da inteligência e à luz da fé.

* * *

Mas eis que, de improviso, reaparece em Damasco esse homem, mais estranho do que nunca! Semblante asceticamente pálido, olhar espiritualizado de aturadas meditações.

Em Damasco estava tudo mudado. Ao regime despótico de Tibério César sucedera, na metrópole do império, o governo frouxo de Calígula, que concedia amplas liberdades aos régulos indígenas do Oriente. Sob às vistas complacentes do legado imperial Vitélio, voltara Damasco à jurisdição de Aretas, rei dos beduínos nabateus.

Nesse tempo, governava a cidade, na qualidade de etnarca, ou comandante de polícia, um *cheik,* criatura de Aretas. Os judeus aproveitaram esse período de liberdade para organizar uma vasta e intensa campanha de proselitismo religioso.

Paulo de Tarso tornou a hospedar-se, provavelmente, em casa de seu amigo Judas, relembrando o memorável acontecimento de três anos atrás.

No primeiro sábado dirigiu-se à sinagoga local e, na qualidade de doutor da lei, subiu ao estrado dos rabis e começou a ler alguns vaticínios de Isaías, mostrando em seguida como eles se haviam cumprido na pessoa de Jesus de Nazaré, o qual, portanto, era o Messias prometido.

Dentro de poucos minutos, estabeleceu-se universal tumulto na sinagoga. "Abaixo com ele!... Traidor!... Desertor!... blasfemo!... Da seita dos nazarenos!..."

Os chefes da sinagoga logo reconheceram o antigo emissário do Sinédrio. Tinham ordem categórica de prender o trânsfuga. Paulo conseguiu evadir-se. Ocultou-se em casa de um amigo.

Os judeus, porém, não desistiram do seu intento. Foram ter com o etnarca do rei Aretas e lhe pediram que mandasse fechar e vigiar as portas de Damasco, a fim de impedir a fuga de um famigerado criminoso.

Falharam, porém, os seus cálculos!

Os amigos de Paulo excogitaram um plano que tanto tem de genial quanto de aventureiro. Na calada da noite, enquanto os guardas estavam de plantão à entrada de Damasco, armados até os dentes, subiu Paulo à muralha da cidade, em um ponto retirado e escuro. Ajudado pelos amigos, sentou-se dentro de um cesto de vime suspenso em cordas, e, passando jeitosamente por uma das seteiras, foi arriado lentamente muro abaixo...

Lá no fundo, saltou em terra, acenou um último adeus aos amigos, e, cruzando os campos, sumiu-se na escuridão da noite.

Esse estranho aventureiro do reino de Deus!...

11. Em Jerusalém

(At. 9, 26 ss)

Quando os cristãos pacíficos de Damasco souberam da fuga de Paulo em plena noite e já o criam a boa distância, respiraram, aliviados, e um frêmito de gratidão passou pelas suas fileiras. Porque, afinal de contas, esse irmão Paulo era um camarada perigoso, uma cabeça de fogo que não admitia meio termo entre o *sim* e o *não*, entre o *tudo* e o *nada,* entre o homem profano e o cristão integral — e nem todo o discípulo de Cristo se sente bastante herói para professar essa intransigente lógica, que não respeita conveniências oportunistas nem admite posições indefinidas.

Todo gênio — seja de ordem intelectual ou espiritual — atua sobre a rotina pacífica da sociedade humana como um abalo sísmico que perturba o curso quotidiano das energias telúricas.

Paulo conhecia de diuturna convivência, a profunda tragicidade do paganismo, e, de experiência própria, provara a triste vacuidade do formalismo religioso de Israel. Para ele não havia outra alternativa: ou todo do mundo — ou todo do Cristo! E, como já rompera definitivamente com o mundo, que reputava como "lixo", e se desligara da sociedade que sabia "hipócrita" — tanto lhe valia a vida como a morte, porque nem uma nem outra o poderia separar do Cristo.

Daí a sua serena tranquilidade, a sua grandiosa liberdade de espírito, a sua marcha retilínea, que nem todos os santos do seu tempo partilhavam...

* * *

De Damasco partiam dois caminhos: um para o norte, que ia ter a Tarso, torrão natal do solitário viajante, o outro, rumo sul, para Jerusalém, cenário de estranhas recordações.

Escolheu Paulo este último, ciente embora de que em Jerusalém se encontraria com seus mortais inimigos. E como poderia o Sinédrio deixar de considerar esse homem o seu inimigo número um, depois daquela inesperada deserção de havia três anos?

Entretanto, lá se vai o herói, sereno e calmo, em linha reta à caverna do leão.

Anima-o, certamente, o desejo de conhecer alguns daqueles que tinham convivido longamente com o divino Mestre, máxime Simão Pedro, que gozava de notável prestígio no meio dos outros apóstolos e discípulos. Não suspeitava Paulo, provavelmente, que essa sua permanência na cidade santa se lhe tornaria fonte de grandes amarguras, de experiências dolorosas, causadas, não tanto pelos adversários, como por aqueles que ele tinha direito de considerar amigos e irmãos. Começava a concretizar-se a acerba verdade daquelas palavras do Senhor, às portas de Damasco: "Eu lhe mostrarei quanto lhe cumpre sofrer por causa do meu nome".

A mais amarga das amarguras é a que nos propinam os nossos "amigos". Os outros dissabores nos ferem, por assim dizer, de fora, ao passo que esta nos atinge de dentro e penetra nas íntimas fibras do nosso ser.

Cerca de oito dias durava a jornada de Damasco a Jerusalém. Reviu Paulo o lugar onde lhe aparecera Cristo em misteriosa visão. Passou por Cesaréia de Filipe, ao pé do Líbano, onde o Senhor proferira a memorável sentença sobre o "rochedo da Igreja". Entrou na sinagoga de Cafarnaum, que ouvira as palavras do Mestre sobre o "pão vivo". Viu o cume do Tabor e do alto do monte Scopus, avistou a cidade onde ele passara longos anos de estudos aos pés de Gamaliel. Que diria o venerando rabi, se visse o seu discípulo tão mudado?...

Não terá Paulo visitado o lugar ruborizado pelo sangue de Estêvão? Não se terá recordado daquele olhar moribundo cheio de luz? Daquelas palavras repletas de amor: "Senhor, não lhes imputes este pecado?"

Os judeus de Jerusalém, parece, pouco molestaram a Paulo. É que, após a morte de Estêvão e com o desaparecimento do principal perseguidor, amainara por alguns anos a tempestade. Os judeu-cristãos procuravam evitar qualquer ocasião de atrito. Abraçavam o Evangelho sem hostilizar abertamente a lei de Moisés.

Tanto mais dolorosas foram as experiências que o não-converso fez na roda dos apóstolos e discípulos do Cristo. Quase ninguém acreditava na sinceridade da sua conversão. Viam em tudo aquilo apenas um hábil estratagema do pérfido doutor da lei. Não lhe davam confiança.

"Depois da sua chegada a Jerusalém — diz o historiador — procurava Saulo juntar-se aos discípulos; mas todos o temiam, porque não criam que ele fosse discípulo" (At. 9, 26).

Os próprios apóstolos, sem excetuar Simão Pedro, se esquivaram do "apóstolo da última hora", que pretendia ser igual a eles, os amigos e companheiros familiares do Nazareno.

* * *

No meio dessa pesada e turva atmosfera de hostilidade e incompreensão, cai, qual raio solar, a compreendedora amizade de Barnabé. Este, como Saulo, nascera na "diáspora", em um ambiente de helenismo mundial, e, como aquele, acabava de abraçar o Evangelho. Espírito largo, coração sensível, compreendia melhor que outro qualquer a alma de Saulo e a situação aflitiva em que este se achava.

Foi Barnabé ter com Paulo, e adivinhou algo do grande mistério. Creu no milagre divino da conversão do perseguidor da Igreja — e desde então vemos esses dois homens unidos pelos laços de uma sincera amizade.

Barnabé apresentou Paulo a Simão Pedro e a Tiago. Mais tarde, também a João Evangelista. Afirma Paulo que só se encontrou, em Jerusalém, com três apóstolos. Os outros, certamente, andavam longe, ocupados nos labores da evangelização.

Esses quinze dias que Paulo passou em Jerusalém, em convivência com os "que eram considerados como colunas" (Gál. 2, 9), devem ter sido para ele de grande valor. Embora conhecesse por meio de revelação direta os fatos e as principais doutrinas de Jesus Cristo, tinha contudo necessidade de ouvir dos lábios de testemunhas presenciais, numerosos pormenores da vida do Crucificado. E, antes de tudo, convinha combinar com os demais arautos do Evangelho um plano uniforme para a conquista espiritual do mundo. Já nesse tempo, é certo, foram lançadas as bases para uma espécie de ritual, destinado a cingir como em um precioso engaste os mistérios religiosos do Cristianismo.

Paulo, ainda que espírito autônomo e gênio dinâmico, não era nenhum revolucionário ou anarquista. Na qualidade de cidadão romano e ministro da lei mosaica, bem sabia que nada prospera no mundo, quer material, quer espiritual, sem ordem e disciplina, sem uma inteligente harmonia de idéias e uma sábia concatenação de atividades.

A Bíblia é um livro enigmático, e, não raro, tormentoso; abre muitas vezes, nas suas páginas lapidares, um longo hiato de estranho silêncio onde o leitor esperava encontrar uma extensa narração de fatos de sumo interesse. Quase nada sabemos do intercâmbio de idéias e ideais que, sem dúvida, se estabeleceu, nessas duas semanas, entre Paulo e os demais apóstolos de Jesus, os que tinham presenciado as suas maravilhas, como também a sua profunda humilhação.

Muito aprendeu, nesses dias, o doutor da lei daqueles que desde o princípio haviam sido testemunhas e ministros da palavra; e muito aprenderam também, do erudito rabino, os singelos pescadores das margens do Genesaré.

Ficaram amigos em Cristo, é certo. Trabalharam de mãos dadas pelo mesmo ideal supremo, pela mesma causa divina, que lhes valia mais que a própria vida.

Entretanto, apesar dessa edificante harmonia apostólica, nunca se estabeleceu entre os discípulos palestinenses e o apóstolo de Tarso uma perfeita sintonia mental e espiritual. Entre o espírito do doutor da lei e a alma dos Galileus ficou sempre um grande abismo. A simplicidade desses bons homens do campo não podia familiarizar-se com a erudição do acadêmico, criado na atmosfera cultual de uma cidade pagã, saturada de filosofia helênica. Todos eles, sábios e ignorantes, anunciavam o mesmo Cristo e pregavam o mesmo Evangelho — mas cada um através do seu prisma individual, consoante a estreiteza ou a amplitude dos seus horizontes humanos.

Se os apóstolos palestinenses ministraram, por assim dizer, a matéria-prima da teologia cristã, legando à posteridade as palavras e obras do divino Mestre, o eminente pensador de Tarso tomou essa matéria plasmável e, graças ao seu grande espírito, lhe deu a forma específica em que o Cristianismo transpôs as fronteiras da Judéia, percorreu as plagas do gentilismo e veio tornar-se a religião da humanidade civilizada.

Depois de conferenciar longamente com os três "apóstolos-colunas", entrou Paulo em algumas das sinagogas de Jerusalém, de preferênciados helenistas — da Cilícia, da Síria e de Cirene — e começou a discorrer com os ouvintes sobre o tema fundamental da sua teologia: Jesus é o Messias prometido, o Salvador de toda a humanidade, e não apenas de Israel.

Acabava de tocar no ponto nevrálgico do orgulho nacional do hebreu. Revoltou-se contra essa concepção universalista o bairrismo regionalista dos judeus e o de não poucos judeu-cristãos.

Grande tumulto na sinagoga!

Amigos bem intencionados aconselharam Paulo a que se retirasse de Jerusalém, porque corria sério perigo de ser "eliminado".

Ele, porém, não cedeu. A despeito de toda a incompreensão e pertinácia dos seus patrícios hebreus, queria trabalhar pela salvação deles.

No dia seguinte, porém, quando orava no templo, teve uma visão: viu a Jesus que lhe dizia: "Retira-te de Jerusalém, porque eles não aceitarão o testemunho que deres de mim".

Ainda assim, não se rendeu Paulo. Pôs-se a discutir com o próprio Cristo, ansioso como estava de pregar o Evangelho no mesmo lugar onde espalhara o ódio ao Nazareno.

A voz, porém, insistia: "Retira-te, porque quero enviar-te para longe, aos gentios".

Então Paulo cedeu, salvando-se a si, e talvez muitos outros, de uma tragédia.

Mas, como pelo caminho o espreitavam inimigos traiçoeiros, julgaram os discípulos de bom aviso conduzi-lo secretamente, em plena noite, para fora da cidade, rumo a Cesaréia. Parece que se achava surto nesse porto um navio, no qual os amigos embarcaram o ardoroso arauto do Evangelho.

Na calada da noite fugira de Damasco — e em profunda escuridão tem de abandonar Jerusalém...

É tão perigoso dizer verdades...

É quase sempre mortífero dizer verdades em toda a sua desnudez...

Para os cristãos da Judéia foi essa fuga de Paulo, certamente, um alívio — como alívio fora para os de Damasco o seu desaparecimento dessa cidade.

Paulo não descobrira ainda, nesse tempo, o método para evangelizar homens dessa índole — e, propriamente, nunca descobriu esse método. O seu intelectualismo dialético, a sua mentalidade especulativa, certo cunho aristocrático do seu gênio autônomo, interpretado como orgulho e convencimento, e, não em último lugar, a intransigência dos seus princípios que por vezes atingia as raias da aspereza — tudo isto fazia dele um "bloco errático", arrebatado não se sabe de que ignotas alturas, e por que estranhas potências arremessado ao meio de uma planície de formação diferente e por isso mesmo incapaz de o compreender.

Paulo de Tarso antecipou o seu tempo, como acontece, aliás, com todos os grandes espíritos. Não despontara ainda para os outros aquela luz que as suas pupilas contemplavam, para além do horizonte da história.

12. O ermitão anônimo

(At. 9, 30 s; Gál 1, 21; 2 Co. 12, 2 ss)

Os três ou quatro anos seguintes — mais ou menos de 39 a 42 ou 43 — passou-os Paulo em Tarso, sua cidade natal.

Com o seu desaparecimento do cenário da Palestina, referem os "Atos dos Apóstolos" (9, 29-30), entrou a "igreja a gozar de paz em toda a Judéia, Galiléia e Samaria, tomando incremento cada vez maior".

Será que não vai nestas palavras um quê de discreta ironia?...

Parece que a presença de um gênio é para o resto da humanidade motivo de inquietação, como uma ameaça tácita à sua pacífica mediocridade. É que os homens extraordinários não obedecem, geralmente, às leis ordinárias da humana prudência, sem as quais não subsiste a sociedade. Tem os *seus* caminhos, os *seus* modos de ver. Não pautam os seus atos pelo padrão da honestidade vulgar. Têm dentro de si cumes e abismos, que nem sempre dizem com a suave planície de almas menos montanhosas, e por isso mesmo, mais amigas da *aurea mediocritas* do que das incalculáveis surpresas de um vulcão ou da arrasadora veemência de uma tempestade de Pentecostes...

Muitos homens só se sentem seguros enquanto andam sobre trilhos previamente alinhados. No momento em que lhes faltam esses trilhos, vacilam, hesitam, incertos, e se desnorteiam na marcha.

Paulo de Tarso, porém, era essencialmente um *condutor,* e não um *conduzido* — conduzido tão-somente por Deus, mas não por mão humana. Ufana-se de "não cultivar terreno já por outrem arroteado". Gostava de desbravar florestas virgens, romper caminho por onde não existia vestígio de trilho e hastear o pendão do Cristo em incógnitas paragens.

Assim, foi melhor para o sossego e a segurança da igreja da Palestina retirar-se, por algum tempo, esse impetuoso revolucionário do espírito.

Foi, pois, em demanda de Tarso.

Qual o motivo desta resolução?

Não o moveram, de certo, sentimentos humanos, saudades da família ou desejos de rever companheiros da mocidade. A exemplo do Cristo, Paulo, uma vez chamado ao apostolado, não mais conhece laços de sangue nem vínculos de ordem natural.

Que fez ele durante esse longo retiro na capital da Cilícia?

Ignoramos...

A vida desse homem parece-se com o curso de certos rios, que subitamente desaparecem em misteriosas profundezas, para reaparecerem, muito além, à superfície da terra.

Havia cerca de 25 anos que o jovem estudante da lei

mosaica abandonara o seu torrão natal e sua família, a fim de beber a sabedoria de Gamaliel, em Jerusalém.

Terá ele reencontrado, agora, seus pais em Tarso? E, em caso afirmativo, que idéia terão eles formado do filho? Não o terão considerado como desertor, apóstata?...

Paulo ouvia, em silêncio, todas essas objeções. Depois respondia, calma e sabiamente, mostrando que Jesus não aboliu, mas levou à perfeição a lei de Moisés; que o judaismo era apenas a semente, mas não a árvore em sua plenitude; que era a aurora, mas não o sol das revelações de Iahweh.

Não obstante isso, continuava a ser um estranho entre estranhos na própria casa. A exemplo do seu Mestre, teve de verificar que "ninguém é profeta em sua pátria".

Aliás, não temos indício algum de que Paulo tenha reencontrado, em Tarso, seus pais, a que nunca faz alusão.

Por que não saiu pelo mundo afora pregar o Evangelho?

Parece que Deus o retinha em Tarso, a fim de lhe dar tempo e sossego para aprofundar o mistério da redenção. Tinha de armazenar em sua alma aquela plenitude espiritual, que, mais tarde, ia derramar nas almas dos seus ouvintes e leitores.

Esses silenciosos anos em Tarso, como outrora os da Arábia, foram um período de intensa receptividade, que devia preceder, qual primavera, ao subseqüente outono de uma exuberante distribuição.

Toussaint, Loisy, e outros julgam descobrir nesse período de estranho retraimento as origens da teologia mística de Paulo, dando-o como discípulo dos filósofos da Grécia e dos teosofistas do Oriente.

Verdade é que, em Tarso, não lhe faltava contato fácil e assíduo com certos filósofos estóicos e peripatéticos, doutrinadores ambulantes, que amoedavam em pequenas sentenças, para uso do povo, os grandes pensamentos de Platão, Aristóteles, Sócrates e outros espíritos de Hélade. Também é inegável que, repetidas vezes, em suas epístolas, cita o apóstolo ditos ou pensamentos de sábios pagãos; assim, por exemplo, no célebre discurso filosófico proferido no Areópago de Atenas (At. 17, 28), cita uma passagem do seu conterrâneo Aratus, palavras que também ocorrem na oração que Cleantes dirige a Júpiter: "Pois que somos da sua estirpe". Outro tópico, desta vez de Epimênides: "Nele vivemos, nos movemos e temos o nosso ser". Na primeira epístola aos coríntios (15, 32) refere duas sentenças de Menandro: "Comamos e bebamos, porque amanhã morreremos"; como também o provérbio popular: "Más companhias corrompem bons costumes". Ainda na epístola a Tito (1, 12) recorre a uma frase de Epimênides para caracterizar o gênio dos habitantes de Creta: "Os cretenses são mentirosos, bestas ruins, ventres preguiçosos".

Entretanto, seria grande exagero e conclusão além das premissas tirarmos daí a conseqüência de ter Paulo haurido em fontes profanas as suas concepções místicas. Quem lhe conhece as imortais epístolas não ignora quanto ele detestava os mistérios religiosos do paganismo, a ponto de castigar, em Chipre, com subitânea cegueira, o mago Elimas. Em Éfeso dissertou com tanta inteligência e vigor sobre magia e ocultismo que os ouvintes reuniram centenas de livros desse gênero e os lançaram ao fogo.

Para Paulo não existe no céu nem na terra, nem debaixo da terra, creatura alguma que em si e por si mesma possua virtudes divinas ou sobrenaturais. Só a Deus é que compete esse poder, e, se alguma pessoa ou algum objeto parece comunicar ao homem efeitos sobrenaturais, é Deus que os comunica por meio dessa creatura.

Não consta mesmo que Paulo tenha lido, após a sua conversão, algum autor profano. O seu inseparável *vademecum* era a Bíblia. O que sabia dos filósofos mundanos, conhecia-o do tempo dos estudos em Tarso, ou aprendera de oitiva, pelas dissertações quase diárias dos mestres ambulantes.

* * *

Nessa longa solidão, experimentou a alma de Paulo toda a

acerbidade, como também toda a verdade das palavras do Mestre: "Se o grão de trigo não cair em terra e morrer, ficará a sós consigo; mas, se morrer, produzirá muito fruto".

É possível que tenha levado verdadeira vida de ermitão, habitando em alguma caverna, nas dependências do Taurus, que não fica longe. Foi, talvez, aqui que Deus o arrebatou a misteriosas visões, como escreve quatorze anos mais tarde aos coríntios (11, 12, 2-4): "Conheço um homem em Cristo que, há quatorze anos, foi arrebatado ao terceiro céu... e percebeu ditos indizíveis que a nenhum homem é concebido exprimir".

É possível que, de vez em quando, tenha interrompido essa vida eremítica e empreendido excursões evangélicas pela Síria e Cilícia, sem contudo fundar cristandades, nessas regiões.

Um belo dia, porém, aparece em Tarso o seu fiel e dedicado amigo Barnabé! Convida o esquelético eremita para uma grande excursão missionária pelas plagas da Ásia.

E lá se foram os dois — para conquistar o mundo!

13. Antioquia. Primavera apostólica

(At. 11, 19-24)

Depois de Roma e Alexandria, era Antioquia a mais importante cidade do império dos Césares. Contava nesse tempo, mais de meio milhão de habitantes. Metrópole do Oriente, sede do Legado romano da Síria notável, empório comercial da época, foco de vida intelectual judeu-helênico-romana — veio esta cidade tornar-se para Paulo, durante dois decênios, o que Cafarnaum fora para Jesus Cristo durante os três anos da sua vida pública: ponto estratégico do seu apostolado, base das suas expedições pelos dois continentes do mundo civilizado.

Vale pois, a pena, darmos um rápido passeio pelas ruas de Antioquia.

Situada na extremidade oriental do Mediterrâneo, no ponto onde o litoral da Síria e da Ásia Menor formam um ângulo reto, desdobrava-se o maciço casario sobre a margem meridional do rio Orontes, entre as fraldas do Amanus, ao norte, e do Cásio, ao sul. A verdejante esplanada do monte Silpio formava-lhe pitoresca moldura. Daí às praias do mar mediavam apenas 20 quilômetros.

Por toda a parte encontrava o visitante vestígios dos selêucidas, herdeiros de Alexandre Magno, indícios eclipsados, em parte, pelo subseqüente período cultural judeu-romano. Em sentido sudoeste-nordeste, se lançava através de toda a cidade a "avenida marmórea", imponente via pública que, com as suas quatro gigantescas filas de colunas de mármore branco, imortalizava o genial Mecenas de Edom, Herodes o Grande. Medindo diversos quilômetros de extensão, projetava-se esta artéria até ao sopé do monte Silpio, em cujo cimo se erguia a estátua de Júpiter tonante. Do seio de uma luxuriante ilha do rio Orontes, ao norte da cidade, partia outra avenida, não menos suntuosa que a de Herodes.

Formava com ela ângulo reto, desenhando uma imensa cruz de mármore, que dividia Antioquia em quatro partes.

Nessa ilha se levantava, outrora, o famoso palácio dos selêucidas.

Contornava a cidade uma muralha de 300-400 torres e bastiões, verdadeira maravilha arquitetônica em que rivalizavam o poder de Roma e o gosto artístico de Atenas.

Antioquia era, nessa época, uma espécie de Pompéia, cidade de conforto e de luxo. Por toda a parte, esplêndidos canais, aquedutos, banhos e chafarizes, cujas águas derivavam das fontes cristalinas de Dafne (hoje Bêt-el-Mâ), o lendário vergel de delícias, onde, por entre bosques, rochedos e cascatas, costumava a mocidade antioquena realizar os seus *rendez-vous*, tecer os seus idílios de amor, celebrar as suas orgias e cometer os seus crimes.

Causa de admiração e pasmo o que historiadores contemporâneos referem sobre a iluminação da cidade, nesse tempo em que não se conheciam ainda os modernos processos de transformar em dia as trevas da noite. Afirma o escritor antioqueno Libânio: "À noite, a luz solar é substituída por focos luminosos; a diferença entre o dia e a noite só está na diversidade da iluminação; homens diligentes mal percebem essa diferença e continuam tranquilamente os labores da forja: outros passam a noite cantando e dançando — de maneira que Vulcano e Vênus dividem entre si o império da noite".

Com estas últimas palavras alude o historiador a dois pontos característicos de Antioquia: a sua florescente indústria armamentista (Vulcano, patrono dos ferreiros) e a sua proverbial luxúria. Se em Atenas era Afrodite, ou Vênus, cultivada como deusa da beleza, em Roma como a personificação do amor, na Ásia e, sobretudo, em Antioquia, era ela a encarnação do mais desbragado sensualismo.

Quando Juvenal, candente e ferino, satiriza a corrupção dos romanos, diz que, as águas do Orontes desembocam no Tibre e aí depositam as suas imundícies".

Naquela hora memorável em que os fariseus de Jerusalém mostraram a Jesus a moeda do tributo, com a inscrição de César, pousaram os olhos do Nazareno, provavelmente, em uma moeda de prata cunhada em uma das fábricas metalúrgicas de Antioquia onde funcionava o que hoje chamamos a "casa da moeda" do império romano.

Quase todas as religiões pagãs da época tinham chegado ao extremo de perversidade de aureolarem os mais degradantes vícios com o nimbo divino dos mistérios litúrgicos. Havia solenidades religiosas, orgias e bacanais, em honra de todas as infâmias personificadas em algum deus ou uma deusa. Sobretudo no culto de Adônis e de Astarte culminava a divinização do instinto sexual e das suas repugnantes aberrações.

* * *

No ano em que Paulo entrou em Antioquia, existiam aí quatro classes sociais nitidamente discriminadas: 1 — o *ro-*

mano, homem militarizado, dono de escassa cultura, amigo de poucas palavras e enfatuado de orgulho pelo seu domínio mundial; 2 — o *grego*, ou *helenista*, aristocrata social e intelectual, descrente da metafísica dos velhos deuses, e tanto mais crente da física da matéria e dos prazeres sensuais; 3 — o *sírio*, indígena, mais ou menos plebeu, indolente, molusco sem caráter, cuja filosofia e teologia se confundiam em uma babel caótica de crendices e superstições, cada qual mais absurda e pueril; 4 — finalmente, o *judeu*, negociante solerte, segregado quanto possível da turba profana dos "goim", cônscio da sua condição de favorito de Iahweh e convencido de ser o único homem religioso do mundo.

Os antioquenos que tomavam a sério a religião costumavam frequentar, aos sábados, a sinagoga de Israel, onde, de encontro a todas as concepções pagãs, se falava em um só Deus e se proscrevia qualquer representação material de realidades espirituais.

Essa austeridade ritual do monoteísmo hebreu contrastava vivamente com o fetichismo politeísta do gentio.

Entre os adventícios pagãos que frequentavam a sinagoga havia duas classes de pessoas que desempenhavam papel importante nas epístolas de Paulo, como em geral nos livros sacros do Novo Testamento: os prosélitos e os tementes a Deus (ou simplesmente religiosos). Aqueles eram candidatos à religião mosaica, uma espécie de catecúmenos; estes últimos, simples curiosos ou simpatizantes que, de vez em quando, assistiam, à entrada do santuário, às funções religiosas de Israel.

Nesse tempo, já se contava em Antioquia bom número de "discípulo do Nazareno", judeu-cristãos que a perseguição religiosa da Palestina, chefiada por Saulo, lançara a essas plagas. Comerciantes, operários, nômades caravaneiros de todos os pontos cardiais tinham espalhado nessa cidade e arredores os primeiros germes do Evangelho.

Pelos caravaneiros, que mantinham um intenso intercâmbio de mercadorias e de idéias entre Antioquia e Jerusalém, tiveram os apóstolos notícia do progresso do Evangelho na metrópole comercial da Ásia Menor. Resolveram, para lá enviar um pastor espiritual. E a escolha recaiu em Barnabé.

Escolha feliz! Difícil seria encontrar homem mais idôneo para tão importante missão. Filho de judeus, nascido na atmosfera livre de Chipre, afeito à convivência com toda a espécie de povos; além disso, espírito culto, tolerante, criterioso, e, ainda por cima, um homem de porte esbelto e maneiras simpáticas — era Barnabé um missionário ideal para essa tarefa.

Chegado a Antioquia, diz uma tradição antiquíssima, reuniu Barnabé os discípulos do Nazareno em uma casa situada à rua Singon, contígua ao forum e não longe do Panteon.

O trabalho que o esperava era ingente, sobre-humano. Erguer do profundo lodaçal da luxúria e libertar de um caos de superstições religiosas aquele povo, e guindá-lo às alturas da fé cristã e da moral evangélica — maior cabedal de heroísmo exigia esta missão do que todos os feitos bélicos de Alexandre Magno, Júlio César ou Aníbal.

Barnabé confiando no auxílio divino, pôs mãos à obra.

14. Paulo e Barnabé — Pioneiros do Evangelho

(At. 11, 25 ss; 12, 1 ss)

Em uma daquelas formosas manhãs asiáticas — talvez na primavera do ano 42 — quando Paulo, ainda em Tarso, estava sentado ao tear, absorto nessa ocupação prosaica, sentiu subitamente alguém lhe colocar a mão no ombro e percebeu o timbre másculo de uma voz conhecida dizer-lhe: "Irmão Saulo, o Mestre precisa de ti".

Era Barnabé e recém-chegado. Acabava de convencer-se de que, sozinho, não podia levar a êxito feliz a gigantesca incumbência de evangelizar aquele meio milhão de pagãos de Antioquia. Necessitava de um inteligente e dinâmico auxiliar, um homem profundamente espiritual e amplamente social, um apóstolo todo de Deus e todo do próximo.

E esse homem, bem sabia Barnabé, era Saulo de Tarso.

Começou Barnabé a descrever ao amigo o campo imenso que os aguardava em Antioquia — e os olhos de Paulo reassumiram aquele fulgor intenso, quase terrífico, que denunciava o incêndio do seu interior. Depois de tão longo período de retraimento ardia ele por iniciar o seu apostolado social.

Saulo vendeu os últimos côvados de tecido caprino — e no dia seguinte, bem de madrugada, desceram os dois aventureiros do Cristo, em uma pequena embarcação, às águas plácidas do Cydnus, até ao litoral do Mediterrâneo. Daí, com pouca demora, prosseguiram viagem a bordo de um veleiro mercante, rumo sul, com destino ao porto de Selêucia.

Que resposta terão dado esses dois homens, na flor da idade, aos demais passageiros que lhes perguntavam pelo objetivo da viagem? Os outros iam comprar ou vender cereais, couros, pêlo de cabra, ferro, cobre, etc. — e eles? Iam levar às almas a boa nova da redenção. Trabalhariam de graça. Exporiam a sua vida, todos os dias, aos perigos — e tudo isso por motivos espirituais, por simples idealismo religioso! Deveras, um par de enigmas ambulantes!

Saltaram em Selêucia. E sem detença, puseram-se a galgar as rampas rochosas das montanhas do litoral, até que, após umas cinco ou seis horas de marcha, avistaram o vale do Orontes e, derramada sobre as margens da larga torrente, a cidade de Antioquia.

Com uma prece a Jesus, saudaram o teatro das suas lutas e desceram rapidamente as montanhas.

A entrada da cidade rentearam a gigantesca estátua de Caronte, o famoso barqueiro dos ínferos, monumento que os antioquenos haviam erguido à sinistra divindade em prova de gratidão pela extinção de uma epidemia que, em tempos idos, dizimara a população.

O apóstolo da vida saúda o símbolo da morte.

Cruzando a ilha do Orontes e passando ao pé do palácio real, chegaram os dois batedores do Cristo à "praça dos camelos", onde as caravanas da China, do Turquestão oriental e de Ecbátna (Bagdá) costumavam fazer pousada e vender os seus fardos de seda. Bandos de escravos de pele bronzeada enchiam de algazarra o extenso descampado. Hirsutos camelos e informes dromedários distendiam os membros fatigados à sombra escassa das tamareiras e dos plátanos.

Barnabé conduziu o seu amigo diretamente à rua Singon, onde o apresentou aos "presbíteros", palavra grega que significa "ancião" e que era o título honorífico dos primitivos chefes das cristandades. Com espontânea alegria e sincera benevolência foi Paulo recebido. Parece, todavia, que a princípio não lhe foi confiado um posto de destaque e responsabilidade. Era considerado como um prestimoso coadjutor dos chefes religiosos de Antioquia. Em uma relação de Lucas nos *Atos dos Apóstolos* (13, 1) figura uma série de beneméritos da igreja antioquena — e o nome de Saulo em último lugar! Entretanto, que sabemos daqueles outros? Paulo de Tarso, porém, vive até hoje como se fosse filho do século XX.

Este período antioqueno foi para Paulo o que para os recém-casados costuma ser a chamada "lua de mel" — uma verdadeira "viagem nupcial" através de mundos encantados, e, contudo, perfeitamente reais; através de um imenso cosmos espiritual de maravilhas e grandezas, que empolgavam a alma desse homem na flor da idade.

Que suspeitam dessas maravilhas os mundanos, que confundem felicidade com prazer?

Paira sobre os feitos apostólicos de Paulo um quê de vigor primaveril; pareciam aureolados do halo daquele espírito que, no início da criação, deslizava sobre as águas pré-históricas, como refere o Gênesis: *"spiritus Dei ferebatur super aquas"*. Não existiam ainda formulários e protocolos. A única lei vigente era o amor, o amor de Deus e do próximo. A religiosidade desse tempo era singela e profunda, caracterizada por uma exuberante pujança e elasticidade juvenil, uma atmosfera matutina, um fulgor estelar, uma iniciativa que não conhecia barreiras nem impossíveis. Era o Cristianismo virgem, em toda a abundância da sua intacta vitalidade, em todo o fulgor da sua divina poesia, orvalhado ainda na madrugada da redenção...

Talvez Paulo, nos trinta anos da sua vida ulterior, nunca mais tenha experimentado tão deliciosamente as grandezas do apostolado como neste cenário do seu "primeiro e santo amor"...

....

Nos sábados, à noite, quando a aristocracia antioquena espairecia pelos luxuriantes bosques de Dafne, quando sobre os rochedos ao pé das trêfegas cascatas estavam sentados os pares de namorados, e nos salões elegantes tiniam os cálices de vinho de Chipre — então reuniam Paulo e Barnabé, em uma casa ou ao ar livre, um pugilo de operários empoeirados, um grupo de escravos, quitandeiros e soldados, e lhes falavam de um mundo espiritual incomparavelmente mais grandioso do que todas as maravilhas com que a natureza e a arte haviam dotado a metrópole asiática e seus arredores. Falavam-lhes da vida nova no Cristo, assim como só pode falar quem vive e sofre essa vida. E os catecúmenos de todas as idades, raças e condições sociais escutavam, silenciosos, absortos, sedentos, essas mensagens do Além, e começavam a sentir-se felizes na sua humilde condição, porque o grande profeta de Nazaré, como lhes dizia Paulo, fora colega deles, fizera-se operário, servo, vítima e réu de morte por amor aos homens...

Toda a vez que Paulo e Barnabé, horas mortas da noite, encerravam com um cântico de louvor a hora da catequese evangélica, estavam possuídos de profunda admiração pela simplicidade e boa fé com que aqueles gentios abraçavam as verdades do Cristianismo, verdades que a numerosos israelitas causavam insuperáveis dificuldades.

Os dois grandes mestres espirituais não exigiam dos seus discípulos a observância da lei mosaica, mas apenas da lei natural e das normas do Evangelho.

Tudo era alma, amor, espontânea naturalidade. Nada de formalismos artificiais, nada de chapas prescritas!

O judeu-cristão, quando convidado para um dos ágapes tão em voga no primeiro século, não podia comer sossegado, com medo de engolir um bocado de carne de porco e pecar assim contra a lei de Moisés. Quando ia ao açougue, tinha de indagar e examinar com escrupulosa solicitude as diversas carnes, para não comprar a que fora imolada aos deuses e, portanto, "carne impura". Comer "carne sufocada" ou "carne saturada de sangue" seria o mesmo que contaminar gravemente a consciência.

Paulo e Barnabé nunca falavam aos seus catecúmenos ou neófitos de semelhantes "pecados". Tanto mais lhes inculcavam um sagrado respeito à justiça, à caridade, à fidelidade, à verdade e à sinceridade em todas as coisas.

Essa largueza de vistas e essa liberdade de espírito, cunho característico da alma paulina, não tardariam a levar o apóstolo dos gentios a veementes conflitos com os arautos do Evangelho ainda dominados pela ideologia do mosaismo tradicional.

* * *

Refere Lucas, nos *Atos dos Apóstolos*, que em Antioquia foram os discípulos de Jesus pela primeira vez apelidados de "cristãos" *(Christianoi)*. Os judeus chamavam-nos, geralmente, "nazarenos", ao passo que eles próprios se intitulavam "irmãos", "peregrinos", "viajores".

A denominação "cristãos" não carecia, certamente, de uma pontinha de ironia, como faz entrever, mais de uma vez, o texto sacro. Se o nome suave "Jesus", em vez do vigoroso cognome "Cristo", tivesse servido de base para designar os adeptos do Crucificado, seríamos hoje em dia chamados todos "jesuítas", e os discípulos de Loiola teriam de contentar-se com a simples qualificação de "ignacianos". Entretanto, "jesuíta" é todo aquele que é de Jesus; o que decide é o "hábito" interno e a atitude permanente da alma, e não algum complexo de regras ou o feitio da indumentária exterior.

O fato de serem os amigos do Nazareno apelidados "cristãos" prova que, já nesse tempo, estava mais em voga o nome "Cristo" do que "Jesus". Cristo é palavra grega e significa "Ungido". Fato estranho! Esta palavra simboliza admiravelmente o caráter da religião do Crucificado e a índole dos seus verdadeiros discípulos. O sentido, a alma desse étimo helênico é hebraico: no Antigo Testamento eram ungidos os profetas, reis e sacerdotes de Israel. A forma em que essa palavra aparece no cenário da história veio de Roma. Temos aqui um surpreendente paralelismo com a inscrição da cruz do Gólgota: "Jesus Nazareno, Rei dos Judeus", legenda que Pilatos mandou exarar nas três línguas cultas da época: hebraica, grega e romana.

Assim é que os zombadores de Antioquia e o cético governador de Jerusalém, sem querer nem saber, proclamam a universalidade do Evangelho do Cristo.

Jerusalém, Atenas e Roma — a religião, a filosofia e a política — aos pés do Cristo!

Mais tarde, para maior realce desse espírito mundial, internacional e supratemporal do Cristianismo, foram os cristãos chamados "católicos", palavra formada de dois radicais gregos: *katá* (segundo) e *hólos* (todo) — "homem segundo o todo", espírito que encara a vida sob o prisma da totalidade, que conhece não somente a pequena realidade material do aquém, senão também a grande realidade espiritual do além — homem integral, completo. Todo o "cristão" e todo o "católico" que vivesse de fato o seu nome seria necessariamente um homem perfeito, um verdadeiro homem crístico.

Em Antioquia ouviu o mundo o novo, *fiat lux*. O Evangelho da redenção despiu o *ephod* da sinagoga de Israel e envergou a clâmide grega e a toga romana. O espírito do Nazareno transpôs, alviçareiro e intrépido, as fronteiras da Palestina e entrou definitivamente no cenário vastíssimo do mundo cultural.

E à frente desse movimento cósmico, dessa jubilosa primavera espiritual, marcha o gênio livre e universalista de Paulo de Tarso.

15. Caridade social de Paulo

(At. 11, 26 ss; 12, 1 ss)

Quem conhece apenas o "São Paulo" de certos livros de reza e manuais de meditação, dificilmente acreditará — nem talvez queira acreditar — que Paulo tenha sido um administrador e ecônomo. Entretanto, o fato aí está: este mesmo santo, que escreveu o que de melhor possuímos em matéria de cristologia mística, era ao mesmo tempo um homem voltado para as realidades práticas da vida quotidiana. O seu amor a Deus não se esvaía em especulações estéreis, mas concretizava-se de contínuo em fecundos atos de caridade para com o próximo.

O grande arauto do Evangelho, sempre solícito do bem espiritual de seus irmãos, não lhes perdia de vista as necessidades materiais, e, por mais engolfado na organização da igreja de Antioquia, não desviava os olhos do panorama da igreja universal.

É esta universalidade, certamente, uma das qualidades mais simpáticas do caráter do grande apóstolo.

Vivia, nesse tempo, em Antioquia, um profeta ou vidente por nome Agabo. Certo dia, em um momento de inspiração, predisse uma grande carestia na Palestina.

E, de fato, como refere o historiador Orósio, sobreveio esse flagelo no ano 44, durante o reinado do imperador Cláudio.

A cristandade de Jerusalém era pobre. Não tardou que muitos dos fiéis começassem a sofrer necessidade. Sem demora, resolveu Paulo organizar uma grande coleta entre os neófitos de Antioquia, a fim de acudir aos irmãos em Jerusalém.

E assim se fez. Os ricos davam da sua abundância, os pobres da sua indigência — e todos davam de boa vontade.

Existem em nossos dias certos cristãos que não admitem que obras de caráter espiritual apelem para recursos materiais.

Os adeptos dessa "pura espiritualidade" não podem invocar como patrono a São Paulo, que sabia perfeitamente que o reino do Cristo, embora não seja deste mundo, está neste mundo e não pode prescindir dos honestos expedientes da prudência humana.

Certamente, seria mais belo e distinto viver da "pura espiritualidade"; entretanto, para maior humilhação nossa, na condição presente, a nossa vida intelectual, científica, artística e até espiritual é impossível sem o apelo para primitivas materialidades.

* * *

Nesse ínterim ocorrera em Jerusalém um fato lutuoso: tombara, sob a espada de Herodes Agripa a cabeça de Tiago Maior, irmão de João Evangelista. Eram filhos de Zebedeu e Salomé, os célebres "filhos do trovão", como os apelidara, com discreta ironia, o divino Mestre.

Vendo o soberano que com esta iniqüidade agradara aos judeus inimigos do Nazareno, prendeu também a Simão Pedro e lançou-o ao cárcere. Ia matá-lo logo depois das solenidades pascais.

Entretanto, o homem põe e Deus dispõe. Pedro saiu da masmorra por intervenção divina, e dirigiu-se à casa de Maria Marcos, mãe de João Marcos, o qual veio a ser, mais tarde, o segundo evangelista.

Depois Pedro retirou-se de Jerusalém e "foi para outro lugar", diz Lucas, nos *Atos dos Apóstolos* (12, 17).

Que outro lugar?

Se o historiador suspeitasse a curiosidade dos seus futuros leitores, certamente teria acrescentado mais uma ou duas palavras à frase acima. Opinam alguns que, nesta ocasião, tenha o pescador da Galiléia demandado a metrópole do império romano, hipótese essa para a qual não achamos apoio em documento algum do primeiro século, porém muitas razões em contrário.

No primeiro século não havia rádio, nem telégrafo, nem serviço postal organizado. Pelo caminho entre Antioquia e

Jerusalém, por boca dos caravaneiros que regressavam da Judéia, souberam Paulo e Barnabé desses acontecimentos.

Chegados a Jerusalém, ouviram pormenores sobre a perseguição religiosa movida por Herodes Agripa. Souberam também que o rei, indignado com a evasão de Simão Pedro, mandara eliminar sumariamente toda a guarda do cárcere, que constava de dezesseis pessoas.

De maneira que os missionários de Antioquia encontraram em Jerusalém apenas o apóstolo Tiago Menor, parente de Jesus. Tamanho era o prestígio desse homem que o próprio Herodes lhe respeitava a vida. Além de profundo asceta, era Tiago Menor um espírito tolerante e conciliador, evitando quanto possível qualquer conflito desnecessário entre o Evangelho e as tradições seculares da sinagoga.

Paulo e Barnabé entregaram a sua coleta e falaram aos cristãos de Jerusalém das grandes maravilhas que Deus operara entre os irmãos em Antioquia.

E, de consciência serena, voltaram para o teatro dos seus labores apostólicos.

16. Expedição apostólica a Chipre

(At. 13, 1 ss)

Voltaram Paulo e Barnabé a Antioquia, levando em sua companhia um jovem, filho de Maria Marcos e sobrinho de Barnabé. Chamava-se João Marcos. Entusiasmado com o ideal missionário, associou-se aos dois.

Com os últimos acontecimentos, perdera Jerusalém o seu papel de centro do Cristianismo. Deslocara-se esse centro para Antioquia.

Jerusalém era a cidade das mais antigas e venerandas tradições; Antioquia, o ponto de partida das grandes iniciativas missionárias; Roma, depois de Constantino Magno, viria a ser o primeiro centro da igreja poderosamente organizada e vasada nos moldes jurídico-políticos dos antigos Césares.

Nos arredores de Antioquia, estavam em plena flor os pessegueiros e as videiras. Em uma casa espaçosa da rua Singon reuniram-se, como de costume, os cristãos e os prosélitos.

Em uma das primeiras reuniões que se seguiram ao regresso de Paulo e Barnabé, notava-se algo de extraordinário. Os chefes religiosos haviam decretado orações e jejuns especiais, prenúncio de grandes acontecimentos. No meio do recinto estão sentados cinco homens dos mais notáveis em piedade e saber: três asiatas e dois africanos. Aqueles, de tez clara amorenada, estes, bronzeados ou escuros. Lá estava a figura imponente e simpática de Barnabé, natural da ilha de Chipre. Ao lado dele, Simão, apelidado o negro. Com ele vinha um cirenense por nome Lúcio. Mais para o fundo, Manaém, companheiro de infância de Herodes Antipas; educado pela mesma ama, tiveram destinos tão diversos. Finalmente, Paulo de Tarso.

Celebrado o ágape, prostra-se toda a assembléia por terra, invocando o Espírito das luzes celestes. De repente, ecoa pelo silêncio do recinto uma voz sonora e solene, bradando em tom profético: "Segregai-me Barnabé e Saulo para a obra a que os destinei".

Erguem-se todos. Uma tempestade de aclamações enche o oratório: "Barnabé e Saulo — os eleitos de Deus!"

Adiantaram-se os dois escolhidos e colocaram-se ao meio. Os presbíteros e mestres da igreja impõem-lhes as mãos, orando em silêncio.

Simbolizavam assim a missão divina que os dois acabavam de receber. Deus chama os seus servos — e a igreja envia-os pelo mundo.

Foi realmente estupendo o arrojo com que a jovem igreja de Antioquia, recém-fundada e ainda em vias de evolução, se atira a gigantescos planos de conquista e empreendimentos apostólicos de projeção mundial. E não menos admirável é o desassombro com que ela destina às "missões estrangeiras" as melhores forças de que dispõe, os dois melhores e mais competentes oradores de Antioquia.

O espírito de Deus posterga, não raro, os ditames da humana prudência. Mas, como dizia Paulo, o que há de "estulto" em Deus é mais sábio que a sabedoria humana...

"O sopro sopra onde quer..."

Assistia à carinhosa despedida dos dois impávidos arautos do Evangelho um jovem asiata, de uns quinze anos de idade. Nada disse; mas os seus olhos fitavam-se com intensa admiração na pessoa de Paulo de Tarso. Chamava-se Inácio, esse jovem. Empolgado pela beleza do ideal apostólico, fez-se discípulo de João Evangelista, aquele que no cenáculo bebera do cálice e do coração de Jesus as torrentes da vida eterna. Trinta anos mais tarde, reencontramo-lo como pastor da igreja de Antioquia. Mais trinta anos, em 107, e tornamos a rever o fogoso asiata, de corpo alquebrado, porém de alma juvenil — no anfiteatro de Roma. Por ordem do imperador Trajano devia o ancião ser devorado pelos leões. Na travessia de Antioquia a Roma, escalou o navio e ficou por algum tempo em Esmirna, onde o pastor local, Policarpo, foi visitar o venerando colega preso. Do porto de Esmirna escreveu Inácio diversas cartas de despedidas às cristandades da Ásia Menor e aos romanos. Vibra nessas cartas o mesmo espírito que encontramos nas epístolas de Paulo de Tarso, que só queria viver para anunciar o Cristo, e só deseja morrer para se unir ao Cristo. "Sou trigo do Cristo — escreve o ancião algemado no porto de Esmirna — é necessário que esse trigo seja triturado pelos dentes dos leões, para que se torne pão agradável a Deus."

O encontro, embora momentâneo, com uma grande personalidade decide, quase sempre, sobre o futuro do homem e a orientação do seu caráter. Dá-se, em um ápice, ao poder da graça, como uma misteriosa polarização das energias latentes do Eu — e está formado para sempre o cristal do nosso Ser...

O espírito tem as suas leis, e essas leis atuam instantaneamente. O que um indivíduo humano não nos pode dar em decênios de diária convivência, isto nos dá, não raro, na fração de um segundo, uma alma cristificada.

Onde quer que exista um poderoso foco de espiritualidade, aí se produzem efeitos estupendos...

Barnabé e Paulo, acompanhados dos presbíteros e do povo, atravessam a "avenida marmórea" e a ponte sobre o Orontes e descem ao porto de Selêucia, onde até o presente dia se vêem, sob as ondas diáfanas, dois rijos quebra-mares que levam os nomes daqueles dois aventureiros do Cristo.

O pequeno grupo de cristãos, como refere Lucas, ajoelha nas areias brancas da pátria, orando com fervor e chorando em silêncio...

Barnabé e Paulo despedem-se carinhosamente e saltam ao bojo do navio que, de velas pandas, deixa o litoral, rumo sudeste, em demanda da vastidão dos mares.

Devia ser na primavera, porque só nessa quadra principiava a navegação. Durante o inverno se abrigavam as embarcações nos portos e nas enseadas.

Lá se foram os dois, tangidos pelas frescas auras marítimas — e mais ainda pelo sopro divino do idealismo...

Quem pilotava essa primeira expedição apostólica era Barnabé. Filho de Chipre, conhecedor dos usos e costumes dos seus conterrâneos, nada mais natural do que entregar a ele os destinos dessa missão. Se a Paulo fora confiado o itinerário e programa, talvez não tivesse sido Chipre o ponto de destino. Não era essa ilha um centro mundial, e Paulo tinha especial predileção pelos grandes focos cosmopolitas, onde se desenrolasse intensa vida internacional. Para ele devia ser plantada a árvore do Cristianismo, de preferência, nas encruzilhadas onde fervilhava o intercâmbio das grandes nações da época, para que ventos propícios ou violentas tempestades levassem para todos os quadrantes do globo as sementes divinas do Evangelho — *"oportune, importune, dam modo praedicetur Christus!..."*

Alvos, como as rochas cretáceas de Dover, se erguem os penhascos do litoral oriental de Chipre, contrastando com o azul-marinho das ondas. Foi aqui, segundo a fábula, que Vênus emergiu do seio das vagas.

* * *

Saltaram os dois missionários no porto de Salamina, alguns quilômetros ao norte de Famagusta, torrão natal de Barnabé. Perlustraram a ilha toda, ensinando nas sinagogas, que eram assaz numerosas. Não consta de hostilização judaica, nessa expedição, devido talvez à tática e prudência de Barnabé, que gozava de grande prestígio em Chipre.

Depois de percorrer as planícies litorâneas, galgaram as montanhas do interior, seguindo o curso do rio Pedeus. Não deixaram, certamente, de visitar as célebres minas de cobre[4], que Herodes, o Grande, arrendara de César Augusto e onde trabalhavam centenas de operários.

Se os dois bandeirantes do Evangelho visitaram as quinze principais cidades da ilha, enumeradas pelo historiador romano Plínio, devem as suas peregrinações ter levado vários meses. Chipre mede, de leste a oeste, 150 quilômetros, linha aérea.

Desceram os dois viajantes a cadeia de montanhas, rumo ao litoral, deixando a antiga Pafos e chegando a Neo-Pafos, sede do procônsul ou governador romano, que, nessa época, era um tal Sérgio Paulo.

Segundo Plínio, era este aristocrata romano um homem de notável cultura, amigo de especulações filosóficas e autoridade em matéria de ciências naturais. Não encolhia, ceticamente, os ombros, como Pilatos em face da pergunta: *"Quid est veritas?"*, mas procurava investigá-la sinceramente.

Afirma Lucas que Sérgio Paulo era um homem criterioso e sensato — e esses, como diz o divino Mestre, não estão longe do reino de Deus.

Infelizmente, o governador de Chipre não sabia distinguir do ocultismo o espiritualismo. Privava com um sábio judeu, por nome Barjesus, poeta, ocultista e mago. Era praxe, nesse tempo, cercarem-se os homens cultos de uma atmosfera de

---

[4] Chipre, em latim *Cyprum*, deriva de *cuprum* que significa cobre.

ocultismo oriental. O povo ingênuo e simples cria ainda na mitologia de deuses, deusas e semideuses. A filosofia, porém, acabara em ceticismo e os sábios riam-se dessas fábulas. Para saciar a sede do sobrenatural, inata na alma humana, praticava-se, máxime nas rodas intelectuais, a magia em todos os seus aspectos.

Entrementes, tornara-se a pregação dos dois adventícios assunto de conversação geral. E foi tamanha a sensação que o governador romano convidou Barnabé e Paulo para uma conferência em seu palácio.

É este o primeiro contato direto que o Evangelho toma com o mundo oficial da aristocracia romana.

Trocam-se os papéis. Quem fala e orienta a entrevista na residência da autoridade regional não é Barnabé, filho de Chipre, mas é Paulo, cidadão romano.

É sedutora a idéia de se escrever um livro sobre a "psicologia religiosa" ou a "dialética espiritual" de Paulo, tomando por base as suas atitudes e as suas palavras em Chipre, em Listra, em Tessalônica, em Atenas, em Corinto, em Éfeso, etc. Quando fala a um auditório judeu ou judeu-cristão, começa por demonstrar, à luz das profecias do Antigo Testamento, o caráter messiânico de Jesus Cristo. Quando se vê em face de ouvintes pagãos ou etnocristãos, fala do *Deus em nós,* inferindo daí a existência de um *Deus acima de nós,* e terminando por falar do *Deus entre nós* — Jesus Cristo.

Enquanto os seus pensamentos se mantêm em terreno puramente filosófico ou dogmático, correm-lhe com tranquila serenidade as palavras; mal, porém, passa para o campo cristológico, começa a sua alma a vibrar, inflama-se-lhe o coração e brota-lhe dos lábios tão espontâneo e exuberante eloquência que, por vezes, a frase se perde em elipses, se emaranha em anacolutos, vem cortada de reticências — que muito dizem e mais ainda fazem adivinhar.

Sérgio Paulo ouvia, atento e pensativo, as exposições do inteligente orador. Mas, na qualidade de jurisconsulto romano, habituado com a máxima: *"audiatur et altera pars",* quis ouvir sobre o mesmo assunto a opinião de seu amigo ocultista Barjesus.

Tem a palavra o ocultista.

Fala, discorre, procurando refutar os argumentos de Paulo e apartar da fé em Cristo o governador romano.

Terminada a longa exposição do adversário, reentra na liça Paulo de Tarso, com uma tática nova e desconcertante. Em vez de invocar os recursos do seu saber filosófico ou teológico, apela diretamente para a suprema instância, exclamando com santa indignação: "Ó filho do diabo! Cheio de toda a falsidade e malícia! Não cessas de perverter os caminhos retos do Senhor?" Depois, cravando olhar penetrante em Barjesus, exclama em tom solene: "Eis que vem sobre ti a mão do Senhor!... Serás cego e não verás o sol por certo tempo..."

No mesmo instante, trevas espessas envolvem o feiticeiro — está cego! Tateando em derredor, procura quem lhe estenda a mão...

O procônsul, à vista desse prodígio sente-se profundamente abalado, crê na doutrina do Senhor e adere a Paulo e Barnabé.

Eram necessários, para os homens daquele tempo, argumentos palpáveis dessa natureza. Só assim se convenciam da superioridade do Cristianismo sobre qualquer doutrina humana, por mais avançada que esta se apresentasse.

Desde esse acontecimento em Chipre, aparece Paulo como figura principal nas expedições missionárias; Barnabé não passa de um prestimoso auxiliar.

Daqui por diante também desaparece dos *Atos dos Apóstolos* o nome hebraico "Saulo" [5]; o historiador emprega exclusivamente o nome romano Paulo".

---

[5] Saulo (ou *Shaúl*) quer dizer: "o que foi implorado". Paulo (*Paulus*) significa: "o pequeno".

17. No país dos Gálatas

(At. 13, 33; cf. 2 Co. 6, 4-10; 11, 23-28; 2 Ti. 3, 11)

Seria em fins de outono do ano 45, quando os três arautos do Evangelho, Paulo, Barnabé e João Marcos, rumaram para uma região da Ásia Menor, que nesse tempo se chamava Panfília.

Em Chipre estava lançada a semente do Evangelho — até na residência do procônsul romano.

Ansiava o espírito de Paulo por horizontes mais vastos, centros mais populosos e de maiores possibilidades apostólicas.

Alexandria? Por que não demandou esse importantíssimo porto do Egito? Talvez para não quebrar a sua divisa apostólica de "não cultivar terreno já por outrem amanhado". Alexandria já fora trabalhada por outros pioneiros da nova doutrina. Quando Áquila e Prisca, em Éfeso, começaram a instruir na teologia o erudito Apolo, já o encontraram com uma base de conhecimentos religiosos. Quem lhe ministrara, em Alexandria, esse ensino?...

Resolveu, pois, a modesta caravana demandar as plagas noroestinas do país. Embarcaram em um veleiro, com destino a Atália (hoje Adália), modesta cidade às margens do Cestros. Uma palissada de rijos bastiões defendia a cidade dos assaltos dos piratas, que eram assaz numerosos nesse tempo. Amparados pelas largas muralhas, vicejavam, por entre o alvo casario, lindos bosques de laranjeiras e limoeiros.

Não se demoraram os viajantes em tão pequeno centro. Assim que encontraram um bote, subiram, à força de remo, o rio de águas barrentas e dentro de poucas horas, atingiram a cidade de Perge.

Esperava o jovem João Marcos que Paulo e Barnabé se demorassem nesta cidade, e daí regressassem para o sul. Mas quando viu que os dois se dispunham a subir as montanhas além e internar-se pelas sinistras quebradas e gargantas do

Taurus, protestou com veemência e fez ver ao tio Barnabé que não estava disposto a acompanhá-los. Que fazer naquelas montanhas? Sem sinagoga? Sem caminhos nem pontes? Andar por entre penhascos, margear precipícios, expor-se ao punhal traiçoeiro de bandidos e salteadores?

O jovem não compreendia a louca temeridade do aventureiro de Tarso que arrastava consigo o bondoso Barnabé.

Travou-se violento conflito de idéias. Paulo, sempre inflexível. Ia pregar o Evangelho aos povos bárbaros que habitavam aquelas regiões silvestres e quase inexploradas. Nada era capaz de o demover desse intento. E, se necessário fosse, prosseguiria só, sozinho galgaria as alturas do Taurus...

"Contanto que em tudo seja pregado o Cristo"...

Barnabé se via em face de um doloroso dilema: ou abandonar a expedição apostólica — ou então separar-se de seu sobrinho. Optou pela última alternativa. Com o coração acabrunhado despediu-se de João Marcos, o qual aproveitou o primeiro navio para regressar a Cesaréia, seu torrão natal.

Paulo estava profundamente escandalizado. Considerava o procedimento do jovem discípulo uma covarde deserção. Possivelmente, lhe acudiu à memória aquela sentença do Mestre: "Quem empunhar o arado e olhar para trás não é idôneo para o reino de Deus" (Lu. 9, 62). Ainda anos mais tarde nega-se Paulo a readmitir em sua companhia o desertor, não por espírito de rancor ou de vindita, mas por julgá-lo caráter volúvel, inconstante, de minguada iniciativa e, portanto, não "idôneo para o reino de Deus".

Para Paulo, só existe um tipo de cristão: o cristão integral, sem tergiversações nem compromissos com o mundo, a natureza ou a sociedade.

Entretanto, é possível que outros motivos, mais profundos, tenham atuado sobre a decisão de João Marcos. Do contrário, o fino psicólogo e comedido escritor Lucas, provavelmente, nem teria mencionado esse incidente. O jovem filho de Maria Marcos se ia convencendo cada vez mais de que o gênio impetuoso de Paulo acabaria por separar da sinagoga a nascente igreja do Nazareno — e ele, adolescente, era por demais israelita para tolerar semelhante divórcio. Intérprete helênico de Simão Pedro, chamado por ele "meu filho Marcos" (l. Pe. 5, 13), não deixava de ser um ótimo cristão, mas não compreendia a mentalidade de Paulo, que só falava no Cristo, como se Moisés nunca existira e chegava ao ponto de dispensar os neófitos éticos-cristãos da observância das tradições da sinagoga.

Já neste tempo começa o grande problema da vida de Paulo a projetar sombras fatídicas sobre os caminhos do solitário e incompreendido lutador — problema que, mais tarde, o levaria a dolorosos conflitos, obrigando-o a romper delicados vínculos de amizade.

Uma grande missão envolve sempre um grande sofrimento. Os insignes condutores da humanidade não deixam de ser mártires da sua vocação. Depois do Homem-Deus, talvez nenhum mortal tenha sofrido tanto pela defesa e pelo triunfo das suas convicções como o herói de Tarso. Ele sabe que a "palavra de Deus não está algemada"; sabe que ela é mais "aguda que uma espada de dois gumes"; está disposto a defender a "liberdade do Evangelho", desde as portas de Damasco até ao Capitólio de Roma — mas sabe também que não serão compreendidos os seus ideais por um mundo profano e uma sociedade medíocre.

Paulo não conhece ressentimento pessoal. Todos os seus atos vêm pautados pelos ditames superiores da razão e da fé. Por isso, vendo, mais tarde, em João Marcos um genuíno apóstolo, aceita-o como colaborador, durante o seu longo cativeiro em Roma.

* * *

Prosseguem os dois viajantes a sua penosa jornada, cruzando a Panfília em demanda do extenso planalto da Pisídia. À guisa dos nossos bandeirantes de outrora, margeiam precipícios, saltam abismos, escalam penhascos, deslizam por escarpas e rochedos, batem ínvias florestas, comem o que a natureza lhes depara e dormem em cavernas ou sob a fronde de árvores.

Paulo e Barnabé são homens, homens genuínos, empolgados pelo estranho fascínio de arriscadas aventuras; homens com bastante alma para se extasiar ante a grandiosidade daquela natureza virgem. No centro dos seus pensamentos, porém, estava sempre a estupenda realidade da história — Jesus Cristo, o Verbo feito homem, cheio de graça e de verdade.

Em torno de que assunto terão girado os seus colóquios, quando passavam as noites reclinados em alguma caverna, frouxamente iluminada pelo bruxoleio de uma lamparina de azeite?...

Depois de roerem uma crosta de pão velho e umas olivas ou tâmaras adormeciam de fadiga — e com que terão eles sonhado?...

* * *

As cidades da Pisídia acham-se quase todas situadas a notável altitude: Antioquia fica a 1.200 metros, Icônio a 1.027, Listra a 1.230.

Três dias margearam Paulo e Barnabé o curso do rio Cestros cortado de cachoeiras, até atingirem o vasto planalto. Sabe Deus quantas vezes se jogaram às águas caudalosas para ganharem a outra margem! Outras vezes, conseguiam passar a vau a torrente, imersos até ao peito e arrastando após si, sobre algum pedaço de tronco seco, os poucos haveres e mantimentos.

Mais de uma vez, é certo, foram atacados por salteadores; mas assim que os bandidos verificavam que tinham diante de si um par de mendigos, sem dinheiro nem jóias, deixavam-nos em paz e se punham de emboscada, à espera de uma caravana de ricos negociantes.

De vez em quando, lhe deparava a sorte um albergue ou

uma hospedaria de caravaneiros — e então ardia o coração de Paulo por falar no Cristo, o Crucificado.

Pode causar estranheza que, nas epístolas de Paulo, sejam tão escassas, relativamente, as imagens e comparações tiradas da natureza — do céu e do mar, da flora e da fauna, dos lagos e das montanhas, dos animais e das aves. O gênio paulino é assim mesmo. Prefere buscar os seus símbolos ilustrativos na vida humana, nas lidas domésticas, no bulício da sociedade, na praça, no mercado, nos quartéis militares, na arena dos jogos olímpicos, na história de Israel, no drama secular do paganismo. O seu olhar é por demais introspectivo, a sua alma completamente absorta pelas grandes realidades espirituais que, quais montanhas maciças, se erguem no seu interior. Para Paulo, a natureza circunjacente não passa de um "espelho" e de um "enigma" das coisas sobrenaturais e divinas.

Entretanto, recorre diversas vezes à pedra, ao rochedo como termo de comparação: Iahweh é um "rochedo", Cristo é a "pedra espiritual" de onde brotam águas vivas. É tão frequente encontrar nas montanhas da Psídia, à beira do caminho, um jorro de água cristalina a saltar da fenda de algum penhasco — esplêndido capítulo para uma hora de meditação matutina!...

Com intenso júbilo avistaram os dois viajantes, no quarto ou quinto dia, lá no fundo do vale, o espelho plácido de um lago a estender-se ao sopé do Sultan-Dagh, lago que hoje em dia é chamado pelos nativos Egedir-Goel.

Mais um dia de árdua caminhada, e as sandálias gastas dos dois exploradores evangélicos batem as ruas tortuosas de Antioquia da Pisídia, termo interino da sua jornada.

* * *

A Pisídia, outrora domínio do rei Amintas, formava, nesse tempo, a parte meridional de uma província romana chamada Galácia. Os seus habitantes, os gálatas, parentes dos gauleses, eram um povo de raça céltica, que emigrara das margens do Reno e se fixara nessas plagas da Ásia. Com eles se mesclara o elemento israelita e os veteranos das milícias romanas que o imperador Cláudio, para coibir as incessantes infestações dos piratas, lançara para as regiões agrestes da Pisídia.

Viam os dois apóstolos a cidade entregue à idolatria. Era venerado, sobretudo, o deus Men, que os romanos apelidavam Lunus. Nem era desconhecida a deusa Cibele, da Frígia.

Por entre os olhares volúveis dos gálatas, no meio das pilhérias chistosas dos helenos e o displicente silêncio dos legionários de César, atravessaram os dois adventícios as ruas e praças da cidade, à procura da casa de algum tecelão onde estudassem o plano da conquista espiritual.

É esta a regra geral de Paulo: procurar hospedagem em casa de um colega de profissão, ou de uma família de operários, onde possa exercer o seu ofício, a fim de ganhar o necessário sustento material. Em teoria defende ele, e com toda a insistência, o princípio de que o operário evangélico tem o direito de ser sustentado pelos fiéis; pois, quem de graça dá o alimento espiritual, de graça pode receber o alimento material. Na prática, porém, por via de regra, não aceita sustento do seu rebanho: faz questão de honra de não ser pesado a "ninguém" a fim de não "desvirtuar o Evangelho do Cristo". Prefere trabalhar até altas horas da noite e cair exausto sobre os novelos de pêlo caprino a abrir mão da "glória" de anunciar a todos gratuitamente a boa nova da redenção.

"Tudo me é lícito — escreve ele — mas nem tudo convém". Era lícito, justo e lógico pedir ou aceitar o sustento da parte dos fiéis mas não convinha à causa do Evangelho e à liberdade apostólica. Do contrário, o pastor se tornaria dependente do seu rebanho e já não poderia propor com o mesmo desassombro as grandes verdades do Evangelho, nem sempre agradáveis à inércia e ao materialismo do homem.

Se, em épocas posteriores, os homens fizeram prevalecer o lícito sobre o conveniente — terá isso sido um progresso ou um regresso no caminho dos ideais do Cristianismo?...

Jamais teria a Igreja presenciado períodos de lamentável decadência, se os seus apóstolos tivessem todos cursado e aproveitado a escola noturna do tecelão de Tarso, do apóstolo-operário de Éfeso e Corinto, do místico-trabalhador de Filipes e Tessalônica, do teólogo-artífice de Roma e Atenas... Aqueles grosseiros tecidos que o doutor-tecelão vendia em praça pública, após uma noite cheia de trabalhos e vazia de sono, rescendiam perfumes mais suaves do que as delicadas loções com que, talvez, algum "apóstolo" moderno procure perfumar as suas mãos aristocráticas e virgens de todo o trabalho...

Um homem desses que adormece de fadiga em uma choupana, sobre um montão de pêlo caprino, e acorda ao pé do tear, a fim de reiniciar a pregação gratuita do Evangelho, e continuar, na noite próxima, o seu duro labor manual — esse homem é a apologia viva da verdade e beleza do Cristianismo. Esse homem prova melhor a origem divina da Igreja do que o mais facunco orador sacro ou o mais genial escritor que, por entre o conforto do seu gabinete, elabore um erudito trabalho "*de ecclesia*", ou demonstre com impecáveis silogismos que o sacerdote é um "*alter Christus...*"

O mundo de hoje não crê em palavras — só crê em realidades...

* * *

Com a expedição de Paulo e Barnabé, pelas montanhas da Pisídia e Galácia, inaugurou o Cristianismo a sua marcha triunfal através da Ásia, célula-mater da humanidade, berço da redenção e cenário dos maiores feitos apostólicos.

Estava o gênero humano mais do que nunca preparado para receber a mensagem da redenção: o mundo todo reunido sob o cetro de César; as legiões de Roma a rasgar estradas estratégicas pelos três continentes conhecidos; a cultura helênica a iluminar os espíritos; a austeridade do monoteísmo judaico a defender o princípio básico de toda a religião; o politeísmo pagão e a depravação moral da humanidade a bradar por um redentor e no meio desse ambiente de expectativa universal vem o iluminado de Damasco lançar o Evangelho do *Deus desconhecido*, pelo qual suspirava a subconsciência da humanidade.

18. Pela liberdade do Evangelho

(At. 13, 14; cf. 2 Co. 6, 4 ss; 11 ss; 2 Ti. 3, 11; Gál. 4, 12 s)

É sabado.

No *ghetto* israelita de Antioquia da Pisídia não se trabalha. Todos os bazares fechados. Em trajos festivos se dirigem os judeus e os prosélitos à sinagoga, situada às margens do Anthios. Sobre a entrada do santuário se recurvam dois ramos de oliveira com a legenda: "Templo dos Hebreus". Uma larga escadaria dá acesso ao espaçoso recinto. Pesada cortina verde oculta o altar, sobre o qual jazem os rolos sagrados. Diante dele, o candelabro de sete braços, e suspensas do teto, numerosas lâmpadas. No centro, sobre um estrado, se ergue o púlpito para o rabi. As mulheres estão sentadas de um lado, por detrás de um balaustre de madeira. Os homens enchem a vasta sala.

Ansiosa expectativa!...

Na cidade fala-se muito nos dois hóspedes que vão falar, nesse sábado.

Entram Paulo e Barnabé. Pende-lhes dos ombros o *talith*, espécie de manto com listas brancas e pardacentas, que os distingue dos prosélitos.

Todos os olhos fitos neles!

Sentam-se os recém-chegados nos bancos, no meio do povo. O arqui-sinagogo profere em voz alta as preces iniciais. Depois, o *hazzan* (servente) tira do estojo artisticamente bordado o livro sagrado em forma de rolo; desdobra-o cautelosamente na deixa do sábado anterior, e entrega-o ao leitor.

Terminada a leitura, em voz monótona, de um salmo ou de uma profecia, explica o chefe da sinagoga o sentido.

Depois volta-se amigavelmente aos dois adventícios dizendo:

"Irmãos, se quiserdes dirigir alguma palavra edificante ao povo, falai".

Levantou-se então Paulo, colocou-se ao meio e erguendo o braço direito fez o conhecido sinal para pedir silêncio e atenção. E disse:

"Varões de Israel, e os que temeis a Deus, ouvi-me!"

E começou a discorrer sobre a história de Israel e os vaticínios dos profetas.

Quem lê com atenção o discurso de Paulo, consignado por Lucas no capítulo 13 dos *Atos dos Apóstolos*, tem a impressão de haver o orador falado com certa solenidade protocolar em um tom impessoal, se assim se pode dizer.

O auditório era misto, fortemente heterogêneo, embora preponderasse o elemento judaico. Em face disso, não podia o apóstolo silenciar a privilegiada posição do povo eleito no plano divino da redenção.

Cabeças encanecidas e frontes emolduradas de negros cachos acenavam complacente aprovação às palavras do inteligente discípulo do grande Gamaliel.

Mas, quando Paulo proferiu a frase fatídica: "Em Jesus Cristo é que vos é anunciado o perdão dos pecados; e de todas as coisas de que não vos podia absolver a lei de Moisés, será por ele absolvido todo o homem que tiver fé"— então se ouviu no meio do povo um murmúrio de reprovação e desagrado. Paulo entressentia como uma onda de crescente antipatia e animosidade a envolvê-lo de todos os lados. Sabia que o orgulho nacional e o estreito bairrismo de seus irmãos de raça não tolerariam a equiparação dos gentios com os israelitas; mas possuía bastante liberdade de espírito para advogar, em plena sinagoga, a universalidade da redenção e a virtude salvadora da fé em Jesus Cristo. Para Paulo, não havia judeu nem gentio, nem homem nem mulher, nem grego nem bárbaro, nem livre nem escravo — mas tão-somente discípulos de um e o mesmo Cristo — Cristo ontem, Cristo hoje, Cristo por todos os séculos...

Entretanto, o arqui-sinagogo soube ser polido e delicado

para com Paulo; convidou-o para continuar a sua série de pregação no próximo sábado.

Estaria o próprio chefe da sinagoga impressionado com as idéias do orador?

E, no entanto, Paulo não atingira ainda o ponto nevrálgico da questão, não entrara ainda no terreno das suas experiências pessoais. Mantivera-se de indústria no terreno objetivo dos fatos históricos universalmente conhecidos.

"Muitos dentre os judeus e prosélitos — escreve Lucas — seguiram a Paulo e Barnabé."

Viram os dois assediada a casa onde estavam hospedados. Paulo não tinha mãos a medir com as visitas e consultas. No meio do sussurro isocrônico das lançadeiras do velho tear, expunha ele a jubilosa realidade de que trazia cheio o espírito e transbordante o coração.

"No sábado imediato, afluiu a cidade em peso para ouvir a palavra de Deus."

Paulo e Barnabé foram à sinagoga, que estava à cunha. Desta vez, os gentios tinham vindo em maior número. Espalhara-se a notícia de que o recém-chegado doutor da lei não fazia diferença entre judeus e gentios; exigia apenas que todos tivessem fé em Jesus Cristo — e todos se salvariam indistintamente.

Era, como diriam hoje, um pregador "moderno".

A vista dessa multidão, encheram-se os judeus de inveja, contradiziam as palavras de Paulo e proferiam injúrias.

Entretanto, Paulo não se intimida. Fala, fala com ardor e entusiasmo do Cristo, o Messias prometido a Israel, o Redentor de todos os homens.

Se, nos primeiros tempos, cristão oriundos do judaísmo e do paganismo chegaram a fundir os seus antagonismos nacionais e religiosos em uma grande e universal harmonia, a ponto de se tornarem "um só coração e uma só alma", como dizem os *Atos dos Apóstolos*, é isto, sem dúvida, uma das mais estupendas vitórias do Evangelho.

Infelizmente, a partir do século IV essa vasta "Catolicidade" do cristianismo foi declinando para estreito parcialismo sectário.

Assumiu tais proporções o tumulto na sinagoga de Antioquia que Paulo se viu impossibilitado de continuar a sua exposição. Terminou exclamando:

"A vós é que tinha de ser anunciada em primeiro lugar a palavra de Deus; mas, como a rejeitais e não vos julgais dignos da vida eterna, passamos para os gentios!"

"Ouvindo isto, alegraram-se os pagãos e glorificaram a palavra do Senhor. E creram todos os que eram destinados à vida eterna."

Rapidamente foi se espalhando o Evangelho por toda aquela região. Desde a guarnição romana até à barraca do curtidor comentavam-se os acontecimentos na sinagoga dos hebreus.

Apelaram então os judeus para duas classes sociais que, em todos os tempos, têm sido grandes fautores, como também perigosos inimigos da paz confessional: os aristocratas e as mulheres.

"Os judeus instigaram umas mulheres religiosas e nobres e os homens mais conspícuos da cidade, e suscitaram uma perseguição contra Paulo e Barnabé, expulsando-os do seu território."

Dizer verdades é sempre perigoso.

Mais perigoso ainda quando essas verdades, contrariam os ídolos do coração humano e os fetiches da sociedade.

Perigosíssimo, quando a inteligência é suplantada pelo coração, como sucede, não raro, a certas almas femininas, incapazes de distinguir da realidade objetiva as suas predileções pessoais.

Retiram-se os dois apóstolos e foram pregar em outras partes o Evangelho da redenção.

"A palavra de Deus não está algemada..."

* * *

O autor dos *Atos dos Apóstolos* passa em silêncio uma

série de acontecimentos deste período que Paulo lembra na epístola que, de Éfeso, dirigiu aos gálatas.

"Bem sabeis — diz ele — como da primeira vez vos preguei o Evangelho em enfermidade corporal, e que grande provação foi para vós o meu estado físico. Mas nem por isso me desprezastes, nem me repudiastes: antes me acolhestes como um mensageiro de Deus. Sim, como ao próprio Cristo... Asseguro-vos que, possivelmente, vos teríeis arrancado os próprios olhos para mos dar" (Gál. 4, 13 ss).

É possível que, na travessia pela baixada da Panfília, fosse Paulo acometido de impaludismo, muito comum nessa zona, e ainda em Antioquia continuasse a sofrer febres intermitentes. Essas "sezões" debilitam o organismo, reduzindo-o, não raro, a um estado de extrema fraqueza e prostração. Estendido na choupana de um operário, ou na barraca de um tecelão, ora a tiritar de frio, ora a arder em fogo, com os olhos em um brilho intenso, agitava-se o jovem missionário, dia e noite, sobre a sua esteira, conformado com a vontade de Deus, e ao mesmo tempo impaciente por continuar o seu apostolado. Cada dia aparecia um novo médico, um curandeiro, um feiticeiro, com ervas, beberagens, benzeduras, receitas e conselhos de todo gênero.

Há quem julgue que a repentina cegueira causada pela luz celeste às portas de Damasco tenha afetado com permanente debilidade a faculdade visual de Paulo. Cremos que a frase: "ter-me-íeis dado os próprios olhos", não passa de uma carinhosa hipérbole.

Os gálatas, como se vê, eram homens bons, caridosos, sentimentais; mas, como se adivinha pela epístola a eles dirigida, de caráter volúvel inconstante, e nimiamente impressionáveis.

19. Em Icônio

(At. 14, 18 ss; cf. 2 Ti. 3, 10 ss)

No caso que a estadia de Paulo e Barnabé em Antioquia se tenha prolongado por cerca de um ano, iniciou a sua partida, rumo sudeste no outono de 46.

Depois de uma marcha penosa de 120 quilômetros, avistaram os exaustos viajores, na linha do horizonte, um esplêndido oásis, ilha de luxuriante vegetação em pleno oceano de areia — Icônio (hoje Coniah).

Cidade antiqüíssima, achava-se situada no meio de uma vasta estepe, que em tempo de seca se convertia em verdadeiro deserto.

Cheios de ingênua ufania, contam os iconienses até ao presente dia que as origens da sua cidade remontam a época anterior ao dilúvio; que, depois desse cataclismo, foi repovoada pelos homens que o deus Prometeu formou[6] de argila, insuflando-lhes o seu espírito.

Na época das Cruzadas medievais, granjeou Icônio grande celebridade: conquistada aos infiéis por Barbarroxa, foi transformada em cenário de uma grandiosa manifestação religiosa.

À vista de Icônio, voaram os pensamentos de Paulo para Damasco, pois é notável a semelhança entre as duas cidades: ambas situadas em plena estepe, ambas amenizadas por numerosos pomares e irrigadas de uma rede de canais. Romanos, gregos, judeus e gálatas lhe compunham a população. Hospedaram-se os adventícios em casa de um tal Onesíforo.

* * *

---

[6] *Eikon* ou *Ikon*: figura, imagem; daí Icônio, a cujo nome alude à lenda.

Sobre a atividade apostólica de Paulo e Barnabé refere Lucas:

"Entraram na sinagoga e de tal modo pregaram que grande número de judeus abraçou a fé.

Mas os judeus que permaneceram incrédulos excitaram e irritaram os ânimos dos gentios contra os irmãos.

Eles, todavia, se demoraram ali ainda por largo tempo, trabalhando desassombradamente, confiados no Senhor, que confirmava a palavra da sua graça com sinais e prodígios operados por mãos deles.

Só assim, mediante o apelo, a virtude sobre-humana, é que os apóstolos podiam impressionar aquele povo tão viciado pela magia e pelo ocultismo dos "iniciados".

"Cindiu-se então a populaçao em dois partidos: uns estavam a favor dos judeus, outros a favor dos apóstolos."

"Insurgiram-se então os gentios e os judeus com os seus chefes a fim de maltratar e apedrejar os apóstolos, os quais, a essa notícia, fugiram para Listra e Derbe e arredores, onde começaram a pregar o Evangelho."

20. Em Listra. Paulo apedrejado

(At. 14, 8 ss; cf. 2 Co. 11, 25 ss; 2 Ti. 1, 5; 3, 11 ss)

"Se vos perseguirem em uma cidade, fugi para outra" — dissera o divino Mestre.

E assim fizeram os dois arautos do Evangelho. Abandonando Icônio, tomaram rumo sudeste, pelas regiões inóspitas da Licaônia, em demanda de uma pequena cidade, por nome Listra.

Atravessaram a pé a monotonia da estepe, animada apenas de longe em longe por algum rebanho de carneiros e cabras, ou pelo hirsuto perfil de um jumento silvestre.

As sinistras quebradas do Kara-Dagh (monte-negro), que margeava o vasto descampado, eram o valhacouto favorito de bandos de salteadores, que infestavam os arredores e saqueavam os viajantes. O famoso orador-filósofo Cícero, que, meio século antes do nascimento do Cristo fora procônsul da Cilícia, escreve em uma carta a seu amigo Ático (3 de agosto de 50 a.C.), dizendo que se acha em vésperas de uma expedição militar contra um tal Moerangenes, famigerado caudilho desses temerários bandidos.

Paulo e Barnabé confiavam na providência divina, e não em armas humanas.

* * *

Eram os licaônios um povinho pacífico, de boa índole e minguada cultura, muito propensos às fábulas da mitologia. Entre si falavam um dialeto estranho, parecido com o idioma sírio e capadócio. Nas relações oficiais serviam-se da língua grega. Aristóteles e Cícero referem-se com manifesto desdém aos "bárbaros" da Licaônia.

Listra possuía um templo dedicado a Júpiter (em grego Zeus), pai dos deuses. À entrada da cidade viram os apóstolos duas tílias com os troncos e ramos estreitamente entrelaçados, parecendo uma só árvore. Esse par de tílias tinha sua história. Eram árvores sagradas, dizia o povo, e vinham aureoladas de um nimbo de mitos fantásticos.

Certo dia, contavam os "iniciados" nos arcanos da divindade, resolveu Júpiter descer à terra e inspecionar as obras dos mortais. Convidou para companheiro o demiurgo Mercúrio (em grego Hermes), patrono dos negociantes, dos ladrões e dos oradores, e, além disto, protetor da saúde pública. Disfarçados em homens, chegaram os dois deuses à tenda de um casal de pastores pobres e honestos: Filêmon e Baucis. Ali encontraram agasalho hospitaleiro. Na manhã seguinte facultou Júpiter ao simpático casal a realização de um pedido que lhe fizessem. Eles, porém, na sua simplicidade nada pediram a não ser uma vida longa e tranquila que terminasse no mesmo dia para ambos. O pai dos deuses concedeu o pedido, com o aditamento espontâneo de que, após a morte, reapareceriam os dois em forma de duas árvores estreitamente entrelaçadas uma na outra.

Essas árvores, diziam os ingênuos licaônios, era o par de tílias à entrada de Listra.

Paulo e Barnabé ouviram, à beira do poço, essa fábula, e resolveram falar ao bom povo, na primeira oportunidade, do Deus verdadeiro que de fato descera das alturas do céu e trouxera aos homens a mensagem do amor e da fraternidade universal; não os transformaria em árvores unidas em inconsciente amplexo, mas sim, os ressuscitaria para uma vida gloriosa de eterna e perfeita harmonia.

Entraram na cidade. Hospedaram-se em casa de uma senhora de idade, por nome Loide, à qual os haviam recomendado, provavelmente, os irmãos de Icônio. Era de origem israelita, essa senhora, e mãe de uma filha casada de nome Eunice. Viúva, tinha Eunice um filho de quinze anos, chamado Timóteo. Contaram as senhoras aos recém-chegados que Timóteo não fora circuncidado, conforme prescrevia a lei de Moisés; e Paulo, na sua largueza de vista, o declarou dispensado dessa cerimônia; bastava a fé no Cristo.

Paulo, graças à sua intuição, percebeu logo que aquele rapaz seria um ótimo elemento para o apostolado. Timóteo tinha saúde precária, e era de uma delicadeza de menina como só acontece a meninos criados em um ambiente exclusivamente feminino. Mais tarde, companheiro fidelíssimo de Paulo, e pastor de almas, não conseguiu jamais libertar-se da sua natural timidez. A educação que lhe haviam ministrado a mãe e a avó era sólida e profundamente espiritual, segundo os ditames da lei mosaíca, mas sem o estreito fanatismo dos fariseus nem o racionalismo sobranceiro dos saduceus. No lar de Eunice se lia e comentava todos os dias a Escritura Sagrada e respirava-se aquela atmosfera impregnada de sensata espiritualidade que era o apanágio dos grandes vates de Israel, e não se conhecia a chocante intolerância do judaísmo degenerado.

Paulo e Barnabé falavam ora na cidade, ora no campo, onde reuniam em torno de si os singelos pastores e dóceis campônios guiados, sem dúvida, pelo inteligente cicerone Timóteo. Nessas excursões missionárias começou o filho de

Eunice a encher a alma daquele grande idealismo apostólico que, mais tarde, o prendeu ao mestre Paulo, cujas virtudes admirara tacitamente em Listra.

Certo dia, regressavam os evangelizadores para a cidade. Era dia de grande feira. Resolveu Paulo aproveitar o concurso do povo para lhe falar de Jesus Cristo e do seu reino. Enquanto discorria em praça pública, viu diante de si um homem paralítico de nascença. Mãos caridosas o haviam carregado à porta da cidade para que pedisse esmolas aos transeuntes. Estendido no chão, aos pés de Paulo, acompanhava o entrevado atentamente as palavras e gestos do orador. É possível que o apóstolo mencionasse algumas das curas milagrosas de Jesus, ou a profecia messiânica de Isaías (35, 5): "Saltarão como veados os coxos". Subitamente o orador abriu uma pausa, concentrou o espírito, cravou o olhar penetrante no paralítico e exclamou: "Levanta-te e põe-te em pé".

E eis que de um salto se levanta o homem — de perfeita saúde! Deita a correr e saltitar, fora de si de contente.

Houve um momento de estupefação geral. Logo depois, uma tempestade de aplausos e ovações encheu os ares. Os licaônios, no auge da emoção, se esqueceram do grego e, como refere o fino observador Lucas, bradaram no seu dialeto materno: "São deuses que desceram a nós em forma humana!"

Foi indescritível a sugestão da massa. Em um ápice se sabia em todos os quadrantes da cidade, e até no campo que dois deuses tinham baixado do Olimpo e visitado Listra. Sabia-se mais ainda que esses deuses eram precisamente Júpiter e Mercúrio. Pudera não! Barnabé, com aquele porte majestoso e viril, lembrava ao vivo o pai supremo das divindades olímpicas; e Paulo, de estatura mediana, orador vibrante, não havia dúvida que esse era Mercúrio. Tão depressa conseguiu a credulidade licaônica identificar as excelsas deidades! Mais de um casal olhou, certamente, para as duas tílias à porta da cidade e pensou na sorte feliz de Filêmon e Baucis, hospedeiros desses mesmos deuses.

Parece que Timóteo se achava ausente nessa ocasião. Paulo e Barnabé não entendiam bem o estranho idioma licaônico, e assim ficaram sem saber das intenções do povo.

De improviso aparece diante dos dois apóstolos o sacerdote de Júpiter, conduzindo um par de nédios touros, festivamente engrinaldados. Cientificado da olímpica visita, queria sem tardança oferecer sacrifício aos deuses. Quem sabe se o sacerdote, cuja residência ficava às portas de Listras, não pensava em Filêmon e Baucis e já trazia *in petto* o "pedido" que formularia ao pai dos deuses...

De relance, percebeu Paulo a intenção dos idólatras. Tomado de dor e indignação, rasgou as vestes, consoante a praxe judaica, e exclamou: "Que estais a fazer, ó homens? Também nós somos simples mortais como vós! Viemos anunciar-vos a boa nova da redenção, para que destes ídolos vãos vos convertais ao Deus vivo, que fez o céu, a terra e o mar, e tudo o que neles existe..."

A custo conseguiu dissuadir o sacerdote e o povo de que lhes oferecessem holocaustos.

Prevaleceu a teologia de Paulo sobre a sua psicologia. Genuíno israelita, rigoroso monoteísta, era-lhe insuportável o simples pensamento de uma pluralidade de deuses, e a idéia de um sacrifício em homenagem a uma creatura afigurava-se-lhe sacrilégio e alta traição ao seu divino Rei e Soberano. Daí a veemência das suas palavras, que, certamente, feriram o orgulho e os sentimentos religiosos dos devotados politeístas da Licaônia. "Ídolos vãos" apelida ele a Júpiter e Mercúrio, amigos e protetores da cidade — que "blasfêmia"!

Todo o homem é religioso por natureza, e, quanto mais ignorante, tanto mais se aferra às suas idéias, por mais absurdas que sejam. Ofender os seus queridos ídolos, procurar arrebatar-lhe os seus sublimes fetiches, é o mesmo que arrancar das mãozinhas de uma criança o seu único brinquedo; entre gritos e protestos segura o pequerrucho com os dedinhos crispados o pedaço de pau ou de pedra que elegeu para ideal e suprema razão de ser da sua vida. Em matéria de religião, todo o homem profano é criança. Ai de quem se atreva a zombar dos seus sentimentos religiosos! Ai de quem ouse afirmar que aquele toro de madeira esculpida não é Deus! Que aquela lasca de granito não é um santo! Que aquele amuleto que o devoto traz ao peito não contém nenhuma virtude sobrenatural! Que determinada fórmula cabalística não produz nenhum efeito milagroso...

No meio da perplexidade de uns e da indignação de outros, o sacerdote de Júpiter bateu em retirada com os seus lindos touros engrinaldados, excogitando planos de vingança...

* * *

Passados alguns dias, vieram de Icônio e Antioquia uns judeus perversos, e, aproveitando astutamente a atmosfera carregada, lançaram nela a centelha de uma violenta explosão.

Barnabé estava ausente de Listra, perlustrando, em companhia de Timóteo, as aldeias circunvizinhas. Paulo tornou a falar em praça pública e logo de início percebeu a hostilidade do auditório. Os judeus haviam semeado o joio das suas intrigas, acoimando a Paulo de infame embusteiro, expulso de Antioquia e Icônio pelas autoridades e pelo povo.

Antes que pudesse tomar providências, ouviu o orador em torno de si o sibilar de pedras — e de repente caiu ao chão sem sentidos!... Um dos projéteis arremessados por mão robusta o atingira em plena testa. Largo fio de sangue jorra da ferida ruborizando os degraus do portal da cidade, que serviam de tribuna ao apóstolo. Entre gritos e uivos de cólera, se atiram dezenas de feras humanas ao corpo inerte da vítima espezinhando-o e cobrindo-o de pedras.

Depois, convencidos de sua morte, chamam uns homens vigorosos e mandam arrastar para fora da cidade o cadáver do apedrejado. Não longe das duas tílias o jogam ao monturo, ao meio do lixo e de corpos de animais.

Assim terminou esse dia fatídico em Listra de Licaônia...

* * *

Horas mortas da noite...

Por entre as trevas se vão esgueirando, cautelosamente, dois vultos com o rosto coberto de véus cor da noite — Lóide e Eunice. Pouco depois aparecem também Barnabé e Timóteo, de regresso do campo de apostolado. Profundamente aflitos se debruçam sobre o corpo do assassinado. Retiram-no de cima do montura. Levam-no a uma casa vizinha e ao fantástico bruxoleio de uma lâmpada de azeite, lavam o rosto ensangüentado da vítima, verificando as inumeráveis contusões de que está coberto o corpo todo.

De repente, Paulo abre os olhos e murmura umas palavras ininteligíveis. Um frêmito de júbilo estremece pelos corações de todos. Graças a Deus que o mestre ainda está vivo!

Logo Eunice, solícita e carinhosa enfermeira, corre a buscar um fortificante e o instila entre os lábios macerados de Paulo, assim como de outrora fazia com o seu pequeno Timóteo, quando doente ou sem apetite. E o grupo noturno — lindo painel de humana caridade e de heroísmo cristão! — continua a sua silenciosa vigília em torno do ferido lutador, ansiosos por vê-lo fora de perigo.

Pela madrugada, recobra Paulo forças suficientes para, apoiado nos braços de Barnabé e Timóteo, arrastar-se até a casa de Lóide e Eunice. "No dia imediato — refere Lucas — partiu com Barnabé para Derbe".

É estupenda a resistência física e o dinamismo moral de Paulo. Ele, que era de constituição franzina e saúde precária; ele, que viera de Antioquia doente; que sofrera maus-tratos em Icônio e acabava de ser levantado semimorto do montura à entrada de Listra — esse convalescente, quase redivivo, antes mesmo de clarear o dia, cruza a arenosa estepe, quarenta quilômetros, em demanda de um novo campo de atividade apostólica e de heroísmos de mártir...

O homem só é grande e só se educa para a grandeza a seus semelhantes quando tem a coragem de viver as suas idéias e morrer por seus ideais.

21. Solidão e sofrimento

Em Derbe demorou-se Paulo cerca de um ano. Os seus adversários davam-no por morto.

Derbe era um lugarejo insignificante situado na divisa da Galácia. A julgar por uma carta de Cícero, ficava à margem do pitoresco lago de Ak-Goel.

Mais ainda que a insignificância e solidão da localidade, contribuiu para a relativa tranquilidade desse período o estado físico do apóstolo. Viera de Listra mais morto do que vivo, e, depois daquela fuga precipitada, deve ter curtido em Derbe longos meses de dolorosa convalescença, de flutuações incertas entre a vida e a morte. Os ferimentos eram profundos. Abundante a perda de sangue. O rosto desfigurado. Todo o corpo contundido, inchado, coberto de manchas lívidas.

Se Paulo, mais tarde, escreve aos gálatas (4, 14) que passou no meio deles em "enfermidade corporal" e que grande provação lhes foi o seu estado físico, bem podia a alusão referir-se a esse período de sofrimentos.

Há quem considere o apóstolo das gentes como um frio intelectualista, um insensível fanático do Evangelho. Esses tais, certamente, não compreenderam a alma do herói, que era dotada de uma vasta escala sentimental.

"Filhinhos meus, por quem de novo sofro dores de parto, até que Cristo se forme em vós" — quem tais palavras sabe escrever e sentir tem alma de mãe carinhosa, que só receia uma desgraça: perder o filho das suas dores.

"Filhos das minhas dores", podia Paulo apelidar com toda a razão os neo-cristãos da Galácia, cuja geração espiritual lhe custara tão acerbas dores físicas e tão atrozes martírios morais.

* * *

Mal lhe permitia o estado de saúde, começou o convalescente a desdobrar a sua atividade apostólica pelos planaltos circunvizinhos do lago Ak-Goel e do vetusto povoado de

Heracléia (hoje Eregli). O jovem Timóteo, provavelmente, acompanhava o mestre e lhe prestava relevantes serviços na evangelização desses povos e dos países limítrofes da Capadócia e Isáuria, onde floresciam, nos primeiros séculos, tão magníficas cristandades, ilustrando a Igreja com alguns dos maiores luminares de saber e virtude.

Que é feito desse paraíso espiritual?

Umas tristes relíquias assinalam o antigo esplendor do Cristianismo nessas regiões da Ásia. Aberraram das diretrizes do grande mestre, estes povos, volúveis, inconstantes; substituíram a "adoração em espírito e verdade" pelo fetichismo de um culto exuberante de cerimônias exteriores, porém estéril e sem alma. Mas, quando o sal se desvirtuar, com que se há de restituir-lhes a virtude?...

* * *

Cerca de quatro anos haviam decorrido desde que Paulo e Barnabé tinham abandonado a igreja, mãe da Síria. Só Deus sabe com que saudades bebiam eles, dos lábios dos caravaneiros, notícias dos seus colaboradores apostólicos de outras terras.

Para o sul, uns duzentos quilômetros, além do Taurus, ficava Tarso, que evocava na alma de Paulo tão estranhas reminiscências. Entretanto, em vez de tomar esse rumo, resolveram os dois arautos da verdade voltar pelo mesmo caminho onde tinham vindo, a fim de confirmar na fé os neófitos e consolidar as novas cristandades.

Depois do derradeiro ato de culto divino celebrado em Derbe, passaram os dois aventureiros por Antioquia da Pisídia, e tornaram a submergir nas florestas e quebradas do Taurus, em demanda da pequena cidade de Perge.

Sete importantes baluartes haviam sido conquistados em nome do divino general em chefe: Salamina, Pafos, Antioquia, Icônio, Listra, Derbe e Perge.

Entretanto, a mais momentosa conquista que Paulo fizera

a ele mesmo, era a tomada estratégica do seu próprio Eu. Aprendera, através de um mundo de sofrimentos corporais e de martírios íntimos, a possuir a si próprio, a dominar a sua impulsividade, a fazer do seu próprio Eu o voluntário "prisioneiro do Cristo".

E o homem que conseguiu conquistar se a si mesmo conquista facilmente o mundo inteiro — para Deus.

22. Moisés ou Cristo? Prenúncios da luta pela liberdade do Evangelho

(At. 14, 27 s; 15, 1 s)

As lutas e sofrimentos por que Paulo passou nas mencionadas excursões apostólicas não representam uma sombra sequer dos martírios que o aguardavam em Antioquia. Até essa data só encontrara adversários fora do âmbito do Cristianismo; em breve, porém, defrontaria com uma perigosa ideologia dentro dos próprios arraiais da igreja — perigo tão grande que, se não velara sobre os destinos do Evangelho uma especial providência, não tardaria ele a dividir-se em duas religiões antagônicas, criando um verdadeiro cisma religioso, na madrugada do Novo Testamento.

Corria o ano 48.

De regresso a Antioquia, foram Paulo e Barnabé recebidos com intenso júbilo pelos irmãos dessa grande central do Cristianismo asiático.

"Convocaram a cristandade e relataram as grandes maravilhas que Deus acabava de operar por meio deles e como abrira aos gentios as portas da fé" (At. 14, 27).

Tudo paz e harmonia...

Tudo alegria e fraternidade...

* * *

Não tardou, porém, que sinistras nuvens projetassem sombras pressagas nessa deslumbrante aurora do Evangelho.

Em Antioquia eram todos um só coração e uma só alma. Da Judéia, porém, sobretudo de Jerusalém, vinham severas recriminações aos cristãos antioquenos e seus pastores. Acentuava-se cada vez mais uma divergência de idéias sobre um problema de vital importância, que se resumia nestas palavras: devem os gentios, para se tornarem perfeitos cristãos, abraçar primeiro o judaismo — ou podem passar diretamente do paganismo ao Cristianismo, mediante a fé em Jesus Cristo e a recepção do batismo?

Para Paulo e seus amigos não existia dúvida alguma. Para ser genuíno discípulo do Cristo bastava ter nele uma fé sincera que se manifestasse pela caridade universal. Em face do Evangelho não havia hebreu nem gentio, nem romano nem grego, nem cita nem persa, nem asiata nem europeu — havia só homens creados por Deus e necessitados de redenção. Paulo, embora filho de judeus e um dia fanático zelador da lei mosaica, fora educado na "diáspora", em pleno ambiente heleno-romano; o seu espírito perspicaz apanhava de relance as linhas mestras do Cristianismo, e essa alma era essencialmente mundial, extratemporal e supranacional.

Não acontecia, porém, o mesmo com os seus colegas da Palestina. Judeus de sangue, de espírito, de sentimento e educação, não conseguiam emancipar-se da idéia milenar de uma religião nacional. Consideravam a lei mosaica como indispensável propedêutica do Evangelho, como um curso preliminar para um Cristianismo perfeito. Gentio que do paganismo passasse diretamente para o Cristianismo não era cristão integral; não participava da plenitude da nova aliança. Era necessário, diziam os judaizantes, que os neófitos vindos do gentilismo professassem a lei de Moisés, recebessem a circuncisão, observassem o sábado, as luas-novas, as numerosas abluções e lustrações rituais e acompanhassem as cerimônias e tradições paternas que, como um inextricável cipoal, enredava a religião de Israel.

Era tão grande e tão caótico esse acervo de formalidades religiosas que a alma da religião agonizava de asfixia sob o peso desse corpo exuberante de cerimônias engendradas no decorrer dos séculos.

Com terror ouvia Paulo semelhantes notícias e tão funestas sugestões. Que seria dos seus queridos neófitos da Licaônia, da Pisídia, da Galácia, se fossem obrigados à observância do ritual mosaico? Se homens adultos tivessem de sujeitar-se à cerimônia da circuncisão? E não equivaleria isto a degradar o Evangelho a uma religião nacional? A um culto racial? Não seria isto levantar barreiras dentro da própria igreja? Estabelecer diferença entre semicristãos e plenicristãos? Entre puros e impuros?

Paulo estava resolvido a lutar pela liberdade do Evangelho, a dar por ela o seu derradeiro alento.

Entretanto — verdade se diga — nem todos os evangelizadores palestinenses pensavam como certos cristãos judaizantes. Os melhores dentre eles tinham compreendido perfeitamente a última vontade do divino Mestre: "Ide pelo mundo inteiro, pregai o Evangelho a todos os povos..."

Mas... Jesus não dera diretivas sobre as condições e circunstâncias nas quais deviam os pagãos ser admitidos ao seio da Igreja. A visão que Pedro tivera em Jope e que o levara a incorporar à igreja o oficial gentio Cornélio, podia ser interpretada como uma exceção e um privilégio.

Pedro, João e, sobretudo, Tiago, um dos "irmãos do Senhor", embora não excluíssem do Cristianismo os candidatos pagãos, não os igualavam simplesmente aos judeu-cristãos. Na falta de uma liturgia cristã, observavam nas reuniões cultuais o cerimonial da lei mosaica.

Destoava bruscamente dessa prudente tolerância dos chefes da igreja palestinense o procedimento de não poucos cristãos vindos do farisaísmo. Com o despimento da indumentária da sua casta não haviam despojado o espírito da seita. Trabalhavam ativamente por "coser remendo novo em vestido velho", por "deitar vinho novo em odres gastos" — segundo a expressão do Mestre. Se tivesse vingado a mentalidade desses judeu-cristãos não teríamos hoje um cristianismo mundial, mas, sim, um judaísmo cristianizado. Não acabavam esses neófitos de se convencer de que, em face de Deus, era tão autêntico discípulo do Cristo o gentio de Roma ou Atenas que abandonara os seus ídolos pelo Deus verdadeiro — como os filhos de Abraão que, por espaço de séculos, haviam professado o monoteísmo e recebido extraordinários privilégios divinos.

Fossem embora cristãos os adventícios do gentilismo, cristãos integrais e completos só eram, na opinião dos judaizantes, aqueles em cujas veias fluía o sangue de Abraão, Isaac e Jacó, e cujo espírito se norteava pela lei de Moisés.

Vivia nesse tempo, em Jerusalém, um personagem em torno do qual se cristalizavam os elementos judeu-cristãos; um homem que parecia a mais lídima encarnação da piedade patriarcal de Israel, por um lado, e do espírito do Evangelho, por outro.

Era Tiago Menor, "irmão" de Jesus.

Centro e alma do movimento espiritualista da Judéia; asceta, penitente austero, pastor de rara prudência, perpétuo nazireu e celibatário[7] — gozava Tiago de elevado prestígio na primeira igreja palestinense, que lhe conferira o título de "justo" e o apelido de "baluarte do povo eleito". Interpretando mal as palavras do Cristo: "Tudo é possível a quem tem fé" (Mc. 10, 27; 9, 23) — diziam certos devotos da época que Tiago, com um simples erguer de braços, podia criar um novo mundo. Tão estranho era o teor de vida desse asceta de longa cabeleira, que se tornara uma espécie de mito em plena vida. Nem fariseus, nem saduceus, nem Herodes tiveram a coragem de enfrentar esse misterioso eremita de Jerusalém.

Lá estava, segundo a opinião dos judaizantes, o tipo clássico

---

[7] Celibatário — é o que muitos admitem, embora pareça incompatível com as palavras de Paulo em 1 Coríntios 9, 5.

do santo do Novo Testamento. Lá estava também a prova viva de que a lei de Moisés se harmonizava perfeitamente com o Evangelho.

Com o derradeiro suspiro de Estêvão parecia ter morrido o espírito largo e livre do Evangelho.

Mas não estava morto, esse espírito!, vivia na alma de Paulo, um dia assassino do protomártir, e agora herdeiro do seu gênio.

* * *

Certo dia, apareceu em Antioquia uma embaixada enviada pelos cristãos palestinenses que cerravam fileiras em torno da veneranda figura de Tiago, "irmão do Senhor".

Foram recebidos com grande reverência, tanto mais que, por detrás dos emissários, se erguia a sombra sagrada de um dos maiores vultos da igreja primitiva.

Entretanto, apesar da fraternidade e harmonia dos seus comuns ideais, sentiam-se os cristãos antioquenos como que remontados aos séculos penumbrais dos patriarcas e profetas da lei antiga, quando os recém-chegados irmãos recusavam sentar-se à mesa sem primeiro proceder a uma série de abluções rituais; nem aceitavam convite ao jantar de um "incircunciso", nem tomavam na boca um pedaço de carne de porco ou animal sufocado.

Quando, em uma das primeiras reuniões entre judeu-cristãos e étnico-cristãos, os palestinenses declararam peremptoriamente: "Se não vos fizerdes circuncidar, não vos podereis salvar" — então rompeu a grande tempestade.

Nas epístolas de Paulo e nas exortações de Barnabé, os cristãos oriundos do gentilismo são intitulados constantemente "santos", "eleitos", "filhos de Deus", "cidadãos do céu" — e aos olhos dos piedosos ascetas de Jerusalém não passam de "impuros", "profanos", "pecadores"...

Estava o Cristianismo a pique de ser reduzido a uma seita palestinense e perder o seu caráter de religião mundial.

E essas divergências atingiam as raízes divinas do Evangelho; porque, em última análise, se reduzia a questão a esta alternativa: é pela lei mosaica ou pela graça de Jesus Cristo que o homem alcança a salvação?

Paulo de Tarso foi o homem providencial de que Deus se serviu para proclamar a serenidade do cosmo sobre a agitação do caos.

Sem tardança se fez de partida rumo a Jerusalém, a fim de falar com Simão Pedro e defender a liberdade do Evangelho e a universalidade do reino do Cristo.

23. O concílio apostólico

(At. 15, 1-34; cf. Gál. 2, 1-10)

Seria em outono do ano 48, mês de outubro ou novembro, quando Paulo e Barnabé, com mais alguns discípulos, partiram de Antioquia em demanda de Jerusalém.

Levava Paulo consigo um dos mais gloriosos troféus do seu apostolado entre gentios: Tito, jovem neófito e intrépido auxiliar do grande missionário na conquista espiritual do mundo. Prova palpável da idoneidade dos gentios para a plenitude do Cristianismo era esse mancebo — assim calculava Paulo.

Falharam, porém, os seus cálculos. O fanatismo e a miopia espiritual de certos judeu-cristãos, não admitiriam a sinceridade de nenhum discípulo do Cristo que não fora discípulo de Moisés. O Evangelho teria de pedir favores à Torah. A Igreja serviria à Sinagoga. O espírito ígneo de Pentecostes ficaria encerrado no *sancta sanctorum* do templo de Sion.

Paulo previa a luta que o esperava em Jerusalém, onde já se sabia que ele, para aumentar o número de cristãos, sacrificava a ortodoxia do Cristianismo[8].

---

[8] Calúnia essa que Paulo repele com veemência na epístola aos gálatas (1, 10).

Saltaram no porto da Fenícia. Visitaram as cristandades disseminadas pelo litoral: Sidon, Ptolemaida, Cesaréia, etc. Depois, tomando para o interior passaram por Samaria e entraram na Judéia.

Deve essa viagem ter levado algumas semanas; pois nesse tempo ainda não se vivia eletricamente; havia tempo e sossego para tudo.

Em Jerusalém deparou Paulo com três classes de homens: 1) os apóstolos; 2) o conselho dos anciãos ou presbíteros; 3) os irmãos ou cristãos em geral.

Entre os apóstolos sobressaiam três que, como ele diz, eram considerados como "colunas", a saber: Pedro, Tiago e João.

A atmosfera estava carregada, prenúncio de tempestade iminente.

Inaugurou-se com a maior simplicidade — talvez com uma cerimônia religiosa — o protoconcílio ecumênico da Igreja.

"Chegando a Jerusalém — refere Lucas — foram recebidos pela cristandade, pelos apóstolos e presbíteros, e falaram das maravilhas que Deus realizara por meio deles. Ao que se levantaram alguns da seita dos fariseus que tinham abraçado a fé, e disseram: 'É necessário circuncidar os gentios e obrigá-los a observar a lei de Moisés'" (At. 15, 4 ss).

Quando Paulo ouviu a exigência categórica de mandar circuncidar a Tito, a fim de o fazer partícipe da plenitude do Cristianismo, sentiu uma onda de indignação na alma. Alguns anos mais tarde, em 53 ou 54, escreve ele aos gálatas (2, 4): "Introduziram-se sorrateiramente entre nós uns falsos irmãos e estavam a ponto de roubar-nos a liberdade que temos em Cristo Jesus, para nos reduzir à escravidão. A esses tais nem por um momento nos sujitamos, para que se vos conservasse a verdade do Evangelho".

Através da construção incorreta da frase do texto grego, bem como pela insólita veemência das expressões — "falsos irmãos... roubar a liberdade... reduzir à escravidão... nem por um momento" — bem se percebe a revolta que semelhante exigência provocou no espírito de Paulo.

Todas as vezes que, nas suas epístolas, chega a traçar o paralelo entre a "escravidão da lei" e a "liberdade do Evangelho", usa de termos violentos que, por vezes, culminam em um realismo tão grande que só o justifica a magnitude da causa que advoga. "Se viesse um anjo do céu pregar-vos um evangelho diferente daquele que vos temos anunciado — maldito seja!" (Gál. 1, 8).

Repelindo as insolências de certos cristãos judaizantes, que prescreviam aos neófitos do paganismo a circuncisão carnal como indispensável para a plenitude do Cristianismo, chega Paulo ao ponto de escrever: "Oxalá se castrassem de uma vez os que vos perturbam!" (Gál. 5, 12). Por mais que certos tradutores se escandalizem com esse realismo e procurem suavizar o texto com eufemismos e circunlóquios, o fato é que o apóstolo se serviu desta expressão *apokteino*, satirizando o fetichismo carnalista desses cristãos que, "depois de principiarem pelo espírito (Evangelho), acabavam pela carne (lei mosaíca, circuncisão corporal)".

Dissolveu-se a primeira sessão do Concílio, sem nada haver positivado. Estavam os ânimos por demais exaltados. Era necessário, além disso, que os chefes espirituais tomassem contato mais íntimo entre si, que realizassem "sessões de estudo", como diríamos hoje.

O que interessava a Paulo eram duas coisa: 1) aprovação oficial do seu método missionário, que ele sabia certo e exato, mas que sofria veemente impugnação da parte de certos cristãos mal orientados; 2) declaração explícita de que, para a salvação, era suficiente a fé em Jesus Cristo manifestada pela caridade ativa.

Nesse ínterim, conferenciou Paulo largamente com os que "gozavam de autoridade" e eram "considerados como colunas", a saber: Pedro, Tiago e João. Estes, reconhecendo a vontade de Deus e desejando perfeita unidade no seio da igreja, aceitaram as judiciosas ponderações do colega.

Amanhece o dia da grande decisão. Em plena assembléia, no meio de profundo silêncio, levanta-se Simão Pedro, e fala.

Não apela para o seu saber; não faz valer a sua experiência; não invoca os seus méritos; não insiste na sua autoridade no colégio apostólico; não argumenta com a sabedoria de Paulo, nem com a santidade de Tiago, nem com a mística de João, nem tão pouco relembra os prodígios que Deus operara em prol da Jovem Igreja — apela simples e candidamente para o desígnio de Deus, de que eles, os apóstolos do Cristo, são os porta-vozes e veículos escolhidos.

O breve discurso do inculto galileu é um modelo de lógica, de precisão e clareza. Principia por mostrar que Deus mesmo decidira a questão, mandando incorporar à Igreja os pagãos crentes (alusão ao batismo de Cornélio; At. 10, 1ss); prossegue evidenciando que a lei mosaica é um "jugo" tão pesado que nem eles nem seus pais o puderam suportar; e termina frisando que tanto judeus como gentios alcançam a salvação pela graça do Senhor Jesus Cristo.

Calou-se a assembléia toda.

Estava aberto o caminho ao paganismo.

Triunfara a razão sobre a paixão, o Evangelho sobre a Torah, a liberdade sobre a escravidão, a catolicidade da Igreja sobre a parcialidade da Sinagoga.

Paulo e Barnabé respiraram aliviados, sorvendo a atmosfera sadia e forte que suplantara o asfixiante mormaço dos últimos dias.

Barnabé, aproveitando a disposição propícia do auditório, "começou a narrar os grandes prodígios que Deus realizara por meio deles entre os gentios".

Revela-se mais uma vez a psicologia de Paulo: não é ele que fala; é o amigo Barnabé, *persona grata* em Jerusalém, homem comedido, de presença simpática e maneiras atraentes. Paulo limita-se a confirmar e completar um ou outro fato narrado pelo colega.

* * *

Entretanto, havia na assembléia um homem que, embora

acatasse a decisão do Concílio, não se sentia satisfeito.

Era Tiago, o grande asceta da época, lídima personificação do conservativismo religioso de Israel. Nascido e criado em um ambiente visceralmente judaico, procurava salvar ao menos uma ou outra das saudosas relíquias do Antigo Testamento.

Levantou-se, pois, Tiago e pediu a palavra.

"Meus irmãos, escutai! Sou de parecer que não se imponham obrigações aos que do gentilismo se converteram a Deus; mas que se lhes prescreva se abstenham da contaminação dos ídolos, da luxúria, de carnes sufocadas e do sangue."

Três coisas pede, portanto, esse venerando asceta tradicionalista, se retenham da lei mosaica: 1) que os etnocristãos não comam dos manjares oferecidos aos ídolos, para evitar escândalo da parte dos judeu-cristãos; 2) que se abstenham da luxúria, quer dizer, provavelmente do matrimônio entre determinados graus de parentesco e afinidade, previstos na lei mosaica; 3) que os neófitos vindos do gentilismo evitem comer carnes de animais mortos sem derramamento de sangue, bem como toda comida feita com sangue animal; porque segundo opinião antiquíssima, o sangue é a vida, e pela ingestão desses manjares, o homem assimilaria, de certo modo, a alma ou o princípio vital do respectivo animal.

Não sabemos com que disposições receberam Paulo e os outros esta "emenda" de Tiago.

Resolveram os apóstolos, juntamente com os presbíteros e toda a cristandade, eleger varões e enviá-los, em companhia de Paulo e Barnabé, a Antioquia. Mandaram por mãos deles uma carta aos "irmãos de origem pagã", participando essas resoluções.

Paulo entregou a missiva às cristandades. Entretanto, em parte alguma das suas epístolas encontramos a menor insistência nos pontos referentes à lei mosaica. Para ele, só vigora a lei natural e a lei do Cristo; é por elas que todo o homem se salva.

Tanto mais tomou a peito outro ponto contido na mesma carta e que ele considerava bem mais importante do que a abstenção de carnes sufocadas, do sangue e impedimentos matrimoniais — a caridade. Diz ele na epístola aos gálatas (2, 9-10): "Pedro, Tiago e João, que eram considerados como colunas, deram-nos as mãos, fraternalmente, a mim e a Barnabé, e recomendaram-nos apenas que nos lembrássemos dos pobres — o que também fiz solicitamente."

Esta caridade ativa para com os pobres, o auxílio aos necessitados, vai como um traço de ouro através da vida inteira e por todas as cartas do apóstolo.

Regressou Paulo para Antioquia, levando na alma o sentimento benéfico de uma grande vitória.

Mas não se dava a ilusões... Sabia que até ao fim da vida teria de lutar contra a estreiteza espiritual dos adeptos de Moisés, a fim de romper caminho ao triunfo definitivo do Evangelho.

24. Paulo em conflito com Pedro

(Gál. 2, 11 ss; At. 15, 35)

Solucionara o Concílio de Jerusalém diversos pontos controversos entre a lei de Moisés e o Evangelho do Cristo.

Mas... uma coisa é a teoria, e outra a prática...

De mais a mais, a decisão da assembléia apostólica se limitara a traçar diretrizes gerais, sintetizando em poucas palavras a norma a seguir — quando a vida humana é uma coisa tão complexa que para cada caso individual exige um comentário especial, uma aplicação concreta do conceito abstrato.

Sentia-se o formalismo judaico desalojado do seu reduto central: a circuncisão. O Concílio dispensara dessa cerimônia os prosélitos do gentilismo.

Era humano, demasiadamente humano, que os ardorosos mosaítas não capitulassem logo rendendo-se ao "desertor" de Tarso, que com tanta "astúcia" soubera ganhar o seu partido a Simão Pedro.

Continuaram a forjar intrigas e iniciaram uma campanha de difamação.

* * *

Eis senão quando aparece em Antioquia o apóstolo Pedro! Trazia em sua companhia seu amigo e "secretário" João Marcos. Os cristãos antioquenos rivalizavam em demonstrações de estima e amor para com o grande apóstolo. Sucediam-se os convites aos ágapes e festins familiares. Pedro estava encantado com a confiança e espontânea naturalidade desses neófitos, flores odoríferas colhidas nos campos do gentilismo. Sentava-se com eles à mesa, e, sem perguntar pela natureza dos manjares, comia de tudo que lhe serviam. Nem mesmo inquiria se este ou aquele prato fora retirado do altar de alguma divindade pagã, se a carne era de animal sufocado ou condimentada com sangue.

Era tão encantadora essa primavera evangélica que Pedro, sugestionado pelo ambiente, ia imperceptivelmente assimilando o espírito largo de seu colega de Tarso.

Nisto chegaram de Jerusalém "alguns da parte de Tiago". Vendo que Pedro comia com os étnico-cristãos e não fazia distinção entre manjares puros e impuros, deram-se por grandemente escandalizados. E tanto fizeram e insistiram que acabaram por dissuadir o pescador galileu de tomar parte nos ágapes dos neófitos do gentilismo. Pedro segregou-se, assumiu atitude esquiva e, daí por diante, só aceitava convites da parte dos irmãos palestinenses ou dos judeu-cristãos da diáspora.

Mais ainda. O próprio Barnabé, tão amigo de Paulo, se deixou arrastar pelo exemplo de Pedro e evitava a companhia e as mesas dos irmãos vindos do paganismo.

Paulo via tudo isto — e calava-se. Calavam-se os lábios, mas a sua alma chorava. Sentia uma dor imensa ao ver amesquinhado o espírito de seu divino Senhor e Mestre... Todo e qualquer parcialismo lhe parecia reverter em desdouro da universalidade do Evangelho — quanto mais essa duplicidade de Simão Pedro...

Passaram-se alguns dias.

Era geral a confusão e perplexidade dos cristãos de Antioquia. O procedimento de Pedro era de tal natureza que muitos dos neófitos, ainda pouco instruídos nas verdades do Cristianismo, ficaram desnorteados. Alguns pediam explicação a Paulo; outros chegavam a duvidar da eficácia da graça do Cristo; outros ainda, industriados pelos judaizantes, imitavam o exemplo de Pedro, separando-se dos etnocristãos e passando para os discípulos de Moisés, nos quais viam uma classe superior de cristãos.

Era iminente o perigo de um cisma na igreja primitiva. Ameaçava erguer-se um muro divisório entre párias e aristocratas espirituais, entre semicristãos e plenicristãos.

No fundo professavam Pedro e Paulo a mesma fé na eficácia única da redenção por Jesus Cristo; mas quem melhor conhecia a psique do povo era o doutor da lei e não o pescador. E para o povo, que mais se guia pela força da intuição imediata do que pelas leis do raciocínio silogístico, equivalia a atitude de Pedro, Barnabé e dos "da parte de Tiago" a uma nova religião, a uma aversão do Evangelho e uma conversão à lei mosaica. Se uma comida podia contaminar, e outra conferir pureza — que era então da virtude redentora do Evangelho?... Se tão poderoso era Moisés, para que ainda o Cristo?...

Depois de muita reflexão e muita luta e muita oração, resolveu Paulo interpelar publicamente a Simão Pedro a respeito da sua atitude.

Lucas, nos *Atos dos Apóstolos*, nada refere desse doloroso incidente, do qual sabemos apenas pelo próprio Paulo, na epístola aos gálatas (2, 11-15):

"Tendo Cefas (Pedro) chegado a Antioquia, repreendi-o publicamente, porque era culpado. Pois, antes de chegarem alguns da parte de Tiago, comia ele com os pagãos. Mas, depois da chegada deles, retraiu-se e segregou-se por medo dos circuncidados. Os outros judeus lhe imitaram a simulação, de modo que o próprio Barnabé se deixou levar pelo fingimento deles.

Ora, vendo eu que eles não procediam corretamente, segundo a verdade do Evangelho, disse a Pedro em presença de todos: 'Se tu que és judeu, vives à maneira de gentio, e não de judeu, como é que obrigas os gentios a viverem a modo judaico?'"

Deve ter sido terrível essa cena. Os dois grandes apóstolos em conflito de idéias um com outro!...

E não se tratava apenas de uma ligeira divergência no modo de ver e sentir, mas sim de duas ideologias profundamente antagônicas. Paulo não hesita em estigmatizar de "simulação" e "aberração da verdade do Evangelho" esse procedimento de Pedro.

O que Paulo, após a narração do caso, escreve aos gálatas em (2, 15-21) deve ser um resumo do que expôs, naquela ocasião, em plena assembléia, e o que repete sem cessar aos seus discípulos: Não é pelas obras rituais que o homem se santifica aos olhos de Deus, mas unicamente pela graça de Jesus Cristo, que nos é comunicada pela fé e se revela pelas obras do amor de Deus e do próximo, síntese dos argumentos teológicos de Paulo; o argumento mestre, porém, era ele mesmo, Paulo, em todo o vigor da sua convicção, em todo o ardor da sua cristofilia.

Tem-se explorado esta cena ingrata de Antioquia para deslustrar o prestígio de Pedro e empanar o brilho da igreja do primeiro século.

É evidente que Pedro não se considerava "infalível", nem chefe supremo da Igreja.

Convém, todavia, não esquecer, antes de tudo, que naquele tempo, não existia ainda a noção jurídica da hierarquia eclesiástica. Não existia chefe visível da igreja, idéia essa que surgiu séculos mais tarde. Pedro gozava de grande prestígio, mas a sua autoridade não era jurídica nem exclusivista.

Nesse dia dramático de Antioquia, Pedro se fez servo, se

fez criança, se fez pequenino e humilde — quase tão humilde e tão pequenino como Jesus, quando lavava os pés dos seus discípulos.

Esse episódio enaltece mais o caráter de Pedro do que o faria a conquista do império romano pela ciência ou pela retórica. Ele aceita repreensão e conselho de um colega, reconhece o seu erro, a sua fraqueza, e não guarda rancor a quem o corrige.

Dois grandes amigos de Cristo se encontram. Ambos têm uma só idéia, um só ideal: conquistar o mundo para o seu divino Senhor e Soberano. Por isso se acham as suas almas sintonizadas pela mesma onda espiritual.

Ninguém, naquele dia, saiu da reunião com a impressão de que Pedro tivesse sido humilhado por Paulo. Havia mais sinceridade, mais singeleza, mais espiritualidade e, sobretudo, mais caridade entre os cristãos dos primeiros séculos do que hoje se encontra, geralmente, entre os que dizem professar a religião do divino Mestre. Reinava também entre superiores e inferiores maior fraternidade e menos pose hierárquica do que, por vezes, se observa na igreja do nosso século.

É próprio das almas mesquinhas e sem ideal ofenderem-se a cada passo, tecer intrigas e guardar rancor — mas aqui, em Antioquia, se encontram dois espíritos superiores, empolgados pela divina veemência do mais excelso idealismo que já ardeu em coração humano.

Não queiramos medir os gigantes pela bitola dos pigmeus!

Dentro do universo da igreja do Cristo há espaço para todos os planetas, pequenos e grandes; há jogo sufícente para todos eles traçarem desimpedidamente a sua órbita; não há motivo para conflitos e colisões...

Se algum étnico-cristão antioqueno tivesse, nesse dia, felicitado a Paulo pela sua "vitória", teria, certamente, recebido esta resposta: "Em Cristo Jesus não há vencedores nem vencidos", assim como em outra parte disse: "Em Cristo não há homem nem mulher, nem livre nem escravo, nem sábio nem ignorante..."

* * *

Com este memorável incidente, desaparece do cenário da história a figura de Simão Pedro. Temos dele duas epístolas, em uma das quais se refere com respeito e admiração aos escritos e à sabedoria do "irmão Paulo". As cartas que nos deixou bem dão a conhecer que lia e meditava assiduamente os luminosos tratados do inteligente colega de Tarso.

As almas grandes são como outras tantas paralelas que, embora não se toquem, correm todas no mesmo sentido, em demanda do mesmo alvo.

Fatos como este de Antioquia provam mais palpavelmente do que qualquer argumento teórico a divindade do Cristianismo.

A igreja não é uma figura geométrica, um ser petrificado em estática imobilidade; é antes um organismo dotado de uma admirável elasticidade, capaz de se adaptar a todas as formas e ambiências, sem perder o cunho característico da sua natureza específica. Ela incorpora em si os elementos e os informa do seu poderoso princípio vital.

É esta igreja de Pedro e de Paulo, a igreja de todos os séculos e povos — porque é a igreja de Deus.

25. Morte de uma grande amizade

(At. 15, 33 ss)

Pouco depois do ruidoso incidente em Antioquia, reencetaram Paulo e Barnabé, os seus labores apostólicos nessa cidade, anunciando a palavra do Senhor.

Paulo, como se vê, não guardava o menor ressentimento ao colega pela deserção para o partido de Pedro e Tiago. Acima de tudo estavam os magnos interesses do reino de Deus — e Barnabé havia-se provado ótimo arauto do Evangelho. Se Barnabé não possuía o arrojo e o gênio criador do

Tarsense, era, em compensação, senhor de uma admirável serenidade de espírito e de uma solidez de critério, que bem supriam o que, porventura, lhe faltasse em coragem e dinamismo.

Parecia essa amizade destinada a ser eterna — e, no entanto, acabou ainda naquele mesmo ano...

Paulo não era homem para trabalhar muito tempo no mesmo lugar. Corria-lhe nas veias um quê de aventureiro, de "bandeirante", diríamos em linguagem moderna: o seu maior prazer consistia, como ele mesmo diz, em pregar o Evangelho onde nunca fora ouvido o nome de Cristo. Era um desbravador de florestas virgens, explorador de terras incógnitas, descobridor de novas Américas, semeador em campos maninhos e sem cultura...

Resolveu, pois, retomar o seu fadário e sair à conquista de novos mundos para o seu divino soberano. Ao mesmo tempo teria ensejo para visitar as cristandades fundadas, em companhia de Barnabé, na primeira expedição missionária.

Iam partir, quando Barnabé manifestou o desejo de levar consigo seu sobrinho João Marcos, que, por ocasião da primeira viagem, os abandonara em Perge.

Paulo discordou. Não aceitaria para obra de tamanha responsabilidade um jovem inconstante que não tivera coragem de impor silêncio às vozes do sangue e afrontar a aspereza das montanhas da Pisídia. Só um cristão integral é que podia ser apóstolo genuíno!...

Barnabé insistiu delicadamente.

Paulo, porém, se mostrou irredutível. Receava nova deserção? Temia a excessiva influência de João Marcos sobre Barnabé?...

A julgar pela expressão "paroxismo" (quer dizer, exasperação), que se lê no texto grego de Lucas, deve a discussão entre os dois ter assumido formas assaz veementes.

Separaram-se.

Paulo partiu sozinho, e Barnabé e João Marcos foram em demanda de novos campos de atividade apostólica.

Assim morreu uma longa amizade entre dois homens insignes.

Desde esse dia, desaparece Barnabé da esfera do seu célebre amigo. Torna a submergir nas trevas do anonimato. Dirigiu-se com o jovem filho de Maria Marcos para a ilha de Chipre, sua terra natal, onde parece ter trabalhado até ao fim.

Entretanto, embora separado, Paulo nunca se esqueceu de Barnabé. Na primeira epístola aos Coríntios (9, 6) faz dele menção honrosa, pelo fato de não levar consigo auxiliar feminina, contrariamente ao que faziam Pedro, Tiago e outros apóstolos; nem aceitava remuneração pelos seus labores evangélicos.

Tão poucos se aninharam na alma de Paulo ressentimentos contra João Marcos. Escreve aos colossenses (4, 10): "Saúda-vos Marcos, sobrinho de Barnabé, a respeito dele já recebestes instruções. Acolhei-o amigavelmente, quando for ter convosco", na segunda epístola a Timóteo (4, 11) escreve: "Conduze-me aqui Marcos. É-me de grande valor para o meu serviço".

Reencontrou-se, pois, no fim da vida, o velho general com o jovem recruta, desertor, mas realistado nas fileiras do Cristo-Rei. E não só as suas almas, mas até os seus corpos se encontram — à sombra do cárcere, prisioneiros do Cristo um e outro (Fil. 24).

26. Segunda expedição apostólica pelas montanhas. Timóteo

(1 Tim. 6, 20; At. 15, 39; 16, 5)

Seria em março do ano 49.

Por toda parte, a jubilosa ressurreição da natureza, após uma silenciosa hibernação sob branca mortalha de neve.

Paulo, depois daquelas exaustivas discussões teológicas no Concílio de Jerusalém; depois das violentas emoções em Antioquia; depois daquele inferno de intrigas e sofisticações judaicas — sentia dentro da alma a necessidade da solidão das montanhas e do derivativo de longas viagens. Ansiava também pelo refrigério da convivência com almas simples e sinceras.

Rumo ao Ocidente!... Éfeso, Corinto, Roma, Espanha!...
Como um heliotropismo cultural parecia chamar a alma desse asiata para os futuros centros da civilização cristã.

Hebreu de nascença, heleno de educação, romano de iniciativa, anelava Paulo por se aproximar cada vez mais da metrópole dos Césares, no pressentimento de que ela viria a ser o foco, a grande central donde irradiaria a luz do Evangelho.

* * *

Barnabé e João Marcos haviam embarcado para Chipre.

Paulo convidou seu amigo Silas (ou Silvanus, como ele prefere chamá-lo, latinizando-lhe o nome grego), e tomou rumo norte. Silas, membro da cristandade de Jerusalém, amigo de Pedro, era ótimo elemento e bem podia servir como traço de união entre os étnicos e judeu-cristãos.

Desde esse dia encontramos Silas inseparável companheiro e colaborador de Paulo.

* * *

Depois de margearem o grande açude de Antioquia, começam os dois viajores a internar-se pelas montanhas do Amanus, cortadas por uma via estratégica do império romano.

A novecentos metros de altitude, desemboca a estrada em um desfiladeiro, a chamada "porta síria" (hoje: desfiladeiro de Beilán). De um e outro lado se erguem penhascos abruptos, que descem a prumo, deixando aberta uma passagem de poucos metros de largura. Na eminência de um rochedo, rodeado de carvalhos e pinheiros, erguia-se, pitoresco e minaz, o castelo romano Pagrae. Um pelotão de soldados defendia facilmente esse desfiladeiro, chave entre o Oriente e Ocidente, nessa parte da Ásia.

Em um primitivo albergue, no meio de caravaneiros, estendiam os dois viajantes os membros cansados, depois de roerem algum pedaço de pão, um punhado de olivas ou tâmaras, e beberem em uma concha ou no oco da mão uns goles de água fria.

Pena que o genial narrador Lucas não tenha sido sócio de Paulo nessas jornadas. Talvez nos tivesse conservado o esboço de alguma das palestras do apóstolo com os companheiros de hospedaria, ou com um grupo de soldados de César, da guarnição de Pagrae.

Desceram os dois à extensa planície de Issus, onde, no ano 333 a.C., se travava uma das mais importantes batalhas da história, entre Alexandre e Dario. Sem a vitória do grego sobre o persa, não teria sido possível, provavelmente, a expedição de Paulo pelas províncias do império romano; nem o espírito de Atenas teria formado o organismo do mundo civilizado, nem Paulo teria exarado as suas epístolas no idioma de Demóstenes e Homero.

* * *

Em um dos dias seguintes chegaram Paulo e Silas à capital da Cilícia, torrão natal do apóstolo.

Daí, depois de se proverem do necessário, demandaram as alturas do Taurus.

Afirma Cícero, em uma carta a Ático, que, ainda em princípios de junho, o Taurus é impraticável devido às neves do inverno e às águas torrenciais do degelo.

Mas, para os dois arautos do Evangelho não existia a palavra "impossível".

Também o Taurus tem os seus desfiladeiros, precipícios e recôncavos, um dos quais se chama até hoje a "garganta do diabo". Por entre os cabeças das montanhas, cujos recortes fazem lembrar a nossa "Serra dos Órgãos", se desdobravam lindas esplanadas cobertas de exuberante vegetação. Aí branquejavam, no seio de jardins e pomares, os palacetes de veraneio dos argentários de Roma.

Por essa mesma estrada ao longo do Cydnus, carregaram os guerreiros da Idade Média o corpo exânime do seu grande imperador Barbarroxa. Por aí transitaram, cheios de fé, os belicosos cruzados, à reconquista da Terra Santa.

Na primavera do ano 49 palmilhavam essa estrada militar dos Césares dois solitários viajantes, sem dinheiro nem armas, mas com uma fé inabalável e um ardente amor no coração.

Quando Paulo, na enumeração dos seus sofrimentos (2 Co. 11, 26 ss), frisa os riscos que correu por parte de rios, de salteadores, em pleno deserto, com fome e sede, não vai nisto encarecimento algum.

Quantas vezes não se viram os dois obrigados a transpor a nado caudalosas torrentes, que o degelo das alturas entumecia e arrojava sobre os caminhos, arrasando pontes e viadutos e impossibilitando a travessia a qualquer embarcação!

Se a arte cinematográfica dos nossos dias tivesse orientação mais criteriosa e não fosse tão deploravelmente frívola e rotineira — que magnífico assunto não encontraria, para um estupendo filme *far-west*, nas aventuras sensacionais, nos lances dramáticos e nos momentos trágicos de que está repleta a vida desse campeão de Cristo e pioneiro da civilação!

Descendo do Taurus pelo lado do norte ou noroeste, chegaram os dois missionários à extensa planície da Capadócia meridional, estepe monótona, cortada de crateras extintas e, em tempo de chuvas prolongadas, convertida em um brejo a perder de vista. Não sabemos se Paulo se serviu alguma vez de uma cavalgadura. Mesmo em caso afirmativo, pouco lhe valeria nessa planície, qualquer cavalo ou jumento atolariam nessa água lamacenta, quando não perderiam de todo a terra de sob os pés.

Certos biógrafos, ingênuos e piedosos veneradores de Paulo de Tarso, comprazem-se em representar esse "santo" impecavelmente vestido de uma linda túnica de vivas cores, ampla toga romana ou clâmide grega aos ombros, barba e cabelos bem penteados, sandálias novas nos pés, e nas mãos um respeitável volume destinado a lhe emprestar uns ares de doutor. Semelhantes representações paulinas condizem perfeitamente com o minúsculo tercinho de contas de cristal e o lindo devocionário com capa de madrepérola e fecho de ouro das mocinhas modernas.

Entretanto, esses artistas e devotos não conhecem a pessoa e vida desse arrojado aventureiro do Cristo: um homem magro, estatura média, saúde precária, vestes rotas e encharcadas, sentado talvez, sobre um tronco seco em plena torrente e remando com uma cana de taquara rumo à outra margem das águas — tal é o Paulo da história! Ou então outra cena: o mesmo vagabundo genial, escanchado no lombo de um jumento procurando atravessar uma torrente caudalosa: de repente, no meio das águas, cavalgadura e cavaleiro são empolgados pelo furor das vagas... desaparecem em um redemoinho... reaparecem centenas de metros abaixo... O jumento meio morto, trêmulo de susto, salta à praia... O cavaleiro, com a face contundida, agarra-se a algum junco e consegue ganhar a banda oposta — este é o Paulo em carne e osso, o autêntico e genuíno apóstolo das gentes... Ante a sua grandeza somem-se na penumbra da sua mediocridade espiritual centenas de pigmeus, incapazes de um sacrifício pessoal pelos seus ideais religiosos — se é que os possuem. O argumento máximo de que se servem os apóstolos do primeiro século — e os verdadeiros apóstolos de todos os tempos — a apologia ideal que eles escrevem do Cristianismo é a sua fé encarnada na vida prática.

* * *

Chegaram a Derbe onde Paulo passara meses tão dolorosos. Grande alegria entre os cristãos!... Perguntas sem fim...
E Barnabé? Que era dele?
Paulo apresenta o seu novo colaborador Silas.
Depois de alguns dias, demandaram Listra, cidade de que Paulo guardava tão gratas e tão ingratas reminiscências. Ainda trazia na fronte e em todo o corpo as cicatrizes do bárbaro apedrejamento.

Quão intenso deve ter sido o júbilo desse cristão todo

homem, desse homem todo cristão, ao rever uma família que lhe era intimamente afeiçoada: Timóteo com sua mãe Eunice e sua avó Loide! Relembraram, certamente, aquela noite angustiosa em que Paulo fora encontrado no monturo, banhado em sangue.

Na véspera da sua partida recebeu o apóstolo a visita de seu grande amigo Timóteo, que lhe pediu encarecidamente que o levasse em sua companhia. Desde o primeiro encontro com o exímio arauto do Evangelho, afagara o jovem a idéia de trabalhar um dia ao lado do grande mestre. Alma cheia de idealismo, essa, do filho de Eunice! Lindo botão de vocação apostólica nascido em uma noite de horrores e desabrochado às luzes cálidas do estudo e da meditação. Desde pequeno, como afirma Paulo, estava Timóteo habituado e afeiçoado à leitura assídua da Sagrada Escritura. Foi esse ambiente sobrenatural que conservou na alma do mancebo a chama divina do ideal religioso.

Timóteo era filho de mãe judia e de pai gentio, este já falecido. Segundo a praxe vigente, devia ter sido circuncidado em pequeno. Não o fora. Pode causar estranheza que Paulo tenha aconselhado a circuncisão, quando a outro discípulo, Tito, nunca sugeriu esta idéia. Mas é que Tito era filho de pai e mãe pagãos. Além disso, no caso de Timóteo concorriam circunstâncias especiais, que aconselhavam essa medida, a fim de atalhar aos judeu-cristãos todo e qualquer pretexto de não aceitação do Evangelho.

Timóteo veio provar-se excelente colaborador de Paulo. Fraco de saúde, é objeto de carinhosas solicitudes da parte do mestre, que até lhe aconselha o uso discreto do vinho por causa do seu estômago.

Escrevendo aos filipenses, diz o apóstolo (2, 20 ss): "Não tenho outro homem de idênticos sentimentos e que por vós se interesse com afeto mais sincero... Como um filho serve a seu pai, assim me serviu ele, a bem do Evangelho".

27. O brado da Europa. Lucas, o médico.

(At. 16, 6 ss; Col. 4, 4)

Era, provavelmente, em outono do ano de 49.

Depois de perlustrar a Frígia e Galácia, resolveu Paulo levar a mensagem da redenção à Mísia e à Bitínia. "Mas o espírito de Jesus não lhe permitiu".

Palavras estranhas! Repetidas vezes aparecem, na vida de Paulo, ordens e vetos de um mundo invisível. E ele acata incondicionalmente essas vozes do além.

"Deixaram, pois, de parte a Mísia e foram em demanda de Trôade".

Achavam-se os dois arautos do Evangelho na histórica planície onde, por espaço de dez anos, como Paulo aprendera no Ginásio de Tarso, se haviam guerreado gregos e troianos — por quê? Por causa de uma formosa mulher!... De Tróia restavam apenas uns escombros; e de Helena, talvez um punhado de cinzas; e a famosa *Ilíada* de Homero servia de exercícios estilísticos aos escolares do império romano...

Não tardaria, porém, a surgir um novo Homero que escreveria, para todos os milênios vindouros, a epopéia do herói que ia imolar a sua vida, não pela beleza frágil de uma mulher, mas por amor ao Homem-Deus, Rei imortal dos séculos...

É aqui que assoma pela primeira vez o grande épico do Cristianismo: Lucas, o médico. É nesta altura que o autor dos *Atos dos Apóstolos* começa a falar em "nós", por sinal que ele se associou a Paulo e Silas e os acompanhou rumo noroeste.

Já em Antioquia havia Paulo encontrado esse intelectual helênico, que daqui por diante oferece os seus préstimos ao apóstolo, a serviço do Evangelho.

Não fosse Lucas, o que saberíamos da vida, das vicissitudes e sofrimentos do Tarsense?

O autor do terceiro Evangelho e dos *Atos dos Apóstolos* revela notável grau de cultura. Os seus conhecimentos não se limitam à esfera profissional; maneja com facilidade e elegância a terminologia técnica dos marinheiros da época, o que faz crer que tenha viajado muito. Talvez exercesse a arte médica nas cidades do litoral do Mediterrâneo, ou — quem sabe? — a bordo dos navios mercantes, que escalavam os portos da Ásia e da Europa Meridional. A perfeição estilística, o gosto literário, a ideologia helênica, a par de uma deliciosa veia humorístico-satírica, autorizam-nos a supor em Lucas um espírito familiarizado com os grandes centros culturais daquele povo excepcional que em matéria de filosofia, poesia e escultura, ainda hoje serve de padrão e modelo à humanidade civilizada.

Repetidas vezes alude Paulo à presença ou amizade de Lucas: "Saúda-vos Lucas, o querido médico" — escreve aos cristãos de Colossos (Col. 1, 14). Na pequena carta familiar a Filêmon enumera Lucas entre os seus "colaboradores". Na segunda epístola a Timóteo (4, 11), escrita durante o último cativeiro romano, diz em tom dolente: "Apenas Lucas está comigo..."

Achava-se Paulo em Tróade, quando, altas horas da noite, teve uma visão: Estava diante dele um macedônio e lhe rogava: "Vem para a Macedônia e ajuda-nos".

Nas suas longas viagens, conhecera Paulo o vestuário característico dos macedônios; aquela clâmide de bastas pregas e aquele chapéu de abas largas, como só se usavam na Macedônia.

"Desta visão — acrescenta Lucas — concluímos que para lá nos chamava Deus a fim de pregarmos o Evangelho".

Era o brado da Europa — o brado pelo Cristianismo...

Da Macedônia partira um dia, cheio de sonhos e glória, um jovem de 22 anos —Alexandre Magno. Levara ao Oriente os tesouros do Ocidente: a língua da Grécia e a filosofia de Atenas. Agora, iria o Oriente levar ao Ocidente a maior das jóias: O Evangelho da verdade e da vida.

E aquele asiata, de corpo frágil e de alma pujante, resolveu atender ao apelo da Europa, cuja primeira ilha lhe acenava por sobre as ondas azuis do Mar Egeu — a Samotrácia.

"Vem ajudar-nos" — é o brado de socorro que o intelectualismo europeu dirige ao misticismo asiático.

A ciência estende as mãos à fé, para que a aurora do Evangelho ilumine os abismos da Filosofia.

E o brado do Ocidente encontrou eco no coração do Oriente...

28. Em Filipos. Lídia, a purpureira.

(At. 16, 11 ss)

"Embarcamos em Tróade e navegamos em linha reta para a Samotrácia. No dia seguinte fomos a Neápolis. E daí a Filipos, que é a primeira cidade daquela zona da Macedônia".

Com estas palavras abre o historiador um novo capítulo nos anais da história humana e preludia a epopéia da civilização cristã da Europa e do Oriente.

Paulo, Silas e Lucas saltam de um navio mercante e pela primeira vez põem pé em território europeu.

A Europa era fadada pela divina Providência para ser a alma do Cristianismo, durante séculos e milênios.

E foi a Macedônia que serviu de ponto de contato e traço de união entre a Ásia a Europa.

A Macedônia ocupa lugar de destaque na história da antiguidade. É com um misto de admiração e terror que lemos estas palavras, tão singelas quão trágicas, do primeiro livro dos Macabeus: "Depois que Alexandre da Macedônia derrotou Dario, rei dos persas e medos, depois de haver expugnado todas as fortalezas e vencido todos os reis da terra e avançado até aos confins do globo — então emudeceu o mundo ante a sua face... Em seguida, caiu enfermo e compreendeu que ia morrer..."

É esta sorte inexorável dos "grandes" que pretendem conquistar o mundo à força de armas — os Alexandres Magnos, os Júlios Césares, os Aníbais, os Napoleões.

Naqueles dias, porém, outono de 49, invadia a Macedônia um homem armado apenas do gládio do espírito, disposto a conquistar a Europa e o mundo inteiro com a cruz do Cristo.

E emudeceu o universo a seus olhos...

* * *

Em 167, antes de Cristo incorporaram os romanos a Macedônia ao império dos Césares, dividindo-a em quatro zonas administrativas, sendo Tessalônica e Filipos as cidades mais importantes.

Pouco se demoraram os dois viajantes na cidadezinha marítima de Neápolis (hoje: Cavala). Do alto de um penhasco sobranceiro saudava-os o templo de Diana.

Filipos fora fundada por soldados romanos, os quais, com o seu espírito de ordem e disciplina, tinham nela implantado o culto às divindades de Roma: Minerva, Diana, Mercúrio, etc. Filipos era uma Roma em miniatura, com o seu forum, o seu teatro, o seu castelo e as suas muralhas ciclópicas. Cada ano era eleito pelos cidadãos um "duunvirato" confiado a dois "arcontes". Quando o arconte subia ao forum para dar sentença e distribuir justiça, era ladeado de dois "lictores" que carregavam as célebres "fasces" romanas com a machadinha no centro, símbolos do poder pela união.

Os habitantes de Filipos, como em geral os macedônios, eram de espírito guerreiro, amantes da liberdade. Também as mulheres tomavam parte na vida civil, nas eleições e, não raro, nas revoluções.

Por falta de número suficiente de doutores da lei, não existia sinagoga no lugar, senão apenas uma *proseuché* ou casa de oração.

Achava-se essa fora da cidade, às margens do pequeno rio Gangas.

Na manhã imediata, para lá se encaminharam Paulo e seus amigos, a ver se encontrariam ensejo para anunciar a boa nova de Jesus Cristo.

Entraram no recinto sagrado, que não era senão uma área cercada de um muro baixo e sombreada por umas árvores.

Ali, ao ar livre, encontraram um grupo de mulheres judias e pagãs, entretidas em exercícios de piedade.

Sentou-se Paulo no meio dessas mulheres desconhecidas e começou uma palestra religiosa.

Entre as ouvintes de Paulo encontrava-se também uma senhora do alto comércio local, por nome Lídia. Pagã, natural de Tiatira, negociava em tecidos de púrpura e mantinha uma importante firma em Filipos. Desde os tempos de Homero (Ilíada 4, 14), era Tiatira a "cidade das púrpuras". Sendo que a púrpura é um tecido de elevado preço, só podiam explorar este ramo pessoas ou firmas que dispunham de vultosos capitais.

Essa "Lídia purpureira", depois da morte de seu marido, chefiava a grande "casa das púrpuras" de Filipos.

Entretanto, o seu deus não era de ouro nem de púrpura. Era assídua em acompanhar à casa de oração as suas amigas israelitas, adorando a Deus em espírito e verdade.

"E o Senhor abriu-lhe o coração para prestar atenção às palavras de Paulo" — refere Lucas.

Com tanto acerto e tanta compenetração falou Paulo da pessoa e da doutrina do Nazareno, que Lídia pediu admissão ao reino do Cristo, ela, com toda sua família.

Mais ainda: quis logo provar pela caridade do próximo o amor de Deus que lhe abrasava o coração; convidou Paulo e seus companheiros para sua casa, dizendo: "Se é que me considerais fiel discípula do Senhor vinde hospedar-vos em minha casa".

Os três missionários abandonaram, pois, o seu primeiro albergue e passaram a morar na confortável residência da novel discípula de Cristo.

Lídia, Evódia e Síntique — três nomes femininos de Filipos, referidos nas letras sacras. Às duas últimas recomenda São Paulo, na epístola aos filipenses, que sejam pacíficas e cultivem a fraternidade e harmonia. Deve ter havido entre Evódia e Síntique alguma desavença ou rivalidade. De Lídia, porém, nada disso ouvimos...

* * *

Destarte fez o Evangelho a sua entrada na Europa: suave e silenciosamente, como o sol matutino que iluminava, através das folhas das tamareiras e dos plátanos da *proseuché*, a primeira catequese européia.

Entrou na Europa o Evangelho... Não bªlrou com a solenidade de um discurso filosófico no Aerópago de Atenas, nem entrou com majestade dramática e ares oficiais como no palácio do procônsul de Chipre; entrou com idílica simplicidade, ao nascer do sol de uma sugestiva manhã de outono, sobre as asas leves de uma hora de catecismo.

* * *

Com nenhuma outra cristandade manteve Paulo, nos anos vindouros, tão estreitas relações de "dar e receber", como com Filipos. Só dos seus "queridos filipenses" aceitava ele, par a o seu sustento, subsídios de espontânea caridade.

E quem sabe se muitos desses "sacrifícios de grato odor", como lhes chama graciosamente, não passaram pelas mãos de Lídia!

29. A Pitonisa de Filipos

(At. 16, 16 ss; 1 Te. 2, 2)

O Cristianismo, na forma em que aparece nos Evangelhos, é a mais categórica afirmação da espiritualidade e uma permanente ofensiva contra o materialismo em todos os seus aspectos.

Entretanto, o que, à primeira vista, não parece tão evidente é que o Cristianismo mova ao mesmo tempo guerra a um mundo de potências imateriais, a uma invisível legião de seres inteligentes apostados em destruir ou falsificar a doutrina do

Nazareno. Paulo de Tarso, em uma das suas epístolas, chega a afirmar que a nossa luta não se dirige contra o mundo material, mas contra as invisíveis potestades que vivem nos espaços.

Portanto, espiritualidade contra espiritualismo. Cristo contra anticristo. Alma humana versus espíritos desconhecidos.

Vem esta mesma verdade estranhamente ilustrada na vida de muitos servos de Deus que, depois de derrotarem a vanguarda visível do mundo material, se vêem face a face com um exército de potências sinistras, tanto mais perigosas quanto mais esses seres ignotos se ocultam por detrás da barreira da invisibilidade.

Repetidas vezes entrou Jesus em conflito com esses misteriosos emissários do mundo inferior.

Também Paulo arrostou freqüentemente esses inimigos traiçoeiros. Em Chipre procura um dos seus aliados humanos, Elimas, frustrar com as suas artes mágicas a virtude divina do Evangelho.

Em Filipos reaparece, de improviso, o mesmo espírito, mas com uma tática diversa da que empregada em Chipre: em vez de contrariar abertamente a pregação de Paulo, faz dela franca propaganda — tamanha é a astúcia dessas entidades das trevas!

Corriam suavemente aqueles dias outonais. Todos os dias se dirigia Paulo com os seus companheiros às margens do Gangas e realizava as suas pregações no recinto da *proseuché*.

Certa manhã, a caminho do lugar de oração, saiu de uma casa vizinha uma menina e foi no encalço dos arautos do Evangelho, bradando: "Esses homens são servos de Deus altíssimo, e vêm anunciar-vos o caminho da salvação!"...

Era uma jovem escrava que, segundo a linguagem da época, possuía o espírito de Piton; era uma pitonisa, uma adivinha. Em linguagem moderna lhe chamaríamos clarividente, telepata ou médium. De vez em quando, era empolgada de um ser estranho, que lhe dava forças e luzes extraordinárias.

Nesses seus estados de "transe", quando "atuada" pelo espírito, a menina falava diversas línguas, respondia aos pensamentos dos circunstantes, revelava coisas que se passavam à distância, etc.

Para os seus donos era essa escrava um alto negócio, exploravam esse estado da infeliz creatura.

Todos os dias se repetia essa cena: a pitonisa a gritar no encalço dos discípulos de Cristo. É de supor que o elevado potencial espiritual de Paulo atuasse sobre a psique da médium pagã, pondo em vibração a sensibilidade telepática da menina e obrigando-a a soltar gritos estridentes e fazer aquela consciente ou subconsciente profissão de fé. É sabido que há espíritos que atuam sobre outros espíritos como um imã influi sobre a agulha magnética, provocando irriquieta oscilação, mesmo a grandes distâncias, em certas almas hiper-estésicas.

Paulo, porém, não se agradou do reclamo do Evangelho feito por um espírito que não era amigo de Cristo.

A pitonisa de Filipos fazia rasgada propaganda do Evangelho e dos seus arautos, o que, dado o grande prestígio de que ela gozava na cidade pagã, teria sido de vantagem para a causa sagrada que Paulo e os seus advogavam. E, no entanto, a exemplo de Jesus — que não tolerava elogios dos lábios de endemoniados — Paulo recusa esse auxílio prestado por uma entidade interior.

Em um desses dias, molestado novamente pelos gritos da escrava, voltou-se, encarou a menina e disse com voz firme ao espírito que dela falava: "Em nome de Jesus Cristo, eu te ordeno, sai dela!"

No mesmo instante, o invisível algoz abandonou a sua vítima — e esta perdeu incontinente as suas virtudes clarividentes.

Pasmaram todos do poder do nome de Jesus.

A menina mudou de semblante e atitude. Já não era a mesma. A sua alma parecia voltar súbita de regiões longínquas — das penumbras do subconsciente para a luz do consciente. Calma, tranquila, normal, com lágrimas nos olhos, prostouse aos pés do seu libertador e acompanhou-o a casa de oração. É possível que tenha abraçado o Evangelho.

Quando, porém, os gananciosos senhores da escrava verificaram o que acontecera e que se lhes fora uma fonte de lucro, indignaram-se contra Paulo.

Que fazer, acusá-lo? Mas de que crime? A lei romana não cogitava de casos dessa natureza nem defenderia a exploração de artes mágicas. Força era descobrir outro pretexto.

E pretextos não faltavam...

Os prejudicados, provavelmente os sacerdotes pagãos do lugar foram ter com os duúnviros — ou estrateges, como dizia o povo — e, em nome dos "intangíveis direitos do patriotismo e da ordem pública", formularam a seguinte queixa:

"Esses homens são judeus e amotinam a cidade toda, ensinando usos e costumes que nós romanos, não podemos adotar".

Tanto Paulo como Silas eram cidadãos romanos. Mas, desta vez não fizeram valer os seus foros, ou então não lhes foram atendidos os protestos. Convinha fertilizar com seu sangue o solo europeu para que medrasse a tenra plantinha do Evangelho.

Após um processo sumário — que importavam, afinal, dois judeus vagabundos? — o juiz da cidade proferiu sentença condenatória e deu ordem aos dois lictores que, de "fasces" em punho, ladeavam o tribunal: *Lictor, expedi virgas! ad verbera*! (Lictor, desata as varas para a flagelação).

Nem sempre, como se vê, achava aplicação o provérbio sobre a clássica "justiça romana". Sobretudo certos magistrados subalternos manejavam o *Jus Romanum* segundo a disposição casual dos seus nervos e o conteúdo da bolsa do acusado. Nem tudo o que Cícero afirma no seu famoso discurso sobre os desmandos do governador Verres, vai por conta de simples retórica...

Arrancaram as vestes a Paulo e seus companheiros e flagelaram-nos barbaramente em praça pública.

Assim, abundantemente regado de sangue mártir, podia o solo europeu receber a semente divina do Evangelho.

30. Uma noite misteriosa.
Paciência de mártir e brio de homem.

(At. 16, 23 ss)

Parece que Timóteo e Lucas não se achavam presentes quando Paulo e Silas foram flagelados. Andavam, provavelmente, pelo interior da Macedônia a serviço do Evangelho.

Com as carnes rasgadas, cobertos de sangue, foram os dois lançados a um cárcere. Cárcere, no sentido da época, quer dizer uma enxovia subterrânea, completa ou parcialmente às escuras às vezes com uma estreita claraboia na parte superior. Não raro, tinham essas masmorras diversos pavimentos, sobrepostos uns aos outros, ficando os debaixo totalmente privados de luz e ar respirável.

Mal se viram Paulo e Silas no interior do tétrico calabouço, quando se aproximou deles o carcereiro e lhes "cerrou os pés em um cepo", como refere laconicamente o historiador. Que inferno de tormento não vai nestas poucas palavras! O corpo chagado, os membros a arder em febre, o paladar ressequido de uma sede atroz, e ainda por cima sem possibilidade de movimento, com ambos os pés barbaramente apertados entre as duas partes escavadas de uma trave, que se fechavam com uma espécie de grande parafuso de madeira. Assim, deitados de costas, tinham ainda as mãos acorrentadas com duas pesadas cadeias presas à parede do cárcere.

Nessa dolorosa atitude, por entre as trevas e a umidade da prisão, aguardavam os dois heróis o seu destino, entregando-se a Deus e cuidando chegada a sua hora derradeira.

O recinto abrigava ainda outros presos. Uns dormiam de tristeza e fadiga. Outros gemiam e gritavam.

"Era meia-noite — refere o historiador — Paulo e Silas oravam e cantavam louvores a Deus, enquanto os companheiros de prisão escutavam".

Orações e cânticos em vez de pragas e maldições!...

"Subitamente se fez sentir um terremoto tão forte que abalou os alicerces do cárcere. No mesmo instante se abriram as portas e cairam os grilhões. O carcereiro despertou do sono, e, vendo abertas as portas da prisão, desembainhou a espada e queria matar-se, na certeza de que os presos se tinham evadido".

Já assentara no peito a ponta aguda do punhal — quando Paulo salta da escura caverna, apara o golpe e consegue frustrar a tentativa do suicida, exclamando: "Não te faças mal nenhum! Pois estamos todos aqui!"

Momentos de perplexidade, de confusão e desnorteamento!...

Toda uma escala de sentimentos díspares agita a alma do carcereiro. De tão aterrado cede a impressão mais forte e prostra-se aos pés de Paulo, como se nele visse um ser de outros mundos, e, titubeante, trêmulo de terror, pergunta: "Que é que... devemos fazer... senhores...para nos salvar?..."

Parece que a salvação a que o carcereiro aludia era uma libertação desses estranhos fenômenos e supostos perigos. Paulo, porém, lhe fala de outra salvação, dizendo: "Tem fé no Senhor Jesus, e serás salvo".

Foram à casa do carcereiro e lhes falaram de Jesus Cristo.

Só agora verificou o carcereiro os sangrentos vestígios da flagelação que cobriam os corpos de Paulo e Silas. E logo correu à fonte, buscou água e lhes lavou as feridas enquanto sua esposa preparava uma refeição aos misteriosos hóspedes.

* * *

Também os magistrados e oficiais da justiça de Filipos tinham percebido o terremoto, que lhes abalara a consciência. Compreenderam ou julgaram adivinhar uma relação entre injustiça do dia precedente e esse estranho fenômeno noturno. Por isso, logo de madrugada, deram ordem ao carcereiro para escancarar as portas do calabouço e pôr os presos em liberdade.

Deu-se então um fato inesperado e tão genuinamente paulino que só mesmo um espírito superior como Lucas o podia referir, sem medo de deslustrar a auréola do seu herói.

Paulo, porém, mandou dizer: "Sem processo algum nos mandaram açoitar publicamente e lançar ao cárcere, a nós, que somos cidadãos romanos — e agora nos querem despedir às ocultas? Não! De modo algum!"

Aí temos o Paulo de Tarso, em toda a verdade e plenitude do seu brio varonil. Humilde discípulo de Cristo, capaz de sofrer calado as maiores injúrias, não deixa nunca de ser um homem genuíno, cheio de coragem e intrepidez, que sabe fazer valer os seus foros de cidadão do império dos Césares, quando o exigem a honra e o prestígio do Evangelho.

Pela *Lex Porcia* era passível de pena toda a autoridade que mandasse flagelar um cidadão romano. Só podia ser flagelado um alienígena, um bárbaro, um escravo, mas nunca um cidadão do império romano. Paulo conhecia essa lei, e quem sabe se não foi precisamente por isso que permitiu o desumano castigo do dia anterior? Assim, tratado com clamorosa injustiça, podia bancar a vítima inocente e impor a sua vontade ao tribuno da cidade, reclamando plena liberdade de ação, sob pena de denunciar a autoridade local como incursa no artigo fatídico da *Lex Porcia*.

Segundo o conselho do divino Mestre, e consoante a sua própria doutrina, sabia Paulo ser "simples como a pomba", mas também "atilado como a serpente".

Os oficiais da justiça referiram a resposta deles aos magistrados; e estes ouvindo que eles eram cidadãos romanos, se encheram de medo. Foram ter com Paulo e Silas e lhes pediram desculpas e os conduziram para fora, rogando que abandonassem a cidade.

Paulo, todavia, permanece irredutível. Declara-lhes, firme e categoricamente, que não sairá da cidade senão acompanhado de uma escolta militar, porque publicamente foram maltratados e publicamente há de essa injustiça ser reparada, para que Filipos em peso veja e saiba que eles são inocentes e que o Evangelho do Cristo está sendo pregado por dois honrados e leais cidadãos romanos, e não por um par de escravos ou vagabundos anônimos...

Enquanto o tribuno da cidade mandava chamar a escolta militar para acompanhar os dois, aproveitaram estes o tempo e se "dirigiram à casa de Lídia, onde encontravam os irmãos".

Quando chegou a escolta militar, Paulo e Silas se despediram afetuosamente da "purpureira" e dos demais amigos — e partiram.

O Evangelho do Cristo entre duas filas de lanças romanas! Os legionários de César homenageando os discípulos daquele que Pôncio Pilatos tinha crucificado!...

Estava lançada a semente do Evangelho — e como brotou tão pujante nesse solo regado de sangue!

Até ao fim da sua vida continuou a igreja de Filipos a ser a cristandade predileta de Paulo, filha das suas dores, e por isso mesmo, "alegria minha e coroa minha"— como ele escreve.

31. Em Tessalônica

(At. 7, 1 ss; cf 1 Te. 2, 1 ss; Fil. 16)

Filipos foi uma das poucas cidades das quais Paulo saiu em paz com as autoridades civis, e até com solenidade e glória. De quase todas as demais cidades sai corrido, expulso, enxotado, arrastado, quando não flagelado, apedrejado e jogado ao monturo.

* * *

Pelos fins do outono de 49, talvez em novembro encontramos Paulo, Silas e Timóteo palmilhando a Via Egnatia, estrada militar que de Filipos conduzia a Anfípolis, e daí, através de Apolônia, a Tessalônica. Não se demoraram naquelas três localidades menores, porque Paulo costumava estabelecer o seu quartel-general nos grandes centros.

Tessalônica, essa sim, prometia tornar-se um magnífico ponto estratégico para um apostolado de grande envergadura.

Tinha o nome de uma irmã do grande Alexandre e gozava desde muito as honras de metrópole da Macedônia. Situada em um dos maiores e mais seguros portos do Mar Egeu, ligada com Roma e Bizâncio pela via Áppia, que aqui se chamava via Egnatia, derrama-se a cidade profusamente pelas fraldas do Olimpo (2895 m), em cujos nevados píncaros fulgurava, segundo a mitologia, o palácio dos deuses que governavam o mundo e presidiam os destinos da humanidade. Por entre casario, que se erguia pelos terraços das verdes rampas, lembrando um gigantesco anfiteatro da natureza, negrejavam esguios ciprestres e verdejavam frondosos plátanos, projetando sombras amenas sobre as muralhas, sobre os templos e os arcos de triunfo, eloqüentes atestados do poder e da estratégia dos Césares de Roma. Nas águas azuis do porto agitava-se um incessante vaivém de navios de todas as nações, que mantinham o intercâmbio material e intelectual entre os três grandes continentes que circundam o Mediterrâneo. Homens de todas as raças, de todos os países, de todas as religiões fervilhavam nas ruas e nos logradouros públicos de Tessalônica, e nos vastos campos de esporte exultava a briosa mocidade da metrópole e das províncias.

Se em Filipos, colônia de antigos legionários, prevalecia o severo cunho romano, aqui em Tessalônica era a jovialidade helênica que caracterizava a fisionomia da capital macedônica.

Ainda que província do império romano, conservava Tessalônica o seu espírito democrático, elegendo todos os anos um conselho de seis "politarcas", para presidirem aos destinos da cidade.

Ah! Se o Evangelho conseguisse lançar raízes nessa populosa central européia — dizia Paulo de si para si, enquanto perambulava pelas ruas de Tessalônica, contemplando os teatros, os palácios, os ginásios, os hipódromos, os banhos termais e o elevado número de casas de luxúria noturna.

Mas como arrancar da matéria esses sibaritas e erguê-los às regiões do espírito? Como falar de desinteresse a esses negociantes?

Desde o primeiro dia resolveu Paulo demorar-se por mais tempo em Tessalônica.

Hospedou-se em casa de um judeu que se chamava Jesus, mas que helenizava o seu nome mudando-o em Jason. Era tecelão, portanto, colega de profissão de Paulo.

"Em Tessalônica — refere Lucas — tinham os judeus uma sinagoga. Segundo o costume, foi Paulo ter com eles e durante três sábados discorreu sobre as Escrituras. Expôs-lhes e demonstrou que fora necessário padecesse Cristo e ressuscitasse dentre os mortos".

Quer dizer que atacou logo o ponto central, a eterna pedra de tropeço dos judeus: o Messias padecente. Assim o predissera Isaías, o "evangelista" do Antigo Testamento.

"Alguns deles — prossegue o historiador — abraçaram a fé e aderiram a Paulo e Silas, bem como numerosos gentios tementes a Deus e não poucas mulheres nobres."

Poucos judeus, muitos gentios e muitíssimas mulheres de posição — resultado magnífico da pregação de Paulo.

O que Paulo escreve mais tarde a respeito dos tessalonicenses revela um magnífico florescimento do Evangelho na capital da Macedônia:

"Tornastes-vos modelo para todos os fiéis da Acaia; porque, partindo de vós, se divulgou por toda a parte a palavra do Senhor e até que tendes em Deus" (1 Te. 1, 8).

Por isso, era grande o amor que Paulo votava aos cristãos de Tessalônica: "Apresentamo-nos no meio de vós com tanta suavidade como uma mãe a cercar de carinhos os seus filhinhos. Tanto bem vos queríamos que era ardente desejo nosso dar-nos, não só o Evangelho de Deus, mas até a própria vida — de tanto amor que vos tínhamos. Ainda estareis lembrados, dos nossos trabalhos e fadigas: trabalhamos dia e noite para não sermos pesados a nenhum de vós" (1 Te. 2, 7 ss).

32. De Tessalônica a Beréia

(At. 17, 5 ss; 1 Te. 2, 1 ss; Fil. 4, 16)

Em Tessalônica exarou um dos mais belos capítulos do Cristianismo do primeiro século, e ainda de todos os tempos da história. Iniciou, com admirável tino e zelo, um sistema de "cura de almas domiciliar". De casa em casa, de palacete, de oficina em oficina, difundia ele, em companhia de Silas e Timóteo, a semente divina do Evangelho. É possível que Paulo, dado o seu talento organizador, tenha levantado um completo cadastro da cidade, a fim de poder trabalhar com plano e método, nessa silenciosa companha pelo reino do Cristo. O que ele escreveu aos coríntios (1 Co. 9, 20) não deixa, certamente, de ter aplicação também à sua permanência na capital da Macedônia: "Para os judeus me fiz judeu", a fim de ganhar os judeus; para os cultores da lei (mosaica) me fiz cultor da lei — embora não seja escravo da lei — a fim de ganhar os que cultuam a lei; para os fracos me fiz fraco, a fim de ganhar os fracos — fiz-me tudo para todos, a fim de em toda a parte salvar alguns".

Tudo isso fazia Paulo, não como frio calculador, mas impelido por uma solicitude paternal, animado por um amor quase maternal, como ele próprio afirma: "Ainda que, na qualidade de embaixador do Cristo, pudéssemos fazer valer a nossa autoridade aparecemos no meio de vós com a suavidade de uma mãe a acarinhar seus filhos. Sentimo-nos atraídos a vós, e não somente vos queríamos dar o Evangelho, mas até a nossa vida — de tanto que vos queríamos" (1 Te. 2, 8).

A julgar pelos futos subseqüentes, deve Paulo ter frisado a idéia da "realeza do Cristo", que é, aliás, o pensamento central dos nossos irmãos nos tempos apostólicos e das catacumbas. Mais tarde, em período de menos heroísmo e de maior suavidade mística, começou a prevalecer a mentalidade do Cristo-Esposo. Muitas almas devotas do nosso século não conhecem outro Cristo senão o "divino esposo das almas". Com esta orientação dulçurosa perdeu o Cristianismo grande parte do seu vigor másculo, do seu dinamismo realizador.

Há em nossos tempos um vigoroso ressurgimento dessa concepção do Cristo Rei. É ele o nosso soberano, general em chefe, o supremo diretor das hostes da igreja militante. Todo o homem que a ele queira aderir deve ser "soldado do Cristo", quer na defensiva, quer na ofensiva, como diz São Paulo; na defensiva deve lutar pela pureza e integridade do espírito do Evangelho; na ofensiva deve sair a campo a fim de conquistar novos mundos para seu Senhor e Soberano. No centro desse drama não está a pequenez do ego humano, mas sim, a grandeza do Tu divino.

* * *

Em mais de um dos seus sermões deve Paulo ter falado aos tessalonicenses sobre a "parusia", isto é, o segundo advento do Cristo. Andava no ar, nesse tempo, como um fluido sutil de sinistras perspectivas, de pressentimentos fatais, uma agourenta disposição de *fin de siècle*. A megalomania de Calígula empanara o brilho do império de Augusto e Tibério. Sob o reinado de Cláudio, mulheres levianas e enfatuadas como Messalina e Agripina, punham em perigo a segurança do trono dos Césares. Na alma de milhares de espíritos retos se aninhava a angustiosa pergunta: De quem será o império? Quem empunhará o cetro? Britânico, filho de Messalina? Ou Nero, filho de Agripina?

No meio dessas dolorosas incertezas se refugiavam os neófitos de Tessalônica à esperança da próxima vinda do Messias, explicando a seu modo certas alusões de Paulo.

Crescia rapidamente o número dos adeptos do Evangelho vindos do paganismo. O gentio, terreno baldio em matéria de religião, era campo mais propício à sementeira evangélica do que o judeu, com o espírito repleto de ruínas que necessitavam de ser previamente removidas.

À vista do grande número de recém-convertidos do paganismo, e muitos deles de elevada posição social, exasperaram-se os judeus e resolveram por cobro à pregação de Paulo e de seus companheiros.

Que fazer? Como executar o seu plano?

Foram buscar homens perdidos da rua, suscitaram tumultos e amotinaram a cidade. Dirigiram-se à casa de Jason (onde se achavam Paulo e os seus) no intuito de os apresentarem ao povo. Mas não os encontraram. Os apóstolos haviam saído, percorrendo talvez os bairros pobres da cidade.

Então arrastaram Jason e alguns irmãos à presença dos magistrados da cidade clamando: "Estes homens põem em desordem o mundo inteiro".

Mas, de que crime acusariam Paulo?

Naturalmente, de um delito de caráter político. Era o único capaz de impressionar as autoridades romanas. O pretexto era simples: Paulo falava na realeza do Cristo — logo, é réu de alta traição.

"Todos esses homens — vociferavam os descontentes — são rebeldes aos decretos de César, afirmam que há outro rei, que é Jesus".

Até neste particular se parecem os discípulos com o Mestre. Jesus foi acusado de pretendente à realeza — e ele não o negou, confirmando até explicitamente o seu caráter régio: "Sim, eu sou rei".

Com isso conseguiram os adversários amotinar o povo e as autoridades.

Entretanto, quando estas últimas ouviram que o rei proclamado por Paulo era um rei crucificado e morto, sossegaram, sorrindo compassivamente das especulações metafísicas daquele judeu. Que mal podia fazer a César um rei suspenso na cruz?

As autoridades pediram garantias a Jason, que sabiam cidadão ordeiro e pacífico, e mandaram pôr os presos em liberdade.

Ainda na mesma noite mandou Paulo convocar os chefes da igreja à casa de Jason, deu-lhes as últimas instruções — e despediu-se.

Imensa era da dor de Paulo...

Não poder levar a termo a sua tão bem iniciada campanha evangélica em Tessalônica! Os judeus estavam à sua espreita por toda parte, e em breve o teriam eliminado dentre os vivos. E Paulo tinha de cumprir ainda uma tarefa ingente — antes de tombar nas areias de Óstia Tiberina...

* * *

Dois ótimos auxiliares granjeara o apóstolo em Tessalônica: Secundus, que o foi acompanhar, e Aristarchus, que mais tarde lhe foi companheiro de prisão em Roma.

* * *

Seria em fins de 50 quando, na calada da noite, Paulo e seus amigos abandonaram a cidade e tomaram rumo oeste, pela praia do mar.

No dia seguinte, depois de umas doze horas de marcha, deixaram a estrada geral e, enveredando por um atalho, se internaram pelas montanhas.

Chegaram à cidadezinha de Beréia (hoje Caraferia), situada no terceiro distrito da Macedônia. Neste silencioso recanto da Europa, derramado ao pé do Olimpo, cortado de fontes borbulhantes e amenizado de vinhedos e olivais, vivia um povinho tranqüilo, que nada sabia, nem queria saber do tumulto e da lufa-lufa do grande empório comercial da metrópole macedônia. Trabalhar nas jazidas de mármore das montanhas, colher os produtos agrícolas dos campos e viver em paz — tal era o ideal do povo de Beréia.

Tencionava Paulo ficar algum tempo nesse idílio montanhês e regressar depois a Tessalônica.

Entretanto, as notícias que daí lhe vinham não eram de molde a esperançá-lo; obrigaram-no a ficar em Beréia.

Os bereenses, diz o historiador, eram de sentimentos mais nobres que os de Tessalônica: receberam a palavra de Deus com toda a boa vontade, e examinavam todos os dias as Escrituras a ver se as coisas eram assim mesmo. Muitos deles abraçaram a fé, entre eles grande número de distintas mulheres e homens gentios.

Em Beréia, como se vê, organizou-se um verdadeiro movimento bíblico. Havia nessa cidadezinha bucólica um pugilo de intelectuais, homens e mulheres, que antes de crer queriam convencer-se racionalmente de que o Nazareno era de fato o Messias vaticinado nos livros sagrados dos hebreus.

Também aqui ganhou Paulo um prestimoso colaborador, na pessoa de Sópatro. Mais tarde o encontramos entre os companheiros de viagem do apóstolo.

Entrementes, apareceram em Beréia judeus de Tessalônica e começaram a minar o terreno. À guisa de certos cães que perseguem o viajante com impertinentes latidos, assim importunavam os judeus o apostolado de Paulo, onde quer que aparecesse. Ele mesmo, na epístola aos Filipenses (3, 2) compara os seus adversários macedônios a molestos caninos.

A fim de prevenir males maiores insistiram os amigos de Paulo com ele para que abandonasse a cidade. Receavam pela vida do mestre.

Paulo atendeu a seus pedidos e encaminhou-se ao porto. Deixou na Beréia parte do seu coração: Silas e Timóteo. Estava com a saúde abalada; necessitava deles. Mais, porém, precisava deles a jovem cristandade de Beréia.

Em companhia de alguns antigos embarcou com destino à Grécia.

Chegando a Atenas doente, saudoso despediu-se dos amigos e recomendou-lhes encarecidamente: "Dizei a Silas e Timóteo que venham quanto antes".

Parece que cuidava chegada a sua hora derradeira. A fragilidade do seu corpo não resistia à sobrecarga do espírito.

33. Sozinho em Atenas

(At. 17, 16 ss; 1 Te. 3, 1)

Ante os olhos do grande paladino da verdade cristã se espraiava a vasta metrópole da filosofia e da estética do paganismo.

Fosse Paulo simplesmente um helenista teria saudado com transportes de júbilo o solo de Ática e relembrado os imperecíveis monumentos de saber que aí deixava aquele povo de pensadores e artistas. É quase inconcebível que uma nação pequenina como a dos gregos, dentro do espaço de poucos séculos tenha creado valores culturais que até hoje não foram superados, pela humanidade contemporânea.

Sócrates, Platão e Aristóteles — príncipes da filosofia; Plutarco e Péricles — legisladores geniais; Demóstenes — protótipo da eloqüência clássica; Fídias e Praxíteles — escultores de insuperável estética; Homero — o titã da poesia épica, mestre de Virgílio e de Camões; Pitágoras, Arquimedes e Euclides — gênios da matemática e geometria... quantas glórias produziu aquela insignificante nesga de terra!

Paulo, porém, desde que, às portas de Damasco, contemplara o Cristo, fechara os olhos para as grandezas da terra e só os trazia abertos para os esplendores do céu; desde aquela hora decisiva era ele mais cristão que helenista; para Paulo só existia uma verdade suprema, eterna, infinita — Cristo.

A ciência e a arte, a filosofia e a política, a estética das formas e a organização da vida social e esportiva — tudo isso fazia da Grécia o foco da cultura contemporânea e o ponto culminante da intelectualidade.

Paulo não era nenhum bárbaro. Educado em um dos maiores centros culturais do helenismo: alma dotada de grande vibratilidade; homem que escreve aos filipenses (4, 8) palavras de sabor aristotélico como estas:

"Meus queridos irmãos, aspirai a tudo que é verdadeiro, digno, justo, santo, amável, atraente, virtuoso e digno de louvor" — esse homem não deixava, certamente, de sentir o fascínio da cultura helênica.

Mas esses sentimentos eram sobrepujados por um ideal superior.

Paulo estava no mundo — mas já não era do mundo...

Sozinho põe-se a perlustrar as diversas zonas e bairros de Atenas, não a modo dos nossos modernos turistas, de *baedeker* em punho e com um *cicerone* loquaz ao lado; mas em uma espécie de silenciosa auscultação da alma desse povo tão diferente de todos os povos que até então encontrara. A metrópole do paganismo científico e artistíco tinha para Paulo um quê de deprimente e angustiante. Deve ele ter tido horas de profundo desânimo em face dessas formidáveis potências adversas: um grande saber e um grande poder sem o Cristo...

Em um dos primeiros dias subiu o solitário visitante à colina íngreme coroada pela acrópole e pelo famoso *Parthenon*, o templo da deusa virginal Palas Atena. Com que sentimentos terá o apóstolo contemplado a magnífica estátua da divindade, obra-prima de Fídias!... A elegância feminina do seu talhe, a sonhadora beleza do seu semblante, o porte guerreiro da donzela de capacete na cabeça e lança em punho — onde se viu mais perfeito símbolo de Vênus e Marte em uma só pessoa?

Em Atenas — escreve Petrônio — é mais fácil encontrar um deus do que um homem. Não havia rua nem praça onde não alvejassem dezenas de estátuas de divindades e semi-divindades. Desde o portal da cidade — afirma Pausanias — até ao *Kerameikós* (quarteirão dos artífices) não havia arco nem rua que não ostentasse templos e estátuas: Júpiter e Baco. Vênus e Atena — sem conta nem medida! Ao cavaleiro do *Kerameikós* se erguia o santuário de Vulcano. A dois passos daí, o de Vênus Afrodite, esculpido pelo gênio das Fídias em mármore de Paros. Na rua das Tripeças campeava o Sátiro de Praxíteles. Próximo ao teatro, mais um Baco. Do teatro à Acrópole, sucediam-se os templos de Esculápio, de Temis , de Géia, de Curótrofos, de Dêmeter, Cloé, etc .

Paulo, diz o historiador, estava "indignado" em face do que via. É possível que tenha mitigado essa sua indignação o inesperado encontro com um altar dedicado à Misericórdia, ou seja, à deusa da Compaixão. No mundo inteiro eram atenienses o único povo gentio que se lembrara de erigir um altar à Misericórdia.

E não tinham eles razão? Não estava toda aquela deslumbrante miséria a reclamar misericórdia?

Parece que os atenienses, dotados de uma apurada sensibilidade, entressentiam através desses esplendores externos o vácuo do seu interior — e acabaram por concretizar em um santuário à Misericórdia essa consciência da sua miséria...

* * *

Paulo estava só. Entretanto, mais do que a solidão externa atormentava-o a solitude interior. Se para um israelita monoteísta era dolorosa a visão desse politeísmo idólatra, para um discípulo de Cristo era insuportável a idéia de centenas de pseudodeuses sem a noção do único Deus verdadeiro.

Nessa disposição escreveu Paulo aos tessalonicenses esta frase tão lacônica quão significativa: "Estou só..."

"Não podendo por mais tempo suportar a situação — escreve ele aos tessalonicenses — mandei colher informações a respeito da vossa fé com medo de que o tentador armasse ciladas e frustrasse o nosso trabalho"(1Te. 3, 5).

Pediu a Timóteo, que viesse de Tessalônica a Atenas.

Mais do que nunca se convenceu ele em Atenas, de que a ciência por si só não pode salvar o homem, e que a arte não consegue torná-lo interiormente melhor. Não há redenção senão no Cristo. O grego homem dos sentidos e do sentimento, adorava a elegância das linhas, a formosura do corpo, o ritmo das palavras, a estética do pensamento, a harmonia da vida — mas não havia Deus nem alma em seus conceitos...

Quem uma vez saboreou uma gota de Deus, não encontra

descanso enquanto não se abisme no oceano dessa grande e eterna Realidade.

Urgia falar do Cristo a esses filósofos do aquém — do Cristo, o homem-ideal em que habita toda a plenitude da divindade.

34. O "Deus desconhecido"

(At. 17, 16 ss)

Atenas, embora decadente era ainda nesse tempo a metrópole intelectual do mundo. Nenhum romano se tinha em conta de culto que não tivesse cursado estudos em Atenas. Fazia parte do bom-tom da aristocracia militar e civil de Roma conhecer de perto as famosas escolas filosóficas da Ática, ou Acaia. Expoentes como Cícero, Ovídio, Horácio, Virgílio tinham bebido em Atenas as suas melhores inspirações. Estadistas, militares e políticos como César, Antônio, Pompeu, Augusto eram entusiásticos cantores das maravilhas de Hélade. Estóicos e epicúreos, probabilistas e cínicos, retores e filósofos — tudo isso se encontrava em abundância na capital da Grécia.

* * *

Certo dia desceu Paulo para o antigo porto de Faleron, quando em uma esquina viu um templozinho pagão. Entrou e viu gravadas na ara estas palavras: *Agnostô Theô* que quer dizer: Ao deus desconhecido.

Um misto de tristeza e de alegria se apoderou da alma do apóstolo.

Tinham os gregos da elite a intuição consciente ou inconsciente de que as tradicionais divindades veneradas pelas massas ignaras não eram símbolos e sombras de alguma Realidade Suprema, inacessível aos sentidos e ao intelecto;

que o Deus verdadeiro devia ser ultra-sensível e ultra-inteligível existindo para além do tempo e espaço, sem figura nem forma, como os antigos filósofos haviam ensinado em suas profundas lucubrações metafísicas.

A esse "Deus ignoto", vagamente adivinhado pela tateante inteligência analítica, é que estava dedicado aquele altar com sua inscrição lapidar mais eloqüente na sua simplicidade do que todas as magníficas estátuas do Partenon ateniense.

Agnostô Theô — ao Deus desconhecido...

Paulo leu essa dedicatória — e estava tomada a sua resolução: ia falar aos atenienses do Deus desconhecido revelado em Jesus Cristo.

O mutismo frio daquela ara com as duas palavrinhas *Agnostô Theô* era de uma eloqüência enternecedora; era um veemente brado do paganismo pelo Deus ignoto.

35. Paulo no areópago

(At. 17, 21 ss)

"Enquanto Paulo esperava em Atenas a Silas e Timóteo, confrangia-se-lhe dolorosamente a alma ao ver a cidade repleta de ídolos. Discorria na praça com todos os que ali encontrava. Depararam-se-lhe também uns filósofos epicúreos e estóicos: alguns deles observaram: "Que quer esse palrador?" Outros diziam: "Parece que é arauto de novos deuses".

É que Paulo lhes anunciava a boa nova de Jesus e da ressurreição.

É este o primeiro encontro do Cristianismo com a filosofia pagã da Grécia.

Existia ainda em Atenas a célebre "Academia de Platão" mas sem o espiríto do grande mestre. No vale de llyssos farfalhavam ainda os plátanos em cuja sombra costumava Sócrates reunir os seus discípulos; mostrava-se ainda o "Liceu de Aristóteles", alvejava ainda o pórtico marmóreo (*Stoa*) de

Zenon, mestre dos estóicos; floresciam ainda as rosas nos jardins de Epicuro — mas o espiríto desses pensadores desertara das plagas de Hélade.

Costumavam os filósofos desse tempo espairecer indolentemente pelas avenidas e fazer ponto na Agorá, praça circundada de pórticos templos, bazares e edifícios públicos; lá se viam todos os dias os epígonos daqueles titãs, homens de cabeleira e mãos perfumadas, agitando na destra elegante bengalinha, sorrindo complacentemente e obsequiando os transeuntes com sentenças que consideravam espirituosas. Eram supersticiosos, esses pseudofilósofos, não perdiam vasa para saber novidades dos forasteiros e pedir-lhes opinião sobre questões políticas, fílosóficas e religiosas.

Com essa categoria de "sábios" se encontrou Paulo. Uns eram da escola de Zenon (estóicos); outros adeptos de Epicuro.

O estranho viajor asiata, de aspecto exausto e vestes empoeiradas, deve ter despertado a curiosidade desses pretensos intelectuais. E quando ouviram que ele apregoava um novo casal de deuses — Jesus e Anástasis — escutaram com interesse ainda maior. Falava Paulo de "Jesus e da ressurreição"[9] seu tema predileto; mas aquele auditório, habituado à idéia de deuses e deusas entendeu que se tratava de um novo casal divino: Jesus e Anástasis. Pudera não! Se na Grécia cada virtude e cada vício tinha a sua divindade peculiar, masculina ou feminina...

Por algum tempo escutou esse auditório em praça pública as explanações do pregador ambulante. Mas não o tomaram a sério; e lá na sua proverbial espirituosidade logo o alcunharam de *spermólogos*, que quer dizer: "cata-sementes"ou "papa-grãos". Comparavam-no, assim, a certas aves que catam os grãozinhos de cereais esparsos nos campos, nos mercados, ou à beira das estradas. Destarte se afigurava aos pretensos filósofos de Atenas o sistema religioso esboçado pelo desconhe-

---

[9] Ressurreição é, em grego, *anástasis*. Daí o equívoco dos atenienses.

cido viajor: um pouco de filosofia, uma dose de teologia, um nadinha de ética, um ligeiro verniz de estética — em uma palavra, um mosaico de idéias mais ou menos disparatadas. Aí está a primeira impressão que a filosofia da Grécia decadente teve da alma do Cristianismo; uma mescla eclética de ideologias, um amálgama heterogêneo de elementos díspares e desencontrados.

É possível que alguns desses espirituosos críticos tenham empregado a palavra *spermólogos* (em latim: *semini-verbins*) no sentido de semeador de palavras, espalha-verbo, palrador.

O maior apóstolo do Cristianismo — um cata-sementes, um palrador!...

Nem suspeitavam sequer, esses pseudofilósofos da Agorá que no ano 529, o imperador Justiniano I, com uma ligeira penada, mandaria fechar a escola filosófica de Atenas, ao passo que a doutrina do tal *spermólogos* sobreduraria séculos e milênios, e seria estudada, sempre atual e juvenil, ainda no século XX — e até ao derradeiro dia da humanidade.

De súbito, um dos ouvintes mais interessados propôs que o pregador de "novas divindades" fosse convidado para fazer uma conferência no Areópago.

E logo todos apoiaram a feliz idéia; pois, como diz Lucas com discreta ironia, o ateniense não se interessa por coisa alguma que não seja contar e ouvir novidades. Esperavam gozar uma hora de interessante palestra. Ainda que o recém-chegado não fosse filósofo e expusesse uma nova ideologia ou sistema de pensar, podia, em todo o caso, ser um divertido comediante.

Convidaram, pois, a Paulo para o Areópago.

E, com alguma insistência, o conduziram à famosa colina.

36. O discurso filosófico de Paulo

(At. 17, 33 ss)

A colina de Ares[10] era uma elevação no meio da capital helênica. Onde costumava reunir-se, ao ar livre, o senado de Atenas. Mais tarde, também esse próprio senado era apelidado Aerópago. Compunha-se ele das mais conspícuas famílias da aristocracia ateniense. A esse grêmio estavam afetos os problemas da ciência e do culto, da religião e da ética. Tempo houve em que essa assembléia de anciãos tratava também das questões judiciais, formando uma espécie de juri, que decidia sobre a inocência ou culpabilidade dos acusados.

O topo da colina de Ares é estreito, não comportando grande número de pessoas. Mas como naquele tempo as rampas do outeiro estavam cobertas de escadarias e arquibancadas, era possível reunir-se ali auditório assaz numeroso.

Tribuna magnífica para uma deslumbrante "plataforma" sobre o reino de cristo! Lá no fundo, o espelho azul do mar. Pelas encostas, os rochedos da acrópole as colunatas do "Erechteion" e os mármores brancos do "Parthenon" com a maravilhosa efígie de Atena. Na colina, os discípulos da Stoa e de Epicuro; mais abaixo, pelas fraldas do outeiro, o caldeamento intelectual e religioso desse auditório improvisado.

Parece que este episódio se realizou ao cair da noite. O ateniense era amigo da noite e dos efeitos da luz artificial. O tribunal só se reunia de noite à luz de centenas de lâmpadas que cingiam as beiradas do outeiro. Nesta hipótese, devia o primeiro discurso filosófico de Paulo evocar sentimentos de sugestiva sobrenaturalidade.

Deixou-nos Lucas um ligeiro esboço da oração que Paulo proferiu no Areópago. Um esboço apenas, mas que bem faz adivinhar uma psicologia magistral.

---

[10] *Ares* é o nome grego para o Deus Marte. *Pagos* quer dizer colina. Daí Aerópago, colina de Ares ou Marte.

"Atenienses! Estou a ver que sob todos os respeitos sois de uma grande religiosidade. Tanto assim que, perambulando pelos arredores e contemplando os vossos santuários, encontrei um altar com esta inscrição: *Ao deus desconhecido*. Ora, o que cultuais sem o conhecer, isto é que vos venho anunciar. Deus que fez o mundo e tudo o que nele existe, o Senhor do céu e da terra não habita em templos fabricados por mãos humanas, nem é servido por mãos de homem, como se de alguma coisa houvesse mister; pois é ele que a todos dá a vida, a respiração e tudo o mais. De um só homem fez proceder todo o gênero humano, para habitar sobre toda a face da terra; marcou-lhes a ordem dos tempos e os limites das suas habitações; quis que procurassem a Deus e às apalpadelas o achassem, a ele, que não está longe de cada um de nós. Pois nele vivemos, nos movemos e temos o nosso ser. A propósito, disseram também alguns dos vossos poetas: 'somos da sua estirpe'.

Se, portanto, somos de estirpe divina, não devemos pensar que a Divindade seja semelhante ao ouro, à prata, à pedra, obras de arte ou indústria humana. Deus, porém, não levando em conta os tempos em que era desconhecido faz agora saber a todos os homens que por toda a parte se convertam; porque determinou um dia em que há de julgar o mundo conforme a justiça, por meio de um varão a quem legitimou aos olhos de todos ressuscitando-o dentre os mortos".

Por este resumo, se vê que o discurso do apóstolo deve ter sido uma verdadeira peça oratória, admiravelmente adaptada ao ambiente, com perfeito colorido local e de um aticismo de clássica beleza.

Reconstruindo o episódio e enquadrando-o na mentalidade hodierna, resulta mais ou menos da seguinte forma:

Com elegância genuinamente ateniense dirige-se o presidente do Areópago a Paulo e com um complacente sorriso nos lábios e uma graciosa vênia na atitude lhe diz: "É permitido saber que nova doutrina é essa que vens apregoando? Pois fala-nos de coisas bem singulares... Desejaríamos saber o que vem a ser isto..."

Quanta palavra supérflua... Que exuberante fraseologia!... Assim só fala um indolente citadino ateniense que passa o dia "contando e ouvindo novidades" como diz o historiador.

O orador, acompanhado do presidente, sobe à tribuna de mármore branco. Corre um olhar pelo auditório silencioso e principia por uma esplêndida *captatio benevolentiae*. Frisa a índole "religiosa" do povo de Atenas. Entretanto, o termo por ele escolhido — *desidaimonésteros* — pode ao mesmo tempo significar "religioso", como o empregam Xenofonte e Aristóteles, e também "supersticioso" como se encontra em escritos mais recentes. De maneira que o auditório ficou na dúvida se o orador elogiava a sadia religiosidade dos seus grandes pensadores, ou censurava a mórbida demonomania de largas camadas populares.

Subiu de ponto a atenção do auditório quando o orador anunciou enfaticamente que ia desvendar o enigma do "deus desconhecido", que eles veneravam:

"Vós me acusais de arauto de deuses estrangeiros, de introduzir em Atenas divindades exóticas. Estais enganados, meus ouvintes. Encontrei nos meus passeios pela vossa capital um altar com a legenda: *Agnostô Theô*.

Esse deus ignoto é vosso, embora anônimo. Cultuais o que ignorais. E, até certo ponto, tendes razão. Porque o Deus verdadeiro é o grande desconhecido, o eternamente misterioso, necessariamente invisível.

Entretanto, esse Deus, misterioso em sua transcendência é reconhecível em sua imanência, em suas obras, que é o mundo, a natureza, o céu, a terra, o mar, o universo, o cosmo.

Pois o que de Deus se pode conhecer, bem o conhecem os pagãos; Deus lhe manifestou. Com efeito, desde a criação do mundo, pode a inteligência contemplar-lhe visivelmente nas obras o ser invisível: seu eterno poder como a sua divindade" (Ro. 1, 19).

"Atenienses! Falo aos cidadãos de uma cidade que produziu um Platão, que vos provou a existência de um Ser supremo. Os vossos grandes pensadores escreveram obras magníficas sobre a existência e os atributos de um nume invisível que governa o cosmo e preside aos destinos da humanidade".

Assim, mais ou menos, deve ter dissertado Paulo. Admirável essa tática! Quando fala aos israelitas apela para a *palavra* do Deus revelador transmitida pelos patriarcas e profetas; mas quando fala aos gentios, que de revelaçao verbal nada sabiam, invoca a obra do Deus creador, desdobrada, qual livro imenso, aos olhos de todo o homem que tenha olhos para ver.

"Esse Deus, prosseguiu o orador, não vive encerrado na estreita clausura dos vossos templos, mas enche todos os espaços do universo. Dele não temos imagem exata, porque Deus é puro espírito. Nem ouro nem prata o representam dignamente. Os verdadeiros adoradores de Deus o adoram em espírito e em verdade".

Para proferir tamanhas "impiedades" em face de um auditório idólatra e fetichista, que identificava a divindade com os seus símbolos de mármore, bronze e marfim, era mister grande coragem da parte do orador — e não menor tolerância da parte dos ouvintes. Predominava, sem dúvida, no auditório o elemento dos filósofos cépticos, por sinal que não protestaram contra as "irreverências" do forasteiro nem reinvidicaram a honra das excelsas divindades nacionais: Palas Atena toda de ouro e marfim; Plutão, Mercúrio, Géia, as Erinias, cujas estátuas se erguiam a poucos passos de distância, no topo da acrópole.

Continua o orador, servindo-se propositalmente da terminologia usada pelos escritores profanos da época, politeístas e panteístas, sem contudo lhes perfilhar a ideologia. Passa a demonstrar que Deus não tem necessidade alguma do que os homens lhe possam fornecer, mas que os homens é que têm necessidade de Deus:

"Vós, panteístas, afirmais que o universo é Deus. Outros julgam que Deus habita para além das nuvens, entregou o mundo a uma cega fatalidade. Ilusão funesta! Deus tem um plano a que toda humanidade obedece, mesmo inconsciente, de um só casal descende o gênero humano. Nao há um deus nacional um deus deste ou daquele povo. Deus é essencialmente universal, supranacional, um só para todos os tempos e todas as nações do mundo.

Deus embora transcendente, é também imanente em todas as suas obras; pois é nele que, vivemos, nos movemos e temos o nosso próprio ser.

O destino do homem não se limita a gozar uns poucos anos de vida terrestre. Dormita em cada homem uma centelha da Divindade, e essa fagulha divina deve um dia voltar ao grande foco donde partiu. De Deus provém o homem, sopro do Creador, e a Deus deve o homem voltar. Ele é a "imagem e semelhança de Deus.

Por isso, durante esta vida morta, devemos procurar a Deus, ainda que por entre penumbras e enigmas, às apalpadelas. Podemos adivinhá-lo e entrevê-lo na obra da natureza, como o reconheceram os vossos expoentes intelectuais, Homero, Píndaro, que procuraram o Nume supremo nos arcanos dos mitos; os vossos artistas: Fídias, Praxíteles, que o vislumbraram nas leis da beleza e da harmonia; o vosso Aristóteles, que encontrou Deus nos trâmites da causa e do efeito; o vosso sublime Pitágoras, que intuiu a Suprema Realidade no mistério dos números e da música; o vosso heróico Sócrates, que descobre a divindade no imperativo categórico da ética e do dever; o vosso divo Platão, que o viu nos anseios do Bem Supremo.

Entretanto, tudo isso não passa de figuras e símbolos da Divindade. Não é ela mesma, a misteriosa, a intangível essência divina. Para atingir a Deus é necessário ultrapassar os horizontes dos sentidos e o do intelecto. Vivemos, movemo-nos, existimos dentro da Divindade. Somos de estirpe divina, como muito bem disse o vosso poeta Aratus".

Se naqueles tempos vigoravam costumes iguais aos de hoje, é certo que nesta altura, soaram pelo Areópago vibrantes "apoiado! muito bem!" e estrugiu uma salva de palmas pelas fileiras dos panteístas e dos monistas. Afinal de contas, aquele "palrador" não era tão ignorante como a princípio parecia. Possuía mesmo respeitável cabedal de cultura clássica.

"Do fato de sermos de estirpe divina, infere o orador que a

ordem ética deve harmonizar com a ordem ontológica, ou seja, devemos pautar a nossa vida prática pelos ditames da nossa fé, de conformidade com a nossa origem divina. Não pode vigorar antagonismo entre o *ser* e o *fazer*, entre a ordem *real* e a ordem *moral*."

Até aqui se mantivera Paulo com muita elegância, em terreno puramente filosófico; até aqui o escutara, interessado e atento, o variado auditório.

Era, porém, chegado o momento de estalar o lindo cristal. Aconteceu ao doutor da lei o que só acontece aos pregadores cristãos de todos os séculos e países: no momento em que das serenas alturas da teoria descem ao campo de batalha da *prática* — adeus popularidade! Lá se foi o encanto! O mais inteligente orador do mundo assim que exija dos seus ouvintes algum sacrifício pessoal, perdeu o seu "intelectualismo" e passa a ser considerado como um medíocre e vulgar missionário ou palrador, quando não um fanático, um "retrógrado", um "espírito sectário". Se Deus enviasse ao mundo o mais genial dos seus serafins ou o mais eloqüente dos arcanjos e se esses espíritos exigissem do auditório que mortificasse as suas paixões, praticasse humildade e proclamasse a soberania do espírito sobre a tirania dos instintos — é fora de dúvida que essas preclaras inteligências seriam acoimadas de retrógradas, intolerantes, obscurantistas.

É que "o coração tem razões de que a razão nada sabe".

Depois daquelas exposições filosóficas, lançou Paulo rapidamente ao meio do auditório quatro pensamentos, que não conseguiu terminar; 1) taxa de ignorantes aos que não conhecem e servem a Deus; 2) exige sincera conversão do erro para a verdade, do vício para a virtude; 3) fala do juízo final; 4) menciona a ressurreição dentre os mortos.

Quando o orador acusou de obscurantismo o período pagão dos povos inclusive a Grécia com todas as luzes da sua ciência e arte, começaram os ouvintes a murmurar descontentes. Quando exigiu conversão levantaram-se alguns deles e saíram. E quando começou a discorrer sobre o juízo universal a que teriam de comparecer todos os homens, para prestar contas da sua vida rompeu o auditório em franca risada e os que tinham alcunhado a Paulo de cata-sementes e comediante apelaram para a sua intuição psicológica, graças à qual tinham adivinhado desde o princípio no adventício um pobre palhaço e rotineiro narrador de fábulas pueris.

Já era notável o barulho; mas ainda assim no meio dos comentários e das risadas de escárnio tentou Paulo com grande esforço, lançar a verdade fundamental do Cristianismo: a ressureição de Jesus Cristo.

Depois disso nada mais se entendeu tão grande era a confusão e vozeria das alturas do Areópago.

O presidente da assembléia sentia-se um tanto vexado em face desse ruidoso fiasco. Entretanto, como bom ateniense não podia deixar de ser cavalheiro correto e bem educado; foi ter com Paulo, apertou-lhe a mão e com o mais amável dos sorrisos lhe disse: "Parabéns... Muito interessante... Sobre este ponto desejaríamos ouvir-te em outra ocasião..."

De fato está claro não o desejava ouvir discorrer nunca mais sobre ponto algum.

Mas é sempre mais delicado consolar o derrotado com a perspectiva de uma "outra ocasião" do que proibir-lhe redondamente uma nova ascensão à tribuna.

Paulo é certo não deixou de perceber a sutil ironia que ia nessas palavras. Mais que uma descompostura, em regra, dói um sarcasmo velado com requintes de amabilidade.

Paulo desceu do Areópago sem ter proferido sequer o nome de Jesus, sem ter lançado ao espaço noturno de Atenas o nome adorável que lhe ardia na alma e que lhe valia mais do que toda a filosofia da Grécia e do mundo inteiro.

Com um sentimento de amarga decepção retirou-se para a sua modesta hospedaria, absorto em cogitações... Não teria sido melhor silenciar, por ora, as verdades características do Evangelho? Não fora mais prudente contar por extenso a vida do Nazareno, antes de lembrar os horrores da sua morte e o mistério da sua ressurreição!...

Mas o amor não calcula, ama simplesmente. Paulo desde que saíra de Beréia, andava com a alma tão repleta do Cristo... E a longa solidão e o forçado silêncio em Atenas lhe haviam potencializado no espírito o entusiasmo pelo divino Mestre. E assim... sem calcular nem medir as conseqüências, derramou a *flux* sobre um auditório de cépticos a abundância da sua fé e as torrentes represadas do seu grande amor a Cristo.

A mensagem divina não encontrou eco nessas almas demasiadamente humanas. Para o futuro, resolveu Paulo não mais citar filósofos pagãos, mas falar só do Cristo e do seu reino.

E escolheria para auditório operários e lavadeiras, negociantes e camponeses.

Estava provado que o homem escravizado pelo gozo material e pelo orgulho intelectual não compreende o Cristo; para compreendê-lo é necessário ter sofrido muito... e ser humilde...

37. Horas de desânimo

(At. 17, 33-34)

Também os gênios têm os seus insucessos. Também os santos têm os seus desânimos.

Quando Paulo naquela noite desceu do Areópago por entre as risadas zombeteiras dos enfatuados atenienses e foi demandar o seu modesto albergue no "quarteirão dos artífices" sentia na alma uma dor imensa e um desânimo tão grande que com amor e saudades se lembrou de Filipos e Tessalônica. Verdade é que em Atenas não fora flagelado nem encarcerado, como naquelas cidades, nem apedrejado como em Listra; mas o tormento íntimo que trazia na alma era um martírio mais atroz do que sentira quando lhe caíra sobre as espáduas nuas a violência dos flagelos, ou em plena face o atingira a dureza das pedras.

Como o profeta Elias se deixou cair desanimado à sombra do junípero no deserto, assim estendeu Paulo os membros lassos sobre a pobre esteira que lhe servia de leito...
Falhara a sua "plataforma". Os filósofos não queriam saber do Cristo. Confiados na sua orgulhosa sabedoria, não necessitavam de redenção. Para crer não basta saber intelectualmente. Para abraçar a fé no Cristo é necessário saber orar, suplicar, reduzir-se à condição de mendigo — e os filósofos pagãos desprezavam tudo isso, como desdouro à dignidade humana.

O frisante paralelo que Paulo traçou, mais tarde, nas suas epístolas, entre a ciência e a fé, tem por fundo as dolorosas experiências colhidas nas suas excursões missionárias pelas afamadas metrópoles da sabedoria humana.

Atenas era um Narciso que mirava nas águas da fonte o seu venusto semblante e se enamorava da sua própria formosura. Como poderiam simpatizar com o "homem das dores" esses sorridentes gozadores da vida fácil? Como compreenderia essa profunda leviandade do paganismo a imensa seriedade da vida cristã?

Na manhã seguinte foram ter com Paulo algumas pessoas e lhe solicitaram uma entrevista. À frente do grupo vinha um membro do Areópago, por nome Dionísio, ilustre senador de Atenas, e mais uns poucos. Entre eles também uma senhora da alta sociedade, chamava-se Dâmaris. Desejavam conhecer mais a fundo a religião daquele sábio a que se referira Paulo no Areópago.

Com um sentimento de silenciosa gratidão na alma, acolheu o apóstolo os visitantes e começou a explicar mais por miúdo o espírito da doutrina do Cristo. Faltava com fogo e amor, como que a defender um ente querido injustamente agredido por uns sicários.

Essa hora de catequese íntima levantou um tanto o espírito abatido do solitário sofredor. Era pequenino o grupo, porém distinto e de almas sinceras. Além disso, Dionísio, dada a sua posição social, podia vir a tornar-se ótimo elemento de propaganda. E Dâmaris, a nobre dama ateniense, saberia advogar a causa do Cristo com o espontâneo ardor e a dedicação da alma feminina.

Entretanto, apesar desse pugilo de discípulos, Paulo não se dava a ilusões a respeito de Atenas. Sabia que mais facilmente abraçavam o Evangelho os escravos da carne do que o lúcifer do orgulho.

Em nenhuma das suas cartas se refere aos atenienses. Conhecemos-lhes epístolas às igrejas de Corinto, de Tessolônica, de Filipos, de Éfeso, de Colossos, de Roma, da Galácia: mas não consta de uma carta paulina aos cristãos de Atenas. É que Paulo não chegou a fundar na capital da Grécia uma cristandade coesa com vida própria.

Ainda no segundo século era muito precário o estado do Evangelho em Atenas. Atenas foi no dizer de Renan, o mais rijo baluarte que se opôs a marcha triunfal do Cristianismo.

Maldição do orgulho da inteligência.

38. Fundação da Igreja de Corinto

(At. 18, 1 ss)

Acabrunhado do quase total insucesso, deixou Paulo a capital da Grécia e prosseguiu o seu itinerário leste-sudeste, em demanda de Corinto.

Não sabemos se embarcou no Pireu e saltou no porto de Cencréia ou se percorreu a pé aqueles 65 quilômetros tomando por Eleusis e Megara e pela praia do golfo da Saron até atingir o istmo que separa os dois mares que banham a histórica cidade. O tópico "depois de deixar Atenas se dirigiu a Corinto" parece favorecer a última hipótese.

Muito antes de entrar no grande empório comercial avistou o solitário caminheiro o gigantesco baluarte "Acrocorinto" que parecia pairar nas nuvens, como o cume de um vulcão extinto. No topo da colina alvejava o santuário de Vênus.

Corinto destruída por Mummius, e reedificada por Júlio César, contava nesse tempo quase meio milhão de habitantes. Difícil seria imaginar população mais heterogênea, mais estranha mescla de raças e de classes sociais do que essa cidade, coração da Acaia, chave do Peloponeso, empório industrial de Roma, pela parte setentrional do istmo escoadouro comercial da Ásia e África, pelo lado meridional.

O bronze fulvo de Corinto era exportado para todas as latitudes e longitudes do império romano e constituía inesgotável fonte de riqueza. Os aristocratas romanos adquiriam por preços fabulosos vasos antigos escavados dos túmulos e das ruínas de Corinto. Nem faltavam astutos "profissionais" que fabricavam habilmente semelhantes vasos e os impingiam aos ingênuos como "achados históricos" — assim como em nossos dias se fabricam "múmias do Egito" e se vendem aos inexperientes colecionadores de relíquias faraônicas.

O elemento romano entrava apenas com um modesto contingente na composição etnológica desse caos cosmopolita.

Os vícios da luxúria e do jogo faziam parte dos esportes mais interessantes de Corinto. Uma célebre meretriz do porto contava às suas amigas que dentro de poucas semanas arruinara três proprietários de navios.

Em todas as ruas e praças da cidade se viam templos e altares dedicados às divindades da terra ou importadas de fora. Netuno com o delfim e tridente tivera de ceder a hegemonia da cidade à Vênus chamada "Afrodite Pandemos" ou "Cipris"; espécie de Astarte fenícia, que tinha o seu majestoso santuário no topo de Acrocorinto. Um milhar de sacerdotizas (hierodules) moravam em lindas casinhas ao redor do santuário, servindo à fantástica divindade com o sacrifício voluntário do seu pudor e a prostituição do seu corpo. Soldados e marinheiros, negociantes e industriais, operários e gladiadores, milhares de forasteiros deixavam no poder das famosas hierodules o seu dinheiro e levavam pelo mundo afora a proverbial "moléstia coríntia".

A Vênus de Corinto era simbolizada pela efígie, da hierodule-mor Lais, representada por uma leoa a devorar a sua vítima presa entre as garras.

Essas sacerdotisas da luxúria cultural gozavam em Corinto das mesmas honras que em Roma se tributavam às Vestais, por toda parte, tanto no templo como no teatro, quer na praça, quer no forum, lhes competiam os primeiros lugares; eram "pessoas sagradas", porque sacrificavam à deusa o tesouro da sua dignidade feminina.

Estranha ideologia essa dos gentios!

De tudo isso sabia Paulo. Não ignorava que Corinto era a metrópole mundial da luxúria e que o vício engalanava a própria liturgia sacra — e, no entanto, não desanimou. Considerava menos hostil ao Evangelho o demônio da carne do que o lúcifer da inteligência. O escravo dos sentidos ao menos tem a consciência da sua miséria moral e reconhece, por isso, a necessidade de um redentor — ao passo que o idólatra da inteligência vive tão repleto do seu próprio ego que não admite salvador que não venha de dentro da sua própria cabeça. Quem se opôs à boa nova do Nazareno não foram os publicanos e pecadores, os Levis e Zaqueus, as Madalenas e Samaritanas; mas sim os Anás e Caifás, os fariseus e saduceus, os sacerdotes, escribas e doutores da lei.

Ao entrar na cidade, dirigiu-se Paulo para o quarteirão dos judeus à procura do serviço com que ganhar o pão de cada dia. Depois de percorrer algumas ruas, quis a sua boa estrela que desse de rosto com a loja aberta de um tecelão; portanto, um colega de trabalho.

Tinha esse oficial um nome latino, Áquila (águia), e era natural do Ponto. Latino era também o nome de sua esposa, Prisca (velha), ou como prefere dizer Lucas, Priscila (velhinha). Áquila morara algum tempo em Roma. Talvez que nessa cidade encontrasse sua companheira de vida.

No ano 49 baixou o imperador Cláudio um decreto banindo de Roma todos os judeus, cujo número orçava por uns 50 a 60 mil. Afirma o historiador contemporâneo, Suetônio, que esse decreto foi provocado por um motim suscitado por um tal

"Chrestos". É possível que esse "Chrestos" seja idêntico a Christos embora o historiador mal informado, localize a sua vida, em Roma, quando nessa cidade apenas se achavam adeptos dele. Naquele tempo muitos confundiam os cristãos com uma seita judaíca, eram os "nazarenos", logo, judeus concluíram eles.

Quando o decreto de Cláudio César foi depois revogado, já se haviam Áquila e Prisca retirado da capital do império e foram fixar residência em Corinto, cidade cosmopolita e sempre aberta a todos os elementos. Entre os israelitas montou Áquila a sua tenda e o seu tear. Mais tarde encontramos esse casal em Éfeso. Essa vida instável não lhes permitia, naturalmente, prosperidade econômica. Tanto mais ricas eram as almas desses dois cristãos. Priscila parece ter sido dona de uma notável cultura, espiríto empreendedor, coração idealista e possuidora de preclaros dotes de intelilência. Tanto em Corinto, como em Éfeso, e mais tarde em Roma, na colina do Aventino, põem eles a sua casa à disposição dos apóstolos do Evangelho, para as reuniões cultuais da primitiva igreja.

Quando Paulo foi bater à porta de Áquila e Priscila, parece que eles já eram cristãos; pois quando o apóstolo, na primeira epístola aos coríntios (1, 15), enumera as pessoas que batizou nessa cidade, não menciona os seus dedicados hospedeiros.

A casa de Áquila era um bazar de tapetes, situada em uma rua bastante movimentada. Largamente aberta, não podia deixar de atrair numerosos fregueses. Nessa tenda alugou Paulo um modesto tear, adquiriu determinada quantidade de matéria-prima, e principiou logo a trabalhar com grande ardor, a fim de "não ser pesado a ninguém". "Nunca comi de graça o pão de ninguém — escreve ele, e, mostrando as mãos calejadas, acrescenta — estas mãos ganharam o necessário para mim e meus cooperadores."

Esse trabalho diuturno e monótono em um bazar aberto e acessível a todos os transeuntes proporcionava ao apóstolo magnífica oportunidade para lançar no espiríto dos visitantes e fregueses a semente das grandes idéias que lhes viviam na alma. Só Deus sabe quantos negociantes, pescadores e marinheiros de Corinto perceberam a primeira notícia de Jesus Cristo nessa barraca de tábuas e couros, onde um par de operários e uma mulher confabulavam sobre a redenção da humanidade pelo Nazareno e a conquista do mundo pelo Evangelho.

Talvez nunca mais, nos séculos vindouros, foi o Cristianismo tão glorioso, tão simpático e tão ele mesmo, como nesses primeiros anos, quando os seus discípulos, em algum bazar, na praça pública ou na praia de um rio, viviam de corpo e alma para essa grande realidade e enchiam dessa sorridente plenitude todo o mundo da sua vida individual familiar e social. Nunca despontou na terra mais bela primavera do que a desses tempos.

Os humildes labores do carpinteiro de Nazaré e do tecelão de Tarso fizeram mil vezes mais pela reabilitação da classe proletária, pela dignificação do trabalho e pela harmonia social, do que as medidas policiais e legislativas dos governos, a literatura dos sábios e a deslumbrante oratória de oradores sacros e profanos.

Naquele tempo era o operário um ser desprezado, a tal ponto que Cícero chega a afirmar, em um dos seus discursos, que nenhum proletário podia ser homem honesto porque o trabalho material lhe cerceava os surtos do espírito. O próprio Plutarco dá a entender o seu menosprezo pelo trabalho mecânico, mesmo quando prestado por artistas da envergadura de Fídias e de Arquíloco.

A atitude do discípulo de Gamaliel valia, pois, por uma verdadeira revolução em terreno social, inaugurando uma promissora "confraternização das classes".

Aos sábados falava Paulo na sinagoga do lugar. Judeus e gregos, romanos e neocristãos o escutavam. Escarmentado pelo insucesso em Atenas, parece que Paulo se limitava a preparar o solo, avançando cautelosamente, pé ante pé. Diz o historiador que expunha as profecias "entretecendo o nome de Jesus", como que a sondar o terreno que pisava.

* * *

Em um desses dias chegaram da Macedônia, Silas e Timóteo. Imensa foi a alegria de Paulo. Também, por que havia de ser ele insensível às vozes da amizade?

Trouxeram ricos donativos dos cristão e simpatizantes da Macedônia, de maneira que, a partir desse dia, podia Paulo dedicar todo o seu tempo à pregação do Evangelho. Boa parte dessas dádivas iam, certamente, por conta da liberalidade de Lídia, a "purpureira", de Filipos, bem como do bom amigo Jason, de Tessalônica. Que satisfação para essas almas dedicadas poderem prestar algum benefício ao amigo ausente!

Um abastado catecúmeno de Corinto, por nome Estéfanas, abraçou o Evangelho, ele com toda a sua família. "Primícia da Ásia" é o lindo título que Paulo dá a esse novel soldado do Cristo.

Seguiram o exemplo do prosélito dois homens conspícuos, Fortunato e Acaico.

Conquista não menos notável fê-la Paulo nos dias seguintes: Tício Justo, membro da colônia romana de Corinto e proprietário da casa grande ao lado da sinagoga, abraçou publicamente o Evangelho lançando assim uma ponte entre as rodas cultas da sociedade romana e o Cristianismo nascente.

De encontro a todos os cálculos de Paulo, foi ter com ele, daí a pouco, o próprio chefe da sinagoga israelita e manifestou o desejo de aderir à igreja do Nazareno. Chamava-se Crispo. Juntamente com ele foi batizada toda a sua família.

* * *

Não era possível que tão brilhantes vitórias deixassem de acirrar os ódios e invejas de almas mesquinhas. O homem de caráter baixo sente como ofensa pessoal e como ofuscamento do seu ego toda a glória que recaia sobre algum de seus semelhantes. Não admite coisa alguma acima da sua mediocridade, que julga sublime e inigualável.

Nada de grande acontece no mundo sem que a sociedade se revolte.

Em breve, estava Corinto transformada em um campo de batalha. Hostilizavam os judeus de todos os modos a pregação do nome de Jesus.

O Senhor, porém, apareceu a Paulo em uma visão noturna e disse-lhe: "Não temas, continua a falar, e não te cale, porque tenho muito povo nesta cidade".

No meio daqueles 500 mil homens havia muitas almas de boa vontade que sinceramente procuravam o "deus ignoto", a que os atenienses haviam dedicado uma ara, mas ao qual não queriam sacrificar o seu orgulho mental.

"Pelo que ficou Paulo um ano e seis meses pregando a palavra de Deus no meio deles".

39. Paulo como escritor

(Primeira epístola aos tessalonicenses)

As cristandades da Macedônia — Filipos e Tessalônica — mereceram sempre um amor especial ao coração do apóstolo das gentes.

De Atenas enviara ele a Tessalônica seu fiel amigo e colaborador Timóteo, para que este lhe trouxesse notícias dos seus queridos neófitos. Enquanto o discípulo ia e vinha, passou Paulo a Corinto. E foi nessa cidade que Timóteo reencontrou o querido mestre e lhe deu notícias, alviçareiras umas, ingratas outras.

Foi sumamente consolador para o coração de Paulo saber que os tessalonicenses continuavam firmes na fé cristã, que manifestavam essa fé com obras de caridade e votavam a seu pai espiritual uma sincera e afetuosa dedicação (1 Te. 3, 6 ss).

Estes, por seu turno, não tinham extirpado integralmente o pendor pagão à luxúria, à deslealdade e à indolência (4, 3 ss).

Além disto, espalhara-se em Tessalônica o alarmante boato

de que era iminente o fim do mundo; que o próprio Paulo teria afirmado tal coisa. Havia mesmo quem invocasse uma carta do apóstolo neste sentido.

Tudo isto ouviu Paulo dos lábios de Timóteo, que lhe pintou um quadro fiel da situação religiosa e moral daquela igreja.

O primeiro pensamento do apóstolo foi o de voltar a Tessalônica. Mas como abandonar Corinto, onde começava a prosperar tão promissora a sementeira evangélica?...

Resolveu então escrever uma carta aos neófitos tessalonicenses.

Na manhã seguinte deu ordem a Timóteo para adquirir, no bazar da esquina, o material necessário: meia dúzia de folhas de papiro, tinta feita de fuligem, uma pena de ganso ou uma cana de junco devidamente aparada, um pedaço de pedra-pomes para alisar o papiro, e, por fim, uma pequena esponja destinada a apagar as letras ou palavras a corrrigir. Além disso um pouco de goma para colar as folhas, e demais adminículos para lacrar e sigilar a epístola.

Escrevia-se nesse tempo, também em pergaminho, feito de pele de animal. Mas esse material era empregado, de preferência para correspondência importante. Mais tarde, quando preso em Roma, pede Paulo a Timóteo que lhe traga de Trôade, juntamente com a capa que lá deixara, as suas "membranas", ou pergaminhos.

Refere o historiador romano, Plínio, que corriam nesse tempo diversas qualidades de papel, importadas quase todas do Egito. Havia também uma espécie de "papel diplomata", chamado "hierática", que media 24 centímentros de largura e era de preço elevado. Mas quem mandara tão ricos donativos como os tessalonicenses bem mereciam uma epístola em "papel de luxo". Na aquisição desse material superior tinha Paulo de gastar o lucro de dois ou três dias de trabalho.

Foi assim que, em Corinto, provavelmente na casa comercial de Áquila e Priscila, por entre as tapeçarias e tecidos de pêlo de cabra de um pitoresco bazar, teve início o "Novo Testamento", essses livros venerandos, tão antigos e eternamente novos, que constituem um dos maiores tesouros da humanidade.

A primeira epístola de Paulo aos tessalonicenses, escrita provavelmente no ano 51, é o primeiro e mais antigo livro que possuímos da pena do grande apóstolo, e talvez do próprio "Novo Testamento".

Bem singulares foram as circunstâncias e o ambiente em que se iniciou o texto sacro da Nova Aliança. Fazem lembrar os albores do Cristianismo inaugurado na humilde casinha de Nazaré e na solidão de uma caverna em Belém...

O fundo semi-escuro de uma casa de negócios o caos de tecido, tapetes, novelos de pêlo caprino, teares e outras mercadorias e utensílios; o vozerio dos fregueses e traficantes — não era, de certo, este o ambiente mais propício para um trabalho mental tão concentrado como exigia a solução dos graves problemas contidos na mencionada epístola. Bem se vê, aliás, pelo teor e estilo da própria carta, que não foi escrita em um dia nem de uma assentada. Principiada, continuada e concluída em circunstâncias diversas não podia deixar de revelar certa heterogeneidade, como também certa falta de nexo entre as várias partes componentes.

Não era costume, antigamente, o autor escrever pessoalmente os seus livros; ditava-os a um amanuense ou secretário. Desta arte, ficava o espírito mais livre e expedito para o trabalho intelectual.

Também Paulo ditou muitas das suas epístolas. Estavam com ele, em Corinto, Timóteo e Silas (Silvano).

Começou, pois, o mestre a ditar:

"Paulo, Silvano e Timóteo, à igreja de Tessalônica, em Deus Pai e no Senhor Jesus Cristo — a graça e a paz..."

Mas como? — interveio Timóteo, o secretário quem escreve a carta não somos nós, é o mestre...

— Não! — replicou Paulo, com um gesto enérgico. — Quem escreve a carta somos nós, os três, Vós, sois companheiros meus de trabalhos de lutas...

É este um dos traços mais atraentes na fisionomia moral

de Paulo; o coleguismo, se assim quisermos. Sabe ser autoridade, mas sabe igualmente ser amigo e camarada dos seus cooperadores evangélicos; gosta de equiparar a si mesmo os seus discípulos e auxiliares.

Paulo continua ditando:

"Damos graças a Deus por todos vós, sempre que de vós nos lembramos em nossas orações. É que trazemos em continua recordação, aos olhos de Deus, nosso Pai, a vossa fé tão ativa, a vossa tão abnegada caridade e a firme esperança que tendes em nosso Senhor Jesus Cristo".

Fé, esperança e caridade — desde então paira, qual anjo tutelar, sobre o mundo remido, essa luminosa constelação, e continuará a brilhar até ao fim dos tempos.

As duas epístolas aos tessalonicenses não revelam caráter polêmico, como as grandes cartas da terceira expedição missionária de Paulo. São antes o eco do estado psicológico que a pregação sobre as verdades escatológicas — o fim do mundo, o advento de Cristo e o juízo final — tinham despertado no espiríto dos neófitos de Tessalônica.

Tem-se afirmado que a dourina de Paulo, bem como os escritos de outros autores neo-testamentários, nasceram da idéia de uma iminente destruição do mundo e do próximo retorno do divino Juiz. Não é bem exata a afirmação. Verdade é que era muito comum, entre o povo, essa ideologia, e também muitos dos chefes espirituais da época a partilhavam até certo ponto; lembrados, porém, das palavras do divino Mestre, nunca deram como certa a proximidade dessa catástrofe. Quando Paulo, em suas epístolas, diz "nós que vivemos", serve-se desta expressão no sentido dos interpelantes, sem determinar se ele mesmo se considera incluído ou não no rol dos vivos, por ocasião do grande acontecimento. Aliás, nada obsta a que ele tenha achado possível, ou mesmo provável, a iminência do extermínio universal, uma vez que diante de Deus "um dia é como mil anos, e mil anos são como um dia". Nunca, porém, duvidou de que "o Pai reservara ao seu poder" o conhecimento exato desse dia e dessa hora.

De uma coisa, todavia, se convencera Paulo, e cada vez mais profundamente: que o Evangelho representava uma subitânea e veemente invasão do mundo superior na esfera da vida quotidiana; que era um solene desafio do reino do espírito ao reino da matéria; que equivalia a uma radical inversão dos antigos valores; que os verdadeiros confessores de Cristo seriam considerados pelo mundo como indesejáveis, revolucionários, perigosos, inovadores e homens politicamente imprestáveis. E não tinha ele razão? Pode, certamente, o cristão integral ser um ótimo cidadão; mas, como o espírito do Evangelho é de uma lógica diferente da lógica comum, não é fácil uma harmonia entre o reino do Cristo e o mundo profano.

Todas as epístolas paulinas, embora não silenciem o desfecho final que aguarda o gênero humano, giram em torno dos problemas espirituais da vida presente. Porque, sem a conveniente solução desses problemas, nada de bom se pode esperar do futuro. Paulo era por demais realista para não cravar os olhos nos reflexas de arrebóis crepusculares e perder de vista o fulgor meridiano do dia corrente; não sacrifica as realidades concretas do presente pelos sonhos vagos do futuro. Fora Paulo de espírito menos ocidental, e mais oriental teria talvez sacrificado os imperativos da ética do presente às sugestões da mística do futuro; mas o caso é que ele revela em todas as suas epístolas um acentuado "ocidentalismo", se assim se pode dizer. Sem deixar de ser asiata de coração e de sentimento, sabe ser europeu de inteligência e de vontade.

Por isso, envia aos seus diletos tessalonicenses uma série de instruções e diretivas para a vida cristã do presente como preparação para a vida feliz do futuro. Castidade nas relações da vida sexual, sinceridade nas transações comerciais, caridade fraterna para com todos — são estes os pontos capitais que lhes recomenda com grande insistência.

"Sê o que és!" — estas palavras, aparentemente paradoxais, resumem a ética paulina. "Tú és um homem novo em Cristo, és um regenerado em Cristo, és um santificado em Cristo pela submersão na água batismal — pois realiza agora em ti esse homem novo, regenerado, santificado. Procura encher de uma plenitude ética a forma ontológica do teu cristianismo. Conforma a tua vida com o teu nome. Identifica o 'fazer' com o 'ser' — sê o que és!"

* * *

Viviam alguns neófitos de Tessalônica preocupados com a sorte dos seus parentes e amigos defuntos, como se esses fossem menos felizes do que os que vivessem ainda no tempo da gloriosa "parusia" do Cristo.

"Parusia" é o termo técnico com que os cristãos desse tempo designavam o readvento do Senhor no fim do mundo. A palavra é tomada da linguagem da vida civil da época, quando "parusia" significava a solene visita do César a uma província ou cidade do império. Arautos a percorrerem as ruas, clangores de trombetas, vibrações de clarins a encher os ares!... Jogos públicos fascinando as multidões... Sacrifícios e holocaustos implorando os favores da divindade...

Assim, mais ou menos representavam os cristãos desse tempo o reaparecimento do Filho do homem. E lamentavam a sorte dos que haviam morrido antes desse dia glorioso.

Mais ainda. Os tessalonicenses, imbuídos de certas ideologias judeu-pagãs, consideravam o estado após-morte como que uma extinção da consciência, uma espécie de sono psíquico, como um vago e perpétuo sonambulismo das almas, nas penumbras do *hades* do *sheol*. E assim estariam essas almas privadas do glorioso espetáculo da deslumbrante parusia do divino Rei.

Paulo antes de tudo, defende a idéia de que o estado da alma separada não é um sono semiconsciente e muito menos, uma completa extinção do Eu consciente, como julgam "aqueles que não têm esperança" na imortalidade; é um estado de perfeita consciência, uma vida mais real e intensa do que a que vivemos atualmente. Cristo é a vida por excelência e a vida com ele após a morte não é apenas um reflexo ou um esvaído eco da vida terrestre, mas antes uma potencialização e uma intensificação do nosso viver atual. Quem considera a vida presente como o dia, e a vida futura como um crepúsculo vespertino ou uma noite, labora em um erro fatal. A vida que ora vivemos é antes um crepúsculo matinal e a vida que mais tarde viveremos é um dia eterno no sol meridiano de uma beatitude consciente que não conhece ocaso.

* * *

Por isso, conclui o apóstolo: o que importa é vivermos tão intimamente unidos a Cristo pela graça e pela prática das virtudes, que com ele possamos viver eternamente na glória.

"Sois filhos da luz, filhos do dia — exclama ele aureolando dos primores da poesia as verdades da fé — não somos da noite, não somos das trevas! Vigiemos pois e sejamos sóbrios!"

E evocando a visão de uma sentinela de César, de couraça e capacete, compara ele o discípulo do Cristo a um soldado de plantão a aguardar as ordens de seu superior: "Armemo-nos da couraça da fé e do amor, e do capacete da esperança, para alcançarmos a salvação que Deus nos destinou por nosso Senhor Jesus Cristo... Quer vigiando, quer dormindo, vivamos em união com ele!"

Por fim, recomenda aos seus queridos tessalonicenses a alegria, a oração e a ação de graças.

Vibra, nas epístolas paulinas, o mesmo hino da alegria cristã entoado no *Magnificat* pela inspirada cantora de Nazaré; repercute, intenso, por todos os livros do Novo Testamento; porque o Cristianismo é a religião da alegria espiritual, por ser o Evangelho da renúncia e da cruz, ou melhor, o Evangelho do amor crucificado. Nunca brotaram de árvore alguma, tão abundantes flores de profunda alegria como do tronco áspero da cruz do Calvário. Nunca floresceram tão lindas rosas de satisfação sobre um sepulcro como em torno da câmara sepulcral do Gólgota ruborizada pelo sangue do Crucificado.

Quase todas as orações litúrgicas do cristianismo cantam

a alegria e fazem subir ao trono de Deus o pertume da ação de graças. O Cristianismo primitivo, a despeito das perseguições externas, era todo ele, uma jubilosa ação de graças pelo benefício da Redenção, uma alegria perene pela perspectiva da eterna união com Cristo. Se hoje em dia encontramos não raro, uma religião privada desses atributos, é certo que ela aberrou do caminho do Evangelho de Cristo e das epístolas de São Paulo.

Terminada a carta. Timóteo a relê mais uma vez em voz alta. Não há nada que corrigir. Está aprovada na íntegra.

O secretário cola uma na outra as diversas laudas de papiro e fecha-as em forma de rolo. "Timóteo — exclama Paulo — queira acrescentar ainda o seguinte: Conjuro-vos no Senhor que esta carta seja lida a todos os irmãos".

* * *

Vê-se por essa ordem peremptória que Paulo fazia questão de que todos os neófitos tomassem conhecimento das suas instruções. Bem necessária era aliás esta recomendação porque nem todos os cristãos de Tessalônica se achariam presentes à primeira leitura da epístola, que teria de ser repetida nas próximas reuniões cultuais.

Por fim acrescenta ainda Paulo de próprio punho com letras grandes e pesadas como diz em outra ocasião: "A graça de Nosso Senhor Jesus Cristo seja com todos vós Amém".

Timóteo introduz o rolo em um estojo de pergaminho (paenula) apõe-lhe o endereço e sigila-o com lacre ou cera.

E agora? Quem levará a carta?

O serviço postal do império romano limitava-se as mensagens oficiais. Notícias particulares cada um as transmitia como melhor pudesse. A exemplo do Sinédrio em Jerusalém, havia também as igrejas cristãs daquele tempo, organizado uma espécie de correio, embora assaz primitivo e precário.

A *Primeira Epístola aos Tessalonicenses* foi, provavelmente, entregue no porto de Cencréia a uma pessoa de confiança que enbarcava para a Mecedônia e foi por este mensageiro entregue aos "episcopos" (supervisores) da nascente cristandade.

* * *

Com esta epístola inaugura-se na Bíblia um novo gênero literário: a instrução religiosa por meio de cartas.

A correspondência epistolar é uma das formas de comunicação humuna mais simples e pessoal; é uma conversação por escrito.

Paulo de Tarso não era escritor no sentido atual da palavra. Faltava-lhe para esse trabalho o necessário sossego e lazer. Mas como disse acertadamente um grande pensador contemporâneo, se vivesse no presente século, não deixaria de lançar mão da imprensa para divulgar na mais larga escala, as idéias e os ideais que lhe enchiam a inteligência e o coração. Hoje seria Paulo escritor e homem da imprensa.

As epístolas paulinas — algumas bem extensas — dão a entender o quanto o autor estimava esse meio de intercâmbio espiritual.

Segundo os rabinos do tempo, era a pena um instrumento divino que Iahweh chamara à existência no crepúsculo do derradeiro dia da creação; e é certo que o culto Gamaliel não deixou de incutir ao seu inteligente discípulo uma grande idéia da arte de escrever — tanto mais que todo o israelita sabia ler e escrever e tinha pronunciada propensão pelas coisas do espírito.

Afirma Tertuliano que Tessalônica era uma das cidades onde as epístolas de São Paulo eram lidas nos próprios originais. "Os irmãos — diz ele — julgavam perceber ainda à leitura delas o timbre da voz e a mímica de Paulo".

Hoje em dia, não possuímos um só fragmento desses preciosos originais, mas os pensamentos de Paulo que cintilam nas páginas das epístolas que lemos no século XX são, na substância, os mesmos que entusiasmaram nossos irmãos do primeiro século.

40. O anticristo

(Segunda epístola aos Tessalonicenses)

Mal haviam decorrido três meses após a primeira carta de Paulo aos neófitos de Tessalônica quando lhe chegaram notícias de novas inquietações e mal-entendidos da parte desses cristãos. Alguns aguardavam o advento do Cristo de um dia para outro. Estribava-se esta ilusão em parte na revelação profética de um iluminado do meio deles, em parte em uma pretensa afirmação, oral ou escrita, do próprio apóstolo.

Terror e consternação apoderaram-se dos neocristãos, ao passo que os outros se entregavam a ociosidade e negligência dos seus deveres sociais. Mendigos e vagabundos perambulavam a cidade e os campos com ares de mistério e atitudes escatológicas, falando a meia-voz sobre o que estava para suceder.

Responde o apóstolo aos tessalonicenses esclarecendo os equívocos e recomendando calma e critério:

"Quanto à vinda de nosso Senhor Jesus Cristo e a nossa reunião com ele rogamo-vos, irmãos, que não percais tão depressa a serenidade do espírito e não vos deixeis aterrar nem por uma profecia, nem por palavra ou carta que se nos atribuam, como se o dia do Senhor já estivesse próximo.

Em seguida vem uma página obscura, uma das mais obscuras e inigmáticas do Novo Testamento que faz lembrar o *Apocalipse de São João*. Afirma o apóstolo que, antes da "parusia" do Cristo glorioso, deve vir o "homem da iniqüidade, o filho da perdição", o adversário que se arvora em um ser superior a tudo quanto se chama Deus ou divino, chegando a sentar-se no templo de Deus e querendo passar por Deus".

Os destinatários da epístola compreenderam, sem dúvida, o sentido destas palavras porque tinham ouvido a explicação oral do mestre, explicação essa a que Paulo se refere repetidas vezes: "Não vos lembrais de que vos dizia isto, quando estava convosco?" Para nós, porém, é um mistério.

Não menos misteriosa é a alusão a um fator que por então embargava o aparecimento do anticristo. "O mistério da iniquidade — afirma o apóstolo — já está trabalhando; mas é necessário que primeiro seja eliminado aquele que lhe põe embaraço. Então aparecerá aquele perverso".

Mas o triunfo definitivo será do Cristo, "porque o Senhor Jesus matará (o perverso) com um sopro da sua boca e o destruirá com o esplendor da sua vinda".

Interpretações múltiplas se têm dado, através dos séculos, a essas palavras misteriosas. Houve quem as aplicasse aos acontecimentos político-sociais do tempo de Paulo. Sabia ele que catorze anos antes mandara o imperador Calígula colocar no templo de Jerusalém uma estátua colossal da sua pessoa, exigindo para esse simulacro honras divinas, em castigo de terem os judeus sonegado essas homenagens à pessoa de César.

No tempo em que Paulo escrevia esta carta, ano 51, presidia Cláudio aos destinos do império. Seu enteado Nero já tinha sido proclamado "herdeiro do trono". Sêneca, revocado do exílio da ilha de Córsega fora por Agripina nomeado preceptor do jovem príncipe. A serenidade filosófica de Sêneca e a prudência administrativa de Cláudio obstavam ainda ao desencadeamento das forças vulcânicas que se acumulavam cada vez mais na psique mórbida de Nero, ameaçando romper os vínculos da ordem pública e aluir os alicerces da ordem espiritual. Depois do destino trágico de Sêneca e de seu amigo Burrus, soltou aquela fera humana as rédeas ao seu temperamento indisciplinado e dominado pelo energúmeno Tigellinus, pôs em jogo a própria existência do império romano. Por ordem sua, cercou Vespasiano a cidade de Jerusalém. O templo depois de profanado caiu presa das chamas. O povo de Israel exterminado ou arrastado ao cativeiro.

No reinado de Nero como se sabe tiveram início as crudelíssimas perseguições do cristãos. A ferocidade desse soberano corria parelhas com a sua superstição. Raras vezes terá existido homem mais crédulo. Todos o criam iniciado nos sinistros mistérios da Magia Negra. Ainda muitos anos após a sua morte, receavam-lhe os contemporâneos regresso das tenebrosas regiões dos ínferos.

Nos meados do primeiro século, muitos viam nesse tirano desalmado a anticristo, e na influência de homens sensatos o freio salutar.

Entretanto, o espírito perspicaz de Paulo e a sua visão profética ultrapassavam, sem dúvida, o horizonte dos acontecimentos histórico-políticos do seu tempo e descortinavam, para além desses eventos preliminares e sintomáticos o "mistério da iniquidade" de todos os séculos e milênios da história, isto é, a eterna e sempre renovada tentativa do poder temporal em açambarcar o poder espiritual, as tendências absorventes do Estado totalitário, o incessante tentame, ora aberto ora traiçoeiro, dos poderosos do mundo no sentido de fazerem da religião um pedestal, escada e trampolim para as suas ambições pessoais e interesses políticos.

Nesse tempo ainda vivia a igreja cristã à sombra da sinagoga e era considerada pelos romanos como seita judaica. Ainda não evolvera a organização cristã ao ponto de aparecer como algo de autônomo e perigoso aos olhos dos legisladores e estadistas de Roma. Os judeus, porém, não descansavam — e bem o sabia Paulo — enquanto não convencessem o governo de que os cristãos não se identificavam com eles, os filhos de Abraão, que os piores inimigos do império eram esses cristãos que não se adaptavam ao espírito das leis civis. Tanto assim que, no ano 64, reinando Nero, conseguiram os judeus o seu intento: por intermédio de Popéia, esposa do imperador, chamaram a atenção das autoridades civis para a rápida e perigosa expansão da nova organização espiritualista.

No fundo da ideologia escatológica desta epístola encontramos a luta do bem o do mal, do Cristo e do anticristo concretizados no Eu e no Ego do homem. Pode esta luta assumir formas diversas, mas no fundo é sempre o mesmo antagonismo. Deus permite essa guerra, porque deu às creaturas conscientes o dom do livre arbítrio; tolera-a, porque é assaz poderoso e sábio para fazer reverter para a ordem cósmica as peripécias e o desfecho final desse conflito multimilenar.

* * *

Assim é que Paulo, condenando o futurismo quietista de certos sonhadores de Tessalônica, combate a desvalorizacão da vida presente, e, frisando a grande realidade do além, afirma ao mesmo tempo a pequena realidade do aquém. O que ele exige é que esta se subordine àquela e dela receba orientação luz e perspectiva.

E nisto concorda integralmente com o grande Mestre de Nazaré, que não exigia a extinçao da vida civil por amor à vida religiosa, mas queria ver aquela valorizada e sublimada por esta. Na parábola dos talentos condena Jesus o servo que não trabalhou e fez frutificar o seu cabedal. Ao centurião gentio de Cafarnaum, homem de fé como não encontrara igual em Israel, não lhe recomendou o Nazareno que solicitasse a demissão do cargo que ocupava no exército de um soberano pagão, mas que o espiritualizasse.

De modo análogo, procede Simão Pedro com o oficial gentio Cornélio.

Nem o próprio Paulo aconselha a Sérgio Paulo, procônsul de Chipre, a que resigne o seu mandato para poder abraçar o Evangelho.

O espírito do Cristianismo, quando genuíno e sadio é assaz poderoso para espiritualizar a vida humana, e, sem a desvirtuar, sublimá-la de tal modo que o homem se torne um perfeito cristão e esse cristão autêntico continue a ser um homem genuíno e um cidadão prestimoso.

Por isso exige Paulo aos tessalonicensses que com os olhos no futuro vivam no presente; que assim orem como se Cristo aparecesse no dia imediato, e assim trabalhem como se ainda os aguardasse um longo período de expectação e de sofrimentos.

41. Paulo e Galião

(At. 18, 12 ss)

Primavera de 52, abril ou maio.

A província romana de Acaia estava sem governador. Para a administracão de zonas dessa importância, costumava Roma escolher pessoas de qualidades excepcionais. Recaiu a escolha em um dos homens mais inteligentes e distintos da época, que era, além disto, um estadista criterioso e um verdadeiro *gentleman*, como diríamos em linguagem moderna.

Chamava-se Marcus Annaeus Novatus, mais conhecido pelo nome de seu pai adotivo Junius Gallio, nome que ele usava. A existência e o cargo desse homem encontram-se imortalizados em uma carta que o imperador Cláudio dirigiu a Delos, como atesta uma inscrição em pedra encontrada na dita cidade: "Gallio, meu amigo e procônsul de Acaia", lhe chama Cláudio.

Era Gallio (ou Galião) irmão do célebre filósofo romano Sêneca, o qual, como dissemos acima, foi pela imperatriz Agripina nomeado preceptor do jovem Nero. Era também tio do escritor Lucanus. Sêneca não encontra palavras para elogiar suficientemente a personalidade, a inteligência, o saber e a amabilidade de seu irmão. "Nenhum mortal — diz ele — pode ser tão amável para com seu amigo como Galião o é para com toda a gente. Nunca meu irmão será tão amado quanto merece."

O escritor Statius apelida-o de "doce Galino".

A exemplo de Sêneca, era também seu irmão adepto da filosofia dos estóicos, que faziam consistir a ética e a felicidade em uma imperturbável serenidade de espírito e absoluta indiferença em face dos gozos e das dores da vida.

Nesse ano, pois, quando Galião foi empossado no govenno da província da Acaia e fixou residência em Corinto, achava-se Paulo na mesma cidade em plena atividade apostólico-social. Encontraram-se o maior apóstolo do Cristo e a mais lídima encarnação do gentilíssimo. O Evangelho do Nazareno esteve face a face com um representante típico da filosofia de Atenas e da política de Roma...

Mal souberam os judeus da chegada de Galião a Corinto, tentaram logo aproveitar-se da bondade dele para executar os seus planos de vingança contra Paulo. Pois bem sabiam eles que, se as coisas continuassem naquele andar seria cada vez mais diminuído o prestígio da sinagoga, enquanto que a doutrina do Nazareno ia ganhando terreno, dia a dia.

Falharam, porém, os seus cálculos. Ignoravam que o anti-semitismo era tradicional na família de Sêneca e Galião. De resto, era bem de prever que no caráter de um homem tão sereno e equilibrado como do novo procônsul da Acaia não encontraria eco o apaixonado fanatismo dos acusadores de Paulo.

Certo dia, assalariaram os judeus, os piores elementos da plebe, invadiram a modesta oficina do pobre tecelão-apóstolo, arrastaram-no tumultuosamente à *basiliké* (isto é, ao "forum"), ao tribunal do governador. Antes que Galião pudesse proferir palavra, vociferaram os judeus: "Este homem persuade a gente a prestar culto a Deus de um modo contrário à lei".

Passaram assim a sua questão religiosa para o terreno da política e ordem pública; do contrário não faria mossa no espírito do romano.

O filósofo, calmo como sempre, correu um olhar vagaroso pela multidão agitada, ouviu em silêncio a torrente de acusações, viu diante de si o semblante imperturbável de Paulo — e logo compreendeu a situação.

"Ó judeus — disse, se houvesse agravo ou crime, bem vos ouvira eu, conforme o direito; mas, como se trata apenas de questões de doutrina de nome e da vossa lei — é convosco! Que eu não tenho vontade de ser juiz de coisas dessas".

E despachou-se do seu tribunal.

Paulo, parece, não conseguiu trocar uma só palavra com aquele homem magnífico, cujo espírito reto parecia bradar pela plenitude da verdade. Ele amava esse homem, e também Jesus o teria amado, como amou ao jovem rico.

Com um gesto enérgico, deu Galião ordem aos lictores para evacuarem o forum.

Os judeus debandaram atropeladamente. É que os lictores nem sempre primam pela delicadeza e suavidade...

Em um ápice, a confusão degenerou em briga e pancadaria. Os gregos, inimigos comerciais e religiosos dos judeus, aproveitaram o ensejo para uma desforra: de improviso caíram sobre os hebreus, arrancaram-lhes das mãos as varas e os açoites com que tinham maltratado a Paulo e espancado barbaramente. Quem se saiu pior que todos foi Sóstenes, chefe da sinagoga, o qual ao descer da escada do forum, arrastando amplo manto de rabi, foi subitamente alvo de uma formidável carga de pancadas da parte dos helenos, improvisados em auxiliares da polícia de Corinto.

Galião presenciou tudo isso, diz Lucas com certo humorismo, e não fez caso. Estóico da gema, não se perturbava com coisa alguma.

Parece que Paulo ficou ainda por uns momentos na "basiliké", só com o procônsul. O Evangelho em face da Stoa; Cristo e César nos seus melhores representantes.

Galião morreu mais tarde, como seu irmão Sêneca, a morte do estóico: suicidou-se por ordem de Nero.

Sêneca, em sua famosa *Carta 70 a Lucílio*, tece o panegírico do suicídio, escrevendo: "Nada há tão sabiamente organizado pela lei eterna como o fato de haver apenas uma entrada na vida, porém, muitas saídas. Deveria eu acaso, esperar por uma moléstia ou um homem desalmado, quando tenho a possibilidade de inalar um veneno mortífero? É este o único ponto por que não nos podemos queixar da vida: ela não prende a ninguém. Bem acertada é esta instituição na vida. Ninguém é obrigado a ser infeliz, senão por culpa própria. Estás contente? Vive! Estás descontente? Volta para donde vieste!"

* * *

Depois deste incidente, um tanto cômico, parece que a igreja de Corinto gozou de paz e sossego. Paulo podia ter fixado aqui o seu "quartel-general". O lugar era magnífico: uma cidade cosmopolita com meio milhão de habibantes e 21 quilômetros de circunferência; com 23 templos, cinco soberbas galerias ladeadas de lojas de luxo, cinco grandes mercados, cinco famosas termas, duas *basilikés*, numerosos teatros e anfiteatros, um dos quais com 22 mil assentos; dois portos a banharem a cidade pelo norte e pelo sul — que tentação para o espírito empreendedor de Paulo!

Entretanto, não fixou residência em Corinto. A sua missão era a do infatigável bandeirante do Evangelho para levar o nome do Cristo a todas as latitudes e longitudes do orbe terráqueo.

Durante dezoito meses — entre 51 e 52 — que passou em Corinto, Paulo soube compreender no âmbito da sua atividade — quer pessoalmente quer pelos seus auxiliares — quase toda a vastidão da península; e é com verdadeiro carinho que ele se refere aos cristãos da Acaia. No porto de Cencréia tinha o apóstolo uma excelente catequista na pessoa de Febe que, sob a orientação do mestre, exercia intensa atividade no quarteirão dos marinheiros e pescadores daquele importante centro.

42. Regresso à Ásia

(At. 9, 18 ss)

Ao tempo do incidente com Galião fazia um ano e meio que Paulo se achava em Corinto. Depois disso ficou mais algumas semanas, e resolveu partir, deixando a nova cristandade entregue à solicitude pastoral de algum colaborador de confiança.

Com sentimentos de íntima gratidão para com Deus, deixou o cenário de tão árduos labores e tão fagueiras esperanças e acompanhado de grande número de amigos, dirigiu-se ao porto de Cencréia. Aí mandou cortar o cabelo, ou antes raspá-lo à navalha, "porque fizera um voto", que a isto o obrigava e a oferecer, em Jerusalém, os sacrifícios prescritos aos "nazireus". O "nazireato" era uma praxe ascética especificamente judaica, e Paulo, não obstante a amplitude dos seus horizontes espirituais, pratica esse piedoso exercício dos seus maiores. A liberalidade do seu espírito não recusa nenhum elemento espiritualizador desde que não colida com o Evangelho ou, como ele costuma dizer, não "desvirtue a cruz do Cristo".

Talvez que esse "voto" lhe facilitasse a despedida de Corinto; pois deve ter encontrado viva oposição da parte dos neófitos que o veneravam como mestre amigo e pai.

No porto de Cencréia, tomou um navio que demandava Éfeso, na Ásia Menor. Com ele embarcaram os seus fiéis colaboradores Silas e Timóteo bem como o casal amigo Áquila e Priscila, que transferiram para esta cidade a sua pequena indústria têxtil.

Se o leitor já atravessou alguma vez o Mar Egeu e serpenteou por entre as duzentas ilhas e ilhotas do arquipélago das Cicladas que circundam a ilha de Delos, lendário torrão natal do "divino Apolo", formará idéia dos encantos e belezas desse grandioso panorama. A travessia marítima deve ter levado uns dez dias, porque os veleiros nesse tempo só viajavam de dia e dependiam do favor dos ventos. Foi, provavelmente, em um dia de verão do ano 52 que o incansável aventureiro do Cristo viu surgir, por detrás da grande ilha de Samos, as montanhas da Jônia, encimadas pelo píncaro azul de Tmolos.

Eram os jônios uma das primitivas tribos da Grécia, os quais, expulsos pelos dórios se estabeleceram nessa parte da Ásia e não tardaram a revelar-se as mais privilegiadas inteligências da raça helênica.

A Jônia!... Que mundo de sentimentos não evoca este nome na alma de todo o homem culto e amigo das belezas espirituais!

Nas verdejantes campinas dessa terra feliz vibram ainda as derradeiras notas da harpa de Homero... Geme a lira os amores trágicos da desditosa Safo... Ciciam as palmeiras as saudosas melodias de Anacreonte... Aqui se espelhou intensa a filosofia de Atenas e, qual Narciso *enamoratio* do próprio Eu, adorou a Grécia o seu semblante no vigoroso pensamento dos sábios das plagas asiáticas... Milhares de graciosas "colunas jônicas" contam até hoje, no mundo inteiro, o gosto clássico dos seus escultores.

Nas ruas de Éfeso, uma das mais belas cidades da Jônia, filosofava, meio milênio antes do Cristo, Heráclito, o "obscuro", sobre os princípios de todo o ser sobre o eterno *Lógos* sobre o fogo como elemento básico do universo...

Aqui lançou Heródoto os alicerces da ciência da história...

Aqui proclamou Tales de Mileto a água como último constitutivo de todas as coisas...

Se na Jônia está o berço do pensamento helênico, que marcou a rota a todos os pensadores do futuro, foi também aqui em Éfeso que soou pela primeira vez, de lábios cristãos, o nome do *Lógos*, do "Verbo", a "razão cósmica", dos filósofos gentios, cristificada pelo grande Vidente de Patmos:

"No princípio era o Verbo.
E o Verbo estava com Deus.
E o Verbo era Deus...
Tudo foi feito pelo Verbo.
E sem o Verbo nada foi feito
de quanto feito foi.
E o Verbo se fez carne e
fez habitáculo em nós...
E nós vimos a sua glória
cheia de graça e de verdade..."

....

No porto de Panormus, foz do Cestros, saltaram os viajores apostólicos e tomaram um frágil bote que por um canal de dois quilômetros, os levou ao pequeno porto interno bem ao pé dos soberbos edifícios de Éfeso.

Ao desembarcar viram-se Paulo e seus amigos em plena Ágora. Não longe daí se desdobrava o imenso semicírculo do teatro grego.

Éfeso, aberta para o lado do mar e fechada ao norte, leste e sul pelos montes Coressus (Bulbul-Dagh), Pion (Hanjair-Dagh) e Gallesion, lembrava uma gigantesca concha auri-verde, com a opulência dos seus edifícios no primeiro plano e a sorridente poesia dos seus lindos palacetes encravados nas luxuriantes dependências das montanhas. Pelo dorso dos montes circunjacentes descobrem-se, ainda hoje, os restos da muralha com que Lisímaco, sucessor de Alexandre Magno, cercou a cidade.

Existia em Éfeso uma colônia israelita com a competente sinagoga. Sendo que o navio permanecia no porto até à próxima semana, aproveitou Paulo o ensejo e, no sábado, falou sobre o Messias que aparecera na pessoa de Jesus de Nazaré. Tão grande foi o entusiasmo despertado por essa dissertação que o apóstolo teve de prometer um próximo regresso.

Partiram.

Em Jerusalém, parece, não foi muito afetuosa a acolhida ao grande evangelizador. Lucas refere apenas que "Paulo subiu e saudou a cristandade".

Fato estranho! Na capital da Judéia não chegou a florescer propriamente o Evangelho do Cristo, como, por exemplo, em Antioquia, Roma, Corinto, nas cidades de Macedônia, etc. Os cristãos palestinenses viviam por demais aferrados à estreiteza do antigo formalismo da lei mosaica: o "pano novo" do Evangelho não assentava bem ao "vestido velho" das suas tradições paternas; os "odres velhos" da mentalidade judaica demasiado ritualista não comportava o espírito do "vinho novo" calcado no lagar do Gólgota. Os cristãos vindos do gentilismo compreendiam melhor, geralmente, a alma livre, ampla e universal do Cristianismo do que os filhos de Abraão.

O islamismo, nascido na Arábia, é até hoje uma religião essencialmente arábica; o seu centro de gravitação coincide com o seu berço, ao passo que o berço do Evangelho nunca desempenhou papel importante na evolução ulterior do Cristianismo; já no primeiro século deslocou-se a central da ideologia cristã, da Ásia para a Europa, e os povos que melhor compreenderam as doutrinas do rabi galileu não foram os semitas, e, sim, outros povos do globo. Prova isto que o caráter do Cristo não era judaico-nacionalista, mas antes mundial, internacionalista, genuinamente universal.

* * *

Paulo parte de Jerusalém e vai em demanda de Antioquia e das demais cidades da Ásia Menor, que conhecera na sua primeira viagem evangélica.

Com esta terceira expedição atinge a vida de Paulo o apogeu das suas glórias externas.

Mas, neste ano, 52 ou 53, principiam a acumular-se também em todos os horizontes as nuvens sinistras da oposição contra sua pessoa e contra sua obra. O herói vai ao encontro da sua catástrofe, e vai a passo firme. Naquele corpo frágil e doentio habita uma alma de inquebrantável energia porque iluminada de um ideal sublime.

Nada de grande acontece no mundo sem que alguém sofra ou morra. O anfiteatro e fogueira, a força e a cruz, as pedras e a espada assinalam os marcos miliários da história onde nasceu alguma torrente de nova vida espiritual. Nenhum passo decisivo dá a humanidade sem que algum de seus filhos expire na ara do sacrifício. Não nasce vida nova sem que a preceda uma morte. "Se o grão de trigo não cair em terra e morrer, ficará estéril..."

A clarividência dos heróis da humanidade é tida pela turba-multa dos medíocres como loucura ou presunção. A rotina crucifica o gênio. Tão puro é o idealismo dos grandes que os menos puros não lhes perdoam jamais essa superioridade e sentem como ofensa pessoal toda e qualquer excelência alheia.

* * *

Desde o grande conflito em Antioquia, entre o partido dos étnico-cristãos desta cidade e os judeu-cristãos de Jerusalém, organizara-se no seio dos cristãos judaizantes uma poderosa facção antipaulina. Não reconheciam Paulo igual aos outros apóstolos, que tinham visto o Senhor. Com os crescentes triunfos de Paulo na Ásia e na Europa crescia também a inveja das almas mesquinhas. A progressiva celebridade do exímio evangelizador, as simpatias e o amor que milhares de neófitos lhe consagravam, provocaram entre os judaizantes e os cristãos do outro partido uma intensa propaganda, uma campanha sistemática de difamação e descrédito, que só terminou com a morte do apóstolo e a destruição de Jerusalém.

A igreja do Cristo consta de um elemento divino e de elementos humanos, e esses últimos estão sujeitos a todas as misérias dos homens. Se o Cristianismo não fosse melhor que a maior parte dos cristãos, seria blasfêmia designá-lo como obra do Cristo. Se a Igreja fosse destrutível, certamente os cristãos já a teriam destruído: não o conseguiram, nem jamais o conseguirão — e é esta a prova máxima da sua divindade. "As portas do inferno não prevalecerão contra ela..." A despeito dos cristãos, existe e floresce o Cristianismo — ou melhor: a mensagem do Cristo.

Em Antioquia "demorou-se Paulo algum tempo", diz Lucas; descansou no doce convívio de amigos dedicados e ótimos auxiliares evangélicos. Hospedou-se, provavelmente, na rua Singon, onde residira da primeira vez. É possível que nessa cidade tenha encontrado a Simão Pedro, João Marcos e, talvez, Barnabé.

Ia adiantado o outono, e como Paulo costumava iniciar as suas grandes viagens na primavera, é de supor que tenha passado o inverno em Éfeso.

Nesta cidade, parece, se lhe associou o jovem amigo Tito, cujo nome não ocorre nos *Atos dos Apóstolos*, mas que, daí em diante, desempenha papel saliente na vida do apóstolo e da primitiva Igreja. Silas, por seu turno, desaparece do cenário. Será que Paulo o cedeu a Pedro, de quem se tornou mais tarde colaborador e secretário?...

Paulo despede-se dos amigos em Antioquia e, transpondo o Taurus e o desfiladeiro da Cilícia, regressa para o norte, rumo à Galácia, "a fim de visitar sucessivamente" as cristandades que fundara: Derbe, Listra, Icônio, Antioquia da Pisídia, e suas ramificações.

Pelos meados de junho de 53 atingiu Derbe, onde ganhou um novo discípulo, por nome Gaio. Por mais que se apressasse, impossível realizar essa "viagem de inspeção" em menos de dois ou três meses. Se em princípios de setembro partiu, por Apaméia e através das montanhas da Frígia, podia atingir em fins do mesmo mês, após uma marcha de 530 quilômetros, a cidade de Éfeso. Quer dizer que só de Tarso a Éfeso percorreu uma extensão de 1.150 quilômetros. No caso, como alguns historiadores admitem, de ter visitado a Galácia Setentrional, acrescem 600 quilômetros, perfazendo um total de uns 1.700 quilômetros. Na antiguidade a viagem diária de um pedestre era orçada, na média, em 25 quilômetros, a do "correio imperial" em 37. De maneira que Paulo teria levado para esses 1.700 quilômetros cerca de 68 dias.

O conspecto geral do seu itinerário daria o quadro seguinte: Primeira expedição — de Adália a Derbe: 100 quilômetros; Segunda expedição — de Tarso a Trôade: 1.400 quilômetros (com uma digressão sobre Ancira: mais 526 quilômetros); Terceira expedição — de Tarso a Éfeso: 1.150 quilômetros (se passou por Ancira, 1.700 quilômetros). Acrescem a isto inúmeras digressões e viagens laterais, de maior ou menor extensão. Em qualquer hipótese, força é confessar que era estupenda a resistência física deste organismo de saúde precária, porém servido por um grande espírito dotado de uma inquebrantável energia. Bem podia Paulo afirmar aos seus ouvintes e leitores: "Mantenho o meu corpo em disciplina e sujeição..."

O homem só é verdadeiramente grande quando animado de um ideal superior a ele mesmo. Só isto lhe merece a admiração de seus semelhantes e a imortalidade através dos séculos.

43. Éfeso — cidade sagrada

Éfeso, a primeira metrópole da Ásia, era nesse tempo um dos mais poderosos centros de atração mundial. A par de Jerusalém e Atenas, era considerada universalmente como "cidade sagrada". O *Artemisium* ou templo de Artemis (Diana) uma das sete maravilhas da antigüidade, edificado na soberba eminência de uma gigantesca plataforma, era o maior foco da magia e superstição religiosa da Ásia.

A deusa venerada nesse santuário era antes a grosseira Astarte dos fenícios do que a graciosa protetora da caça que os romanos apelidaram de Diana, e os gregos, Artemis. A sua imagem esculpida em madeira escura caíra do céu, dizia o povo, à guisa da pedra preta da deusa-mãe de Pressius e a Kaaba sagrada de Meca. Símbolo da fecundidade, tinha ela todo o corpo coberto de seios túmidos e o ventre ornado de fórmulas mágicas.

O templo da deusa dentro do qual funcionava também uma grande casa bancária era um edifício gigantesco e de notável valor artístico. Sustentavam o teto 127 colunas jônicas, que repousavam sobre figuras de mármore primorosamente trabalhadas. Uma dessas colunas encontra-se hoje no Museu Britânico. Admiráveis esculturas de Fídias e Policleto, de Scopas e Praxíteles aformoseavam o santuário. Lísipo erigira nele a estátua de Alexandre Magno. Os grandes pintores Parrasio, Zeuxis e Apeles tinham posto os seus pincéis de mestre ao serviço do maior sacrário de Diana.

Constatemente se organizavam préstitos e procissões que, por entre músicas e cânticos, desfilavam pelo interior e adjacências do templo, pelas ruas da cidade e arredores. Milhares de sacerdotes e sacerdotisas viviam à sombra da fantástica divindade e mantinham acesa a chama sagrada do entusiasmo religioso. Os sacerdotes, todos eles eunucos, obedeciam à suprema direção de um *megabyzos*, ou sacerdote-mor.

Sabe Deus quantas vezes foi Paulo perturbado nos seus discursos pelas vozes ululantes desse exército de serventuários de Diana, cujas manifestações religiosas degeneravam quase sempre em verdadeiros delírios e terminavam, não raro, em cenas horripilantes de violenta mutilação física.

E, no entanto, apesar de tão repugnantes orgias cultuais vivia no íntimo desses veneradores de Diana uma centelha de verdade: o inconsciente desejo de purificação moral e sublimação das potências sinistras do instinto.

Nas plagas bucólicas da Jônia filosofavam, um dia, os sábios de Hélade sobre os princípios do mundo.

No princípio era a água — dizia Tales.

No princípio era o fogo — sentenciava Heráclito.

No princípio era o intangível — exclamava Anaximandro.

No princípio era a luta entre a luz e as trevas, entre o bem e o mal — doutrinavam outros.

E depois de extinto o espírito filosófico da Jônia, apareceu um vate, com os olhos banhados de luz divina, e escreveu esta sentença de suprema sabedoria:

No princípio era o Lógos — o Verbo — e o Verbo era Deus, de cuja plenitude todos nós recebemos — cheio de graça e de verdade.

44. Apolo — O filósofo cristão

(At. 9, 24 ss; 19, 2 ss)

No outono de 53, entrava em Éfeso um grupo de viajores exaustos de fadiga, cobertos de pó e com as vestes e sandálias em trapos. Passando ao pé do soberbo *Gymnasion*, instituto urbano de ginástica, e pela Ágora encaminharam-se para o *Stadion*, imenso campo circular destinado a jogos públicos. Do *Stadion* de que hoje restam apenas uns blocos de pedra e o arco de triunfo romano, dirigiram-se à casa de um casal vindo recentemente de Corinto. Na modesta vivenda desses bons amigos, repousaram Paulo e os seus, algumas horas. E logo depois, reencetaram os trabalhos de sempre. Era necessário conquistar a cidade para o Cristo.

Desde logo começa Paulo a sondar o terreno e procura tomar contato com os poucos cristãos que viviam em Éfeso. Poucos e de idéias assaz primitivas.

A pregação do "mergulho da conversão", iniciada pelo austero profeta às margens do Jordão, tinha traçado vastos círculos de espiritualidade pela Ásia e pela África[11]. Em muitas partes era o Precursor do Messias mais conhecido que o próprio Cristo. Assim, também em Éfeso. Os discípulos do Batista reuniam-se periodicamente, celebravam atos cultuais, jejuavam, oravam e cantavam. Tinham ouvido algo sobre o grande profeta de Nazaré, e veneravam-no como podia sem terem dele idéia nítida e definida.

Ouviu Paulo, por intermédio desses "cristãos joaneus" que, na sua ausência, estivera em Éfeso, e partira para Corinto, um representante típico dessa ideologia religiosa. Viera de Alexandria. Era de origem judaica, porém, de cultura grega. Chamava-se Apolo, forma abreviada do seu verdadeiro nome Apolônio. Pelas palavras dos seus informadores concluiu Paulo que esse homem devia ser muito inteligente, de caráter impoluto, ótimo conhecedor da lei de Moisés, orador vibrante, mas de conhecimentos cristãos deficientes. Era mais cristão de vontade e de coração do que de experiência.

Paulo soube ganhar esse ilustre intelectual alexandrino para a causa do Evangelho e do Cristianismo.

Com Apolo, entra no âmbito da primitiva igreja um novo fator cultural, o "elemento alexandrino", que mais tarde, com o nome de "escola alexandrina" devia fornecer importante contingente para a evolução da filosofia cristã. Distinguia-se, essa escola, por seus surtos metafísicos e uma espirituosa exegese alegórica.

Alexandria era, nesse tempo, o foco daquela teologia, judaica de largos horizontes e cunho internacional que procura-

---

[11] João, aliás, herdara esse ritual dos Essênios, de que fazia parte.

va sintonizar com um mosaísmo esclarecido a sabedoria de todos os povos — a ética da escola estóica e a filosofia helênica sobre o *Lógos*, os "germes divinos" do universo e a "razão creadora" do cosmo. Autoridade máxima e alma desse movimento era o célebre Filo, que trabalhava infatigavelmente por harmonizar as idéias do "divo Platão" com livros sacros do Antigo Testamento, a tal ponto que corria o provérbio: "Ou Platão filoniza, ou Filo platoniza". Serviam-se esses teólogos hebreu-alexandrinos da linguagem filosófica da Grécia como veículo para a divulgação de concepções bíblicas. E com isto favoreciam os planos da divina Providência, contribuindo para que se tornasse o idioma helênico a língua clássica da verdade cristã. No louvável afã de familiarizar o mundo pagão com a ideologia mosaica, chegaram a crear um modo de pensar mais livre e independente — para escândalo de seus irmãos tradicionalistas da Palestina possuíam até seu templo próprio, em Leontópolis, perto de Alexandria, edifício de gosto helênico e sobriedade egípcia.

É possível que Apolo tenha sido discípulo de Filo, o que definiria sobejamente a sua atitude em face do Cristianismo. A sua religião era um Cristianismo de elegância platônica, ressentindo-se, porém, da ausência de profundidade mística. Entusiástico admirador da ética do Nazareno, pregava por toda a parte a "adoração de Deus em espírito e verdade". "Falava com ardente entusiasmo — diz Lucas — dava ensinamentos exatos a respeito de Jesus, embora não conhecesse senão o batismo de João". Aí está uma caracterização tão concisa quão enigmática dessa estranha personagem. Apolo conhecia a fundo, parece, o lado histórico da vida do Cristo; sabia provar, com admirável perspicácia e arrebatadora eloqüência, a messianidade de Jesus, mas não lhe penetrara ainda a alma divina; o sentido transcendente da sua morte, o renascimento e ressurreição, espiritual do cristão, a união mística do Cristo com o homem. O misterioso sopro do espírito da Verdade enviado pelo Messias — tudo isto lhe era ignoto ou vago.

Mal chegara Apolo a Éfeso, logo os cristãos daí o aclamaram seu chefe e guia espiritual. Falava na sinagoga e em praça pública. Uma sensação! Ouvintes de todas as classes sociais e de todos os credos o escutavam. Paulo como dissemos, não estava em Éfeso, nesse tempo. Áquila e Priscila foram assistir às famosas conferências filosóficas do grande orador. O que ouviram foi uma deslumbrante apoteose do Cristo. O Messias vaticinado pelos profetas. A tão excelsas alturas se elevaram os surtos intelectuais do vigoroso apologista alexandrino que o piedoso casal nem sempre podia seguir-lhe os vôos metafísicos. O genial paralelismo que Apolo estabeleceu entre o *Lógos* da filosofia e o "Cristo" do Evangelho arrebatou a classe mais erudita dos seus ouvintes.

Áquila e Priscila admiravam sinceramente a inteligência, a facúndia e o idealismo religioso do conferencista — mas não se sentiam plenamente satisfeitos. Faltava aos discursos de Apolo alguma coisa... um elemento sagrado... aquele fogo divino que ardia sempre no fundo dos sermões de Paulo, aquela veemência da fé, aquela mística sublime que, quando jorrava dos lábios de Paulo, parecia rasgar todos os véus da materialidade e descortinar novos mundos de beleza sobrenatural. Os discursos de Apolo eram profundos e geniais, porém, unilateralmente intelectualistas. Faltava-lhes a sacralidade mística que constitui a suprema harmonia da ciência e da fé. Apolo insistia mais na "gnosis" (conhecimento) do que na *pistis* (fé).

No fim de um desses discursos, Áquila e Priscila felicitaram o orador e o convidaram para uma visita à sua modesta vivenda. Ele aceitou o convite. Desde então travou-se estreita amizade entre o genial intelectualista alexandrino e o simpático casal de operários vindos de Corinto. O filósofo, ávido de ulteriores conhecimentos sobre a pessoa e doutrina do Nazareno, vinha todos os dias e passava horas na tenda dos tecelões por entre os tapetes de várias cores, os escuros novelos de pêlo caprino e o primitivo tear. Enquanto Áquila acionava velozmente a lançadeira, Priscila, inteligente e discreta catequista, expunha ao seu dócil discípulo as grandes verdades e divinas belezas do Evangelho, que ouvira dos lábios de Paulo e meditava sem cessar.

Quando foi o Cristianismo tão belo, tão atraente, tão ele mesmo, como nesses primeiros tempos, quando os seus discípulos eram uma só alma e um só coração? Quando um famoso filósofo se sentava aos pés de uma singela operária e bebia dos seus lábios as águas vivas do Evangelho? E essas almas, sintonizadas pela mesma onda de idealismo empreendedor saíam pelo mundo afora a iluminar os espíritos e acalentar os corações com o fogo que Cristo viera lançar à terra.

Lucas é bem o pintor entre os Evangelistas; se dele não possuímos tela colorida, possuímos uma verdadeira galeria de painéis literários de incomparável encanto e plasticidade.

Dessas catequeses no bazar dos tecelões saiu o filósofo platônico, perfeito teólogo cristão; daí saiu ele com a sua "gnosis" divinizada pela "pistis"; foi aí que lhe nasceu a perfeita sintonia da razão e da fé.

Quando Áquila e Priscila falaram a Apolo da florescente vida religiosa em Corinto, manifestou ele o desejo de conhecer de perto essa cristandade. E, na primeira oportunidade, embarcou para a Acaia com uma carta de recomendação aos presbíteros da igreja de Corinto.

Parece que nessa cidade foi Apolo recebido oficialmente na igreja.

"Aí chegado — diz o historiador — prestou excelentes serviços aos fiéis, graças aos seus talentos, porque rebatia vigorosamente os judeus em público, demonstrando pelas Escrituras que Jesus era o Messias".

Tão vasta foi a repercussão dos seus discursos que em breve se tornaram o tema obrigatório de todas as conversas em Corinto. Falava ao ar livre, porque não havia local na cidade que comportasse a multidão dos ouvintes.

"Este, sim, é nosso homem!" — exclamavam os "intelectuais" de Corinto. "Não é como aquele Paulo, que de filosofia nada entende, aquele bárbaro, sem estilo nem retórica... Este

sim!... Orador para a 'elite', era isto que faltava em Corinto..."
E logo se formaram dois partidos: "Eu sou do partido de Apolo!" "Eu também!" "Eu também!" "Eu sou de Paulo!" — intervinham outros, descrentes da filosofia e avessos à retórica.

Apolo, perspicaz e sincero, logo percebeu o perigo de uma cisão entre os neófitos de Corinto e para evitar tão grande mal resolveu embarcar para a Ásia — prova da integridade do seu caráter e da lealdade das suas intenções.

* * *

Entrementes voltava Paulo das suas excursões pela Galácia e chegara a Éfeso. Desde logo reencetou os seus labores apostólicos.

Certo dia, encontrou um grupo de doze homens que se diziam cristãos. E, de fato, o eram ainda que mais pelos votos do coração do que pelas luzes da razão.

Perguntou-lhe Paulo se haviam recebido o Espírito Santo.

— Espírito santo? — responderam eles, entreolhando-se sem nada compreender. — Pois nem sabemos se existe Espírito Santo...

— Que batismo, pois, recebestes? — perguntou-lhes o apóstolo.

— O batismo de João — tornaram eles prontamente.

Compreendeu Paulo que se tratava daquela categoria de devotos que veneram ardentemente o Precursor do Messias, mas desse mesmo Messias quase nada sabiam. Explicou-lhes que "João administrava ao povo o mergulho da conversão, exortando-o a crer naquele que viria depois dele, isto é, Jesus".

Ouvindo isto, fizeram-se mergulhar em nome do Senhor Jesus, Paulo impôs-lhe as mãos, e desceu sobre eles o Espírito Santo: falavam em diversas línguas e profetizavam".

Na igreja primitiva considerava-se a "imposição das mãos" como símbolo da plenitude do Cristianismo; com ela rematava a iniciação sacral do neófito assim como a vinda do Espírito

Santo no Pentecostes completara a Páscoa e formava o fecho da obra da redenção.

Quem não mergulhou no fogo do Cristo, como os 120 do primeiro Pentecostes, não é crístico, embora seja cristão pelo mergulho na água.

45. O Evangelho no *gymnasion* helênico

(At. 19, 10 ss)

"Entrou Paulo na sinagoga e falou destemidamente durante três meses, discorrendo com grande convicção sobre o reino de Deus. Como, porém, alguns se obstinassem na sua incredulidade, maldizendo a doutrina diante do povo, apartou-se deles, segregou os discípulos e pôs-se a discorrer, dia por dia, no *gymnasion* de um certo Tirano. Durou isso uns dois anos, de maneira que todos os habitantes da Ásia, judeus e gentios chegaram a ouvir a palavra do Senhor".

Montara Paulo o seu quartel-general na metrópole da Jônia e daí abrangia todas as regiões circunvizinhas, sobretudo as grandes cidades que se constelavam em torno de Éfeso: Mileto, Esmirna, Magnésia, Trales, Filadélfia, Sardes, Tiatira, Pérgamo e talvez Trôade e Assos.

Já nesse tempo dispunha ele de um batalhão de auxiliares de absoluta confiança, que em parte o ajudavam na "cura d'almas urbanas", em parte excursionavam pelos arredores semeando por toda parte os germes divinos do Evangelho.

Em Éfeso, mantinha Paulo numerosos centros de reunião em casas particulares. Em cada uma dessas células espirituais narrava-se a vida de Jesus Cristo, orava-se, cantava-se, celebravam-se com maior ou menor regularidade os "mistérios" do Cristianismo.

Paulo falava todos os sábados na sinagoga do lugar, até o dia em que os judeus, percebendo a orientação do orador, lhe interditaram os sermões na sinagoga e começaram a hostilizá-lo abertamente.

Aproximava-se o inverno. Paulo não podia mais falar ao ar livre, como aliás costumava em situações análoga. Saiu à procura de um local apropriado. Um *grammateus* — quer dizer, professor de retórica — por nome Tirano, lhe ofereceu a sua sala de audição, situada, provavelmente, em um dos cinco *Gymnasios* de Éfeso... *Gymnasion* (de *gymnos* — *nu*) chamava-se nesse tempo o campo ou estabelecimento destinado a exercícios físicos, como corridas, jogos olímpicos, lança-disco, natação e outros esportes praticados a corpo desnudo ou seminu. Nesses mesmos estabelecimentos existiam geralmente, salas especiais onde os filósofos, professores, rétores e poetas faziam conferências ou discorriam sobre assuntos de interesse público.

Há anos, uma sociedade arqueológica européia escavou, perto da "Biblioteca de Celso", em Éfeso, a planta de um edifício com a inscrição *auditorium*. É possível que seja idêntico ao local onde Paulo lecionava o seu "curso popular de religião", durante o inverno de 53.

Esses "auditórios" eram salas em forma de absides semicirculares, mais ou menos como as salas de audição das nossas modernas universidades. Às vezes também eram galerias de colunatas circundando um pátio interno, em grego *Stoa*, donde a conhecida designação de "estóicos" aplicada aos discípulos de Zenon, que se reuniam em uma galeria dessas. O termo geral com que os gregos designavam essas localidades era *scholé*, transformado pelos romanos em *schola*, e por nós em "escola". *Scholé* significava primitivamente "tempo livre", ócio, entretenimento. Mais tarde prevaleceram os trabalhos intelectuais sobre os exercícios físicos: a *scholé* eclipsou o *gymnasion*.

O texto de Beza transmitiu-nos o horário exato das dissertações do apóstolo. Às 11 horas encerrava Tirano as suas preleções. Seguia-se uma pausa de meia hora. A partir das 11h30 até às 16h30 estava a sala à disposição de Paulo. Era esta a "tarde apostólica"; a manhã era consagrada aos trabalhos manuais ao pé do tear. Depois das 16h30 pela noite a dentro ficavam ainda muitas horas para a cura d'almas individual e domiciliar, tempo também para atender a mil e uma visitas e consultas, para mandar cartas às igrejas distantes, para formar os colaboradores evangélicos, para falar com Deus em prolongadas preces, etc. Se Paulo enumera entre os seus grandes sofrimentos a "solicitude por todas as igrejas e a afluência quotidiana de visitantes" (2 Co. 11, 28), não deve ter sido pequeno o movimento religioso por ele iniciado e chefiado em meados do primeiro século. O certo é que não se conhecia em torno desse homem o que fosse aborrecimento ou enfado, nem horas de palestra inútil. Quem quer que entrasse no campo magnético dele, ardia logo do desejo de agir, e encontrava no trabalho espiritual a plenitude da sua vida e a recompensa dos seus esforços.

Dois anos passou Paulo nesses exaustivos labores de operário e de apóstolo, de amigo e de pai, de diretor espiritual e de arauto do Cristo. As grandes solenidades em honra de Diana, que se realizavam sobretudo no mês de maio, canalizavam multidões de curiosos para o *auditorium* de Paulo. Adventícios de todos os recantos da Ásia, frígios dos vales do Meandro e do Licos, lídios em grande número; gente de Mileto, Esmirna Pirene, do Halicarnasso, da lendária Pérgamo, de Trôade e dos arquipélagos do Mar Egeu; estudantes de Éfeso, marinheiros e estivadores, negociantes e funcionários públicos, soldados romanos e filósofos gregos, operários e aristocratas, senhores, escravos e libertos — de tudo isto havia entre os ouvintes do estranho rabi hebreu, que não falava como os outros rabinos, nem ensinava o que eles ensinavam.

De vez em quando, um dos ouvintes aparteava ou pedia explicação ulterior.

Oportunamente se referia Paulo ao culto supersticioso prestado a Diana e a outros ídolos. Pela epístola que mais tarde escreveu aos cristãos de Éfeso (4, 17 ss) bem se vê o que ele pensava desse culto absurdo: "Não vivais como os pagãos, que andam à mercê dos seus sentimentos depravados, trazem o entendimento obscurecido e levam uma vida alheiada de Deus, cegos e ignorantes, destituídos de sentimentos superiores entregam-se à luxúria praticando insaciáveis toda espécie de infâmias".

Se Demétrio, o ourives, acusa Paulo de ter feito desertar do culto da deusa "muita gente, não só em Éfeso, mas em quase toda a Ásia" (At. 19, 26) bem se pode daí concluir qual o efeito produzido pela sua indefesa atividade na metrópole da Jônia.

46. Paulo — terror dos demônios

(At. 19, 11 ss)

Deus operava milagres extraordinários por mão de Paulo. Até lenços e aventais que ele usara eram aplicados aos enfermos e as moléstias fugiam deles e os espíritos malignos saíam. Também alguns dos exorcistas judeus que percorriam o país tentaram invocar o nome do Senhor Jesus sobre os endemoniados, dizendo: "Esconjuro-vos por Jesus a quem Paulo anuncia. Quem isto praticava eram os sete filhos de um tal Scevas sumo sacerdote judeu. O espírito maligno, porém, replicou: Conheço a Jesus, e sei quem é Paulo; mas vós quem sois? E com isto o homem possesso do espírito maligno investiu contra eles, subjugou dois deles e a tal ponto lhes fez sentir o seu poder que nus e feridos tiveram de fugir daquela casa".

Éfeso como foi dito era o centro de toda a espécie de charlatanismo pseudocientífico e religioso. Magia, ocultismo, feitiçaria, demonismo — tudo isso pululava exuberantemente no campo da superstição efesina fecundada pelo insaciável desejo do preternatural. Talvez tenha andado por aí nesse tempo, o célebre "taumaturgo" Apolônio de Tiana. O famigerado astrólogo Balbillus, que tão funesta influência exerceu sobre o espírito fraco de Nero, era natural de Éfeso. As curas milagrosas de Asclépios, apelidado Soter (salvador), com todo o seu cortejo de crendices populares, davam prestígio e lucro a uma legião de sacerdotes e charlatães, que exploravam a ignorância e superstição das massas sob pretexto de iniciarem os seus adeptos nas profundezas de Satanás (Re. 2, 24).

Florescia então em Éfeso um ramo especial de magia, os famosos *Ephesin grammata* (escritos efesinos), literatura ocultista que corria mundo.

No meio dessa babel saturada de demonismo não era suficiente um esclarecimento racional, era necessário que Paulo fizesse brilhar a força dos seus carismas divinos que dessem prova visível e palpável de que o nome de Jesus encerrava uma virtude superior a todas as potências adversas. Arma contra arma! Poderes divinos contra portentos demoníacos!

Toda vez que entramos nas regiões do milagre do carisma do preternatural, do divino, ou mesmo do espiritual ou demoníaco, escurecem os horizontes do nosso saber consciente, envolvem-nos o intelecto às sombras dúbias do incerto, do vago, do enigmático. Não sabemos precisar onde terminam as forças "naturais" e onde principiam as influências "preternaturais". Para Deus só existe uma ordem, para ele tudo é natural e quanto mais o homem se espiritualiza e "diviniza" mais e mais se apagam também as linhas divisórias entre as duas ordens.

Em Deus não há dualismo; nele reina a suprema unidade, o perfeito monismo. O homem devidamente espiritualizado parece adquirir *ipso facto* um poder estranho, novo, sobre a matéria e suas leis, e até sobre os espíritos. E, quanto mais o homem intensifica e potencializa essa vida espiritual, tanto mais diviniza o seu Eu e tanto mais alarga os limites conhecidos da ordem natural, eliminando barreiras, transpondo obstáculos e produzindo efeitos que aos outros parecem preternaturais, mas que para ele e para Deus são perfeitamente naturais.

* * *

Refere o historiador: "Deus operava prodígios extordinários por mão de Paulo. Até os seus lenços e aventais que tinham tocado no seu corpo eram aplicados aos enfermos, e as moléstias fugiam deles e os espíritos malignos saíam" (At. 19, 11 ss).

Não é provável que Paulo entregasse para esses fins os seus lenços e aventais; mas não terá a boa Priscila cedido, de vez em quando as súplicas de uma amiga, emprestando uma dessas peças para a colocar sobre um enfermo ou endemoniado? Também aqui e acolá, durante os sermões de Paulo ao ar livre, alguma ouvinte lhe terá surrupiado o lenço ou cortado um pedacinho do manto, fugindo despercebida com o piedoso furto.

Sobre os endemoniados invocava Paulo o nome de Jesus e dos possessos expulsava os espíritos malignos. Alguns dos exorcistas judeus que percorriam o país tentavam fazer o mesmo; mas nem sempre com efeito positivo.

Refere Lucas (At. 19, 13-16) um caso verdadeiramente dramático, e em parte trágico, ocorrido com alguns desses exorcistas, que, parece, não agiam de boa fé ou procuravam os seus interesses pessoais, em vez da glória de Deus e o bem do próximo.

Tratava-se dos sete filhos de um tal de Scevas (*Skeuas*, em grego), sumo sacerdote judeu. Invocaram o nome do Senhor sobre um endemoniado, dizendo: "Esconjuro-vos por Jesus a quem Paulo anuncia!" O espírito maligno, porém, explicou: "Conheço a Jesus e sei quem é Paulo; mas a vós, quem sois!" Com isso, o homem possesso do espírito maligno investiu contra eles, subjugou dois deles e a tal ponto lhes fez sentir o seu poder, que, nus e feridos, tiveram de fugir daquela casa.

Chegou este fato ao conhecimento de todos os judeus e gentios que residiam em Éfeso, despertando terror universal ao mesmo tempo que o nome de Jesus adquiria grande lustre.

E também a pessoa de Paulo andava na boca de todos. Éfeso em peso comentava o caso. Compreenderam todos que o apóstolo não operava com artes mágicas, nem praticava charlatanices, como os sacerdotes de Diana, mas que todo o poder lhe vinha da invocação do nome de Jesus. Esse Jesus, portanto, era mais poderoso que os próprios demônios? Quem era esse Jesus?

Daí por diante, quando Paulo falava ao ar livre ou na *scholé* de Tirano, toda a vez que proferia o nome de Jesus, fazia-se um silêncio profundo, e alguns dos ouvintes tremiam de emoção e pavor, ao relembrarem o caso sucedido com os filhos do sumo sacerdote e os recentes exorcismos de Paulo.

"Ao nome de Jesus devem curvar-se todos os joelhos, no céu, na terra e no inferno; e todos devem confessar, para a glória de Deus Pai, que Jesus Cristo é o Senhor" (Fil. 2, 10) — ah! Como relâmpagos e trovões de outros mundos repercutiam essas palavras pelo espaço silencioso, abalando as almas e aureolando de glórias o nome de Jesus.

Tão profunda foi a impressão produzida por um dos próximos discursos de Paulo sobre a magia do ocultismo que os ouvintes carregaram para a praça pública enorme quantidade de *Ephesina grammata* e outros livros de feitiçaria, atearam uma fogueira e arrojaram às chamas todo esse arsenal de literatura ocultista.

Deve ter sido um gigantesco "auto da fé", fanal cristão, aceso ao pé do maior templo da Ásia. Lucas calcula o valor dos livros incinerados em 50 mil dracmas de prata, ou seja cerca de 200 mil cruzeiros velhos*.

Quatorze séculos mais tarde repetia-se espetáculo análogo, quando, em uma praça de Florença, Savonarola flagelava a efeminada moleza dos poderosos e a superstição de certos contemporâneos. Paulo acabou degolado e Savonarola enforcado e queimado...

O mundo profano não tolera o triunfo do espírito — e nem todos os chamados "cristãos" suportam a luz do Evangelho...

---

* Valor correspondente na época em que foi escrito este livro.

47. A escravidão da Letra — e a liberdade do espírito

(Epístola aos gálatas)

Certo dia, na modesta oficina de Áquila, em Éfeso, recebeu Paulo a visita de alguns neófitos da Galácia. Contaram-lhe como triste realidade o que Paulo havia receado: diversos rabis de Jerusalém acabavam de invadir a recém-fundada cristandade e desenvolviam intensa propaganda contra a pessoa e doutrina do apóstolo. E, pior de tudo, esses desordeiros eram batizados e vinham "da parte de Tiago" e com cartas de apresentação dos chefes espirituais da Palestina. Eram cristãos, mas cristãos mosaicos.

Que diziam esses mestres?

Diziam que Paulo não era verdadeiro apóstolo como os outros, os arquiapóstolos de Jerusalém tanto assim que nem vira ao Senhor Jesus nem dele recebera missão alguma. Era um intruso. "O Evangelho de Paulo — diziam esses judaizantes — era um Evangelho truncado, incompleto e falso em muitos pontos; aprendera dos outros apóstolos algumas verdades que depois mesclara com aditamentos arbitrários e opiniões pessoais, Paulo — frisavam eles — silencia um dos pontos capitais do Evangelho: a necessidade da lei mosaica para todos os cristãos, quer vindos do judaísmo, quer convertidos do gentilismo. Preteria de propósito esta parte, porque procurava ajeitar a seu modo o Evangelho, a fim de ganhar o maior número possível de adeptos e gloriar-se diante dos outros apóstolos. Sacrificava a verdade ao número, a qualidade à quantidade. Agia arbitrariamente, sem regra nem norma. Em Listra mandara circuncidar a Timóteo a fim de lisonjear aos judeus, ao passo que entre os gentios não dizia palavra da circuncisão, para lhes agradar. Eles, os verdadeiros cristãos, tinham vindo de Jerusalém, da parte de Tiago, irmão do Senhor, a fim de substituir o Evangelho mutilado e falso de Paulo pelo verdadeiro e completo Evangelho do Cristo e dos arquiapóstolos."

Assim referiam os gálatas, no fundo semi-escuro do bazar de Áquila.

Paulo ouviu em silêncio a estranha mensagem. Tinha os olhos cheios de lágrimas, e na alma lhe tumultuava uma tempestade imensa. O seu primeiro pensamento foi partir e acompanhar para a Galácia os bons amigos, aquelas grandes crianças de olhos sinceros e alma volúvel como todos os patrícios deles. Mas, como deixar Éfeso, precisamente agora?...

Antes de tomar resolução definitiva, pediu informações ulteriores sobre os tais desordeiros. Pelas palavras dos mensageiros concluiu que se tratava de um bando de fanáticos "nacionalistas", que, em face da pressão que os Césares de Roma, desde Calígula, exerciam sobre o judaísmo decadente, envidavam desesperados esforços por reerguer o entusiasmo nacional. Imbuídos de um racismo extremo, repeliam tudo o que não fosse nitidamente mosaico; procuravam até exercer uma espécie de tirania sobre os apóstolos, no intuito de fazerem do prestígio deles um trampolim para os seus fins político-racistas. Paulo, apóstolo das gentes, espírito cosmopolita e internacionalista; que pospunha a raça à religião e procurava coadunar sob um só rebanho e sob um só pastor hebreus e gentios, gregos e romanos, asiatas e europeus, senhores e escravos, sábios e ignorantes, ricos e pobres — esse Paulo era considerado pelos fanáticos racistas e intransigentes mosaístas como o maior óbice à consecução dos seus fins.

Confrangeu-se a alma de Paulo...

Visasse o ataque apenas à sua pessoa, pouco se lhe dava. Mas, roubar traiçoeiramente a esses bons e inexperientes filhos da natureza o tesouro da fé, a liberdade no Cristo, a divina pureza do Evangelho — ah! Isto dilacerava o coração do apóstolo...

E por que tudo isso? Por que essa campanha?... Não tinha, acaso, o Evangelho sazonado um paraíso de frutos nas almas de milhares de gentios que, sem nada saberem da lei mosaica haviam abraçado o Cristianismo e nele viviam felizes?... Não tinha o Evangelho arrancado das profundezas do materialismo e da luxúria esses pagãos e levado às luminosas alturas da

espiritualidade cristã, da graça, da virtude, da santidade?...
Não aprovava o próprio Deus com milagres e carismas a vida cristã de muitos desses neófitos?...

Paulo despediu os mensageiros da Galácia, pedindo que esperassem em Éfeso até que os mandasse chamar.

A noite próxima foi para Paulo uma vigília de intenso trabalho. Não dormiu um só instante. A preocupação pela sorte espiritual dos seus queridos gálatas não lhe dava sossego. O seu espírito compreendia a situação e iminente perigo que corriam as igrejas da Galácia. Tratava-se nada menos que da substância e do futuro do Cristianismo. Estava em jogo a própria alma do Evangelho.

Horrorizado, antevia Paulo o que aconteceria ao seu querido Evangelho, à mensagem de seu Senhor e Mestre, se ela se deixasse escravizar pelas tendências ritualistas dos judeus; em vez de uma religião mundial destinada a ensinar à humanidade, adoração de Deus em espírito e verdade, acabaria o Cristianismo em uma piedosa seita de ebionitas ou essênios em uma devota irmandade religiosa, com o seu regulamento, a sua constituição, o seu hábito particular, os seus exercícios ascéticos talhados para um grupinho de almas místicas segregadas da sociedade.

O Cristianismo tinha de ser uma religião racional, simples e varonil, uma religião para o homem da vida real, para o homem jogado ao meio das lutas brutais da existência, para o homem da oficina e da tribuna, do escritório e do mercado, do forum e do campo de batalha, para o homem do mar e da cidade, do balcão e do laboratório, da picareta e da pena, para o filósofo e o proletário, para o ancião embalado em vespertina suavidade interior, e para o jovem agitado de violentas paixões e dilacerado pelos cruciantes problemas do espírito — para todo e qualquer homem de boa vontade o Evangelho do Cristo ser farol orientador e energia alentadora, na longa e incerta travessia da vida terrestre.

No dia seguinte mandou Paulo convocar os seus fiéis colaboradores: Timóteo e Tito, Tíquico e Trófino, de Éfeso; Gaio e Aristarco, da Macedônia; Sóstenes e Erasto, de Corinto; Gaio de Derbe; e Epafras, de Colossos. E todos eles acudiram, e, qual intrépido estado-maior, cercaram o previdente general-em-chefe da nova milícia espiritual.

Bem pudera Paulo agir por si só; mas é próprio dos grande condutores de homens, quando desinteressados, fazerem participar os seus amigos das magnas decisões da sua vida.

Dissolvida a longa reunião, retirou-se Paulo para a casa de Áquila, chamou o seu secretário e começou a ditar. Ditou a mais vibrante, como também a mais terna e maternal de todas as suas cartas apostólicas.

A epístola aos gálatas, bem se vê, foi escrita de uma assentada; é uma peça inteiriça, homogênea, repassada de uma profunda emoção; é uma epístola de fogo e de paixão, em que o leitor do século vinte percebe ainda a alma do seu autor. Há nela passagens que relembram certos discursos de Demóstenes e de Cícero, ou as invectivas de Marco Antônio contra Brutos.

Devia ser uma manhã de inverno, em fins de 54 ou princípios de 55, quando Paulo chamou os mensageiros da Galácia e lhes entregou a carta escrita de noite. E eles, essas grandes crianças de olhos sonhadores e alma vacilante, foram buscar as suas cavalgaduras, os seus camelos, montaram — e lá se foram, rumo leste, levar aos seus patrícios um dos mais preciosos documentos do Cristianismo de todos os séculos.

* * *

A epístola aos gálatas consta de duas partes: a parte *pessoal* e a parte *doutrinária*.

Antes de iniciar o corpo da carta, desabafa Paulo a sua dor em uma série de exclamações e perguntas cuja veemência só se explica à luz do turbilhão vulcânico que agitava as profundezas da sua alma.

"Estou admirado — principia ele — de que assim tão depressa passeis do meu Evangelho para outro — quando nem há outro Evangelho! O que há é que alguns vos perturbam e procuram adulterar o Evangelho do Cristo. Mas, ainda que eu, Paulo, ou mesmo um anjo do céu pregasse um Evangelho diferente daquele que eu vos tenho pregado — maldito seja! Repito o que já vos disse: se alguém vos anunciar um Evangelho diferente daquele que recebestes — maldito seja! É, porventura, o favor dos homens que eu procuro, ou o favor de Deus? Acaso pretendo eu agradar aos homens? Se procurasse agradar aos homens, não seria servo do Cristo"...

Segue-se a primeira parte da epístola, que equivale a uma brilhante auto-apologia. Paulo protesta solenemente contra a idéia de ser ele apenas "discípulo dos apóstolos", e não apóstolo como os outros, apóstolo no sentido original da palavra. Ele é tão apóstolo, emissário, arauto, como Simão Pedro, como Tiago e como João. O que decide não é a convivência pessoal com o Jesus terrestre. O que é essencial e decisivo é a revelação e o mandato do Cristo celeste, do Cristo redivivo, e isto pela virtude do Espírito Santo. Os companheiros terrestres de Jesus não se tornaram apóstolos senão pelas aparições do Cristo glorioso, depois da Páscoa, e pela infusão da "virtude do alto", no dia de Pentecostes — e tudo isso coube também a ele, Paulo, às portas de Damasco, onde viu e ouviu o Cristo transfigurado e recebeu o mandato e a virtude divina de levar o Evangelho perante reis e governadores e os filhos de Israel. Por esta razão também não foi Paulo buscar em Jerusalém a autorização para evangelizar os povos, para que não parecesse ter recebido o seu múnus e a sua cristologia por intermédio dos primitivos discípulos do Messias.

A ordem do Cristo não necessita do beneplácito humano!

Paulo sabe-se, pelo Espírito Santo, plenamente equiparado aos doze apóstolos.

Em seguida, narra a história da sua conversão, a sua primeira apresentação em Damasco, a longa solidão na Arábia, a visita a Jerusalém, e a atitude em face da circuncisão, o caso de Tito, a espontânea aprovação do seu Evangelho pelos apóstolos primitivos, a amistosa distribuição das regiões missionárias, etc.

Tudo isso, conclui ele, era prova suficiente de que a sua vocação e doutrina equivaliam às dos outros apóstolos.

Invoca, ainda, como prova da autonomia da sua mentalidade apostólica em matéria de salvação, o conflito que teve com Pedro, em Antioquia. A sua hermenêutica culmina neste argumento, se o homem, pela observância de certas praxes religiosas, pela lei ritual, pudesse alcançar o ajustamento com Deus, seria supérflua a morte do Cristo.

Com isso, passa Paulo à segunda parte da sua carta, que forma também o tema central da epístola aos romanos: o ajustamento pela fé.

Para não incidirmos em equívoco convém que frisemos desde já que Paulo não estabelece paralelo entre as boas obras do homem após a justificação — e a fé em Cristo; mas tão-somente entre a fé e as obras rituais e humanas anteriores ao ajustamento. O caráter necessário das boas obras praticadas no estado da graça ressalta de todos os escritos paulinos. Em parte alguma advoga o apóstolo um quietismo passivo e, muito menos, declara inútil a prática das virtudes cristãs. Na polêmica contra os judaizantes trata ele do primeiro ajustamento, da transição do estado do pecado para o da graça. Afirma Paulo que esta transição, ou antes, transferência, é obra de Deus, em atenção à morte expiatória do Cristo. O homem pode apenas preparar o terreno para este ajustamento.

De duas maneiras desenvolve o autor a sua demonstração sobre a gratuidade do reajustamento. Apela, primeiramente, para a experiência pessoal dos gálatas, cristianizados sem conhecerem a lei mosaica. Em seguida demonstra que Abraão alcançou o reajustamento, não pelas obras da lei, mas pela fé no Messias vindouro.

No meio dessa argumentação bíblica, por entre a derrocada dos baluartes inimigos, estremecem de súbito os sentimentos mais suaves de que é capaz a alma humana, choram as saudades de um amigo, geme o amor incompreendido de uma alma de mãe...

"Meus irmãos, em nada me ofendestes... Bem sabeis como da primeira vez vos preguei o Evangelho, em enfermidade corporal, e que grande provação vos exigiu o meu estado físico — e nem por isso me desprezastes nem me repudiastes; antes me acolhestes como um mensageiro de Deus, como ao próprio Cristo... Garanto que vos teríeis arrancado os olhos para mos dar, se tivesse sido possível...

Que é feito agora do vosso santo entusiasmo?... Acaso me tornei vosso inimigo pelo fato de vos ter dito a verdade?"...

E, relembrando as dores que sofreu para dar aos gálatas a vida sobrenatural no Cristo, vida que agora estavam prestes a perder, escreve com extremos de ternura maternal:

"Filhinhos meus, por quem de novo sofro dores de parto até que o Cristo se forme em vós... Quisera agora estar convosco e mudar a minha linguagem, porque estou em grande desassossego por causa de vós..."

Depois dessa espontânea efusão de sentimentos para com seus filhos no Cristo, retoma a sua atitude firme e viril, entoando o hino da liberdade cristã e cantando a apoteose da cruz redentora.

Previne contra duas espécies de escravidão: a tirania do fetichismo ritual e a prepotência do sensualismo carnal.

Livre não é aquele que sujeita a alma espiritual do Evangelho ao corpo material das fórmulas externas.

Livre não é aquele que submete a soberania do espírito ao despotismo brutal dos instintos.

Livre, verdadeiramente livre, só é o homem que, liberto dos grilhões dos formulismos sufocantes e senhor da tirania dos sentidos, paira nas serenas alturas onde se adora a Deus em espírito e em verdade... É o que Paulo apelida a "gloriosa liberdade dos filhos de Deus". "Onde reina a liberdade, ali reina o espírito de Deus" — exclama o Platão da nova aliança.

Tão belas e profundas são as palavras do apóstolo que não podemos deixar de as transcrever, ao menos em parte:

"O Cristo nos conquistou a liberdade. Ficai pois, firmes e não vos dobreis novamente ao jugo da escravidão. Eis que eu, Paulo, vos digo: Se vos fizerdes circuncidar, de nada vos servirá o Cristo. Mais uma vez declaro que todo homem que se fizer circuncidar está obrigado a cumprir toda a lei. Se procurardes o ajustamento pela lei, estais separado do Cristo e perdestes a graça; pois é pelo espírito e em virtude da fé que aguardamos o desejado ajustamento. Em Cristo Jesus nada vale estar circuncidado ou incircunciso, mas sim, a fé que opera pelo amor.

Andáveis tão bem! Quem vos embargou o passo para deixardes de obedecer à verdade? A esta mudança não vos persuadiu aquele que vos chamou. E que um pouco de fermento leveda toda a massa... Entretanto, confio em vós no Senhor que não mudeis de sentimentos. Quem vos perturbou será castigado, seja quem for.

Meus irmãos. Se eu continuasse a pregar a circuncisão, ainda seria perseguido? Pois estaria eliminado o escândalo da cruz...

Oxalá se castrassem de vez os que vos perturbam!

Fostes chamados à liberdade, meus irmãos. Não abuseis da liberdade para servirdes aos prazeres carnais. Procurai antes servir uns aos outros com amor; porque toda a lei acha cumprimento nesta única palavra: Amarás o teu próximo como a ti mesmo. Se, porém, vos mordeis e dilacerais mutuamente — tomai cuidado que não vos devoreis uns aos outros!...

O que digo é isto: vivei segundo o espírito e não satisfareis os apetites da carne. Pois a carne apetece contra o espírito, e o espírito contra a carne; são adversários um ao outro. Assim, não fareis o que quereis. Se vos guiardes pelo espírito, não estais sujeitos à lei. Entre as obras da carne contam-se manifestamente a fornicação, a luxúria, a idolatria, a magia, as inimizades, as contendas, os ciúmes, as iras, as rixas, as discórdias, o espírito de partido, a inveja, o homicídio, a embriaguez, a glutoneria e coisas semelhantes. Repito o que já vos disse em outra ocasião: os que praticam estas coisas não herdarão o reino de Deus. Os frutos do espírito, porém, são: o amor, a alegria, a paz, a paciência, a dignidade, a bondade, a fidelidade, a mansidão, a continência. Contra estas coisas não há lei. Os que são do Cristo crucificaram a sua carne com as paixões e concupiscências. Se recebermos a vida pelo espírito andemos também segundo o espírito. Não cobicemos a glória vã, não nos provoquemos nem invejemos uns aos outros".

48. A sabedoria do mundo — e a loucura da cruz

(Primeira epístola aos Coríntios, cap. 1-4)

Apolo acabava de regressar de Corinto e pusera o apóstolo a par do iminente perigo de cisão que corria aquela cristantade.

Notícias e mais notícias chegavam. As desordens morais se multiplicavam entre os neófitos, que nem sempre conseguiam resistir à sugestão do ambiente e à força dos antigos hábitos viciosos.

Paulo escreveu-lhes uma carta. Mas esse documento não chegou até nós. Ignoramos que fim levou.

Timóteo tinha sido enviado a Corinto em companhia de Erasto, ex-tesoureiro da "Prefeitura" da cidade, mais alguns irmãos. Parece que este mensageiro levava também instruções no sentido de iniciar uma grande coleta em benefício dos cristãos pobres em Jerusalém. Assim, vinha muito a propósito a presença de um "financista" como Erasto. Não muito depois da partida desse emissário, uma distinta senhora corintia, por nome Cloé, informou Paulo sobre o estado da igreja na capital.

Em Corinto se digladiavam quatro partidos, cada qual sob a invocação do nome de um pretenso chefe: Apolo, Pedro, Paulo, Cristo.

Estas dissensões, como dissemos, nasciam em parte do culto exagerado da personalidade, tão do espírito helênico. Acrescia, no caso presente, a idéia de entrar a pessoa batizada em uma relação de afinidade ou dependência espiritual com o batizante.

O grupo que se recrutava sob a bandeira de Apolo (ausente) se arvorava em adversário de Paulo. Apolo e Paulo, como sabemos, eram amigos, unidos pelo mesmo ideal apostólico. Mas de gênio diferente. Se aquele era de índole mais especulativa e teórica, este se distinguia por um realismo prático; primava o filósofo alexandrino pelos seus surtos platônicos e dicção clássica, ao passo que o convertido de Damasco punha em cada uma das suas palavras todo o peso da sua experiência, toda seriedade da sua vida saturada de trabalhos e sofrimentos. Dos discursos de Apolo saíam os ouvintes satisfeitos com o orador, e com a inteligência iluminada pelas belezas do Cristianismo — dos sermões de Paulo se retiravam, silenciosos, insatisfeitos consigo mesmo e prontos para as sérias resoluções.

Para cúmulo de confusão, surgiu ainda uma terceira facção, que desfraldava a bandeira de Cefas (Simão Pedro). Compunha-se de judeu-cristãos vindos em parte de Jerusalém, e em parte já residentes em Corinto. Vinham até munidos de uma carta de recomendação de um dos primitivos apóstolos. Alguns deles, parece, tinham sido batizados por mão de Pedro, de cuja amizade pessoal se gabavam ostensivamente. Paulo? Quem era Paulo? Um adventício, um apóstolo de segunda categoria, que nunca vira Jesus. A vida errante que levava tirava-lhe toda a grandeza e autoridade apostólica. Nem chegava aos pés de Moisés — e arrogava-se o direito de abolir o que este instituíra por ordem de Deus. Quem o vira jamais, a esse Paulo, de face aureolada como Moisés? De resto — diziam esses intrigantes — o próprio Paulo reconhecia a sua inferioridade, por sinal que não ousava aceitar do seu rebanho o sustento material que, segundo a lei de Moisés e as palavras do próprio Cristo, competia ao apóstolo. Quanto a Apolo — nem convinha mencionar o nome desse filósofo pagão, que era um verdadeiro perigo para o Cristianismo...

Assim, mais ou menos, falavam os cristãos palestinenses e proclamavam alto e bom som: "Eu sou de Cefus! Viva o chefe dos apóstolos!...

Apelar para as paixões humanas é sempre vitória certa — e esses judeu-cristãos eram mestres consumados nessa arte...

Simão Pedro nada disso sabia. Nem suspeitava sequer da exploração que faziam do seu nome e da sua autoridade. Embora nem sempre concordasse com todos os pontos de vista do inteligente colega, refere-se com respeito e amor aos trabalhos do "caríssimo irmão Paulo" e de boa vontade reconhece que Deus lhe concedera grande sabedoria (2 Pe. 3, 15).

Enquanto se digladiavam esses três partidos — pró Apolo, pró Paulo, pró Cefas — apareceu, finalmente, um quarto partido, ou antes, um grupo de "cristãos superiores", que rejeitavam todo e qualquer intermediário humano: Lançaram no meio da confusão a senha: "Nós somos do Cristo! Viva o único chefe Jesus Cristo!..." E demonstravam, que o verdadeiro Cristianismo só conhecia um medianeiro entre Deus e os homens, o sumo sacerdote da nova aliança, Jesus Cristo. Fora com todo medianeiro humano! Fora com os apóstolos, representantes e vigários do Cristo! Deus e Cristo — e mais ninguém!

Ao dogma desses cristófilos correspondia a sua moral: não admitiam leis nem prescrições humanas em matéria de religião; cada um devia seguir a sua própria inspiração; Cristo, por meio do seu santo espírito, segredava à consciência de cada um o que era verdade ou falso, lícito ou ilícito.

Paulo compreendeu que urgia uma medida imediata e enérgica; toda a demora agravaria a situação.

Sóstenes, antigo chefe da sinagoga de Corinto, convertido por Apolo e auxiliar de Paulo em Éfeso, é convidado a assinar, juntamente com o apóstolo, uma carta aos cristãos desunidos. Paulo pensou até em mandar Apolo a Corinto como enviado especial e conciliador das facções; este, porém o dissuadiu do intento, uma vez que o seu nome era invocado como bandeira de um dos partidos em luta.

Paulo passou a noite em claro, entre lágrimas e preces, implorando a Deus harmonia e concórdia para os seus queridos coríntios.

No dia imediato, a modesta oficina de Áquila foi mais uma vez o cenário da inspiração divina e se tornou o berço de um dos mais belos documentos apostólicos que a cristandade possui.

* * *

Nos quatro primeiros capítulos da epístola fala Paulo do espírito partidário, nascido do personalismo.

Que importa, coríntios, que sejais batizados por fulano ou por sicrano? Todos fostes batizados em nome do Cristo, que vos conferiu a graça do ajustamento; foi ele, e não o batizante, que vos levou das trevas à luz.

E que valor tem aos olhos de Deus a filosofia humana? Olhai em derredor e vede quantos sábios profanos há entre vós. A maior parte de vós é de condição humilde, operários, e até escravos. Se a filosofia intelectual ou a *gnôsis* humana pudesse reajustar o homem e salvar o mundo, em vão morrera o Cristo, e a obra da redenção seria obra de luxo, supérflua e inútil. O Cristianismo é autônomo e independente; não tem mister levantar empréstimo em Atenas nem mendigar sabedoria aos pensadores profanos; a filosofia cristã ultrapassa todos os conhecimentos naturais — é uma sabedoria divina.

"Onde está o sábio? Onde o escriba? Onde o retórico deste mundo? Acaso, não declarou Deus loucura a sabedoria deste mundo? Uma vez que o mundo, com a sua sabedoria, não conheceu a Deus em sua divina sabedoria, aprouve a Deus salvar os crentes por uma mensagem que é tida por loucura" (1 Co. 1, 20-21).

Por isso, também ele, Paulo, não foi pregar o Evangelho com argumentos filosóficos, mas sim, confiado no espírito do Cristo e no poder de Deus.

"Pelo que, também eu, meus irmãos, quando fui ter convosco, para vos dar testemunho de Deus, não me apresentei com ares de sábio nem palavras altissonantes. Pois entendia que não convinha ostentar entre vós outra ciência a não ser a de Jesus Cristo, o Crucificado. Foi com sentimento de fraqueza, de temor e de grande hesitação que apareci no meio de vós; e o que vos disse e vos preguei não consistia em palavras persuasivas de sabedoria, mas na demonstração de espírito e poder, para que a vossa fé não se baseasse em sabedoria humana, mas sim, no poder de Deus.

Verdade é que, também nós, pregamos a sabedoria para os que aspiram à perfeição, porém, não a sabedoria deste mundo, nem dos príncipes deste mundo, que hão de perecer; mas o que anunciamos é a sabedoria de Deus, misteriosa e oculta, sabedoria que Deus trazia reservada para a nossa glorificação, antes que o mundo existisse. E nenhum dos príncipes deste mundo a compreendeu; pois, se a houvessem compreendido, não teriam crucificado ao Senhor da glória. Vem a propósito o que diz a Escritura: nem olhos viram, nem ouvidos ouviram, nem jamais penetrou em coração humano o que Deus preparou àqueles que o amam.

A nós, porém, a revelou Deus por seu espírito; porque o espírito penetra todas as coisas, mesmo as profundezas de Deus. Quem sabe o que vai no interior do homem, a não ser o espírito, que dentro do homem está? Assim também ninguém conhece o íntimo de Deus, senão o espírito de Deus. Não recebemos o espírito do mundo, mas o espírito que vem de Deus, para que conheçamos os dons que nos foram prodigalizados por Deus. E é o que anunciamos, com palavras ditadas, não pela sabedoria humana, mas pelo espírito, declarando o que é espiritual a homens espirituais. O homem mental não compreende o que é do espírito de Deus; tem-no em conta de estultícia; nem o pode compreender, porque é em sentido espiritual que deve ser entendido. O homem espiritual, pelo contrário, compreende tudo, ao passo que ele mesmo não é por ninguém compreendido. Pois quem compreende a mente do Senhor, que o possa ensinar? Nós temos o espírito do Cristo" (1 Co. 2, 1-16).

Portanto, o que vale não é a pessoa e o seu saber natural, e, por isso, também não há motivo algum para estabelecerdes diferença entre apóstolo e apóstolo, entre pregador e pregador. Todos nós somos apenas servos do Cristo, somos porta-vozes; não somos salvadores nem medianeiros entre Deus e os homens, mas somos simples veículos da revelação e da graça divina.

"Pois, quem é Apolo? Quem é Paulo? Servos apenas, que vos levaram à fé, cada qual segundo o modo que o Senhor lhe deu. Eu plantei, Apolo regou, mas quem deu o crescimento foi Deus. Por isso, o que vale não é quem planta, nem quem rega, mas sim, aquele que faz crescer, que é Deus. Quem planta vai de acordo com aquele que rega; e cada um terá a sua recompensa, segundo o trabalho que houver prestado; pois nós somos cooperadores de Deus, e vós sois lavoura de Deus, arquitetura de Deus" (1 Co. 3, 5-9).

Assim como na planta, a despeito da diversidade das suas partes e dos seus órgãos, reina um só princípio diretor, assim também é nesse divino organismo da igreja do Cristo.

Recorre Paulo ainda a outro símile, tirado da arquitetura. A Igreja de Deus não é um aglomerado arbitrário, heterogêneo, de elementos dispares e contraditórios; mas sim, uma construção cheia de plano e unidade, um edifício de estilo uniforme, homogêneo, artístico. Sobre a base divina da revelação assentou Paulo o alicerce da sua concepção espiritual, orientado pela graça; e todos os seus colegas e auxiliares cooperam harmonicamente na construção metódica do templo do Cristianismo.

"Na qualidade de prudente arquiteto, lancei o alicerce, auxiliado pela graça de Deus; outro levantará sobre ele o edifício. Mas veja cada qual como leva adiante a construção. Ninguém pode lançar fundamento diverso do que foi lançado, que é Jesus Cristo. Mas, se alguém levanta sobre este fundamento um edifício de ouro, de prata e de pedras preciosas, ou então de madeira, de feno e de palha, não tardaria a manifestar-se na obra de cada um; há de revelá-lo o dia do Senhor, porque se há de patentear no fogo. Pois há de o fogo provar o que vale a obra de cada um. Se a construção que alguém levantou resistir, será ele premiado; se, porém, a sua obra for consumida pelo fogo, sofrerá dano, ele mesmo será alvo, mas somente como que pelo fogo" (1 Co. 1, 10-15).

* * *

Em seguida, começa Paulo a jogar com uma série de paradoxos e a causticar com ironias a presunção e o desatino dos pretensos intelectuais de Corinto. Notamos em quase todas as epístolas paulinas esse amor pelos paradoxos, herança da escola dos estóicos, que, possivelmente, freqüentou na sua mocidade, em Tarso. Também a filosofia socrática era forte no uso das ironias e antíteses. O sábio — dizia Sócrates — deve antes de tudo saber que nada sabe. A convicção da ignorância é o princípio da sabedoria.

Paulo escreve:

"Ninguém se iluda! Quem se julga sábio aos olhos do mundo, torne-se estulto, a fim de ser sábio; porquanto, a sabedoria deste mundo passa por estultícia diante de Deus; tanto assim que está escrito: apanha ele os sábios na sua própria astúcia; e mais ainda: sabe o Senhor que são vãos os pensamentos dos sábios.

Não haja, pois, entre vós quem se enalteça a favor de um e com prejuízo de outro. Quem é que te dá distinção? Que possuis o que não recebeste? Mas, se o recebestes, por que te ufanas, como se o não receberas?"

Neste momento, parece se lembrar o apóstolo do ridículo intelectualismo dos atenienses e da repulsa da sabedoria cristã no Areópago, e, vendo entre os coríntios alguns desses filósofos enfatuados, supersaturados do seu pretenso saber, lança ao papel estas frases de candente satirismo:

"Vós, é verdade, já estais fartos... sois ricos... estais reinando sem nós"...

E, com dolorosa tristeza:

"Oxalá reinásseis de fato!"... Mas o vosso reinar não passa de ilusão e miragem falaz; na realidade, sois escravos da vossa ridícula vaidade intelectual...

E, prosseguindo com ironia:

"Nós somos estultos por amor do Cristo, e vós sois sábios... Nós estimados"...

De repente, cônscio da trágica situação, sente cair sobre si todo o peso de uma imensa responsabilidade e, com a alma em frêmito, exclama:

"Parece que Deus assinou a nós, apóstolos, o último lugar, como condenados à morte — espetáculo para o mundo, para os anjos e para os homens!... Até à presente hora, andamos sofrendo fome, sede e desnudez; somos maltratados, vivemos sem casa e nos afadigamos com o trabalho das nossas mãos; lançam-nos maldições — e nós espargimos bênçãos; perseguem-nos — e nós o sofremos; caluniam-nos — e nós consolamos; até esta hora somos considerados como o lixo do mundo e a escória de todos.

Escrevo-vos isto, não para vos envergonhar, mas para vos admoestar, como filhos meus caríssimos. Ainda que tivésseis milhares de preceptores em Cristo, não tendes, todavia, muitos pais. Ora, pela pregação do seu Evangelho, eu me tornei vosso pai em Cristo Jesus" (1 Co. 4, 1 1-15).

49. No mundo — mas não do mundo

(Primeira epístola aos coríntios — cap. 5 até ao fim)

Acabava Paulo de ditar as considerações acima expostas quando se ouviu bater à porta do bazar de Áquila.

Abriram.

Três homens de Corinto — Estéfanas, Fortunato e Acaico — lá estavam com uma carta dos presbíteros que, em nome do apóstolo, pastoreavam a recém-fundada cristandade.

Paulo abre e lê a carta. Carrega-se-lhe o semblante... Más notícias...

A primeira carta de Paulo aos coríntios (que não conhecemos) parece ter exasperado alguns neófitos de espírito "emancipado" e insubmisso. Impossível! Diziam eles. Esse Paulo exige o impossível! Como se pode viver em Corinto senão à coríntia?[12] E como renunciar às tradições da sociedade?... Que vida seria essa?...

Um neófito de posição vivia maritalmente com a sua ma-

---

[12] Viver à (moda) coríntia significa viver sem disciplina.

drasta. Outros pregavam o amor livre na mais larga escala. O "casamento de camaradagem" estava na moda, por toda a parte.

Se uns degradavam o matrimônio pela incontinência outros o desprestigiavam sistematicamente pelo esnobismo de suas doutrinas exóticas: uma seita judaica, como também uma escola ética da Grécia proibiam as relações conjugais como imorais e pecaminosas. Em Corinto, porém, acrescia novo elemento a esses desvarios; havia quem condenasse o matrimônio em nome do Cristianismo.

Os coríntios bem intencionados resolveram consultar Paulo a esse respeito, e aproveitaram o ensejo para propor mais uma série de dúvidas e controvérsias agitadas entre eles: se era melhor casar ou não casar; se era permitido o divórcio; se os cristãos podiam confiar um processo a tribunais pagãos; se lhes era lícito comerem das carnes sacrificadas aos ídolos; se podiam aceitar convites para os festins rituais de gentios.

Tinham, além disso, não poucas dificuldades concernentes à celebração do culto; as mulheres de Corinto reclamaram na igreja igualdade de direitos com os homens, falavam nas reuniões litúrgicas e, em sinal de igualdade, tinham abolido o véu. Os ágapes degeneravam em bacanais e glutonerias, onde apareciam descaridosamente as diferenças entre ricos e pobres.

Queriam ainda os coríntios saber o que era melhor: fazer uso do dom das línguas, nas assembléias cultuais, ou da interpretação profética.

Finalmente, a ressurreição dos mortos lhes causava enormes dificuldades.

A carta-consulta não devia ser leitura lá muito agradável para Paulo; para nós, porém, e para toda a cristandade foi verdadeiramente providencial, porque deu ensejo ao apóstolo para expor, um por um, os assuntos em questão.

A primeira epístola aos coríntios é de toda as cartas paulinas a de mais rico conteúdo e de mais palpitante interesse.

Na focalização dos numerosos problemas sociais, religiosos e éticos desse documento bíblico sobressai, o seguro critério desse condutor de almas. Paulo não é otimista nem pessimista, é sempre bem equilibrado realista. Sabe que o cristão, por mais espiritualizado, nunca deixa de ser homem, com todas as outras fraquezas e misérias. Sabe que também o discípulo do Cristo, embora morto para o pecado é ressuscitado com Jesus para uma vida nova, sabe que esse "homem novo" tem de viver no meio do mundo sem ser do mundo; que, embora espiritual, tem de lutar até ao derradeiro suspiro pela espiritualização sua. O homem, empolgado pelas grandes realidades do além, e preso sempre as mesquinhas realidades do aquém, fica como que suspenso entre dois mundos: já não o satisfaz a materialidade profana mas esta mesma esfera material o atrai e arrasta constantemente para a terra como um peso de chumbo, onerando o espírito desejoso das regiões da divindade.

A cada uma das consultas deu Paulo resposta cabal.

Admirável, sobretudo, o seu critério na orientação do problema sexual: condena as aberrações do instinto, mas não proscreve o matrimônio, como certos místicos da época; chega ao ponto de nimbar de uma auréola sobrenatural a sociedade conjugal, traçando um paralelo entre o amor natural e a união do Cristo para com a igreja.

Nesse contexto chega a falar também da virgindade. Para Paulo, não há antagonismo entre o estado matrimonial e o da virgindade voluntária; ambos, quando considerados à luz do Evangelho, radicam no mistério do Cristo. A virgindade como tal não é superior ao matrimônio, senão apenas quando abraçada por motivo sobrenatural, como expressão de uma completa e indivisa entrega a Deus.

Quanto às virgens, não tenho mandamento do Senhor; dou, porém, um conselho como quem merece confiança por ser agraciado pelo Senhor. Entendo que, por causa da presente tribulação, é bom ficarem assim — como é bom para outro qualquer. Se estás ligado a uma mulher, não procures separação; se és solteiro não procure mulher. Entretanto, se casares não pecas. E se a virgem casar não peca. Estes, todavia, padecerão tribulação da carne de que eu quisera preservar-vos. O que vos digo, meus irmãos é que o tempo é breve. Pelo que convém que os casados vivam como se casados não fossem; os tristes, como se não andassem tristes; os alegres, como se não estivessem alegres; os que adquirem bens como se nada possuíssem; e os que se ocupam de coisas mundanas, como se delas não se ocupassem; porque passa a figura deste mundo. Quisera ver-vos sem cuidados. Quem não é casado cuida das coisas do Senhor e procura agradar ao Senhor; mas quem é casado cuida das coisas do mundo e procura agradar à mulher — e está dividido. A mulher não casada e a virgem cuidam das coisas do Senhor e procuram ser santas de corpo e alma; ao passo que a casada pensa nas coisas do mundo e procura agradar ao marido.

Digo isso para vosso bem, e não para vos armar um laço; mas porque me interesso pelos bons costumes e por uma desimpedida entrega ao Senhor. Entretanto, se alguém acha desairoso que uma filha virgem passe da idade e se tem conveniência, faça como entender; não peca, podem casar. Mas quem possui coração firme não tem que ceder a nenhuma necessidade, quem é senhor da sua vontade e assentou consigo conservar virgem a sua filha, faz bem. Quem, por conseguinte, casa a sua virgem, faz bem; quem não a casa, faz melhor. A mulher está ligada enquanto o marido vive; mas, se ele morrrer, está livre e pode casar com quem quiser, contanto que seja no Senhor. Contudo será mais feliz se ficar como está. Isto é meu conselho, e creio que também eu tenho o espírito de Deus" (1 Co. 7, 25-40).

Paulo, como sabemos, não era casado. Mas, sempre fiel à orientação do divino Mestre, não nega ao apóstolo esse direito. Apela para o exemplo dos irmãos do Senhor" — Tiago, José, Simão e Judas — e, principalmente, para o de Simão Pedro, o qual, como consta pelo Evangelho, era casado.

Ter o direito, mas renunciar ao uso desse direito — é esse um dos traços característicos de Paulo. Como na questão do sustento material por parte dos fiéis, sustento a que ele tinha direito, mas ao qual renuncia livre e espontaneamente —

assim, também no caso do matrimônio; bem podia Paulo seguir o exemplo de outros discípulos do Cristo, uma vez que a nenhum deles proibira o Mestre de constituir família; mas abre mão desse direito, e cada dia, sem lei nem coação de parte alguma, renova esta espontânea resolução de viver celibatário, por amor ao reino de Deus.

Um celibato compulsório constituiria um verdadeiro perigo, não só para a igreja, mas ainda para o próprio caráter do apóstolo. Para a igreja seria de notável detrimento, porque excluiria do apostolado sacerdotal a muitos dos melhores elementos, por um lado, e lhe impediria a eliminação de elementos inúteis ou nocivos, por outro. Não menos funestos seria o celibato obrigatório para o caráter do apóstolo, que, sem vocação nem aptidão para o seu *munus*, teria de continuar nesse estado, acabando fatalmente em uma "hipocrisia profissional" e destruindo, assim, por causa de um ponto facultativo, um preceito obrigatório do Evangelho.

Paulo, calcando os vestígios do divino psicólogo e Mestre, compreendeu todo o alcance dessa questão, quando defendeu o caráter livre e facultativo do celibato apostólico, abraçado "por amor ao reino de Deus".

* * *

Eram freqüentes, nesse tempo, os carismas, o dom dos milagres, das línguas e profecias. Paulo preza e defende essas manifestações do Espírito Santo; mas põe o amor de Deus acima de tudo e como prova suprema da perfeição cristã. Este amor a Deus deve manifestar-se em obras de caridade do próximo, como tão magistralmente expõe o evangelista João nas suas epístolas.

No capítulo 13 da sua primeira carta aos coríntios, conta Paulo as belezas desse dúplice amor com palavras tais como talvez nunca mais brotaram de lábios humanos. No momento em que Paulo ditou essa sublime "apoteose do amor" vibrava a sua alma como que um intenso êxtase de amor divino.

"Se eu falasse a língua dos homens e dos anjos, mas não tivesse o amor, não passaria de um metal sonoro ou de uma campainha a tinir". E, se tivesse o dom da profecia, se penetrasse todos os mistérios e possuísse todos os conhecimentos, se tivesse toda a fé a ponto de transportar montanhas, mas não tivesse o amor — nada seria.

E se distribuísse entre os pobres todos os meus haveres, e entregasse o meu corpo à fogueira, mas não possuísse o amor — de nada me serviria. O amor é paciente, o amor é benigno, o amor não é ciumento, não é ambicioso, não é orgulhoso, não é enfatuado, não é interesseiro, não se irrita, não guarda rancor; não folga com injustiça, mas alegra-se com a verdade; tudo suporta, tudo crê, tudo espera, tudo sofre — o amor não acaba jamais.

Terão fim as profecias, expirará o dom das línguas, perecerá a ciência; porque imperfeito é o nosso conhecer, imperfeito o nosso profetizar; mas, quando vier o que é perfeito, acabará o que é imperfeito.

Quando eu era criança, falava como criança, pensava como criança, ajuizava como criança; mas quando me tornei homem, despojei-me do que era da criança. Vemos agora como que em espelho e enigma; então, porém, veremos face a face; agora conheço apenas em parte; então, porém, conhecerei de todo, assim como eu mesmo sou conhecido. Por ora ficam a fé, a esperança e o amor, estes três — o maior destes, porém, é o amor. Aspirai ao amor" (1 Co. 13, 1-13).

* * *

Foi certamente de propósito que Paulo deixou para o fim da carta a explanação da doutrina sobre a ressurreição universal, um dos seus temas prediletos.

No Areópago de Atenas, quando ia abordar este assunto fora vaiado pelos filósofos gentios. Também em Corinto não faltavam pretensos "intelectuais" que relegavam esse ponto ao reino dos mitos e das fábulas. Paulo porém, considerava a ressurreição dos corpos como um corolário da ressurreição do Cristo.

"Meus irmãos, venho explicar-vos o Evangelho que vos preguei. Vós o abraçastes e nele perseverais firmes. E nele que está a vossa salvação, se o guardardes assim como vô-lo preguei; do contrário, em vão teríeis abraçado a fé.

Antes de tudo, vos ensinei o que eu mesmo recebi; que o Cristo morreu pelos nossos pecados, segundo a Escritura; que foi sepultado, e, segundo a Escritura, ressuscitou no terceiro dia; apareceu a Cefas, e, depois, aos onze. Em seguida, apareceu a mais de quinhentos irmãos reunidos, a maior parte dos quais ainda vive, ao passo que alguns morreram. Depois apareceu a Tiago; mais tarde, a todos os apóstolos, e, por último de todos, apareceu-me também a mim, que nem ainda estava maduro. Pois eu sou menor dentre os apóstolos, nem sou digno de ser chamado apóstolo, porque persegui a igreja de Deus. Mas pela graça de Deus sou o que sou; a sua graça não foi estéril em mim; pelo contrário tenho trabalhado mais que todos os outros; quer dizer, não eu, mas a graça de Deus comigo.

Eu ou eles? É esta a minha pregação, e foi destarte que abraçastes a fé.

Ora, quando se prega que Cristo ressuscitou dentre os mortos, como é que alguns de vós afirmam que nem há ressurreição dos mortos? Se não há ressurreição dos mortos, também o Cristo não ressuscitou. Mas, se o Cristo não ressuscitou, então é vã a nossa pregação, vã é também a vossa fé; e nós aqui estamos como falsas testemunhas de Deus, porque contra Deus depusemos que ressuscitou o Cristo, quando de fato não o ressuscitou — se é que os mortos não ressuscitam. Se os mortos não ressuscitam, também o Cristo não ressuscitou. Mas, se o Cristo não ressuscitou, então é vã a vossa fé e ainda estais nos vossos pecados, e estão perdidos também os que no Cristo morreram. Se tão-somente para esta vida temos esperança no Cristo somos os mais deploráveis de todos os homens.

Entretanto, o Cristo ressuscitou dentre os mortos, primícia dos que repousaram. Por um só homem veio a morte, por um só homem vem a ressurreição dos mortos. Pois, assim como todos morreram em Adão, assim todos serão vivificados em Cristo; cada qual quando chegar a sua vez; Cristo foi o primeiro; em seguida, os que pertenceram a Cristo na sua vinda.

Mas, perguntará alguém: Como hão de os mortos ressuscitar? Com que corpo virão?

Insensato! O que semeias não chega a viver sem que primeiro morra. O que semeias não é planta que se há de formar, mas é o simples grão, por exemplo de trigo, ou outro qualquer. Deus, porém, lhe dá a forma que lhe apraz, e a cada semente a sua forma peculiar.

Nem todos os corpos são da mesma espécie; outro é o corpo do homem, outro o dos quadrúpedes, outro o das aves, outro o dos peixes. Há também corpos celestes e corpos terrestres, mas uma é a glória dos celestes e outra a dos terrestres; diverso é o brilho do sol, diverso o da lua, e diverso o das estrelas — e até vai diferença de claridade de estrela a estrela.

É o que se dá com a ressurreição dos mortos. O que se semeia é corruptível — o que ressuscita é incorruptível: o que se semeia é humilde — o que ressuscita é glorioso; o que se semeia é fraco — o que ressuscita é forte; o que se semeia é um corpo material — o que ressuscita é um corpo espiritual.

Se há corpo material, há também corpo espiritual. Pois está escrito: Foi feito o primeiro homem. Adão, organismo vivo; o segundo Adão, porém, espírito vivificante. O que há primeiro não é o espiritual, senão o material; em seguida vem o espiritual. O primeiro homem é formado da terra, é terrestre; o segundo homem vem do céu, é celeste. Qual o terrestre, tais os terrestres; qual o celeste, tais os celestes. Assim como representamos em nós a imagem do que é terrestre, assim também representaremos em nós a imagem do que é celeste. O que vos declaro, meus irmãos, é que a carne e o sangue não podem herdar o reino de Deus, nem a corruptibilidade partilhará a incorruptibilidade.

Eis que vos revelo um mistério: todos havemos de ressuscitar, mas nem todos seremos transformados. Importa que este ser corruptível revista a incorruptibilidade, que este ser mortal revista a imortalidade.

Ora, quando este ser corruptível tiver revestido a incorruptibilidade, quando este ser mortal tiver revestido a imortalidade, então se cumprirá a palavra da Escritura. Foi a morte tragada na vitória. Que é da tua vitória, ó morte? Que é do teu aguilhão, ó morte? O aguilhão da morte é o pecado; a força do pecado, porém está na lei.

Graças a Deus, que nos dá a vitória por Jesus Cristo, nosso Senhor!" (1 Co. 15, 1-57).

* * *

Como de costume, no fim da carta, acrescenta Paulo, de próprio punho, a sua saudação e apõe a sua chancela de autenticidade; porque não eram poucas as "cartas paulinas" apócrifas que corriam com o nome do grande evangelizador.

"Aí vai a minha saudação de próprio punho: Paulo".

50. "Grande é a Diana de Éfeso!"

(At. 19, 23 ss)

Era no mês de maio do ano 57.

Acabava Paulo de regressar de uma longa viagem. É possível que tenha visitado Corinto. O seu regresso coincidiu com as grandes solenidades que a cidade de Éfeso celebrava, de quatro em quatro anos, durante todo esse mês, em honra da sua idolatrada padroeira e protetora Diana.

Já nesse tempo engalanara a primavera a exuberante natureza em derredor. As dependências do Coressus e do Pion sorriam em um deslumbramento de flores e tenra folhagem. Os jardins e pomares da metrópole jônica enchiam a atmosfera de inebriantes perfumes. No alto de todas as casas, palácios e choupanas tremulavam bandeiras e galhardetes. O porto, coalhado de navios e embarcações. As ruas e praças e os arredores fervilhavam de peregrinos vindos dos arquipélagos do Mar Egeu, das cidades marítimas e do *hinterland* da Ásia. O templo da deusa e as extensas áreas adjacentes, fantasticamente iluminados. Todos os dias sucediam-se, em uma série interminável, préstitos religiosos, sacrifícios, holocaustos, mascaradas, jogos olímpicos, atos litúrgicos. De noite, à luz das estrelas, danças, serenatas, orgias e bacanais. Um comitê de dez "asiarcas", cidadãos abastados, designados para cada quadriênio, custeavam as despesas das solenidades e rivalizavam em aumentar cada vez mais o esplendor da "Neocore", isto é, "conservadora do culto", como intitulavam a deusa.

Essas solenidades corriam com a designação de "Ephesia", "Artemissia" ou "Oecumenica".

Sabia Paulo quão propícia era essa afluência popular à propaganda das idéias cristãs. Resolveu, pois, aproveitar o mês de maio para uma intensa campanha evangélica. Os devotos de Diana tornariam aos seus lares distantes com o germe do Cristianismo na alma. O grande entusiasmo apostólico impediu Paulo de avaliar o perigo que ia nessa mobilização cristã no meio de um mundo fanaticamente pagão e idólatra. Os piores inimigos de Paulo não eram os milhares de sacerdotes de Diana, os eunucos, os magos, os astrólogos, os cantores, os histriões religiosos. Muito mais perigosos eram os industriais e negociantes, os artífices e mecânicos, os fabricantes e vendedores de imagens, estatuetas e lembranças do templo e da deusa; pois era intuitivo que, na razão direta do avanço do Evangelho, diminuiria o fervor para com a divindade pagã, e, conseqüentemente, sofreria um colapso o comércio de artigos religiosos explorados pelos profissionais. Quem tecia as mais ardentes apoteoses à Diana de Éfeso eram precisamente esses traficantes interesseiros, a maior parte dos quais nada dava pelo culto da deusa; o que valia era a bolsa cheia; e tanto mais sublime era para eles a fantástica divindade quanto mais pesados se tornavam os cofres dos seus balcões. A tempestade viria de uma parte de onde Paulo não esperava.

A intensa atividade missionária do apóstolo e seus auxiliares, nesses dois anos; a fundação de numerosos núcleos cristãos; o gigantesco auto da fé de livros mágicos em praça pública, que, certamente, não ficara sem efeito repressivo para a literatura popular de Éfeso — tudo isso devia diminuir notavelmente o tradicional esplendor das solenidades "artemísias" desse ano. Os ourives e artífices de artigos de devoção não tardaram a reparar na baixa da venda desse produto; arrefecera o entusiasmo religioso, as mercadorias "encalhavam" em parte nas lojas e nas bancas que rodeavam o tempo e enchiam as praças.

Todos compreenderam o porquê dessa mudança de coisas. Era Paulo, esse judeu fanático, que dissuadia o povo de tributar culto à excelsa divindade e de adquirir artefatos de ouro, prata, chumbo e argila, que lhe reproduziam, a imagem e o santuário. Demétrio, proprietário do maior estabelecimento de ourivesaria que ocupava centenas de desenhistas, gravadores, mecânicos, cinzeladores, pintores, vendedores e propagandistas, vendo-se gravemente prejudicado nos seus interesses comerciais pela companhia de Paulo, reuniu os operários da sua firma, em um discurso inteligentemente elaborado, lavrou solene protesto contra o sacrílego desordeiro e inimigo de Éfeso.

Lucas, fino observador e hábil narrador, deixou-nos deste fato um apanhado magistral:

"Naquele tempo, levantou-se grande tumulto por causa da doutrina do Senhor. Certo ourives, por nome Demétrio, fabricava uns templosinhos de Diana e dava com isto não pouco lucro aos artífices.

Convocou, pois, esses tais e outros trabalhadores da mesma profissão, e lhes disse: "Homens, não ignorais que esta indústria é a fonte da nossa prosperidade. Ora, estais vendo e ouvindo, que, não só em Éfeso, mas em quase toda a Ásia, esse Paulo tem persuadido e feito desertar muita gente, ensinando que não há deuses feitos por mãos humanas. Pelo que, não somente a nossa indústria corre perigo de levar prejuízo, senão também o santuário da grande deusa Diana cairá em descrédito, e ela mesma, a quem toda a Ásia e o mundo inteiro veneram, acabará por sofrer diminuição na sua majestade".

Com muito jeito, como se vê, soube Demétrio entrelaçar o problema econômico da sua classe com as idéias religiosas do povo. Argumentar só com a religião, nem sempre surte efeito; mas apoiar para a plenitude da bolsa ou a vacuidade do estômago, é quase sempre vitória garantida. Esse orador era psicólogo. E os seus discípulos são legião. O credo filosófico ou religioso da maior parte dos homens é pautado pela maior ou menor vibração dos nervos, pelos bons ou maus humores do sangue, ou pelo estado mais ou menos lisonjeiro das vísceras, sobretudo quando se trata da classe proletária.

Não deixa de ter um quê de moderno esse comício de Éfeso, essa espetacular exibição de um "agitador comunista", plantado na larga plataforma do templo, a gesticular como um energúmeno, a deitar eloqüência incendiária, a vociferar morras contra um chefe religioso que, com a promessa de um paraíso de felicidade futura, roubava às classes trabalhadoras o pão de cada dia e com isto a felicidade da vida presente.

Em um ápice, milhares de peregrinos, de ociosos, de transeuntes, de estudantes e operários, de multidões anônimas estacionaram na praça do templo, ouvindo, atentos, a eloqüência torrencial do ardoroso demagogo.

Ainda não terminara Demétrio a sua arenga, quando no meio do auditório romperam delirantes vivas à grande deusa, ultrajada por aquele estrangeiro. E, em uma sugestão, repentina, toda aquela massa popular lançou ao espaço este brado unânime: "Grande é a Diana de Éfeso! Grande é a Diana de Éfeso!"

Ao teatro! Ao teatro! Gritaram algumas vozes possantes. E logo, como rastilho, alastrou esta senha: Ao teatro!... Abaixo com Paulo!... Às feras com ele!...

E lá se foi a onda de corpos humanos rolando através do quarteirão dos judeus, onde residiam Áquila e Paulo. Estavam decididos a arrastar o sacrílego desordeiro ao teatro, que em gigantesco semicírculo abria as suas bancadas ao longo das dependências de Pion com vista sobre o mar. Em poucos minutos, a multidão fanatizada encheu os 35 mil assentos de pedra, aguardando a chegada do infame desprezador de Diana.

Entrementes, estava sendo devassada a modesta residência do pacífico casal Áquila e Priscila, onde Paulo se achava hospedado. Este, felizmente, não estava. Provavelmente discorria, na escola de Tirano, sobre a doutrina do Cristo. Áquila e Priscila procuraram acalmar as iras de Demétrio e seus colegas e chegaram ao ponto de se oferecer como reféns pela pessoa de Paulo — "arriscaram a sua cabeça por mim", diz o apóstolo, na carta aos romanos.

Na rua apanharam ainda dois amigos e colaboradores de Paulo, Gaio e Aristarco, da Macedônia. Espancaram-nos barbaramente e arrastaram-nos ao teatro.

Paulo percebe de longe o vozeiro e o tumulto popular. Suspendendo por minutos o seu discurso, escuta com atenção... Eis senão quando vem correndo um amigo com a alarmante notícia de que seus companheiros, Gaio e Aristarco, estavam sendo linchados pelo povo. Áquila preso e a cidade toda em polvorosa.

Paulo, cidadão romano, resolve apresentar-se imediatamente no teatro e falar ao povo. Bem sabia ele que em momentos desses nada valiam os foros de "civis romanos".

Os amigos, porém, lhe barraram a porta, impedindo que saísse à rua. Seria morte certa...

Neste momento, acodem novos mensageiros, pedindo, suplicando que não apareça em público, que poupe a sua vida por amor às cristandades que dele necessitavam. Entre estes últimos haviam alguns "asiarcas", homens influentes e que possuíam as chaves para as jaulas das feras. Conheciam de sobejo os instintos do povo, que só queria ver lutas de gladiadores e cenas truculentas de corpos humanos dilacerados pelas panteras da Mesopotâmia e leões da Numídia. Os "asiarcas" estimavam a Paulo e o retiveram.

Entrementes, convertera-se o teatro na mais babélica das confusões que se possa imaginar. Do *ghetto* acudiam alguns chefes judeus e queriam explicar ao povo que Paulo não era do número deles, e que era até inimigo de Israel e pregava um Messias crucificado pela sinagoga; que eles eram inocentes das desordens provocadas por esse rabino forasteiro. Para isto mandaram à frente o seu orador Alexandre. A multidão, porém, perdera a cabeça; mal avistaram o homem, desataram a vociferar: "Judeu! judeu!", e logo em seguida retomaram o estribilho, gritando, bradando, e ululando por espaço de duas horas: "Grande é a Diana de Éfeso! Grande é a Diana de Éfeso!"

Observa Lucas, com ironia, que uns gritavam isto, outros aquilo e que a maior parte nem sabia porque tinha vindo.

É a clássica "sugestão da massa", essencialmente cega e irracional.

Nisto aparece à entrada do proscênio do teatro o "escriba" de Éfeso, ou como diríamos em linguagem moderna o prefeito da cidade. Este, felizmente, não era demagogo, mas um funcionário cônscio da sua responsabilidade, e, além disso, um fino conhecedor de homens. Sabia ele que a fera na arena, quando exausta, é dominada com facilidade. Deixou vociferar aquele povo por espaço de duas horas, e, quando todos os pulmões estavam cansados, e roucas todas as laringes, assomou à boca do palco o primeiro magistrado da cidade. A sua atitude firme, a serena placidez do seu semblante, a calma absoluta de todo o seu ser, o longo silêncio com que contemplou a multidão amotinada — tudo isso atuou sobre os espíritos como um calmante. Pouco a pouco se fez silêncio no vasto recinto do teatro, e no meio dessa calmaria caíram, compassadas e graves, as primeiras palavras do Prefeito. Palavras sóbrias, sensatas, felizes.

"Homens de Éfeso! Haverá no mundo quem ignore que a nossa cidade é a protetora do templo de Diana e da sua imagem descida do céu?"...

Um murmúrio de satisfação passou pelo auditório. A autoridade civil era do partido dos devotos. Prosseguiu o escriba: Mas quem foi que profanou o santuário? Quem cometeu sacrilégio contra a deusa? Não está em jogo a religião. Trata-se apenas de uma questão econômica, financeira. Ora, para resolver questões dessa natureza, temos o recurso aos tribunais competentes, temos uma lei que faculta assembléias populares, a fim de garantir a cada um o seu direito. Nós somos um povo ordeiro e pacífico. Mas com os acontecimentos de hoje corremos perigo de sermos considerados desordeiros e Éfeso perderia o grande prestígio de que goza na Ásia e no mundo inteiro"...

O povo, ouvindo palavras tão calmas e sensatas, despertou da sua embriaguez, voltou a si do delírio febril — e dissolveu-se a reunião. Cada qual regressou para sua casa, tão sisudo como antes...

Acabara em um pouco de fumo sutil toda aquela imensa trovoada da indignação popular...

51. Fuga de Éfeso.
Segunda Epístola aos Coríntios

(At. 20, 1 s)

Não é fácil discriminar e precisar a ordem cronológica dos acontecimentos que incidem entre a primeira e a segunda epístola aos coríntios. Parece que a sucessão dos fatos é, mais ou menos, esta:

Entre as festas da Páscoa e de Pentecostes do ano 57 regressara Timóteo de Corinto. Não eram boas as notícias que de lá trouxera. Verdade é que a grande epístola causara profunda impressão; mas os seus inimigos continuavam a desprestigiar-lhe a autoridade.

Resolveu Paulo enviar à Acaia o seu dedicado auxiliar Tito, munido de todos os poderes e de uma carta do apóstolo.

Fora cometida em Corinto, como referira Timóteo uma clamorosa injustiça; não sabemos quem cometera nem quem sofrera a injúria. O caso era grave e parece ecoar nas palavras de Paulo: "Tolerais que alguém se levante e vos fira no rosto" (9 Co. 11, 10).

Parece que os neófitos fiéis ao mestre lhe tinham dirigido uma carta, convidando-o com insistência para vir a Corinto como ele mesmo, aliás, insinuara na sua primeira epístola. Provou-se inexeqüível este seu intento, e ele se fez representar por Tito.

Este parte, com a instrução de regressar por Trôade para a Macedônia. Onde se reuniria com Paulo.

Os próximos dias em Éfeso foram para o solitário lutador de profunda prostração físico-moral, reação violenta de dois anos de intensa atividade, acrescida das angústias, vigílias e enervantes emoções dos últimos acontecimentos. Gaio e Aristarco, cobertos de feridas; Áquila e Priscila, presos e em permanente perigo de vida; seus colaboradores, dispersos; ele mesmo, impossibilitado de continuar a trabalhar em Éfeso, onde a sua cabeça fora posta a prêmio.

"Não quiséramos, meus irmãos — escreveu ele, mais tarde, aos coríntios — que ignorásseis as tribulações que passamos na Ásia; foram excessivamente grandes, acima das nossas forças, a ponto de já desesperarmos da vida; já trazíamos dentro de nós a sentença da morte... Mas Deus, que ressuscita os mortos, livrou-nos de tamanhos perigos, livra-nos ainda e há de nos livrar para o futuro" (2 Co. 1, 8 ss).

A fim de não expor a maiores perigos os seus amigos em Éfeso, embarcou Paulo, em uma silenciosa manhã de maio de 57, em companhia de alguns auxiliares, rumo norte, com destino a Trôade.

A travessia bonançosa do Mar Egeu restitui algumas energias àquele organismo combalido por um biênio de sobre-humanos trabalhos físicos e espirituais.

Em Trôade hospedaram-se em casa de Carpos, chefe da cristandade local.

Sete anos haviam passado desde a última visita de Paulo a esta cidade. Daquela vez, nada pudera empreender. Desta feita, porém, apesar do seu estado de prostração, começou logo a pregar o Evangelho, porque o Senhor lhe abriu uma porta".

Entretanto, eram tão cruéis os sofrimentos morais causados pelo estado de Corinto e pela falta de notícias ulteriores, que Paulo não conseguiu desenvolver uma atividade eficiente: "não tinha paz na alma — escreve — por não encontrar meu irmão Tito; por isso me despedi (de Trôade) e fui em demanda da Macedônia" (2 Co. 3, 13).

Paulo falava — mas era sem metal a sua voz...

Vivia — mas eram sem luz os seus olhos...

Orava e cantava — mas não ouvia o eco da sua própria alma, que era qual harpa destemperada, qual cítara de cordas rotas, como os instrumentos dos israelitas exilados às margens do Eufrates...

Presa, acabrunhada, paralisada a alma do grande desbravador das florestas do gentilismo...

Também os heróis conhecem noites sem estrelas...

Também os santos atravessam desertos sem oásis...

Como Jesus, na agonia noturna do Getsêmani, procurou consolação com os seus discípulos — assim sentia também Paulo a necessidade de um amigo com quem desabafar a mágoa imensa que ameaçava estalar-lhe o coração...

Em uma impaciência febril, esperou o primeiro navio que o levasse à Macedônia, onde se encontraria com Tito.

Chegou — mas Tito não estava...

Dirigiu-se a Filipos, onde teve a consolação de se encontrar com Lucas, seu querido amigo e companheiro de outrora. O experimentado médico logo percebeu o melindroso estado sanitário de Paulo e levou-o à confortável residência de Lídia, a "purpureira", insigne benfeitora da cristandade de Filipos.

Paulo, cercado de carinhosa solicitude dessas almas dedicadas e dos seus queridos filipenses, criou alma nova.

Em um dia desses, ouve-se à porta da casa de Lídia, e a porteira vem com a alviçareira notícia ; está aí Tito!

Indescritível o júbilo, a alegria do reencontro. Pudera! Paulo nunca tinha a certeza de rever os seus emissários; não sabia se voltariam ou sucumbiriam às fadigas do apostolado e às ciladas dos seus inimigos. Cada regresso era uma espécie de ressurreição da morte.

Melhorara notavelmente o estado religioso e moral da igreja de Corinto, embora alguns impenitentes prosseguissem na sua campanha difamatória contra Paulo. Uns o acoimavam de inconstante nos seus planos de viagem; outros o consideravam medroso, pelo fato de não regressar a Corinto; nas suas cartas e à distâncias diziam, era corajoso, mas, quando presente, tímido e sem energia...

Repleto de consolação, ergueu Paulo as mãos ao céu e exclamou: "Deus, que consola os acabrunhados, consolou-me também com o advento de Tito!"

Conversaram longamente. E ficou resolvido que Paulo e Tito escreveriam uma carta aos coríntios, assinada pelos dois, a fim de mostrar a inteira harmonia e solidariedade dos diretores espirituais da cristandade.

Nunca o homem fala e escreve tão bem como quando sua alma se acha empolgada de um grande amor ou de uma alegria intensa.

Se a primeira epístola aos coríntios é uma mina de profundos pensamentos, a segunda é de todas as cartas paulinas a de maior sentimento. Falta a esta última, é verdade, certa unidade e homogeneidade; dá a idéia de três ou quatro cartas justapostas. E, de fato, são cartas diversas, dirigidas a vários grupos de leitores em Corinto.

A princípio vem uma epístola consolatória e conciliativa (capítulos 1-7); depois uma instrução sobre coletas (cc. 8 e 9); finalmente, uma carta em quatro capítulos sobre assuntos diversos.

Justificando o seu procedimento, escreve Paulo estas frases: "Por minha vida, tomo a Deus por testemunha de que a razão de não ter ido a Corinto foi para vos poupar. Foi por entre tribulações, angústias d'alma e muitas lágrimas que vos escrevi, não para vos contristar, mas para vos mostrar o muitíssimo que vos quero" (2 Co. 1, 23-2, 4).

E depois: "Começamos de novo a louvar-nos a nós mesmos? Será que, como certa gente, temos mister de carta de recomendação para vós ou de vós? Não; a nossa carta de recomendação sois vós mesmos, carta escrita dentro do vosso coração, legível e inteligível a todo o mundo.

Não há dúvida, vós sois uma carta do Cristo, por nós exarada, não com tinta, mas com o espírito de Deus vivo; não em tábua de pedra, mas nas tábuas de carne dos vossos corações. Esta confiança temos em Jesus Cristo. Por virtude própria, não somos capazes de conceber pensamento algum; a nossa capacidade, vem de Deus; e foi ele que nos capacitou para ministros do Novo Testamento, Testamento não da letra, mas do espírito; porque a letra mata, o espírito é que vivifica (2 Co. 3, 1-6).

"A letra mata, o espírito é que vivifica" — não escrevera Paulo outras palavras senão estas, estaria definido o seu caráter e justificada a sua imortalidade através dos séculos.

O grande lutador sente aos poucos chegar a velhice — teria uns 52 anos — mas, na razão direta do desfalecimento das forças físicas, aumentam-se-lhe as potências espirituais e crescem as saudades da vida eterna:

"Embora se destrua em nós o homem exterior, o interior se renova, dia a dia. Por esta razão nos esforçamos por agradar a Deus, quer estejamos no habitáculo corpóreo, quer fora dele; porquanto teremos de comparecer todos ante o tribunal do Cristo, para que cada um receba a retribuição do bem e do mal que houver praticado durante a sua vida mortal" (2 Co. 4, 1-6-5, 10).

Os seus adversários negam-lhe autoridade apostólica pelo fato de ser Paulo uma espécie de vagabundo, como dizem, sempre perseguido, sempre em risco de vida, como um facínora. Paulo, porém, vê precisamente no sofrimento uma prova do amor de Deus e um traço de semelhança com o divino Mestre, o "varão das dores".

Quem lê com atenção os "catálogos de martírios" que o apóstolo nos deixou em diversas partes das suas epístolas — Co. 4, 9-13; 2 Co. 1, 8-11; 4, 7-12; 6, 4-10, e, sobretudo em 2 Co. 11, 21-33 — sente-se tomado de estupefação ante a grandeza dessa personalidade e não compreende como esse homem não tenha acabado em um pessimismo universal, em um ódio e em uma exacerbação contra os homens que tão desumanos tormentos lhe causavam. E, no entanto, Paulo crê na humanidade, ama a humanidade e espera a salvação do mundo. A maldade dos homens não lhe envenenou a alma, não o jogou a alguma caverna solitária inimigo do mundo e anatematizador da sociedade; o sofrimento é para ele uma espécie de sacramento, pelo qual se realiza a sua vida, ou, como ele diz, a sua íntima simbiose com o Cristo — e quem ama o Cristo não pode desamar a humanidade. Paulo sofre, porque o Cristo sofreu; viver, sem dores e mágoas se lhe afigura o mesmo que viver longe do Cristo.

"Não damos motivo de escândalo a pessoa alguma, para que o nosso ministério não sofra desdouro; em tudo nos provamos servo de Deus, com muita paciência, nas tribulações, nas necessidades e nas angústias; por entre açoites, cárceres e sedições; em trabalhos, vigílias e jejuns; pela castidade e ciência; pela longanimidade e bondade; pelo Espírito Santo e por sincera caridade; pela veracidade e pela virtude de Deus; pelas armas da justiça, quer ofensivas, quer defensivas; por entre horas e ignomínias; por entre ultrajes e louvores; tidos por impostores, porém verdadeiros; ignorados, porém conhecidos; como moribundos, e ainda vivos; castigados, porém não mortos; aflitos, porém sempre alegres; indigentes, porém enriquecendo a muitos; sem posses, mas possuidores de tudo" (2 Co. 6, 3-10). E, em uma efusão de amor para com seus filhos espirituais, exclama: "Coríntios! Abriram-se-vos os nossos lábios, dilatou-se-nos o coração. E não é pequeno o espaço que nele ocupais; estreito, porém é o lugar que vosso coração oferece. Pagai igual com igual — falo como que a filhos queridos — e dilatai o vosso coração" (2 Co. 6, 11-13).

"Acolhei-nos dentro de vós! Não temos feito injustiça a ninguém, a ninguém temos prejudicado, a ninguém temos enganado. Não digo isto para vos acusar; pois que já acima dizia que estais conosco unidos em nosso coração para a vida e para a morte. Grande é a confiança que em vós deposito; grande é o orgulho que sinto por vós; estou cheio de consolação, transbordo de júbilo em todas as minhas tribulações" (2 Co. 7, 2-4).

* * *

Entre os capítulos 9 e 10 parece incidir maior lapso de tempo e algum acontecimento de notável gravidade porque, sem motivo conhecido, passa o apóstolo do tom paternal ao *appassionato* de uma veemente filípica, dirigida contra certos desordeiros. Parece que, nesse ínterim, lhe chegaram notícias de novas intrigas de pretensos "superapóstolos" que tentavam frustrar o efeito da carta anterior. Que esses tais "superapóstolos" mostrem o seu desinteresse e sofram o que ele, Paulo, sofreu pela causa do Evangelho. O apóstolo, a contragosto, quase envergonhado, principia a enumerar os martírios que passou; confessa que é "fraqueza", "insensatez" esta exibição; mas é necessário por amor à causa do Evangelho.

"Tolerai um pouco da minha insensatez. Sim, tolerai-o da minha parte; pois luto por vós com ciúmes divinos; desposei-vos com um homem, a fim de vos apresentar ao Cristo como virgem pura" (2 Co. 11, 1-2).

"Ninguém — repito — me tenha por insensato; ou então, tende-me em conta de insensato, para que também eu possa gloriar-me um pouco. O que vou dizer não o digo no espírito do Senhor, mas como um insensato, gloriando-me de tais coisas. Já que tantos se gloriam segundo a carne, também eu me gloriarei; pois, de tão sábios que sois, de boa mente tolerais os insensatos; tolerais que vos escravizem, que vos explorem, que vos defraudem, que vos tratem com altivez, que vos firam no rosto.

Nessa parte — com vergonha o confesso — tenho sido fraco. Mas daquilo de que outros se ufanam — falo com insensatez — também eu me ufano.

São hebreus? — também eu! São israelitas? — também eu! São descendentes de Abraão? — também eu! São ministros do Cristo? — falo como insensato — ainda mais o sou eu; em trabalhos sem conta, em prisões muitíssimas, em maus-tratos sem medida, em perigos de morte bem freqüentes. Dos judeus recebi cinco vezes quarenta açoites menos um; três vezes fui vergastado, uma vez apedrejado; três vezes sofri naufrágio; perdido em alto mar andei uma noite e um dia. Nas jornadas tenho estado freqüentemente em perigos da parte dos rios, perigos da parte de salteadores, perigos da parte dos meus patrícios, perigos da parte dos pagãos, perigos nas cidades, perigos nos desertos, perigos no mar, perigos da parte de falsos irmãos. Além disso: trabalhos e canseiras, numerosas vigílias, fome e sede, muitos jejuns, frio e desnudez. Prescindido do mais, pesa sobre mim a afluência quotidiana e a solicitude que tenho por todas as igrejas. Quem enfraquece, que eu não enfraqueça? Quem se escandaliza, que eu não me abrase?

Se é preciso alguém se gloriar, gloriar-me-ei das minhas fraquezas. Deus, pai de nosso Senhor Jesus, — seja bendito pelos séculos! — sabe que não minto. Em Damasco mandou o governador do rei Aretas guardar a cidade para me prender, mas desceram-me, dentro de um cesto, pela janela, muralha abaixo, e assim escapei das suas mãos.

Aí tendes a minha insensatez! Vós é que me obrigastes!"

Dezenove séculos passaram sobre esta carta — mas ela é tão nova como se fosse escrita ontem.

É a eterna juventude do ideal cristão.

52. Inverno em Corinto. Epístola aos Romanos

(At. 20, 2)

Em princípios do inverno, novembro ou dezembro de 57, aproxima-se Paulo do arquipélago do Mar Egeu, onde o esperavam os enviados das igrejas, a fim de o conduzirem, pela Acaia, a Jerusalém. Era Sópatro, de Beréia; Aristarco e Secundo, de Tessalônica; Tíquico e Trófimo, de Éfeso; Gaio de Derbe; Timóteo, Lúcio e Jason. Em Corinto esperava-o outro grupo de companheiros de trabalho. Brilhante estado-maior da milícia espiritual, que, certamente, encheu de reverência e admiração os cristãos de Acaia. Afinal de contas, o seu chefe era uma celebridade mundial...

Pleno inverno. Impossível viajar. Na antigüidade só se sulcavam os mares de primavera a outono.

Parece que esta permanência em Corinto foi para Paulo de profunda concentração espiritual. Aqui, na linha divisória entre o Oriente e o Ocidente, relanceou ele um olhar sereno sobre o caminho percorrido, e podia escrever sem exagero: "Não tenho mais campo de atividade nestas regiões". Todas as províncias orientais do império romano tinham recebido farto quinhão das áureas sementes do Evangelho; por toda a parte estavam germinando e florescendo as idéias cristãs. Com razão podia Paulo afirmar: "Trabalhei mais que os outros apóstolos — não eu, mas a graça de Deus em mim".

Entretanto, era estreito o Oriente e pequeno o período de vinte anos para o espírito mundial desse homem sem limites. Era a sua iniciativa insaciável como seu anseio de conquistar novas províncias para seu divino Senhor e Mestre. Se o amor de João Evangelista era um suave repousar ao coração do divino Amigo, o amor de Paulo manifestava-se no incoercível impulso de agir, de levar a todos os habitantes do universo as infinitas misericórdias do Redentor e saber todos os povos felizes à luz do Evangelho.

* * *

O Ocidente! — eis a grande fascinação do espírito de Paulo. Ele não o conhecia, esse mundo do oeste; não lhe pregara o Evangelho...

Roma!... A metrópole dos Césares... Não devia ela tornar-se também o centro do Cristianismo?

Paulo, na sua estranha clarividência, prevê os séculos futuros e adivinha os acontecimentos. Ante os seus olhos surge o reino mundial do Cristo, a igreja universal, com sede em Roma...

Bem sabia ele que em Roma já existia uma cristandade, fundada por outros discípulos do Mestre. Alguns dos discípulos que haviam assistido ao Pentecostes eram romanos.

Paulo, fiel ao seu princípio, não queria "edificar sobre fundamento alheio". Mas precisava de uma base e ponto de apoio em Roma a fim de poder alargar o seu apostolado para a "Espanha", como diz, compreendendo todas as regiões do Ocidente. Alma de Colombo, queria seguir o curso do sol e iluminar as plagas ocidentais com os fulgores do Oriente.

Trabalho ingente para os ombros de um homem de saúde precária, forças alquebradas, ao limiar da velhice! Mas a força do seu espírito sustentava-lhe a fragilidade do corpo.

* * *

Mal terminasse o inverno mandaria Paulo uma carta por mão da fiel diaconisa Febe, que estava com viagem marcada para a capital do Império. Seria uma espécie de apresentação à igreja de Roma...

Seria mais, muito mais que isto...

Paulo via aproximar-se o fim de sua carreira e desejava exarar uma espécie de tratamento espiritual, expondo seus pensamentos sobre o mistério da Redenção, procurando conciliar no Cristo o paganismo e o judaísmo.

Nesse tempo, ao que parece, nenhum dos apóstolos era pessoalmente conhecido em Roma.

Na roda de seus íntimos amigos, começou a elaborar um verdadeiro tratado teológico sobre a nova situação do mundo creado por Jesus Cristo. O escravo cristão Tércio teve a honra de servir de secretário, ou amanuense, desse documento lapidar, honra que ele não deixa de frisar, por conta própria, no final da carta.

* * *

Na epístola aos Romanos, encontrou Martinho Lutero a sua teoria da "justificação pela fé".

O apóstolo faz ver que o homem, desajustado de Deus pelas obras legais ou rituais, só pode reajustar-se pela fé.

Sendo que todas as epístolas de Paulo de Tarso foram escritas em língua grega, a palavra "fé" (*fides*, em latim) aparece como *pistis*, cujo verbo é *pisteuein*. Infelizmente, não existe em latim um verbo derivado do substantivo *fides*, e assim, os tradutores latinos se viram obrigados a recorrer a um verbo de outro radical para designar o ato de "ter fé". Este verbo latino é c*redere*, que em português deu "crer".

Mas o sentido de "crer" não coincide com o de "ter fé". "Crer" designa algo vago, incerto, nebuloso, ao passo que ter fé, *fides*, é ter fidelidade, estar harmonizado, sintonizado. *Pisteuein*, ter fé, designa um estado de alta fidelidade ou harmonização entre a alma humana e o espírito de Deus — que é a idéia do ajustamento.

Neste sentido, é exata a expressão "o justo vive da fé", mas não no sentido de "crer".

"Quem crer será salvo, quem não crer será condenado"; isto é absurdo e blasmo, se traduzirmos *pisteuein* por "crer", como é de praxe. Mas é razoável se dissermos "quem tem fé", ou fidelidade, porque o ajustamento é a salvação.

Além disto, a palavra grega *dikaiosyne*, em latim, *justitia* não coincide com a nossa palavra justiça, nem a palavra *justificatio* equivale a "justificação", que, em nossa língua, representam um processo meramente legal ou social. *Justifica-*

tio é o ato de estabelecer uma atitude de justeza ou correto ajustamento entre o homem e Deus.

O equívoco sobre "ter fé" e "crer", a confusão entre "justificação" e "ajustamento" originaram uma verdadeira tragédia espiritual através de séculos. Aqui, se verificou mais uma vez que "a letra mata, mas o espírito dá vida"; a tradução literal matou o sentido espiritual.

Paulo de Tarso tem sido acusado de ter introduzido no Cristianismo a idéia do "pecado original", do qual nada consta no Evangelho do Cristo. Entretanto, as palavras "por um só homem entrou o pecado no mundo", podem ser interpretadas de outro modo, como, ultimamente, também lembrou Teilhard de Chardin. O "ego adâmico" renasce em todo o homem; é um presente de berço — ao passo que o "Eu Crístico" é uma conquista da consciência espiritual. O pecado da nossa origem é esse ego; cada um de nós, ao nascer, é cristificável mas ainda não é cristificado. A cristificação real é o despertamento da consciência crística, que não é feita pelo batismo material, mas sim pelo batismo (mergulho) espiritual! "Eu só vos mergulho na água, mas após mim virá alguém que vos mergulhará no fogo do Espírito Santo."

Esse batismo ou mergulho de fogo do Cristo aconteceu a 120 pessoas na gloriosa manhã do primeiro Pentecostes, como refere Lucas nos *Atos dos Apóstolos*.

Em linguagem de hoje diríamos: o homem não se redime pelas obras do seu *ego humano*, mas sim pelo departamento do seu *Eu divino*. Não há ego-redenção: há tão-somente ego-perdição. Há todavia, Eu-redenção, auto-redenção, suposto que por esse *Eu* ou *autós* entendamos o Cristo. Se é verdade que "o Pai está em vós", o "Cristo está em vós" então esse Pai ou Cristo redime o homem que chegue a conscientizar a presença dele.

Hoje em dia, essa auto-redenção se chama auto-realização.

A epístola de São Paulo aos Romanos pode ser considerada como um tratado profundo de auto-realização pela conscientização de Deus no homem.

* * *

No meio desse grande tratado o ajustamento intercalou Paulo uma digressão (capítulo 7) sobre a sua pessoa, uma espécie de confissão ou auto-acusação que lembra as *Confessiones* de Santo Agostinho.

Não faltou quem adivinhasse nesse desabafo o doloroso eco de uma queda moral do jovem Paulo, um período de desvarios, como as do ardente africano convertido em Milão.

Não parece justificada esta hipótese. Ainda que no ambiente pagão de Tarso, saturado de sensualismo, não faltassem ao jovem hebreu ocasiões para desregramentos morais, e ainda que não queiramos eximir o discípulo de Gamaliel de todas as desordens da mocidade irrefletida, nada nos autoriza, todavia, a fazer da sua juventude um "caso de sensação" e admitir uma ruína catastrófica na vida religiosa e moral do jovem doutor da lei. O que ele diz de si mesmo, no citado capítulo, é antes uma personificação do que, por via de regra, experimenta todo homem normal: o conflito entre a matéria e o espírito, a tendência ascensional da alma e a depressão sensual do corpo, o heliotropismo do nosso Eu superior e a pesada inércia do nosso ego inferior. Paulo e todo o homem pensante sabem que, para a definitiva quietação do nosso ser espiritual, para a nossa redenção não basta a filosofia intelectual que vê na plenitude do conhecer a panacéia de todos os males e o elixir da beatitude.

Que me vale entender? Que adianta enxergar nitidamente o caminho a seguir, se me faltam as forças para me levantar da minha fragilidade? Para me manter em pé? Para trilhar de fato esse caminho? Poderá esse entender infundir-me a energia para me erguer das minhas misérias?...

Na dolorosa consciência da sua fraqueza repete Paulo as palavras de Epicteto: "Não faço o bem, que quero — mas sim, o mal que não quero!"

E prossegue: "Não, compreendo o meu modo de agir; pois não faço aquilo que quero, o bem; mas sim, aquilo que aborreço, o mal. Ora, se faço o que não quero, já não sou eu quem age, age o pecado que em mim habita. Pois sei que em mim — isto é, em minha carne não habita o que seja bom. Está em mim o "querer" o bem, mas não o "executar". Com efeito, não faço o bem que quero, mas faço o mal que não quero. Ora, se faço o que não quero, já não sou eu quem age, mas, sim, o pecado que em mim habita. Encontro pois esta lei: quando quero fazer o bem sinto-me mais inclinado ao mal. Segundo o homem interior acho satisfação na lei de Deus, mas percebo nos seus membros outra lei que se opõe à lei do meu espírito e me traz cativo sob a lei do pecado, que reina nos meus membros" (Ro. 7, 15-33).

É indispensável que venha uma energia nova que restitua forças à alma debilitada pelo pecado. "Infeliz de mim! Quem me libertará deste corpo mortífero?"

E, como um eco redentor das regiões da divindade, vem a resposta consoladora: "A graça de Deus, por Jesus Cristo, nosso Senhor"...

É o conflito entre o ego humano e o Eu divino no homem.

* * *

Em seguida, canta Paulo as maravilhas da vida segundo o espírito: "Assim, já não se encontra nada de condenável naqueles que estão em Cristo Jesus e não vivem segundo a carne; porque a lei do espírito, que dá a vida em Jesus Cristo, te livrou da lei do pecado e da morte. Os que vivem segundo a carne apetecem o que é carnal; os que vivem segundo o espírito apetecem o que é espiritual. O que a carne apetece é morte, o que o espírito apetece é vida e paz. Pois, o apetite da carne é inimigo de Deus não se sujeita à lei de Deus, nem o pode. Os que andam ao sabor da carne não podem agradar a Deus. Vós, porém, não andais segundo a carne, mas segundo o espírito — se é que o espírito do Cristo habita em vós. Mas, quem não possui o espírito do Cristo não pertence a ele. Se, porém, o espírito do Cristo reinar em vós, morra embora o corpo, em conseqüência do pecado, o espírito vive, graças ao ajustamento. Se habitar em vós o espírito daquele que ressuscitou dentre os mortos, Cristo Jesus, há de vivificar também o vosso corpo mortal, por meio do seu espírito, que em vós habita.

Pelo que, não devemos à carne vivermos segundo a carne. Se viverdes segundo a carne, morrereis. Mas, se pelo espírito mortificardes os apetites da carne, vivereis. Porque todos os que se guiam pelo espírito de Deus são filhos de Deus. Porquanto, não recebestes o espírito da escravidão para andardes novamente com temor; mas recebestes o espírito da filiação adotiva, que nos faz exclamar: *Aba*, Pai! Esse mesmo espírito é que diz ao nosso espírito que somos Filhos de Deus. Ora, se somos filhos, também somos herdeiros — herdeiros de Deus e co-herdeiros do Cristo — contanto que padeçamos com ele para sermos com ele glorificados.

Pois eu tenho para mim que os padecimentos do tempo presente não se comparam com a glória futura que se há de revelar em nós" (Ro. 8, 1-18).

E, repleto de alegria por ser filho de Deus, pela graça e pelo amor do Cristo, prossegue:

"Quem nos separaria do amor do Cristo? A tribulação? A angústia? A fome? A desnudez? O perigo? A perseguição? A espada? Mas de tudo isto somos soberanos vencedores pela virtude daquele que nos amou. Estou certo de que nem a morte, nem a vida, nem anjos, nem potestades, nem coisas presentes, nem futuras, nem potências, nem o que há nas alturas, nem nas profundezas, nem creatura alguma será capaz de nos separar do amor de Deus, que está no Cristo, nosso Senhor" (Ro. 8, 35-39).

* * *

Depois desta longa e profunda exposição espiritual desenvolve Paulo a parte ética da sua epístola, isto é, a atitude prática do homem regenerado em face de Deus e do próximo, quer seja este igual, superior ou inferior.

A ética de Paulo é essencialmente teocêntrica, cristocêntrica, como a grande verdade metafísica sobre a filiação adotiva do homem realizada pela graça. "Sê o que és!" — nesta fórmula brevíssima se sintetiza toda a ética de Paulo. Uma vez que és filho de Deus, vive também como filho de Deus. Se viveres como filho do Pai celeste, viverás como irmão de todos os homens e saberás como tratar a teus semelhantes, que também são filhos de Deus. Sê o que és! Vive a tua realidade!

Não é das coisas que, em última análise, depende o valor dos nossos atos, mas sim, da nossa consciência. A consciência, bem orientada, é a voz de Deus dentro do homem, é o eco humano dos imperativos divinos. E por isso é a consciência o último árbitro nos litígios sobre o lícito e o ilícito; da sua sentença bem orientada não há apelação para tribunal superior; é ela a suprema instância em todas as dúvidas e controvérsias sobre o bem e o mal.

A postergação desta norma, tão sensata e simples tem acarretado à humanidade e ao cristianismo inomináveis calamidades, tem reduzido a vida espiritual de milhares de almas a um inferno de tormentos, que não raro, termina no hospital, no manicômio, no posto de psicopatas, ou no cemitério. E, às vezes, também no ceptismo universal ou no afastamento de todos os exercícios religiosos.

* * *

O capítulo 16 da epístola aos romanos consta quase só de saudações aos amigos e colaboradores de Paulo. É surpreendente o número de auxiliares apostólicos que ele possuía na capital do império.

"Recomendo-vos nossa irmã Febe, que se acha ao serviço da igreja de Cencréia. Acolhei-a no Senhor, assim como convém a santos. Acudi-lhe com todas as coisas em que necessitar de vós; ela tem acudido a muitos, e a mim também.

Saudações a Priscila e Áquila, auxiliares meus em Cristo

Jesus, que arriscaram a cabeça por minha vida, o que não somente eu, mas também todas as igrejas do gentilismo lhes agradecemos. Saudações também à cristandade que se acha em casa deles. Saudações a meu querido Epêneto, primícia que a Ásia deu a Cristo. Saudações a Maria, que tanto se afadigou por vós. Saudações a Andrônico e Júnias, patrícios meus e companheiros de prisão, tão estimados dos apóstolos, e cristãos já antes de mim. Saudações a Ampiato, a quem tanto quero no Senhor. Saudações a Urbano, nosso companheiro de trabalho em Cristo, como também a meu amigo Staquis. Saudações a Apeles, provado em Cristo. Saudações aos da família de Aristóbulo. Saudações a meu patrício Herodião. Saudações aos da família de Narciso, que vivem no Senhor. Saudações a Trifena e Trifosa, que se afadigam no Senhor. Saudações à querida Pérside, que há tempo trabalha pelo Senhor. Saudações a Rufo, eleito do Senhor, e a sua mãe, que também é minha. Saudações a Asíncrito, a Flegonte, a Hermes e Pátrobas, a Hermas, e aos outros irmãos aí. Saudações a Filólogo e Júlia, a Nereu e sua irmã, a Olimpíades e a todos os santos que com eles se acham. Saudai-vos uns ao outros no ósculo santo. Saudai-vos todas as igrejas do Cristo.

Saudações de Timóteo, companheiro meu de trabalhos, bem como dos meus patrícios Lúcio, Jason e Sosípatro.

Também eu, Tércio, que escrevi esta carta, vos saúdo no Senhor.

Saudações de Gaio, hospedeiro meu, e de toda igreja.

Saudações de Erasto, prefeito da cidade, e do irmão, Quarto.

A graça de nosso Senhor Jesus Cristo seja com todos vós. Amém."

Nenhuma saudação a Simão Pedro, que, segundo tradição posterior, teria sido o chefe eclesiástico, na capital do Império Romano, e pontífice do Cristianismo Universal. Paulo nada sabe de uma presença de Pedro em Roma. Se lá estivera, certamente Paulo o teria mencionado, e em vez de remeter aos cristãos romanos este longo tratado cristológico os teria mandado informar-se com Pedro, o suposto chefe da igreja cristã em Roma.

Sabemos, por fontes históricas, que, nos princípios de 67, foi Pedro a Roma pela primeira e única vez; pouco depois foi preso pelos esbirros de Nero, juntamente com Paulo. A tradição dá como data da morte deles o dia 29 de junho de 67.

* * *

Seguiu para Roma o grande tratado teológico de Paulo, para Roma, onde o aguardavam tanto amigos e cooperadores. Paulo também chegaria à capital dos Césares — mas de que modo e em que estado? Não o suspeitava sequer... Deus, porém, escreve direito por linhas tortas...

53. Última viagem a Jerusalém

(At. 20, 3 ss; Ro. 15, 25 ss)

Acaba de expirar o inverno.

No dia 5 de março de 58 reabria Roma, solenemente, a navegação entregando às ondas do Mediterrâneo, por entre pompas religiosas, o navio "Ísis". A deusa Ísis era a protetora egípcia dos nautas.

Paulo deixou Corinto e foi em demanda do porto de Cencréia para embarcar a Jerusalém e entregar aos cristãos daí o resultado da coleta, e depois prosseguir viagem com destino a Roma.

Mais e mais assume a vida de Paulo a feição da peregrinação instável e laboriosa de seu divino Mestre. Apesar de dissuadido e retido pelos amigos, lá vai ele, de coração impávido e a passo firme, ao encontro do seu trágico destino — tão trágico e tão glorioso!

Por motivos de prudência, não embarcou Paulo no porto de Cencréia. Soube por meio de amigos que um bando de homens perversos conspirava contra sua vida e só aguardava oportunidade para o eliminar.

Parece que, em conseqüência deste aviso, escolheu Paulo o caminho terrestre pela Macedônia, ao mesmo tempo que seus amigos despistavam os conspiradores, passando por Éfeso, para esperar o mestre em Trôade.

Não era exeqüível o plano primitivo de celebrar a Páscoa em Jerusalém. Resolveu, pois, o apóstolo passar esta solenidade em Filipos, na intimidade de seus amigos.

Daqui por diante, reaparece Lucas ao lado de Paulo. A narração retoma a primeira pessoa do plural: "nós"; Lucas é um observador arguto e narrador primoroso, que sabe dar colorido e personalidade aos menores incidentes.

Despediu-se Paulo de Filipos. No porto de Neápolis encontrou um pequeno navio de carga com destino a Trôade.

"Partimos", escreve Lucas, e parece que vai neste plural todo um mundo de alegrias e sentimento, toda a plenitude daquela alma vibrátil e como que talhada para estreitar indestrutível amizade com o maior discípulo do Cristo. Vigora uma secreta afinidade espiritual entre Paulo e o seu primeiro e melhor biógrafo. Haverá coisa mais bela do que uma sincera amizade entre dois homens unidos pelo mesmo ideal, pelos mesmos trabalhos e sofrimentos?

Devido aos ventos adversos, chegaram a Trôade no domingo seguinte, dia 17 de abril.

Passaram nesta cidade o primeiro dia da semana, que já nesse tempo era chamado o "dia do Senhor" (domingo), como se vê pela narração de Lucas.

Ocorreu nesta cidade um incidente dramático, em parte até cômico e quase trágico. Lucas, que nunca desmente o seu talento de "pintor" de lindos detalhes, nô-lo descreve com uma plasticidade de nitidez cinematográfica.

"Quando, no primeiro dia da semana estávamos reunidos a fim de partir o pão, fez Paulo um discurso. Sendo que no dia imediato pretendia seguir viagem, prolongou o sermão até meia-noite. Ardiam numerosas lâmpadas na sala superior onde estávamos reunidos. Um jovem, por nome Êutico, estava sentado sobre o peitoril da janela. Como Paulo alargasse a discorrer, o moço adormeceu profundamente, levado pelo sono, caiu do 3º andar abaixo, e foi levantado morto. Paulo desceu debruçou-se sobre ele, cingiu-o nos braços, e disse: Não vos perturbeis, ainda está com vida. Tornou a subir, partiu o pão e comeu. Falou ainda largo tempo até ao romper do dia; em seguida partiu. Ao jovem, porém, trouxeram-no vivo, sentindo-se muito consolados" (At. 20, 7-12).

Paulo, sabendo que tinha de seguir viagem na manhã seguinte, quis aproveitar a sua ligeira permanência em Trôade e, depois do sensacional incidente, continuou a falar, prolongado o seu discurso até ao romper do dia. Ninguém mais pensou em sono.

O navio que levaria os amigos de Paulo a Assos levantava ferro de manhã.

Embarcaram os companheiros. Paulo, porém, seguiu por terra, 25 quilômetros de jornada. Talvez tencionasse, pelo caminho, visitar alguns amigos, ou sentisse necessidade da solidão, depois de uma noite inteira de discurso.

Chegaram a Mitilene.

No dia seguinte, lançaram ferro em um verdadeiro paraíso de flores e perfumes: a ilha de Quios.

Com mais dois dias de voga, avistaram os pináculos do templo de Diana, em Éfeso, que evocou na alma de Paulo quadros cheios de luzes e de sombras...

No dia 27 de abril, quarta-feira, depois de uma rápida visita a Samos, atracaram em Mileto. Enviou Paulo mensageiros — talvez Tíquico, Trófimo — a fim de avisar os presbíteros das cristandades circunvizinhas, porque a permanência do apóstolo seria breve, e desejava, quiçá pela vez derradeira, ver os seus filhos espirituais. E eles compareceram em grande número.

A despedida de Mileto faz parte das cenas mais emocionantes nos diários de Lucas. Paulo deixa falar o coração, e o coração fala, em uma torrente de espontânea e irreprimível eloqüência: o amor de um pai, a solicitude de um pastor, o afeto de um amigo, o pressentimento de um vidente, as saudações de uma alma humana, toda humana, e toda cristã — tudo isto chora e ri, geme e rejubila nas palavras do apóstolo, palavras que seu inteligente secretário conservou à posteridade.

"Sabeis de que modo tenho andado no meio de vós — diz ele — desde o primeiro dia que pus pé na Ásia. Servia ao Senhor com toda a humildade, entre lágrimas e tribulações, que me couberam pelas ciladas dos judeus. Não deixava de vos anunciar e ensinar tudo que pudesse ser útil, publicamente como também de casa em casa. Conjurava os judeus e os gentios a que se convertessem a Deus e cressem em Nosso Senhor Jesus.

Agora, porém, eis que me sinto irresistivelmente impelido para ir a Jerusalém. Não sei o que ali me acontecerá; só uma coisa me assegura o espírito santo, de cidade em cidade, que me esperam algemas e tribulações. Mas não faço conta da minha vida, contanto que termine a minha carreira e cumpra a missão que recebi do Senhor Jesus, de anunciar a boa nova da graça de Deus" (At. 20, 18-25).

A estas palavras ouviram-se prantos e soluços no meio da multidão. Paulo, dominando a sua emoção, dirige-se aos presbíteros e chefes espirituais de Mileto, dizendo:

"Tende cuidado de vós e de todo o rebanho, sobre o qual o espírito santo vos constituiu pastores para regerdes a igreja de Deus, que adquiriu com o seu sangue. Sei que, depois de minha partida, se introduzirão entre vós lobos roubadores, que não pouparão o rebanho. Do vosso próprio meio se levantarão homens que com doutrinas perversas procurarão levar a seu partido os discípulos. Pelo que vigiai e lembrai-vos de que, por espaço de três anos, noite e dia, não cessei de admoestar com lágrimas a cada um de vós" (At. 20, 28-31).

E, tornando de falar aos fiéis em geral, conclui:

"E agora vos recomendo a Deus e à palavra da sua graça, Ele que é poderoso para vos edificar e conceder a herança com todos os santos. A ninguém pedi ouro, nem prata, nem veste; bem sabeis que estas minhas mãos me forneceram o sustento, a mim, e aos meus companheiros. Em tudo vos tenho mostrado como convém trabalhar e acudir aos fracos, recordando a palavra do Senhor Jesus, que disse: "Maior felicidade está em dar que em receber" (At. 20, 32-35).

"Depois destas palavras — refere o historiador — Paulo se pôs de joelhos e orou com todos eles"...

"Romperam todos em pranto desfeito, lançando-se ao pescoço de Paulo e beijando-o. O que mais os afligia era a palavra de que não lhe tornariam a ver a face. E acompanharam-no até o navio".

* * *

Era em princípios de maio quando ventos propícios levavam a pequena caravana cristã a Rhodes, "ilha das rosas", onde, como diziam os antigos, nunca se vira dia sem sol.

Em Pátara tiveram sorte de encontrar um navio com destino à Fenícia. Avistaram a costa ocidental de Chipre, torrão natal de Barnabé, onde Paulo, havia quase dois decênios, iniciara as suas laboriosas viagens apostólicas. Onde estaria Barnabé a essas horas?...

Em Tiro ficaram sete dias. Cristãos dispersos pela perseguição de Saulo tinham fundado, havia vinte anos, essa igreja.

Desde que Paulo pôs pés em terra palestinense sentiu condensarem-se em seu espírito as nuvens agourentas suscitadas por certas "previsões" e profecias de amigos... Bem adivinhava ele o que o aguardava da parte de seus patrícios, que não perdoavam ao "renegado" a sua "deserção".

De Ptolemaida (Accon) prosseguiu a caravana a pé, rumo sul, ao longo do Mediterrâneo.

Quinze dias antes de Pentecostes chegaram a Cesaréia, cidade residencial do governador romano. Daí a Jerusalém mediavam apenas três dias de viagem (102 quilômetros).

Resolveu Paulo ficar uma semana em Cesaréia. Hospedou-se em casa de um velho arauto do Evangelho por nome Filipe. Era pai de quatro donzelas piedosas, dotadas do carisma da profecia. Levavam essas jovens uma vida quase claustral, entregues a exercícios de apostolado e caridade.

Escutaram essas jovens, com avidez, as palavras inspiradas de Paulo, e sentiram tristeza quando em um dos próximos dias, apareceu de improviso um profeta, por nome Agabo, que Paulo conhecera em Antioquia, e vaticinou ao apóstolo coisas lúgubres para um futuro próximo. Vinha de Jerusalém, e estava a par dos acontecimentos... Servindo-se da linguagem simbólica dos vates antigos, tomou o cinto de Paulo atou-se com ele de pés e mãos e disse: "Isto diz o Espírito Santo: assim atarão os judeus, em Jerusalém, o homem a quem pertence este cinto, entregando-o aos gentios".

Consternados, suplicaram os amigos que não fosse a Jerusalém. Paulo, porém, ficou irredutível. Obedecia a um impulso superior. "Que estais a chorar? — disse. — Por que me acabrunhais o coração? Estou pronto, não somente a me deixar atar em Jerusalém pelo nome do Senhor Jesus, mas até a sofrer e morrer por ele."

Na quarta-feira antes de Pentecostes empreenderam os viajores a última etapa, acompanhados de alguns discípulos de Cesaréia. Cruzando a planície de Saron onde os lavradores estavam ceifando as primícias das searas, chegaram a Antipátride.

E sempre avante, pelo planalto da Judéia, para Jerusalém. Na véspera do "grande sábado" avistaram a cidade, todos os caminhos fervilhavam de peregrinos, conduzindo ovelhas e novilhos engrinaldados de flores e espigas de trigo. Assim, piedoso peregrino havia mais de quarenta anos, visitara Paulo em Jerusalém, quando estudante em Tarso, orando, cantando, prestando a Javé as homenagens da sua juventude cheias de esperanças e de idealismo religioso. Possivelmente, passara ele, daquela vez, indiferente ao pé de um menino vindo das montanhas de Nazaré, e que também trazia a alma cheia de uma grande idéia e de um excelso ideal.

....

Hospedou-se Paulo em casa de um amigo, por nome Mnason.

A igreja oficial de Jerusalém não tinha hospedagem para o maior dos seus apóstolos.

54. Conselho funesto

(At. 21, 17 ss)

"À nossa chegada a Jerusalém, os irmãos nos receberam com satisfação" — refere Lucas. Entretanto ao julgar pelo seguinte, é de supor que esses "irmãos" fossem do número dos helenos e étnico-cristãos.

Os terroristas judeus dominavam a cidade. Paulo era o maior óbice à realização dos seus sonhos nacionalistas; era cosmopolita, internacionalista, equiparava os *goim* aos filhos de Abraão.

Boa parte dos cristãos de Jerusalém está contagiada dessa animosidade contra Paulo. Constava que ele recomendava aos prosélitos a não se fazerem circuncidar e falava abertamente da inutilidade da lei de Moisés.

Tiago, maravilhosa figura asceta, dirigia os destinos da igreja de Jerusalém; mas era velho e incapaz de controlar e coibir as manobras dos cristãos vindos do farisaísmo.

A notícia da chegada do famoso "renegado" correu célere pelas fileiras dos exaltados nacionalistas da capital. As ruas fervilhavam de peregrinos vindos de todas as províncias da Ásia e Europa onde Paulo pregara o Evangelho. As solenidades de Pentecostes (festa da colheita) atraiam dezenas de milhares de hebreus da "diáspora". Não faltavam, certamente, os conspiradores de Corinto, nem os inimigos mortais, de Éfeso. Em todos os bazares e albergues, em todas as ruas e pousos de caravanas, falava-se de Paulo.

O dia imediato foi para o apóstolo um dos mais dolorosos de sua vida.

Compareceu ante o "conselho dos presbíteros" presidido por Tiago. Entrou no vasto recinto acompanhado de oito neófitos, todos eles recém-convertidos do paganismo.

Paulo saudou os presbíteros e entregou o produto da coleta que com tanto trabalho e carinho organizara em benefício dos cristãos pobres de Jerusalém.

Lucas, o discreto psicólogo, passa um véu de caridoso silêncio sobre o ato da entrega dos donativos e o modo como foi recebida pelos judeu-cristãos essa "esmola" oferecida pelos seus irmãos oriundos do gentilismo...

Lucas e os neófitos baixaram os olhos, cheios de dor...

Paulo e Tiago trocaram o costumado ósculo de fraternidade. Da mesma forma os presbíteros. Mas que decepção para os neófitos, quando se viram preteridos, deixados à margem, sem essa prova de fraternidade cristã!... É que nas suas veias não corria o sangue de Abraão... Cristãos de segunda categoria...

A assembléia, fria, protocolar, como uma reunião de diplomatas, melhorou de caráter quando Paulo pediu a palavra e, com aquela espontaneidade tão sua, "começou a referir minuciosamente tudo quanto Deus operou entre os pagãos por seu ministério".

Deus — e não Paulo! O apóstolo não passa de um veículo e porta-voz da graça.

Limita-se Paulo a frisar as maravilhas de conversão, de heroísmo, de santidade, que o Evangelho produzira no meio pagão; silencia de indústria toda a campanha de intrigas e difamações que lhe tinham movido certos "irmãos" da Palestina; nada diz da deslealdade com que estes lhe haviam solapado os trabalhos na Galácia, em Corinto, em Éfeso, por toda a parte; com nenhuma palavra se refere à infâmia com que lhe tentaram desacreditar a pessoa e doutrina, dando-o como apóstolo de segunda classe, propagador de um Evangelho truncado e falso — nada! Tão maravilhosos são os frutos que o Evangelho sazonou entre os gentios da Ásia e da Europa que o feliz jardineiro se esquece dos espinhos que lhe feriram os dedos, e das cicatrizes que lhe cobrem o rosto e o corpo todo...

Paulo falava com ardente entusiasmo, e todo o "conselho dos Presbíteros" o escutava com atenção e interesse; e, quando o orador terminou a sua exposição, "todos glorificaram a Deus".

Para Paulo e seus colaboradores, nenhuma palavra de louvor ou encorajamento!...

E, depois de uns momentos de silêncio penoso, desabou sobre Paulo tão tremenda decepção que Lucas não a quis preterir, e, mui enfaticamente, escreve:

"Em seguida, porém..."

Sim, em seguida caiu como que uma catadupa de água fria no meio do sagrado fervor com que o apóstolo historiara as misericórdias de Deus entre os pagãos...

"Bem vês, irmão — principiam os presbíteros, carregando nos termos — bem vês quantos milhares de judeus abraçaram a fé, e no entanto são todos fervorosos zeladores da lei de Moisés. Ora, têm eles ouvido dizer que tu ensinas a todos os judeus dispersos entre os pagãos a que abandonem Moisés; que lhes recomendas que não mandem circuncidar seus filhos, nem vivam segundo as tradições".

Incrível a cegueira desses homens! Depois de tão palpáveis testemunhos da virtude do Evangelho do Cristo, voltam eles a invocar, cheios de saudades, a circuncisão, as cerimônias da lei mosaica e outras formalidades externas. Não negam o poder do Cristo, mas não querem de forma alguma ver eclipsada pelos fulgores do Nazareno a figura de Moisés. Não querem compreender o caráter provisório do mosaísmo e a índole definitiva do Cristianismo. Verdade é, eles o concedem, que o ajustamento vem do Cristo — mas... as abluções rituais antes das refeições?... E o corte praticado na carne do recém-nascido?... E a abstenção de carnes sufocadas?...

Para o espírito livre de Paulo deve ter sido humilhante e incompreensível a idéia de que os chefes cristãos, colegas, arautos do Evangelho, fossem vítimas de semelhante miopia espiritual.

Fatos análogos se repetiram, por vezes, na história do cristianismo.

Realmente, se a igreja não fosse divina, os seus filhos e chefes já a teria destruído.

Paulo ouviu em silêncio tão "grave" censura da parte dos

presbíteros de Jerusalém. Tiago, provavelmente não apoiou essa opinião; mas estava velho e já não tinha poder sobre certos colegas...

Em seguida, veio um conselho funesto.

"Que convém, pois, fazer?"

E sugeriram a Paulo o seguinte: livra-te de toda a suspeita de não seres bom judeu e filho de Abraão; não desacredites a religião; aceita o nosso conselho. Temos aqui quatro homens que fizeram voto de nazireu, e não podem pagar as despesas. Pois bem, Paulo, associa-te ao voto deles, paga por eles as despesas e leva-os contigo ao templo durante esses sete dias faltantes. Destarte compreenderão todos que são falsos os boatos que correm a teu respeito; mas que, pelo contrário, és fiel observador da lei mosaica.

Aí está o conselho! E, no fim, vem mais uma alfinetada; lembram a Paulo as cláusulas do Concílio Apostólico. Daquela vez, havia oito anos, tinham cedido eles; agora é a vez de Paulo...

Em uma palavra o apóstolo é convidado a "reabilitar-se", a fazer, por assim dizer, penitência pública e uma profissão de fé no judaismo.

Duplamente pesada era para Paulo essa exigência, quer material quer moralmente.

Pagar as despesas de nazireato para cinco pessoas equivalia adquirir quinze ovelhas e boa quantidade dos comestíveis prescritos. Ele era pobre. Vivia do trabalho das suas mãos. Por ocasião da sua última viagem a Jerusalém, fizera expontaneamente o voto de nazireu ele só; mas desta vez eram cinco pessoas, e, além disso, uma imposição arbitrária e em circunstâncias desfavoráveis. Teria de pagar uma espécie de multa — por quê? Pelo fato de ter proclamado o Cristo como único salvador da humanidade, e Moisés como simples "pedagogo" e "servo" do Evangelho!...

Se Paulo fizesse a vontade dos judeus, que diriam os étnico cristãos? Não se escandalizariam? Não viriam nisto covardia, subserviência e política de seu chefe?

Paulo lutou consigo por muito tempo. Só Deus sabe o que significa aquela lacuna entre os versículos 25 e 26 do respectivo capítulo de Lucas!... Quem conhece Paulo, a sua liberdade de pensamento, a sua intransigente defesa da "liberdade do Evangelho" — não compreende sem mais nem menos o que se segue:

"Foi Paulo em companhia daqueles homens, santificou-se com eles e, no dia seguinte, entrou no templo" (At. 21, 6).

Desejaríamos saber o que ele replicou ao conselho dos presbíteros; quais as razões que o moveram a aceitar tão estranha sugestão... Nada, nada!...

Deve-se ter travado uma luta tremenda em sua alma, e, se não supusermos uma revelação divina, não compreendemos a sua atitude ulterior. "Embora livre — escrevera aos coríntios — me fiz escravo de todos". E aqui temos a realização literal desta palavra.

Receava ele que sua recusa provocasse um cisma na igreja?... Imolou na ara sagrada da unidade do reino do Cristo, não a sua convicção, mas todo o seu sentimento natural, todo o seu orgulho, tudo o quanto de seu podia sacrificar sem contrariar a própria consciência. Afinal de contas, tratava-se de um ato de piedade judaica, e não de uma apostasia do Evangelho... E a caridade para com quatro companheiros pobres também não desdizia do espírito do apóstolo. Fosse Paulo um obstinado sectário, teria sustentado a sua opinião, mesmo à custa da unidade religiosa. Cedeu até onde podia ceder, na certeza de que Deus pesa as intenções e aceita o sacrifício do Eu como holocausto de imenso valor...

O próprio Renan admira a grandeza d'alma que Paulo manifestou nesta renúncia, e escreve: "Talvez que em toda a sua vida apostólica não tenha Paulo oferecido maior sacrifício à sua obra do que este. Com isto provou maior grandeza d'alma do que com os seus trabalhos em Corinto e Tessalônica, onde podia desdobrar livremente toda a força do seu gênio".

55. "Sou cidadão romano!"

(At. 21, 26-22, 29)

As solenidades da Páscoa e Pentecostes judaicas eram, geralmente, dias de grande trabalho para a guarnição romana de Jerusalém. A afluência de milhares de israelitas de todos os setores terminava quase sempre com uma tentativa de libertação do jugo estrangeiro. Raras vezes passava uma dessas solenidades religiosas sem que os exaltados nacionalistas organizassem um motim, uma revolução, uma desordem qualquer nas ruas, provocando o representante de César para uma intervenção a mão armada, cujo desfecho costumava ser uma carnificina de maior ou menor extensão.

Nesses dias vinha o governador romano de Cesaréia a Jerusalém e reforçava notavelmente o efetivo da guarnição militar no "castelo Antonia", baluarte encravado em um dos ângulos da muralha externa do templo. Do castelo abrangia-se todo o conjunto do templo e suas áreas, daí descia uma larga escadaria comunicando com os diversos átrios" do santuário facultando assim uma imediata intervenção da autoridade em qualquer conflito.

No dia de Pentecostes levou Paulo consigo a Trófimo, de Éfeso, e mais os quatro nazireus e subiu com eles ao monte Moriá (hoje Haramel-Sherif) em cujo topo se erguia o templo, no mesmo ponto onde se vê atualmente o vasto octógono da mesquita de Omar, incluindo a rocha do antigo "altar dos holocaustos".

Três áreas, chamadas "átrios", cercavam o santuário, sobrepondo-se em forma de terraço uma às outras. O "átrio dos gentios", o mais baixo, corria ao longo da parte interna da muralha que circundava a área toda. Daí se chegava, por uma escada de 14 degraus de mármore e pela "porta formosa", ao segundo átrio, chamado "das mulheres", porque daí não podia passar o elemento feminino. Era um vasto quadrilátero cercado de colunas. Aqui se achava também o grande cofre com treze bocas em forma de trombeta, onde deitou a sua moedazinha aquela viúva elogiada por nosso Senhor. No terceiro terraço, o "átrio dos sacerdotes", achava-se o templo, cercado das habitações dos serventuários do culto. À entrada do templo se erguia o gigantesco "altar dos holocaustos", onde se matavam e queimavam as vítimas, e onde o povo podia entrar só durante os sacrifícios matutinos e vespertinos.

Era vedado aos pagãos sob pena de morte, transporem o "átrio dos gentios", como diziam numerosos avisos, em grego, e latim, colocados nos interstícios dos pilares: "Nenhum *goim* se atreva a transpor esta barreira e penetrar no recinto sagrado. O contraventor pagará com a morte a sua transgressão".

Os árabes, atuais donos do lugar do templo, defendem com o mesmo rigor a área do seu santuário; ai do cristão que pusesse pé nesse lugar! Seria linchado pela multidão dos fanáticos de Alá!

Toda a manhã e toda a tarde, durante a semana, subia Paulo, em companhia de Trófimo e os quatro nazireus ao monte Moriá; deixava aquele no "átrio dos gentios", porque embora batizado, era considerado *goim* pelos judeus, por não ter sido circuncidado. Aos outros levava-os consigo para o "átrio dos sacerdotes", onde assistiam aos holocaustos e tomavam parte na restante liturgia. No dia de Pentecostes ofereceu os sacrifícios prescritos, por si e pelos quatro, e cientificou os sacerdotes do termo do seu voto.

Entrementes, tinham os judeus forjado o seu plano sinistro. Trófimo era natural de Éfeso. Os judeus desta cidade sabiam-no "incircunciso", portanto "impuro".

Quando Paulo com os quatro ia descendo os degraus dos átrios superiores, para se reunir com Trófimo no "átrio dos gentios", soou subitamente uma grita imensa: "Varões de Israel! Socorro! Eis aí o homem que por toda a parte faz propaganda contra o nosso povo, contra a lei de Moisés e contra este santo lugar! E agora chegou ao ponto de introduzir no templo um gentio, profanando este recinto sagrado!"

Momentos de intensa sensação!

Indescritível o furor que se apossou dos judeus ortodoxos. Não havia, a seus olhos, crime mais execrável do que um incircunciso pisar o Santuário de Israel. O ódio religioso é o mais satânico dos ódios, assim como as guerras empreendidas em nome da religião têm sido sempre as mais atrozes de todas as lutas.

"Abalou-se a cidade em peso — diz Lucas — e formou-se um motim popular. Paulo foi preso e arrastado para fora do templo, e logo se fecharam as portas".

Parecia o fim do mundo. Com medo de que sangue humano manchasse os átrios sagrados, arrastaram Paulo até à área dos gentios, e logo se fecharam, com o estrondo sinistro de um trovão, as duas alas do maciço portal de bronze, que só podia ser movido pela força conjugada de vinte homens, diz a tradição.

Para Paulo era simbólico esse trovão e esse fechamento do templo; estava definitivamente expulso do seu povo, excomungado de Israel, entregue aos gentios... Pela última vez viu brilhar ao sol matutino os alvejantes muros do santuário — depois... uma nuvem de sangue lhe toldou os olhos... Depois... nada mais viu... Só ouvia em torno de si o vozeiro infernal de morras e imprecações e sentiu cair sobre o corpo uma saraivada de golpes, que só por milagre não o deixaram morto...

Paulo jazia estendido no chão... A multidão fanatizada a tripudiar sobre ele...

Por este mesmo lugar fora arrastado, havia mais de vinte anos, o jovem levita Estêvão... Paulo o sabia... Daí a momentos... estaria ele com Estêvão... e com o divino Mestre...

Não, não era chegada ainda essa hora suspirada. Paulo não sofrera ainda bastante pelo nome de Jesus...

De súbito, o som estridente de um clarim cortou os ares. E logo se ouviu uma voz de comando, vibrante, dura como uma lâmina de aço... Lísias, comandante da guarnição romana, acudira com um pelotão de soldados.

A multidão delirante abriu caminho ante as pontas das lanças.

A custo conseguiu Lísias arrancar das mãos dos energúmenos um homem de vestes em frangalhos e corpo contundido. Finalmente, lhe caíra nas mãos o famigerado egípcio, caudilho de bandidos, a que havia tanto tempo, dava caça. Assim pensava o comandante e deu ordem que o preso fosse manietado e conduzido ao baluarte. Chegados ao pé da escada que dava para o castelo, "foram os soldados obrigados a carregar Paulo, por causa da violência da multidão, que avançava aos gritos de: Abaixo com ele!"

Assim é que o arauto máximo do Evangelho chegou ao topo da escada carregado sobre os ombros dos soldados de César. Esfarrapado, coberto de pó, com o rosto cheio de sangue, chegou à plataforma da fortaleza.

Calmo e perfeitamente senhor da situação, dirigiu-se o preso ao comandante Lísias e pediu cortesmente em língua grega: *"Ei exestín moi eipein ti prós sé?"* (é-me permitido dizer-te alguma coisa?)

"Como? — exclamou Lísias, cheio de surpresa — sabes o grego? Pois não és tu aquele egípcio que, há pouco, sublevou e fugiu para o deserto com quatro mil sicários?"

"Não — respondeu Paulo — eu sou judeu, natural de Tarso da Cilícia, cidade nada obscura" — frisou com certo orgulho. E sem fazer caso do espanto do oficial, acrescentou: "Rogo-te me permitas falar ao povo".

Lísias acedeu ao pedido, medindo com olhares inquisitoriais a silhueta frágil daquela estranha personagem, que, de improviso, lhe caíra nas mãos. Que ia esse homem dizer à multidão fanatizada?...

"Paulo colocou-se sobre os degraus e fez sinal ao povo com a mão. Seguiu-se grande silêncio. Então começou a falar-lhe em língua hebraica, dizendo: Irmãos e pais ouvi o que tenho a dizer-vos em minha defesa".

A multidão, ouvindo que falava em hebraico, escutou ainda com maior silêncio.

Então começa Paulo a historiar rapidamente a sua vida de fariseu e a sua milagrosa conversão ao Evangelho. Faz ver que a sua vida atual não é a de um desertor, como eles supõem, mas de um discípulo dos profetas de Israel, que vaticinaram o Messias que ele adora.

Raras vezes terá o Evangelho sido anunciado em circunstâncias mais singulares do que neste dia: na escadaria de uma fortaleza romana um pregador de vestes rotas, rosto em sangue e pulsos carregados de algemas: lá em baixo, um auditório furioso ao lado, um oficial de César; no fundo, um pelotão de legionários romanos...

Os judeus escutavam. Mas, quando Paulo mencionou a ordem que recebera de Deus, em Jerusalém: "Vai, porque eu te enviarei para longe, aos gentios" — começaram a clamar furiosamente: "Abaixo com este homem! Não pode viver por mais tempo!"

E, enquanto vociferavam, arrojavam de si as capas e lançavam punhados de pó aos ares contra Paulo.

Lísias não entendeu palavra do discurso de Paulo. Estranhava a atitude dos judeus concluiu que se devia tratar de alguma controvérsia religiosa.

No intuito de acalmar as iras do povo, caiu no mesmo erro e na mesma injustiça do seu patrício Pilatos: deu ordem que Paulo fosse flagelado, a fim de lhe extorquir a razão por que assim clamavam contra ele.

Os soldados conduziram o preso para o interior da guarnição, ataram-no estreitamente a uma coluna e empunharam os instrumentos da flagelação: correias de couro munidas de bolas de chumbo e ganchos de ferro. Nisso apareceu um oficial para dar as competentes ordens. Paulo voltou a cabeça, quanto lhe permitia seu estado, e perguntou calmamente ao oficial: "Ser-vos-á permitido flagelar um cidadão romano, e ainda sem sentença de juiz?...

Cidadão romano! — palavra mágica, que em um ápice mudou a situação. Imenso era o respeito que os representantes de César tinham a esse título: *civis romanus*. A posse legítima deste direito valia tudo, assim como a sua arrogação indébita acarretava pena de morte.

O oficial mandou incontinente suspender a planejada tortura e correu a dar ao tribuno Lísias a notícia de que o preso era cidadão romano, e, portanto, não podia ser flagelado.

Lísias foi pessoalmente ter com Paulo, mandou-o desatar da coluna e perguntou-lhe com certo ar confidencial: "dize-me se és mesmo cidadão romano".

"Sou" — respondeu Paulo.

O comandante, depois de se certificar da legitimidade desse glorioso título do seu prisioneiro, disse-lhe com um quê de mistério: "Eu adquiri os foros de cidadão por uma grande soma de dinheiro..." Não compreendia como esse judeu vagabundo, sem dinheiro, pudesse adquirir título tão custoso.

Tornou-lhe Paulo com firmeza e naturalidade:

"Pois eu sou cidadão romano de nascimento"...

Trocaram-se os papéis: o comandante estava com medo, pelo fato de ter mandado algemar um cidadão romano — e cidadão de nascimento...

Deu ordem para que Paulo fosse guardado na fortaleza e tratado com benignidade.

56. Perante o Sinédrio. Visão noturna

(At. 22, 30-23, 35)

"Queria o comandante saber com certeza quais as queixas que os judeus tinham contra Paulo. Pelo que, no dia imediato, mandou-lhe tirar as algemas e convocar os sumos sacerdotes e todos os membros do Sinédrio. Em seguida fez vir Paulo e lho apresentou" (At. 22, 30).

Ocupava, nesse tempo, o cargo de sumo sacerdote um tal Ananias, da família de Anás, cujo caráter conhecemos pela história da paixão de Jesus. Homem ambicioso, gozador e, como rezam as próprias fontes judaicas, de um sensualismo proverbial, encarnava Ananias sintomaticamente a decadência da religião em que pontificava.

Por esse tribunal de religião adulterada foi Jesus condenado, e ante a mesma categoria de representantes oficiais da religião aparece Paulo, seu maior discípulo. Seria incompreensível se esses dois autênticos adoradores de Deus em espírito e verdade fossem reconhecidos como homens religiosos por aqueles escravos de um formalismo vazio.

Além dos fariseus, tinham também assento no Sinédrio os saduceus, espécie de racionalistas e cépticos, que criam mais firmemente na física da matéria do que na metafísica do espírito e achavam impolítico sacrificar os prazeres certos da vida presente pela felicidade ploblemática de uma existência futura. Aproveitavam-se, todavia, do sentimento religioso do povo pala garantir a plenitude das suas bolsas. Mais ainda: para não expor a perigo suas vantajosas relações com os romanos, sopitavam solicitamente qualquer início de entusiasmo religioso-nacionalista entre os judeus nada de política na religião! Obediência à autoridade constituída! Relegavam ao mundo das fábulas pueris coisas como "anjo", "espírito", "ressurreição".

Se o fariseu representava o formalismo de um culto que em cerimônias estéreis procurava salvação, os saduceus encarnavam um ambicioso mercantilismo, cujo Deus estava no cofre recheado.

Logo no início da sessão ocorreu um incidente desagradável. Apelava Paulo para a sua boa consciência, quando Ananias, sem razão alguma, mandou a um dos servos que lhe desse uma bofetada na boca. Bater na boca de um israelita equivalia a dizer: "Não és filho de Abraão".

Isso de dar bofetadas parece ter sido tradicional na família desses ilustres chefes religiosos: perante Anás fora Jesus vítima dessa injúria, e perante Ananias é Paulo alvo do mesmo ultraje.

Ferveu o sangue nas veias do brioso da tribo de Benjamim, e replicou incontinente: "Deus te há de ferir, parede branqueada! Ocupas esse lugar para me julgar segundo a lei, e contra a lei mandas que me firam".

Jesus respondera com calma e lógica. Também Paulo responde criteriosamente, embora com veemência e invocando a justiça de Deus.

"Injurias o sumo secerdote de Deus!" acudiram os presentes.

Replicou Paulo: "Não sabia que era o sumo sacerdote".

Cumpriu-se, alguns anos depois a imprecação de Paulo: Ananias, fugindo aos punhais dos sicários, foi por eles descoberto em um esconderijo e morto.

Lucas, que não assistiu à sessão do Sinédrio, não nos dá histórico dos debates aí travados. O certo é que nada se positivou contra Paulo, tanto mais que fariseus e saduceus não se entendiam uns aos outros.

Paulo, para por termo a sessão inútil lançou mão de um expediente genial. Conhecedor da mentalidade de ambas as facções religiosas e dos seus pontos de controvérsia, lançou no meio do Sinédrio o pomo da discórdia:

"Homens, meus irmãos! — exclamou — por causa da esperança na ressurreição dos mortos é que estou às barras do tribunal".

Foi faísca em caixa de pólvora...

A palavra "ressurreição dos mortos", romperam os saduceus em uma gargalhada de escárneo contra os fariseus, que tal coisa admitiam. Estes, naturalmente, se sentiram melindrados e procuraram logo provar pelos textos sacros que havia ressurreição dos mortos. A sessão degenerou em violenta polêmica e acabou em uma babélica briga de teólogos. Por algum tempo ficou Paulo à margem, fora da questão, enquanto se digladiavam os dois partidos adversos. Finalmente, alguns dos mais notáveis rabinos do fariseísmo se lembraram de invocar a autoridade de seu ilustre ex-colega preso, e tomando o partido dele, o inocentaram e declararam alto e bom som:

"Não encontramos mal algum neste homem". E, com evidente pontapé aos seus adversários teológicos, acrescentaram sarcasticamente: "Quem sabe se lhe falou algum espírito ou um anjo?"...

Armou-se novo tumulto no seio do Sinédrio, e desta vez assumiu tais proporções e formas tão palpáveis, diz o historiador, que o comandante receava fosse Paulo despedaçado; pelo que deu ordem aos soldados que o tirassem do meio deles e o levassem à fortaleza.

Com este incidente cômico terminou a tragédia daquele dia.

* * *

Paulo passa uma noite tormentosa em uma estreita cela do "Castelo Antonia". O corpo contundido... o rosto inchado... a alma em profunda aflição...

Em situação análoga estivera, um dia, Simão Pedro, preso por Herodes Agripa; e toda a igreja orava, dia e noite pela sua libertação.

O mesmo não pôde Lucas afirmar com respeito a Paulo... A cristandade de Jerusalém não se interessava por ele, e os presbíteros julgavam generosidade suficiente tolerar esse homem...

Um pugilo de almas, porém, acompanhava, cheia de amorosa solicitude, as peripécias da prisão do grande apóstolo receando pela vida dele: em casa da irmã de Paulo, residente em Jerusalém, não se apagavam as luzes a noite toda, e o débil clarão iluminava as faces pálidas de Lucas, Timóteo, Tito, Trófimo e das pessoas da família entre elas um jovem sobrinho do apóstolo, que não perdia ensejo para tirar informações sobre o andamento das coisas.

Entrementes, na úmida escuridão do cárcere adormecera Paulo, acorrentado a um guarda. E por entre os mistérios dos sonhos lhe apareceu, em uma visão de luz, o divino Mestre e disse-lhe: "Tem confiança, Paulo: assim como deste testemunho de mim em Jerusalém, hás de dá-lo em Roma"...

Paulo despertou — e desvanceu-se a formosa visão. Ele a tomou por uma mensagem de Deus. E sua alma sentiu-se inundada de inefável consolação.

57. Conspiração malograda.
Na fortaleza de Cesaréia

(At. 23, 12)

Receavam os judeus que Paulo fosse pela autoridade romana posto em liberdade. Lísias não era muito amigo deles, e parecia simpatizar com o preso.

Que fazer?

O melhor seria matá-lo quanto antes. Não faltavam entre os inimigos de Paulo homens assaz temerários para lhe cravar o punhal no peito, antes que o comandante da guarnição de Jerusalém o remetesse ao governador romano. Afinal de contas, os pontos de acusação eram de caráter religioso, e esses pagãos de Roma só davam importância a crimes políticos.

"Na manhã seguinte coligaram-se os judeus e juraram que não haviam de comer nem beber enquanto não matassem a Paulo.

Eram mais de quarenta os que tinham feito esse juramento. Foram ter com os sumos sacerdotes e os ancinos e disseram: Fizemos santo juramento de não tocarmos em comida, até que matemos a Paulo. Ide, pois, em companhia do Sinédrio, ao comandante e pedi que mande Paulo a nossa presença, sob pretexto de examinardes melhor a causa dele; nós estaremos à espreita para o matar antes que chegue (At. 23, 19-15)".

O plano estava muito bem arquitetado e não podia falhar.

E, no entanto, falhou. Quem o fez abortar foi um rapaz, filho da irmã de Paulo. Jovem inteligente e, parece, com uma veia de detetive, acompanhava com vivo interesse todas as fases do processo contra seu tio. Não se sabe por que artes, mas o certo é que conseguiu descobrir o plano sinistro dos conspiradores e, sem tardança, foi dar parte a Paulo. Obteve permissão do guarda para entrar no cárcere e falar com o preso.

Ainda estava Paulo imerso na meditação da estranha visão noturna, quando lhe entrou na cela o simpático sobrinho.

Falaram os dois à meia-voz, enquanto o carcereiro esperava à porta.

Terminada a entrevista, pediu Paulo ao guarda que chamasse um oficial. Chegado este, disse-lhe: "Leva este moço ao comandante, porque tem alguma coisa a comunicar-lhe".

Lá se foram os dois ter com Cláudio Lísias. O oficial, tipo autêntico do militar disciplinado, apresenta o seu cliente e repete literalmente, sem mudar uma só palavra, o recado recebido: "O preso Paulo mandou-me chamar e pediu-me que trouxesse esse moço à tua presença porque tem alguma coisa a comunicar-te". Entrega o jovem e, com uma enérgica continência militar, desaparece.

O mancebo contou ao comandante o que sabia. Este o ouviu em silêncio e despediu-o com esta prudente recomendação: "Não digas a ninguém que me fizeste esta comunicação".

Ainda na mesma hora, o comandante chamou dois dos seus oficiais e deu-lhe as seguintes instruções: "Hoje, às nove horas da noite, trazei prontos no pátio do quartel duzentos soldados, setenta cavaleiros e mais duzentos flecheiros sírios e árabes; preparai também umas cavalgaduras para Paulo e levai-o são e salvo, a Cesaréia, à presença do governador Félix".

Lísias sentiu-se aliviado com esta solução. Temia a responsabilidade de ter em seu poder um homem tão odioso como esse estranho judeu. Pode parecer excessiva a escolta militar com que mandou cercar o preso; mas é que ele conhecia o ódio imenso que os judeus de Jerusalém e os das províncias votavam a Paulo, e julgava-os bem capazes de o atacarem pelo caminho com centenas de pessoas — tanto mais que a capital regurgitava de peregrinos hebreus que ansiavam pela morte do "renegado".

Enquanto os oficiais davam providências para cumprirem as ordens de seu superior, escreveu este uma carta para ser entregue ao governador pelo chefe da escolta. Era deste teor:

"Cláudio Lísias apresenta saudações ao excelentíssimo governador Félix. Este homem foi apreendido pelos judeus e estava a ponto de ser morto por eles, quando intervim eu com o meu destacamento e o libertei por saber que era cidadão romano. No intuito de averiguar o motivo da acusação mandei levá-lo à presença do Sinédrio, e achei que era acusado por questões da lei deles, mas não cometera crime que merecesse morte ou prisão. Mas, como fui informado de que se planeja um atentado contra ele remeto-o logo a ti. Ao mesmo tempo, intimei os acusadores a que se expliquem em tua presença. Adeus"(At. 23, 26-30).

Quem lê este documento, aliás modelo de precisão e clareza romana, tem a impressão de ter Lísias arrancado Paulo das mãos dos judeus pelo fato de o saber cidadão romano, quando tal não acontecera. Convinha, porém, ao comandante frisar perante Félix o altíssimo conceito em que ele tinha o título de *civis romanus*, títulos que ele adquirira por "uma grande soma em dinheiro", devendo, portanto, saber corresponder a essa honra e lisonjear o mais possível ao representante de César.

Às nove horas da noite, à luz das estrelas, partiu a singular caravana, rumo noroeste. Estranha celebridade, a de Paulo de Tarso! Roma protege com os seus legionários o apóstolo do Cristo contra as insídias dos seus patrícios de Jerusalém. O paganismo mostra-se mais amigo do Evangelho do que o judaísmo...

Pelas nove horas da manhã emergiu o grupo armado das gargantas e quebradas das montanhas e entrou na extensa planície de Saron, não tardando a atingir Antipátride. Aqui, onde não havia mais esconderijos e valhacoutos, era menor o perigo de um sobressalto. Por isso, regressaram os pedestres para Jerusalém, acompanhando a Paulo somente os sententa cavaleiros. Ao anoitecer atingiram os jardins e pomares de Cesaréia e entraram ruidosamente na fortaleza romana.

Se os conspiradores cumpriram o seu juramento insensato, pereceram todos de fome e inanição...

Cesaréia era, nesse tempo, a chave da Palestina e base das operações militares de Roma, nessa província, Herodes, o grande, fizera dessa aldeia de pescadores uma "cidade moderna", com luxuosas avenidas e parques, chamando-a em honra aos senhores de Roma. Cesaréia, isto é, cidade imperial. Como em Jerusalém, era também aqui o "Herodeion" (palácio de Herodes) a residência dos governadores romanos: "pretório de Herodes", lhe chama Lucas. Presos de destaque eram guardados em uma torre maciça da guarnição militar do pretório.

O chefe do piquete de setenta cavaleiros entrega ao governador Félix o relatório policial de Cláudio Lísias e apresenta o seu preso. Félix lê em voz alta a carta, em tudo favorável a Paulo, porquanto provava tratar-se apenas de questões religiosas dos judeus. O governador pediu informações sobre a origem do preso, Cilícia era província imperial, e não senatorial; o tribunal competente no caso era, portanto, o do governador de César.

Félix mediu Paulo com um olhar inquisitorial e, com ares complacentes de soberano cônscio da sua superioridade respondeu: "Ouvir-te-ei, quando chegarem os teus acusadores".

Principia com isto a "prisão preventiva" de Paulo? — dois anos de inatividade para homem de tão inaudita atividade e espírito de iniciativa. O homem mais necessário à humanidade do primeiro século, isolado, algemado, inutilizado, em uma fortaleza às margens do Mediterrâneo? Que clamoroso paradoxo para quem não crê nos caminhos da Providência divina!

58. Paulo perante Félix

(At. 24, 1 ss)

Com a transferência para Cesaréia entra Paulo em contato com uma série de personalidades que despertam o nosso interesse.

Félix, como também seu irmão Palas, era grego, "liberto", isto é, alforriado de Antônia, mãe do imperador Cláudio. Palas foi primeiro ministro do império e teve grande prestígio sob o reinado do dito César e ainda algum tempo sob o de Nero. Por intermédio dele fez também Félix uma respeitável carreira política, sem contudo enobrecer a sua alma de escravo.

Dele diz o historiador Tácito (Hist. 59) que era cruel e sensual, manejando com servilismo o direito do império. Ora perseguia os bandidos, ora fazia causa comum com eles para se vingar de seus desafetos, entre eles um sumo sacerdote que lhe exprobrava extorsões injustas. Mas o prestígio do onipotente irmão lhe garantia impunidade.

Suetônio chama Félix: "esposo de três rainhas". Casara em primeiro matrimônio com uma neta de Antônio e Cleópatra. No tempo em que Paulo se encontrou com ele vivia o governador com Drusila, filha do rei Herodes Agripa I. Contava ela entre dezesseis e dezessete anos. Félix, ajudado pelas artes sinistras de Simão, o Mago, de Chipre, conseguira alhear a alma de Drusila de seu legítimo esposo, Aziz, rei de Emesa.

Era este o famoso casal ante o qual compareceu Paulo e com o qual teve de manter tão ingratas relações durante dois anos.

Aparecem nos *Atos dos Apóstolos* mais duas personagens da família de Herodes Agripa I: seu filho Agripa II e sua filha Berenice (ou Bernike). Esta gozava de grande fama no Oriente, como estrela de beleza — uma espécie de Lucrécia Bórgia. Jovem viúva, entregou-se a uma série de aventuras amorosas, vindo parar, finalmente, em casa de seu irmão Agripa II. As más línguas diziam coisas pouco edificantes da amizade desses dois. Depois da destruição de Jerusalém, manteve Berenice relações amorosas com o general romano Tito, o qual, antes mesmo de conquistar a metrópole judaica, fora conquistado por essa judia. Elevado ao trono dos Césares, achou o novo imperador conveniente pôr termo ao escândalo com a amante, à qual, daí por diante, desaparece na escuridão do anonimato, ao passo que sua irmã Drusila, como refere Flávio Josefo, pereceu com seu filho sob a lava do Vesúvio na erupção catastrófica de 79 depois do Cristo.

Achava-se, pois, Paulo cercado dos velhos muros da fortaleza que tantos horrores haviam presenciado nos últimos decênios. Por esses tétricos corredores errara horas mortas, o velho tirano Herodes, o Grande, clamando pela alma de sua querida Mariana, que assassinara em uma hora de ciúme feroz. Em torno dessas muralhas tinham chorado e gemido os judeus quando Calígula resolvera profanar o templo de Jerusalém com a ereção de uma estátua à sua pessoa.

* * *

"Decorridos cinco dias, veio o sumo sacerdote Ananias, com alguns dos anciãos e um advogado, por nome Tertulo, a fim de apresentar queixa contra Paulo diante do governador."

Lucas, que assistiu a este primeiro interrogatório, no interior da fortaleza, é admirável na descrição das cenas que, a seguir se desenrolam. Teve até o cuidado de nos conservar o nome do jovem advogado romano que os judeus constituiram: chamava-se Tertulo, o que quer dizer: "o pequeno três". Tinha sido escravo e levava ainda no corpo a marca do seu antigo dono, o número "3", razão por que, em vista da sua pequena estatura, fora apelidado simplesmente *Tertullus* (o pequeno três) . É delicioso observar, através do diário de Lucas, como esse advogado provinciano, mal abre a boca, se revela logo principiante em Direito, verdadeiro "rábula", como diríamos em gíria hodierna: procura suprir, com a mais descarada bajulação à autoridade e com insolentes descomposturas ao réu, as lacunas do seu saber e da sua perícia profissional: decorou algumas frases retumbantes de oratória forense — e julga-se à altura da sua missão.

Foi, pois, citado Paulo, e Tertulo começou a formular a sua acusação dizendo:

"Excelentíssimo Félix. Graças a ti é que gozamos de muita paz e é à tua providência que este povo deve não poucos melhoramentos. É o que, com profunda gratidão, reconhecemos sempre e em toda a parte.

Entretanto, para não te roubar mais tempo, rogo-te que por uns momentos nos prestes a tua benévola atenção" (At. 94, 3-4).

Até aqui, como se vê, eram lugares comuns, religiosamente copiados de algum autor ou ouvidos a um colega. Entretanto, o sumo sacerdote e os anciãos, conhecedores dos fatos, devem ter sorrido à socapa quando o infeliz causídico, logo de início, se saiu com mentiras desse tamanho, mentiras que nem o próprio governador, com toda a sua vaidade e ambição, podia admitir, a saber: que a paz social era presente de Félix, o qual, segundo testemunho unânime — afirma o orador — era um exímio benfeitor da Palestina — quando, na realidade, era objeto do ódio de todos, autor de banditismo e de uma escandalosa incúria na gestão de negócios públicos, a tal ponto que, dois anos depois, Nero pôs termo ao descalabro governamental de Félix, destituindo-o do cargo. Tal era a realidade. Entretanto, convinha a Tertulo matar a verdade com mentiras e adulações.

Não menos infeliz do que no exórdio foi ele no corpo do discurso, quando, em vez de provar a existência de algum delito, surpreendeu os ouvintes com esta malcriada invectiva:

"Achamos que esse homem é uma peste, um desordeiro entre todos os judeus do mundo e um dos principais caudilhos da seita dos nazarenos".

Como se vê, o "pequeno três" tinha decorado sofrivelmente o que lhe disseram os seus constituintes, os quais, também não estavam longe da tribuna e "sopravam" solicitamente quando ao orador falhasse a memória.

Depois destas duas gafes, perpetrou o novel causídico ainda uma terceira, pior que as outras, desprestigiando puerilmente a autoridade romana:

"Tentou até profanar o templo — prosseguiu — pelo que o prendemos e queríamos julgá-lo segundo a nossa lei — quando interveio o comandante Lísias e nô-lo arrebatou a viva força e ordenou que os acusadores comparecessem à tua presença".

Por outra, quem procedeu mal foi Lísias, comandante da guarnição militar; devia deixar Paulo em poder dos judeus para que estes o julgassem segundo a sua lei — pois, fique o senhor governador sabendo que os judeus também têm uma lei, e não só os romanos!...

O sumo sacerdote e seus amigos devem ter suado frio durante esse discurso, e Paulo terá sorrido compassivamente desse bom rapaz que não tinha queda para advogado...

Felizmente, o governador compreendeu a situação, e depois de alguns minutos fez sinal a Tertulo para terminar a sua arenga. Seria tempo perdido ouvir a continuação das invectivas pessoais sem sombra de prova objetiva. Desejava ouvir a Paulo, que lhe parecia homem sério e espírito equilibrado.

Desceu Tertulo da tribuna. Levantou-se Paulo e de pulsos algemados, começou a falar do lugar onde estava. Todos os olhares fitos nele.

Depois de cumprimentar respeitosamente a autoridade, principia, sem retórica alguma, a sua defesa. Nada de adulação. Menciona apenas que Félix, na qualidade de juiz de longa data, não podia deixar de ser ótimo conhecedor da índole do povo judaico, o que inspirava confiança ao acusado.

Passa em seguida a demonstrar a inanidade das acusações dos seus desafetos, que o acoimam indebitamente de propagador de "religião ilícita", não autorizada pelas leis do império. É falsa esta alegação, pois o que ele, Paulo, diz de Cristo foi predito pelos profetas de Israel, e a religião mosaica é religião tolerada pelas leis romanas.

É admirável o critério de Paulo, toda a vez que aborda este assunto. Considera o Antigo e o Novo Testamento como uma grandiosa unidade dogmática, uma só religião; porque o Cristianismo estava contido em germe no mosaísmo — tanto assim que o próprio Jesus frisa que não veio para abolir a lei e os profetas, mas, sim, levá-los à perfeição. O que Paulo portanto ensinava, não era inovação religiosa, era antes a alma de Israel, plenamente evolvida — ao passo que o Sinédrio, rejeitando o Messias, adulterava as profecias dos seus próprios chefes religiosos, reduzindo o judaísmo a um raquitismo espiritual. Para Paulo, não há duas religiões, reveladas, mas uma só, que vai de Abraão, por intermédio de Moisés, até Cristo. Assim como a árvore não é a adulteração da semente que lhe deu existência, nem a flor a falsificação do botão, nem o dia a abolição da aurora — assim também não é o Evangelho a negação da *Torah*, mas, sim, a sua plenitude e definitiva evolução.

Nestes pensamentos se movia o discurso de Paulo, como se depreende do ligeiro esboço que, dele nos deixou seu secretário.

Félix, governador da Judéia havia largos anos e casado com uma judia, conhecia melhor que a média dos seus colegas romanos as questões religiosas de Israel e estava bem em condições de dar parecer sobre o assunto e reconhecer a procedência da apologia de Paulo.

Entretanto, em vez de o absolver, como lhe pedia a consciência, optou pela protelação do processo. Alma de Pilatos, desejava agradar no Sinédrio, cujo desfavor lhe poderia acarretar não poucos aborrecimentos. De resto, como diz o historiador, esperava fazer bons negócios com a prisão de Paulo; pois, sabendo-o chefe de uma poderosa facção religiosa, convinha retê-lo como refém para obrigar os adeptos desse credo a resgatá-lo a peso de ouro.

Em todo o caso, deu ordem que lhe fosse aliviada a prisão, concedendo-lhe "sala livre" e permitindo-lhe receber visitas de amigos. Nesse estado de *custódia militaris*, podia Paulo mover-se livremente no interior da fortaleza.

59. Paulo, Félix e Drusila

(At. 24, 17 ss)

Paulo, embora isolado entre as muralhas de uma praça forte, continua a preocupar os espíritos, não só dos cristãos, senão também de pessoas alheias ao novo movimento religioso.

Onde quer que apareça um poderoso pólo magnético, aí oscilam todas as agulhas...

Misteriosa estação irradiadora, o homem de intensa espiritualidade enche de invisíveis ondas todos os espaços...

No luxuoso "Herodeion" de Cesaréia vivia aquela judia, quase menina, que Félix chamava sua esposa. Tinha Drusila as suas aspirações espiritualistas, herança dos seus maiores, esse povo de tão acentuada religiosidade como nenhum outro. Mundana embora, não conseguia sopitar nas profundezas da alma a nostalgia do infinito, esse indefinível anseio que toda alma humana sente nos melhores momentos da sua vida — e a psique feminina é, às vezes, tão clarividente nas suas intuições espirituais...

Não teria a poderosa espiritualidade de Paulo impressionado a alma de Drusila?... Não adivinhava ela um mundo incógnito para além do fulgor daqueles olhos e no eco daquela voz, que falava do Cristo, sempre do Cristo?... Podia uma filha de Israel encontrar o seu mundo e seu paraíso nos amplexos sensuais de um devasso?...

Era moda nas famílias abastadas do tempo mostrarem propensão por toda a espécie de espiritualismo, ocultismo e astrologia. Drusila também terá tido os seus livros de sonhos e suas companhias de magos. Na qualidade de hebréia não podia deixar de se interessar pelo mistério da personalidade desse famoso patrício de Tarso, de cujas virtudes superiores repercutia o Oriente todo: prodígios, milagres, curas repentinas, expulsões de demônios — tudo se atribuia a esse Paulo.

Também seu pai tivera, certa vez, preso em Jerusalém um homem desses chamado Cefas, ou como diziam outros, Simão; mas, quando o queria levar à morte, verificou que o cárcere se abrira por si mesmo, caíram os grilhões e evadira-se o mago...

E seu tio, Herodes Antipas, conservara por longo tempo no castelo de Maqueronte, um famoso taumaturgo por nome João, cujas conversas exerciam sobre o rei estranho efeito de uma sugestão que o fazia tremer em todo o corpo, depois, a pedido de sua mulher Heródias, o mandara degolar.

E não rezavam as crônicas que esse mesmo Herodes se encontrou um dia com o mais célebre taumaturgo da época, Jesus de Nazaré? Verdade é que ele se recusou a fazer milagre diante do rei, mas a Judéia andava cheia da fama desse profeta. E não era esse mesmo Jesus que Paulo anunciava com tanto fervor e em cujo amor se sentia feliz, mesmo entre os maiores tormentos?...

Drusila andava pensativa...

Certo dia, à insistência de sua jovem esposa "mandou Félix chamar Paulo para o ouvir discorrer sobre a fé em Jesus Cristo".

O apóstolo recebeu o recado, e sentiu uma instintiva repugnância de falar em seu divino Senhor e Mestre diante dessa sociedade leviana e fementida, que, afinal de contas considerava o arauto do Evangelho como uma espécie de mago ou ocultista. Esperava o casal passar uma noite interessante com a exposição das ideias filosóficas ou teosóficas desse pregador vagabundo...

Entretanto, Paulo aceitou o convite. Ia cantar as glórias de seu divino Mestre na luxuosa sala do palácio governamental — mas aquele par de adúlteros ia ouvir também o rebombar dos trovões do Sinai...

Apareceu o preso e falou.

Enquanto historiava tranqüilamente a vida de Jesus, o ilustre auditório, Félix, Drusila e todos os mais, o escutavam com prazer. Mas, de repente, o orador passou a tirar das verdades expostas as conseqüências práticas para a vida humana: "e quando começou a falar em justiça, castidade e no juízo futuro, Félix se atemorizou", estava sobre brasas e trocava olhares inquietos com a gentil amante, a qual, com os seus grandes olhos de criança curiosa, via relampejar nas pupilas de Paulo o fogo dos profetas de Iahweh de que falavam os livros sagrados do seu povo.

Não sabemos o que se passava na alma da jovem mulher. Paulo não lhe disse uma só palavra áspera; sabia que era uma pobre seduzida. Ele é sempre indulgente e delicado com as mulheres: quando acusa, acusa quase sempre os homens.

Félix tinha, pois, toda a razão para tremer. Ante os seus olhos passava evocado pela consciência culpada, o cortejo

das suas infâmias, dos seus roubos, homicídios, injustiças, orgias sexuais... Levantou-se cambaleante, e disse a Paulo: "Por esta vez chega... Oportunamente mandarei chamar-te..."
E, dando o braço a Drusila, retirou-se rapidamente da sala. Todos lhe seguiram o exemplo, silenciosos, pensativos.
Paulo foi reconduzido ao cárcere.
Que mistério esse em torno do Cristo?... Ninguém consegue ficar neutro em face dele...
E que energias estranhas irradiam dos seus discípulos!... Sem saber nem querer, o homem, por mais profano se sente abalado... empolgado por mão invisível... por uma potência de vida ou de morte...

....

Quando, anos mais tarde, na sua risonha vila em Pompéia, Drusila percebeu os primeiros roncos fatídicos do Vesúvio e sentiu desabar sobre si e seu filho Agripa o ruidoso cataclismo de lava mortífera, talvez que a recordação daqueles sagrados trovões e relâmpagos no "Herodeion" de Cesaréia tenham abalado salutarmente a sua alma de hebréia desejosa de verdade e pureza...

60. Origem de dois livros encantadores

(At. 24, 27)

Sobre os dois anos seguintes, que Paulo passou na fortaleza de Cesaréia, nada sabemos. O historiador liquida este biênio com a observação lacônica: "depois de dois anos teve Félix um sucessor na pessoa de Pórcius Festus. Félix, para ser agradável aos judeus, deixara Paulo na prisão".

Mas a natureza dinâmica de Paulo não admitia inatividade. Sendo que podia receber visitas, é fora de dúvida que viu numerosos amigos e auxiliares na histórica fortaleza no litoral do Mediterrâneo. E se, mais tarde, nos primeiros tempos do Cristianismo, encontramos por toda a parte tão magníficas figuras de militares cristãos, não terá essa longa convivência de Paulo com os legionários de César exercido salutar influência sobre a guarnição romana, recrutada de todas as províncias do império?

Era só entrar em contato com esse homem, para daí sair melhor, mais cristão, mais amigo de Deus e do próximo. O homem inteiramente bom não precisa falar muito para converter os outros; não precisa falar mesmo — basta que exista, basta que seja o que é, e logo o seu ser atua inconscientemente sobre o ambiente. O homem não vale pelo que diz ou faz, vale pelo que é. É este o misterioso carisma do homem verdadeiramente bom: irradia sem cessar a sua bondade pessoal.

Não possuímos dessa prisão de Paulo epístola alguma. E, no entanto, foi esse biênio de silêncio e solidão de imenso valor para o mundo cristão de todos os séculos, porque deu ensejo a que nascessem livros dos mais belos que a humanidade possui: o *Evangelho segundo Lucas* e os *Atos dos Apóstolos*. Têm eles por autor o médico antioqueno Lucas, como é sabido; mas a alma de Paulo anda por entre as linhas de quase todos os seus capítulos. Esses escritos maravilhosos foram exarados, pela maior parte em Cesaréia, nos anos de 57-59, sob os auspícios do grande apóstolo, de cujo espírito se acham repletos.

Paulo e Lucas, amigos dedicados, completam-se reciprocamente sob o ponto de vista intelectual, teológico e literário. Paulo, embora não despreza a parte histórica da vida do Cristo, propende mais para a ideologia místico-profética; compraz-se em penetrar nas profundezas das minas auríferas do Evangelho; elabora as últimas conseqüências da Cristologia — ao passo que Lucas é o tipo do historiador objetivo, sereno e calmo; e, sem desmentir esses predicados, sabe dar colorido, graça e plasticidade aos episódios que descreve. Espírito observador, apreende com rara felicidade o ponto saliente dos fatos. Quantas vezes não lança ao meio da narração plácida uma frase aparentemente séria, mas com tão sutil ironia que empresta nova perspectiva e singular encanto à narrativa!

Mateus já tinha publicado em língua aramaica a vida do Cristo, provando aos cristãos palestinenses, à luz das profecias, que Jesus era o verdadeiro Messias predito pelos vates de Israel.

Também Marcos, secretário e porta-voz de Pedro, já devia ter exarado o seu Evangelho, demonstrando aos etnocristãos, à vista dos prodígios, que Jesus Cristo era o Senhor da natureza, o Rei imortal dos séculos.

Lucas, certamente, conhecia esses documentos sagrados. Nem lhe faltavam outras relações, escritas ou narradas por testemunhas presenciais dos acontecimentos. Quantas vezes não terá ele percorrido, nesses dois anos, a estrada romana de Cesaréia a Jerusalém, para falar com aqueles que, como diz, "tinham desde o início sido testemunhas oculares da vida de Jesus e ministros da palavra"! (Lu. 1, 14). Quantas horas terá passado a sós com o velho Tiago, "irmão do Senhor", que governava a igreja de Jerusalém! Quantas vezes terá estado em Belém, Nazaré, na Galiléia, Samaria, às margens do Genesaré nas alturas do Calvário e do Tabor!...

E não vivia em Jerusalém a mãe de Jesus? Tão veneranda nos seus 60 ou 70 anos, ela que, como ninguém, podia contar ao historiador as cenas encantadoras que abrem o terceiro Evangelho: o colóquio do anjo com a Virgem, o nascimento do divino Infante na gruta de Belém, a visita dos pastores e dos magos, a fuga para o Egito, o regresso do exílio e a longa solidão nas montanhas de Nazaré, o reencontro do Menino Jesus no templo — e tantos outros pormenores que só ela, a mãe podia saber e só ela sabia contar devidamente...

Como poderia a humanidade celebrar convenientemente a poética noite de Natal, se Lucas não tivesse tido a feliz idéia de consultar a mãe do Salvador e exarar o *Evangelho da infância de Jesus*, por entre as tétricas muralhas da fortaleza de Cesaréia, onde fazia companhia ao amigo preso?...

Como terão Paulo, Lucas e os demais arautos do Evangelho celebrado a noite de Natal dos anos 57 e 58, no litoral do Mediterrâneo?...

Lucas, por que não disseste uma palavrinha ao menos sobre a vida oculta do divino adolescente em Nazaré?... Se soubesses com que ânsia leríamos essas notícias!... A mãe dele não quis?... Tinha ordem de cobrir com o véu do silêncio esses longos anos da vida operária do Redentor?...

* * *

Por esse mesmo tempo deve ter Lucas principiado a sua segunda obra conhecida com o título de *Atos dos Apóstolos*. Nela faz o historiador passar aos nossos olhos os primitivos tempos do Cristianismo e os trabalhos e sofrimentos de alguns dos seus maiores representantes.

Para a elaboração deste livro, tinha Lucas tão numerosas fontes quer escritas, quer orais, que a dificuldade não estava na matéria, mas antes na seleção dos fatos. Filipe apelidado o "Evangelista", pai daquelas quatro profetisas de Cesaréia, era uma das mais antigas testemunhas dos acontecimentos.

Nesse mesmo tempo se achava na dita cidade, fazendo companhia a alguns sacerdotes judeus presos, o conhecido historiador judeu Flávio Josefo, ao qual devemos a mais completa relação das ocorrências desses anos. Será que se conheceram os dois historiadores?...

* * *

Corria o segundo ano da "prisão preventiva" de Paulo, e ter-se-ia prolongado indefinidamente, se não se lhe pusera termo um sangrento acontecimento político.

Em Cesaréia viviam gregos e judeus com igualdade de direitos civis. Por ocasião de uma luta partidária, que degenerou em horrorosa carnificina, foram derrotados os gregos. O governador, de origem helênica, não tolerou essa afronta à sua raça, e deu ordem aos judeus para evacuarem imediatamente a cidade. À recusa deles, mandou as cortes romanas, que trucidaram inúmeros israelitas e lhes incendiaram as casas. O grito de revolta dos judeus repercurtiu além-mar, no Capitólio de Roma, onde eles gozavam de grande prestígio.

Félix, que não contava mais com os antigos protetores, foi deposto. Um dos seus últimos atos governamentais consistiu em algemar novamente a Paulo e entregá-lo a seu sucessor.

Sabemos pela história profana que esta mudança de governador ocorreu no ano 60, uma das datas mais precisas na vida do apóstolo Paulo.

61. "Apelo para César"

(At. 25 e 26)

Chegou a Cesaréia, em princípios de outono — setembro ou outubro — do ano 60, o novo governador Porcius Festus. Filho de uma tradicional família senatorial de Túsculo, membro da melhor aristocracia romana, tinha fama de amigo da justiça e do dever.

Depois de uma permanência de três dias em Cesaréia, foi a Jerusalém, a fim de entrar em contato com as autoridades judaicas e solucionar processos pendentes.

Reuniram-se ali os cabeças do Sinédrio, sob a presidência do sumo sacerdote Ismael-ben-Fabi instituído por Herodes Agripa II, já nesse tempo se tornara venal o supremo múnus religioso em Israel; adquiria-se o pontificado a peso de ouro — uma espécie de leilão.

Não haviam esses dois anos de interrupção extinguido o ódio dos judeus contra Paulo, tanto assim que logo aproveitaram a oportunidade e solicitaram ao novo governador lhes mandasse para Jerusalém o dito preso. Tinham combinado matar o apóstolo entre Cesaréia e Jerusalém; desta vez ninguém lhes frustraria o intento.

Festo, porém, já tivera ocasião para examinar as atas do processo de Paulo, em Cesaréia, e ensejo também para verificar a atitude odienta e vil desses chefes espirituais de Israel. Bisonho embora em questões religiosas judaicas, conhecia o direito romano e a justiça humana — e indeferiu o pedido do Sinédrio. Fez-lhe ver laconicamente que não convinha jogar com a vida de um preso; que os queixosos fossem ter com ele a Cesaréia e aí comparecessem perante o tribunal.

Depois de dez dias, pois, teve Paulo de submeter-se uma vez ao ominoso protocolo processual, na cidade residencial do governador. Lá estavam também os seus acusadores, cerrando os punhos, rangendo os dentes, vomitando imprecações contra o "renegado".

Festo sentia-se cada vez mais enojado dessa atitude indigna dos senhores do Sinédrio.

Paulo rebatia tranqüilamente as gratuitas acusações e tornava a frisar: "Em nada faltei contra a lei judaica, nem contra o templo, nem contra César".

De uma coisa se convenceu, finalmente, o governador: que o processo era antes da competência do tribunal religioso do que da alçada civil. Pelo que se dirigiu a Paulo e lhe perguntou: "Queres subir a Jerusalém e ser aí julgado sobre estas coisas?"

Não lhe permitia a lei transferir um cidadão romano de uma instância civil para um tribunal religioso, sem o consentimento do réu.

Paulo, com esta pergunta, se via em face de um problema. Festo tinha razão: a questão era de caráter religioso, e Paulo não admitia autoridade profana em matéria religiosa. Por outro lado, porém, o seu caso entendia com o foro civil, uma vez que os judeus o acusavam de ensinar uma nova religião, não autorizada pelas leis do império. Quanto à parte religiosa Paulo se desligara definitivamente do Sinédrio e da competência judicial do mesmo; a própria sinagoga o expulsara do seu seio, como renegado e desertor. Sobre a verdade do Evangelho que Paulo ensinava por ordem divina, só o próprio

Deus podia resolver. Só ele era instância competente. Jamais o apóstolo sujeitaria o seu Evangelho e a sua consciência ao critério da sinagoga — assim como Cristo não pedira ao Sinédrio a ratificação da sua doutrina.

Liquidado o lado religioso, faltava apenas o aspecto político. Mas como Festo declinasse ser juiz no processo de Paulo, insistindo em que ele fosse a Jerusalém, viu-se o apóstolo obrigado e excluir a competência do governador. E fê-lo, lançando a sua célebre apelação para César.

Tomado de uma grande seriedade, replicou Paulo com energia a Festo:

"Estou diante do tribunal de César, aqui é que tenho de ser julgado. Nenhum mal fiz aos judeus, como muito bem sabes. Se faltei, se cometi crime digno de morte, não recuso morrer. Mas se são sem fundamentos as acusações que esses me levantam, ninguém me pode entregar às mãos deles".

Depois, fitando o governador e erguendo a mão direita, exclamou:

"*Caesarem appello*! — apelo para César!"

Palavra mágica, ante a qual emudeciam todos os tribunais do mundo.

Era direito de todo o cidadão romano apelar para o supremo tribunal em Roma, e isto mesmo desde Augusto, antes da sentença de outra instância inferior, e durante a pendência do processo. A apelação suspendia todo e qualquer prosseguimento da demanda excluindo tanto a condenação como a absolvição do réu.

Os judeus quedaram-se perplexos.

Festo respirou, aliviado. Estava livre desse ominoso processo. Depois de conferenciar brevemente com os seus conselheiros, publicou, firme e conciso, o resultado:

"*Caesarem appellasti — ad Caesarem ibis*! — para César apelaste — para César irás!"

Caíra o dado! Para o destino ulterior de Paulo foi decisivo este dia em Cesaréia e esta invocação da suprema autoridade judicial do império romano.

Paulo, definitivamente desligado do seu povo e entregue aos gentios..

E o tribunal de César vai declarar inocente o maior apóstolo do Evangelho, declarado culpado pela sinagoga...

62. Paulo, Agripa e Berenice

(At. 25, 13 ss)

Paulo invocara a corte suprema — e Festo era obrigado a mandá-lo a Roma.

Via-se, porém em uma grande dificuldade: tinha de acompanhar a remessa do preso de uma carta explicativa sobre a razão jurídica do caso, e não sabia o que escrever a seu superior hierárquico sobre o caso de Paulo.

Desse embaraço tirou-o Herodes Agripa II, rei da Palestina Setentrional que, poucos dias após a tomada de posse do novo governador, veio fazer-lhe uma visita de protocolo, em companhia de sua irmã Berenice. Visita de protocolo e também de amizade, porque a nomeação de Festo era, em boa parte, devida às diligências que Agripa fizera na capital do império, onde gozava de notável prestígio. Judeu de origem e romano de educação estava bem em condições de dar ao novel governador um conselho sensato e competente. Roma usava para com este e outros régulos, de uma política de prudente tolerância concedendo-lhes certos direitos para os manter sujeitos ao cetro imperial e afeiçoados à causa de César. Nas moedas que Agripa mandara cunhar via-se-lhe a efígie com a inscrição: *Philocaesar* (amigo de César), ou: *Philoromaios* (amigo dos romanos). Por motivos políticos fizera estudos especiais sobre a religião mosaica e passava como autoridade na matéria. Era o representante clássico do judaísmo elegante e liberal da época. Tinha ingerência na eleição do sumo sacerdote e ocupava o rendoso cargo de fiscal do tesouro do templo. Por toda a parte levava consigo a sua formosa irmã

Berenice, a qual fugira a seu esposo Polemon, magnata da Cilícia, e desde então viviam os dois como rei e rainha, o que deu asa a uma série de rumores ambíguos.

Achavam-se agora os dois em Cesaréia, onde, ainda havia pouco, fora soberana sua gentil irmã Drusila.

Quando Agripa ouviu o nome de Paulo, exclamou interessado:

"Quisera ouvir esse homem"! — assim como, outrora, Herodes Antipas desejara "ver Jesus".

Festo folgou de poder prestar esse favor a seu ilustre hóspede; assim também teria o que escrever ao seu superior em Roma. "Amanhã o ouvirás" respondeu, satisfeito.

Destarte se originou um dos mais empolgantes episódios da história religiosa da humanidade. Felizmente, lá estava Lucas para consignar os principais incidentes dessa memorável entrevista religiosa em Cesaréia.

No dia seguinte teve Paulo ordem de comparecer à sala de audiências do "Herodeion". Acorrentado ao guarda, deixa a fortaleza. Não sabe de que se trata.

Entrementes, haviam-se reunido na *basiliké* marmórea do palácio governamental os oficiais da guarnição militar, os próceres das autoridades civis, bem como o conselho jurídico do governador.

Aparece Festo, coberto da alvejante toga romana, e Agripa no seu manto de púrpura recamado de ouro. Ao lado dele Berenice, eclipsando com a sua estonteante beleza todas as damas presentes. Nos assentos ao longo das paredes se vão agrupando os numerosos convidados e a comitiva.

O governador cede gentilmente ao rei a presidência da sessão. Trata-se, não de uma sessão do tribunal, mas de uma interessante reunião social, que dada a celebridade do "orador", promete tornar-se uma verdadeira sensação.

No meio do silêncio e da expectativa geral, entra na luxuosa sala Paulo trajando uma velha e surrada túnica e com a mão direita presa ao soldado que o acompanha.

O momento é solene...

Dois mundos diametralmente opostos, aí se encontram face a face... O paganismo em toda a vacuidade das suas pompas, por entre o cintilar das espadas e o farfalhar das sedas — e o Cristianismo em toda a plenitude da sua esquálida pobreza, preso, acorrentado, ridicularizado o Evangelho no banco dos réus...

Disse Agripa a Paulo: "Tens permissão de falar em tua defesa".

Paulo estendeu a mão direita — e o áspero ranger de ferrugentas cadeias ecoou sinistramente pelo auditório, confundindo-se com o discreto tinir dos braceletes de ouro de Berenice e suas amigas...

Na antiguidade, em sinal de afirmação solene e grave, costumava o orador estender os três dedos médios — os "dedos de juramento" — encolhendo o polegar e o mínimo. Assim é que podemos imaginar o apóstolo, no momento decisivo da sua oração.

Neste lance histórico improvisou Paulo a mais estupenda apologia do Cristianismo que já se proferiu em todos os séculos. Convidado a falar em sua própria defesa, ele se esquece da sua situação e tece, em face do império romano e da sinagoga de Israel, uma genial defesa do Cristo e do Evangelho.

Jamais falara Paulo com tão ardente entusiasmo, com tão espontânea veemência e insinuante simpatia como desta vez. Parece que o longo isolamento e a falta de expansão lhe represaram na alma um oceano de espiritualidade que, neste momento, rompe os diques, alaga o mundo e arrasta na sua corrente os espíritos mais inveterados no seu mundanismo profano.

O orador, sempre polido e distinto, sem servilismo nem adulação, principia por se dirigir ao presidente honorário da sessão, dizendo:

"Rei Agripa, sinto-me feliz em poder defender-me hoje em tua presença de todas as acusações que me assacam os judeus, porque tu és exímio conhecedor de todos os costumes e de todas as questões judaicas. Pelo que te rogo que me ouças com paciência".

Em seguida, dirigindo-se aos ouvintes em geral, passa a historiar, em largos traços, a sua vida de fariseu, a sua inesperada conversão e subseqüente vida cristã. Torna a frisar, como em outras ocasiões, que o Evangelho não é nenhuma apostasia do judaísmo, mas antes o seu desdobramento cabal, conforme predisseram os próprios profetas e patriarcas da lei antiga. Para Paulo, pessoalmente, é decisivo o acontecimento dramático às portas de Damasco. Mas para os outros, objetivamente, era essencial a harmonia entre o Antigo e o Novo Testamento. A cruz não está no Calvário, isolada, sem nexo com o passado; é antes o elo final de uma longa cadeia de acontecimentos; radica nas profundezas do mosaísmo de Israel — tanto assim que ao lado do Cristo transfigurado aparecem Moisés e Elias, e falam com ele sobre a sua morte redentora em Jerusalém. E este mesmo Cristo ressuscitou, conforme as Escrituras sagradas de Israel...

Ao mencionar Paulo a ressurreição do Cristo, parece, o rei meneou a cabeça, incrédulo. Ao que o orador interpelou: "Por que é que tendes por impossível que Deus ressuscite os mortos?"

E continuou a demonstrar a grandiosa unidade espiritual da revelação da antiga e da nova aliança. Não há dualismo em Deus. Deus não desdiz pelos lábios de seu Filho o que disse por boca de seu mensageiro. A revelação divina é uma só, iniciada em Israel pelos profetas, coroada por Cristo. Por isso, ele, Paulo, adorando a Cristo e pregando o seu Evangelho, se revela o mais israelita dos israelitas, ao passo, que seus adversários incompreendem e adulteram o espírito de Moisés, rejeitando o Messias que aquele vaticinou como ponto culminante da lei e dos profetas. Diante de Agripa, profundo conhecedor do judaísmo, podia Paulo jogar à cena todos os argumentos "escriturísticos".

Festo, porém, pagão ignorante nada compreendeu. Para ele era tudo isto um mundo incógnito, e, quando Paulo, em um rasgo de sublime audácia afirmou que sua missão era levar a todos os povos, pequenos e grandes, o Evangelho do Cristo e converter o mundo inteiro à fé no ressuscitado, exclamou o governador:

"Estás louco, Paulo! Os teus muitos estudos te fizeram perder o juízo!"...

O orador não leva a mal a ofensa grosseira. Sem perder por um momento a linha de perfeito cavalheiro, responde com firmeza: "Não estou louco, excelentíssimo Festo; o que digo é verdade e bem ponderado. O rei sabe destas coisas; pois não posso supor que ignore alguns desses fatos, que não se passaram em algum recanto obscuro da terra"...

Depois, em uma arrojada apóstrofe, coloca o rei diante deste gravíssimo dilema:

"Rei Agripa, crês nos profetas?"

Silêncio profundo acolhe esta pergunta... Agripa está sobre brasas... Filho de Israel não quer lançar ao meio do auditório uma apostasia pública da lei de Moisés, e, por outro lado, pressente o perigo de uma profissão de fé em face do inteligente orador, que possivelmente tiraria dessa profissão conseqüências práticas a que Agripa não queria chegar. Era mais amigo de um liberalismo curvilíneo do que dessa inexorável lógica retilínea de Paulo. Por isso, acha preferível ficar calado.

Paulo, porém, responde em público o que a consciência do rei diz tacitamente:

"Sei que crês".

Agripa não o nega. Está preso nas malhas férreas de uma lógica que ele aborrece. Crer nos profetas é crer no Cristo, alvo dos vaticínios deles.

Mas... é tão difícil harmonizar a vida prática com a convicção espiritual... É tão longo e escabroso o caminho que vai da cabeça ao coração... "O coração tem razões de que a razão nada sabe"... Para um espírito de orientação estética é sedutor estudar a história da religião, cantar as grandezas de Deus e fazer literatura sobre as belezas do sentimento metafísico — mas é tão duro e prosaico, para o homem mundano, ter de sacrificar a um ideal intangível certos ídolos sensíveis...

"Crês nos profetas?"... A esta pergunta inesperada entreouve a alma do velho hebreu como que o tanger de uma harpa longínqua, harpa que ele julgava para sempre quebrada... Sente em si a luta de dois "Eus" adversos e, como que em sonhos, responde à meia-voz:

"Quase me persuades a me fazer cristão"...

Propriamente não o quisera dizer, ele espírito forte, emancipado; mas em um momento mal vigiado, o subconsciente se antecipou ao consciente e revelou o que ele recalcava discretamente às penumbras do ego...

Paulo apanha no ar o semivoluntário suspiro da alma de Agripa, e em um lance de suprema emoção, exclama:

"Prouvera a Deus que, mais dia menos dia, não somente tu, mas todos os meus ouvintes de hoje se fizessem o que eu sou, abstração feita — Paulo levanta o braço, e um ranger de rudes correntes de ferro repercute nos ares — abstração feita destes grilhões!"...

Quando o apóstolo baixou o braço, parecia não haver uma pessoa no vasto salão do "Herodeion"... Era um desses momentos de indescritível dramaticidade, em que o mundo parece suspender a respiração e os homens parecem olvidar os ódios antigos e fundir-se em uma silenciosa sinfonia de compreensão, de paz, de amor...

Quase que se percebia, no meio daquela quietude, o discreto rufiar das níveas asas de um anjo celeste — a graça — para tocar de leve o coração de Agripa e Berenice...

Mas o anjo de Deus passou de largo, porque essas almas o repeliam de si...

Quase...

....

Levantou-se bruscamente o rei, dando por encerrada a sessão. O governador, Berenice e os demais presentes lhe seguiram o exemplo.

A atmosfera do "Herodeion" estava prenhe de mistério e de eternidade...

Para Paulo foi esta hora de grande efeito. Todos estavam convencidos da sua inocência, todos simpatizavam com ele e diziam uns aos outros:

"Esse homem não fez nada que merecesse morte ou prisão".

Observou Agripa a Festo, encolhendo os ombros:

"Podia ser posto em liberdade, se não tivesse apelado para César"...

Em seguida, o governador elaborou a carta para ser exibida à suprema corte em Roma.

Parte III

De Roma a Óstia

Prisioneiro e mártir

63. Em demanda de Roma.
Tormenta e Naufrágio.

(At. 27)

Na manhã em que o célebre almirante inglês Nelson foi mortalmente ferido na batalha de Trafalgar, que assegurou à Grã-Bretanha o domínio dos mares, encontraram sobre a sua mesa a Bíblia aberta no capítulo 27 dos *Atos dos Apóstolos*, onde Lucas descreve magistralmente a tormenta e o naufrágio do navio que devia levar Paulo a Roma.

Esta descrição — diz o dr. Breusing, lente da Escola Naval de Bremem — é o mais precioso documento náutico que da antigüidade possuímos, e só pode ter por autor uma testemunha ocular (cf. Holzner, obra citada).

Era em fins de setembro do ano 60.

Já passara o equinócio do outono, e daí a um mês começariam os nevoeiros do inverno a toldar as estrelas, e os vendavais a varrer os mares, impossibilitando a navegação. Urgia, pois, embarcar os presos destinados a Roma.

O encarregado desse transporte chamava-se Júlio, comandante da "Prima Augusta Itálica", isto é, do destacamento da polícia imperial. Na falta de um navio direto de Casaréia à Itália, escolheu Júlio um veleiro com destino a Adramítio, na Mísia onde tinha esperança de encontrar uma embarcação para Roma.

Era, pois, naquela manhã de setembro quando apontaram no cais de Cesaréia as lanças e os elmos de soldados romanos, escoltando umas centenas de homens, parte presos políticos, parte bandidos e desordeiros, que, para gáudio do povo, iam lutar com as feras na arena do *Circus Maximus* da capital.

Ajuntou-se a essa multidão anônima um preso conduzido por um pretoriano da guarnição militar de Cesaréia — Paulo de Tarso. Também este era gladiador e, havia mais de vinte anos, lutava na arena mundial do Evangelho — "espetáculo para os homens e os anjos"— com os olhos fitos no Divino Soberano. Ia agora continuar a ingente peleja, na metrópole dos Césares.

Júlio tratava a Paulo com humanidade, quase com reverência. Era da classe daqueles oficiais romanos que aparecem na pessoa do centurião de Cafarnaum e de Cornélio de Cesaréia. Chegara conhecer e estimar Paulo provavelmente por ocasião da solene reunião no "Herodeion" quando o preso falara diante de Festo e de Agripa. O comandante adivinhava nele algo de superior, porque em nada se parecia com os outros cativos.

Graças à bondade de Júlio, tiveram permissão para embarcar com Paulo alguns dos seus amigos, entre eles, Lucas, Timóteo e Aristarco.

Enquanto o navio, tangido por ventos galernos, se distanciava aos poucos do continente asiático, ficou Paulo no convés a contemplar, com a alma cheia de gratidão, o cenário de tantas lutas e vitórias tamanhas... À exceção do berço do Cristianismo — que preferia o seu estreito formalismo ritual à largueza do Evangelho — toda a Ásia então conhecida, estava pontuada de florescente cristandades que, qual imensa via-láctea, cingiam as águas azuis do Mediterrâneo...

Hoje, depois do fato consumado, parece-nos tudo isso tão evidente e natural. Mas que curso teria tomado a evolução do Cristianismo se lhe faltara na sua alvorada, a poderosa personalidade de Paulo de Tarso? Se esse indômito bandeirante do Evangelho não desbravara as florestas virgens do paganismo e, contra todas as tentativas de adulteração, defendera a primitiva pureza da doutrina do Nazareno? É certo que Deus não precisa de homem algum, e o Cristianismo também existiria sem a conversão do fariseu às portas de Damasco — mas teria ele atingido desde logo esse caráter mundial? Essa grandiosa universalidade? Esse cunho cosmopolita que lhe conhecemos? Não teria o mosaísmo dos cristãos e apóstolos palestinenses emprestado ao Evangelho um colorido demasiado judeu e racista? Não teria repelido os povos gentios, sobretudo os gregos e romanos?

A preservação do Evangelho do sufocante ritualismo israelita, por um lado, e do degradante materialismo gentio por outro, e a obra gigantesca desse homem sem compromisso, que, como nenhum outro, personifica o espírito do divino Mestre.

Tratado embora com benevolência, não deixa Paulo de sentir nessa travessia um tormento contínuo. Preso, jogado no meio de um bando de criminosos e facínoras...

Só Deus sabe quantos desses homens encontraram nessa viagem o caminho da regeneração moral!... Raras vezes terá uma alma humana tido melhor "diretor espiritual" do que o tiveram esses duzentos e tantos companheiros de Paulo. Muitos, é certo, eram melhores do que a sua fama. Quantos homens não acabam celerados, porque não há quem os compreenda, quem lhes estenda a mão, quem lhes dê uma gota de amor!...

Lucas, porque não nos conservaste ao menos o esboço de uma das palestras espirituais de Paulo com os companheiros de bordo?...

* * *

Os navios daquele tempo eram veleiros de madeira, que, por falta de bússola, se guiavam pelo curso dos astros e se mantinham, quando possível, nas proximidades do litoral. O navio fretado por Júlio foi costeando a Ásia Menor, rumo norte, até ao porto de Mira, na Lícia. Deste notável empório comercial costumavam os navios mercantes do Egito levantar ferro com destino à Itália, para onde exportavam grandes quantidades de cereais. Alguns deles comportavam mais de duas mil toneladas.

No porto de Mira ajustou Júlio com o dono de um navio de trigo vindo de Alexandria o transporte do seu pessoal para a Itália. Eram ao todo 276 pessoas, entre tripulantes e passageiros. Na qualidade de comandante da polícia imperial competia-lhe também a direção do navio.

Levantaram ferro, com vento desfavorável. Soprava um forte nordeste, que a custo os deixou chegar à Cnido. Havia três semanas que tinham deixado Cesaréia.

Nestas alturas é que começou o mais difícil da travessia. Tinham de contornar a península do Peloponeso, extremo sul da Grécia; mas antes de dobrarem o cabo de Matapam, foram acometidos de um violento vendaval, que os arranjou à costa oriental de Creta. Oferecia-lhes esta grande ilha algum perigo, de maneira que conseguiram costeá-la lentamente pela parte sul até Kaloi-Limenes (Belos Portos), perto de Laséia.

"Entrementes — diz Lucas — decorrera muito tempo e já se ia tornando perigosa a navegação, porque já tinha passado o grande jejum."

O tempo do "grande jejum" era a festa da reconciliação judaica, ou *Yom Kippur*, e incidia no mês de *Tishri* (outubro). Pensou-se em invernar onde se estava. Júlio trocou idéias com o dono do navio e solicitou também o parecer de Paulo. Este optou pelo inverneio em Creta. Mas o dono do navio, receando a avaria de cereais, por falta de armazéns convenientes, propôs que se tentasse arribar ao porto de Fenice (hoje: Port Lutro), situado mais para o oeste da ilha.

Prevaleceu este último alvitre, por mais que Paulo dissuadisse de semelhante temeridade.

Levantaram ferro de Kaloi-Limenes — mas nunca viram o porto de Fenice... A princípio, ao deixarem aquele porto, soprava um ligeiro vento sul, razão porque se julgou possível a execução do plano. Mas eis que, de súbito, ao dobrarem o Cabo Matala, rumo norte, tripulantes e passageiros perceberam que o "monte sagrado", Ida, envolvia o seu cume em um véu de nuvens brancas, prenúncio de tempestade iminente. Mais uns instantes, e uma formidável rajada fez estalar os mastros do navio; e logo furioso tufão se arremessou sobre as águas, bramindo e ululando lugubremente...

"O nordeste! o nordeste!" — este grito de horror irrompeu de todos os lábios. De velas ferradas, inclinava-se a embarcação sobre o bombordo, rente ao nível das águas, enquanto montanhas líquidas coroadas de espumas avançavam contra a nau e varriam fragorosamente o convés. Estalavam as vergas, estilhaçavam-se os mastros, gemia o casco do navio...

Por uns momentos, uma pequena ilha perto do litoral por nome Cauda (hoje: Gozzo) lhes ofereceu abrigo suficiente para poderem recolher a bordo o escaler que levavam a reboque. Mal, porém, passaram a ilhota, continuou o navio a corcovear freneticamente à mercê dos ventos e das vagas, que ora o erguiam no seu dorso vacilante, ora o despenhavam ao gorgolejante abismo... Daí a momentos, o faziam empinar com a proa para as nuvens — e logo o jogavam ao encontro de uma montanha líquida, que, por instantes, sepultava a nau dentro do seu bojo sinistro...

A cada investida dos elementos cuidavam os nautas chegada a sua hora derradeira.

Para impedir que o navio carregado de cereais, se desconjuntasse com o violento embate das vagas, passaram-lhe cabos ao redor do casco, da proa à popa. No dia seguinte, vendo que o perigo continuava, alijaram a maior parte da carga. No terceiro dia arrojaram também ao mar os trastes e utensílios de bordo, bancos, cadeira, mesas, tudo.

"Por diversos dias não se viam nem sol nem estrelas. A procela continuava com o mesmo furor. Já não nos restava esperança de salvação. Havia muito tempo que ninguém comia".

Nestes rápidos apontamentos do diário de Lucas ecoa ainda a angústia daqueles dias e noites de horror.

A cerração espessa tornava impossível qualquer orientação. Ninguém sabia em que ponto se achava o navio, nem que rumo tomar. Receavam alguns ser lançados às famosas sirtes ou baixios da África, perecendo em pleno deserto.

Estendidos no porão do navio, com todas as vigias cerradas, aguardavam passageiros e tripulantes a morte. No convés ninguém se agüentava; os ventos e as vagas varriam tudo. Pouco a pouco se tornava irrespirável o ar do porão, com a presença de centenas de pessoas acumuladas em tão pequeno espaço. Havia muito tempo que ninguém comia. O jogo do navio provocava isuportável "enjôo". A violenta agitação diurna e noturna macerava os membros. Além disso, quase todos os gêneros alimentícios estavam mareados e inutilizados. Dentro de uma semana, com essa falta de alimentação e sono, estavam todos às portas da morte.

Lucas, que era médico, esgotava-se em desvelos e solicitudes. Mas que podia ele contra o furor dos elementos?

Em uma dessas noites horrorosas conseguiu Paulo dormir uns momentos, e teve uma visão: viu diante de si um anjo de Deus que lhe dizia: "Não temas, Paulo; importa que compareças diante de César. E Deus te dará os teus companheiros de viagem". E logo viu, em sonhos, emergir uma ilha do seio das águas, e a voz lhe dizia: "A esta ilha é que sereis lançados"...

Despertou — e desvaneceu-se a visão.

A tormenta ululava sempre com a mesma violência.

Embora se pudesse atribuir essa visão a um sonho ou uma alucinação dos nervos torturados, Paulo sabia que Deus também se servia desses estados naturais para falar ao homem. Na manhã imediata apareceu ao meio dos companheiros semimortos e lhe incutiu coragem e confiança, contando a visão noturna e garantindo salvação a todos:

"Não perecerá nenhum de nós, senão somente o navio; vamos ser lançados a uma ilha".

Havia quatorze dias que o navio redemoinhava nessa dança macabra entre a Grécia e a Sicília, mar que os antigos chamavam "Adria".

Eis senão quando, pela meia-noite se ouve a grita alviçareira: "Terra! Estamos perto da terra!"...

Não se enxergava coisa alguma através da escuridão e dos nevoeiros, mas o ouvido perito dos marinheiros percebia o ruído característico de uma forte ressaca, muito ao longe: devia existir algum litoral em que se quebravam as ondas.

Imediatamente lançaram a sonda e verificaram uma profundidade de 37 metros. Pouco além, nova sonda acusou 27 metros e pouco. Estavam, pois, aproximando-se da terra. Se deixassem correr o navio com essa velocidade, seria completamente esmigalhado, no caso que desse contra algum litoral. Lançaram, pois, quatro âncoras da popa, retardando assim notavelmente o curso da nau, entregaram-na à mercê da procela, "suspirando pela madrugada".

Nisso percebeu Paulo que um grupo de marujos ia baixando às águas uma chalupa, sob pretexto de lançarem âncoras também na proa. Mas seu intento real era escapulir-se clandestinamente e entregar os passageiros à mercê do acaso. Paulo cientificou a Júlio da criminosa manobra dos marinheiros. O comandante compreendeu que só uma rigorosa disciplina e os esforços conjugados de todos é que podiam salvar tripulantes e passageiros. Deu ordem que se cortassem os cabos que suspendiam o bote, e este tombou ruidosamente as águas — e os traidores viram frustrada a sua covarde deserção.

Mal clareava o dia quando Paulo reunindo todas as forças, começou a passar pelo meio dos companheiros de sofrimento inculcando-lhes coragem com a perspectiva do próximo fim da horrorosa odisséia. Havia quinze dias que estavam em jejum. Juntando o exemplo à palavra, "tomou um pedaço de pão, deu graças, aos olhos de todos e partindo-o começou a comer". E todos cobraram ânimo e principiaram também a comer.

Em circunstâncias dessas não vale o cargo, mas vale o homem — e Paulo era o maior homem de bordo. Mais de uma vez tinha ele naufragado: uma vez andara ao sabor das vagas um dia e uma noite, agarrado a uma prancha: sabia o que era sofrer e passar aventuras mortíferas...

Pela primeira vez, depois de duas semanas de agonia, iluminou um sorriso de esperança àqueles semblantes cadavéricos...

"Finalmente, se fez dia", escreve Lucas com um suspiro de alívio e fazendo adivinhar que a custo coava uma meia-luz através das brumas espessas e da chuva torrencial que toldavam o espaço.

Avistaram então, pelas cinzas e penumbras do ar, uma enseada cercada de penhascos abruptos e com uma praia arenosa. Aí resolveram encalhar o navio. Não sabiam ainda que dentro do golfo (hoje: "baia de São Paulo") existia uma pequena ilha circundada de um canal cavado pelas correntes marítimas.

A fim de aliviar o navio e diminuir a violência do embate na praia, alijaram ainda o pequeno resto de cereais. "Levantaram as âncoras, soltaram as amarras dos lemes, içaram a vela do artimão à feição do vento, e foram rumo à praia."

De súbito um choque violento derrubou tripulantes e passageiros... Depois, um fragoroso ranger e estraçalhar — e o navio encravara a quilha nas areias do litoral. Mas antes que alguém pudesse saltar, um enorme vagalhão empinou a popa da embarcação, sacudiu-a por uns momentos no ar e deixou-a cair com tanta veemência que pranchas e traves se desconjuntaram e voaram ao mar, arrebatadas pelas ondas. Torrentes gorgolejantes precipitaram-se para o interior da nau em ruínas. Com um grito de horror apertou-se o pessoal na proa do navio. Alguns dos presos aproveitaram o momento de contusão geral para se lançar ao mar e fugir a nado. Os soldados, alarmados com a iminência de uma fuga geral, pediram licença ao comandante para matar todos os presos. Por momentos esteve a vida de Paulo por um fio: sucumbiria no meio da carnificina geral? Prevaleceu, porém, o bom senso e a humanidade de Júlio, "que desejava salvar a Paulo e proibiu que os guardas executassem o seu intento".

Mandou o comandante soltar os grilhões a todos os presos e deu a ordem: "Salve-se quem puder!"

No mesmo momento, mais de duzentos homens se lançaram às ondas em fúria, lutando com a violenta ressaca e procurando ganhar a praia.

Foi uma hora de indescritível sensação... Centenas de náufragos, semimortos de fome, fadiga e sofrimentos com quinze dias de jejum forçado, em luta com os elementos — luta de vida e de morte... Os que não sabiam nadar, ou, de tão debilitados, não se podiam manter em pé — diz Lucas — montaram nas costas dos marinheiros e assim chegaram à terra.

Outros ainda, jogados ao longe pela violência do embate da nau, agarraram-se convulsivamente a pedaços do mastro ou pranchas soltas e com o auxílio deles bracejaram à praia, onde se deixaram cair, exaustos, desmaiados, mais mortos que vivos...

Também o nosso aventureiro do Cristo pôs em contribuição o esforço dos seus músculos e toda a sua energia e, emergiu das salsas águas do Mediterrâneo como um defunto — redivivo...

Todos perderam tudo quanto possuíam. Paulo nada tinha, afora um tesouro: os seus livros sagrados, inseparáveis companheiros das suas viagens. Lá se foi tudo, presa das ondas!...

Realizara-se a profecia do apóstolo: o navio perdido mas todos os náufragos sãos e salvos.

64. Inverno em Malta

(At. 28, 1 ss)

Quando os 276 náufragos, só com a roupa do corpo — e alguns sem ela — foram pelas ondas lançados à praia, chovia torrencialmente, fazia um frio intenso e soprava um vento que cortava as carnes.

Assim após tão ingentes trabalhos e sofrimentos no mar, não encontraram conforto em terra.

Felizmente os habitantes da ilha se monstraram humanos e benévolos. Acudiram em bandos e, de olhos arregalados, contemplavam aqueles pálidos *neptunus* vomitados pelas ondas. Quase ninguém entendia as exclamações dos indígenas. Falavam um idioma bárbaro, com elementos púnicos; alguns marinheiros fenícios conseguiram entender-se com eles.

A ilha em que os náufragos acabavam de arribar chamava-se Mélita, isto é, ilha do mel (hoje: Malta) e fazia parte da província romana da Sicília.

O primeiro cuidado dos náufragos foi defender-se do frio, que era tanto mais sensível quanto maior o estado de fraqueza e inanição em que todos se achavam. Pediram fogo aos indígenas e puseram-se logo a reunir gravetos e lenha para acender uma fogueira no litoral.

O infortúnio comum faz amigos comuns. Todos aqueles homens passageiros e tripulantes, apesar de caráter tão diverso e heterogêno, sentiam-se como amigos e camaradas, e todos cooperavam de boa vontade para o bem-estar geral, ajudando a aumentar cada vez mais a fogueira.

Também Paulo não se fez de rogado. Jogava braçadas de gravetos às chamas. Dentro de um desses feixes, reunidos na mata, dormitava uma víbora. Quando Paulo aproximava do fogo o feixe, o réptil sentiu o calor, saltou fora e cravou os dentes venenosos na mão do apóstolo, e ficou suspenso da mão dele. Alguns dos naturais da ilha assistiram ao caso, e diziam uns aos outros: "Esse homem deve ser um grande criminoso; escapou à morte no mar, mas a deusa da vingança não o deixa viver; vai morrer de mordedura de víbora"...

Paulo, porém, sacudiu o ofídio tranqüilamente na fogueira. Os nativos entreolharam-se, perplexos, e esperavam a cada momento que a vítima inchasse com o veneno e caísse morta. Mas, depois de esperarem muito tempo e vendo que nada de funesto lhe acontecia, mudaram de parecer e exclamaram: "É um deus! É um deus!"

Nesta ocasião, possivelmente, ouviram os malteses a primeira notícia de que Cristo imunizava seu apóstolo contra o veneno ofídico.

Ainda hoje é São Paulo invocado nessa ilha contra a mordedura de cobras.

Administrava naquele tempo, essa porção da província siciliana um funcionário romano por nome Públio. Agasalhou por três dias os náufragos e dispensou-lhes hospitaleira acolhida até que refizessem as forças e encontrassem conveniente abrigo contra a inclemência da estação.

"O pai de Públio estava de cama, doente de febre e disenteria" — escreve Lucas, o médico. Mas quem curou o enfermo não foi ele, e, sim Paulo, e isto com uma simples imposição das mãos. Com este benefício e a demonstração de virtudes carismáticas, abriram-se as portas à pregação do Evangelho do Cristo. "Acudiram também os demais enfermos da ilha, e foram curados. Pelos que nos cumularam de honras, e, ao nosso embarque, nos proveram do necessário."

É sempre assim: o caminho à alma vai pelo coração e pelos nervos. Ainda que o historiador não mencione a fundação de uma cristandade em Malta, é provável que Paulo, tenha aproveitado os meses de inverno de 60 a 61 para crear nessas paragens uma nova célula de espiritualidade cristã, tanto mais que esta ilha representa um importante ponto de intersecção entre o norte e o sul.

65. Salve, Roma!

(At. 28, 11 ss)

Três meses passaram os náufragos na ilha de Malta.

Fins de fevereiro de 61, terminado o inverno, embarcou Júlio o seu pessoal, no porto de Valetta, a bordo de um navio alexandrino que invernara na mesma ilha. Lucas teve o cuidado de tomar nota até do emblema do navio: levava na proa a constelação dos "Dióscuros", Castor e Pólux, divindades protetoras da náutica desse tempo.

O primeiro porto em que escalaram foi Siracusa, na Sicília. Nas catacumbas dessa grande ilha conserva-se ainda hoje a recordação do tríduo que Paulo aqui passou e da sua pregação sobre o reino de Deus.

Ao longe, projetava o Etna às nuvens a sua cabeça coberta de neve.

Atravessaram o fatídico estreito de Messina, onde a fantasia de Homero localizara os monstros de Sila e Caribdis.

Daí a dois dias avistaram nas alturas da ilha de Capri, a magnificência marmórea do palácio de veraneio de Tibério César. Poucas horas depois, entraram no porto de Putéoli (hoje Puzzuoli), ao norte de Nápoles, onde um colar de vilas e palacetes cingia o litoral do Mediterrâneo.

Em Putéoli costumavam os navios do Egito fazer descarga de trigo, e esta nau era a primeira que chegava depois do inverno. Uma multidão de curiosos afluiu ao cais, saudando alegremente a embarcação, que lhes trazia cereais para o pão de cada dia.

Já nesse tempo existiam em Putéoli numerosos cristãos. O fermento do Evangelho penetrava o mundo.

Júlio permitiu a Paulo aceitar o convite dos "irmãos" para ficar sete dias com eles.

Entrementes, haviam, os "irmãos" mandado recado a Roma, cientificando as cristandades da próxima chegada do grande arauto do Evangelho.

A distância de Putéoli a Roma orçava por 208 quilômetros, ou sejam, seis dias de viagem. Essa jornada ia tornar-se para Paulo uma verdadeira marcha triunfal.

No foro de Ápio recebeu o prisioneiro do Cristo a primeira embaixada cristã enviada de Roma.

Pouco além, em Três Tavernas, o esperava outra, de caráter mais oficial, composta dos presbíteros, de cujos lábios tinham os fiéis ouvido a leitura da grande *Epístola de São Paulo aos Romanos*.

A caravana de Júlio caía de surpresa em surpresa ao ver cumulado de tão extraordinárias homenagens o seu despretensioso companheiro de viagens e de sofrimentos.

"À vista dos irmãos criou Paulo alma nova" — refere Lucas, por sinal que o preso ainda não se refizera cabalmente da sua grande prostração.

Na manhã seguinte, venceu a caravana o último trecho da jornada, cruzando a Campanha Romana essa zona característica, eternamente envolta naquela cismarenta nostalgia que tantos amigos e cantores lhe granjeou...

"Roma, Roma!", exclamaram, de súbito, os cristãos apontando para o norte, onde assomava a famosa cidade das sete colinas. Não era, certamente, a Roma de hoje, mas não deixava de ser a maior metrópole do mundo civilizado, o centro da maior potência política, militar e econômica do século. O coração do globo, que impelia por todas as artérias das províncias o sangue vigoroso da vida, do progresso, da atividade humana.

Não sabemos se Júlio entregou os seus presos ao *Castra Peregrinorum* no Monte Célio, ou ao "Quartel dos Pretorianos", na Via Nomentana. Parece mais admissível esta última hipótese.

"Prefeito dos pretorianos", isto é, chefe da política imperial, era nesse tempo, o estadista e general Burrus, amigo de Sêneca, o primeiro homem do império depois de Nero, e ao mesmo tempo o ídolo do povo. Diante dele apareceu Paulo, apresentado por Júlio. Com a sua habitual calma de consumado estóico abriu Burrus a carta de Festo e correu os olhos pela lauda avariada das salsas águas do mar. Deu ordem a um soldado para levar o preso ao interior do quartel e tratá-lo com benignidade.

Durante os dez primeiros dias teve Paulo de ficar sob os olhos de um guarda pretoriano, enquanto o "prefeito" investigava a legitimidade do título que facultava o direito de apelação para César.

Depois desta fase preliminar, teve Paulo *custodia libera*,

isto é, prisão suave, que lhe permitia a escolha de um local de residência, com um soldado de plantão.

Quão diferentes dos judeus eram esses romanos!

Paulo alugou uma casa, ou sala, perto do quartel pretoriano. Os cristãos romanos, certamente, rivalizavam entre si para lhe suavizar o mais possível o cativeiro.

Se Pedro estivesse em Roma, certamente teria visitado Paulo; mas, até essa data, o ex-pescador galileu era desconhecido na capital do império romano.

66. O prisioneiro do Cristo. Entrevista religiosa

(At. 28, 17 ss)

Desde o século II antes do Cristo formavam os judeus uma numerosa "colônia" na capital do império. Proscritos pelo imperador Cláudio, voltaram depois da morte dele, chegando a um total de vinte a trinta mil almas. Devido às suas particularidades nacionais e religiosas costumavam estabelecer-se na periferia das grandes cidades; mas a sua inteligência e o seu dinheiro penetravam todas as camadas sociais.

Em Roma tinham eles as suas sinagogas, de organização algo diversa das da Palestina. À frente do "conselho das sinagogas" (gerusia), estava o "pai da sinagoga" (geruzinca). Existia ainda uma "mãe da sinagoga", bem como um escriba, um caixeiro, sacerdotes, ministros e funcionários inferiores.

Na corte de Nero vivia nesse tempo o famoso judeu Alityrus, diretor do teatro imperial e amicíssimo de César. Por intermédio dele foi o historiador Flávio Josefo apresentado à favorita de Nero, Popéia Sabina, que constava ser uma prosélita do judaísmo.

Para concentrar o ódio da corte sobre Paulo bastaria que os judeus o desacreditassem junto a essa influente protetora.

* * *

"Decorridos três dias, convidou Paulo os principais dentre os judeus." O seu estado de prisão não lhe permitia falar na sinagoga.

Depois de todos eles reunidos, começou a falar-lhes, repetindo o seu invariável protesto: "É, por causa da esperança de Israel que estou preso com esta corrente".

A "esperança de Israel" era o Messias, por quem suspiravam os povos. Paulo, continua a insistir em que o verdadeiro israelita é ele, israelita como Abraão, Isaque, Jacó, Moisés, Davi, Jeremias, Isaías, Daniel — porque todos eles prenunciaram o advento do Messias, que ele Paulo, prega por toda a parte.

Mostrou ainda o apóstolo aos seus ouvintes que se vira obrigado a apelar para César, e assim chegara a Roma.

Os judeus ouviram em silêncio as exposições de Paulo, e responderam:

"Não recebemos da Judéia a teu respeito nenhuma informação por escrito, nem tão pouco chegou algum dos irmãos que nos referisse ou falasse mal de ti. Entretanto, desejaríamos conhecer mais de perto a tua opinião; o que sabemos desta seita é que é impugnada por toda a parte" (At. 28, 21-22).

O inverno retardava muito o correio do Oriente, porque tornava impraticáveis muitos caminhos terrestres e impossibilitava a navegação. Assim, era possível que os judeus de Roma não tivessem, de fato, recebido notícias recentes sobre Paulo. Mas que dele nada tivessem ouvido?... E que fossem tão ignorantes em matéria de Cristianismo, quando era intenso, na capital romana, o novo movimento espiritual?... A única coisa que eles sabiam dessa "seita" era que por toda a parte era alvo de contradição — bem como dissera de Jesus o velho Simeão no templo de Jerusalém! — e que seriam muito gratos a Paulo se lhes desse alguns esclarecimentos a respeito...

Bela diplomacia, a desses judeus. Bancam os ignorantes e

ingênuos, para induzir o seu ilustre patrício a declarar sem ambuges o que pensa a respeito do Cristo e da sua doutrina...

Paulo marcou-lhes um dia, e logo correu pelo *ghetto* romano a notícia dessa entrevista religiosa.

Entrementes, havia Paulo escolhido o local onde ia residir, em *custodia militaris*, com um legionário à porta.

Compareceu grande número de ouvintes à entrevista, que, diz Lucas, se prolongou da manhã até a noite. Paulo falou do reino do Cristo, tomando por base a lei de Moisés e os profetas, isto é, desenrolou mais uma vez a harmonia da revelação divina, que decorre lógica e organicamente desde os albores da humanidade, por meio dos grandes iniciadores espirituais da história de Israel, até culminar pessoa de Jesus Cristo.

"Uns deram crédito às suas palavras, ao passo que outros permaneceram descrentes."

Discordes entre si, retiraram-se os judeus, discutindo pró e contra Paulo, pró e contra Cristo.

* * *

"Permaneceu Paulo dois anos no aposento que alugara, recebendo a todos os que o visitavam. Publicamente e com toda a liberdade pregava o reino de Deus e a doutrina sobre o Senhor Jesus Cristo."

Com estas palavras rematam os *Atos dos Apóstolos*, e desaparece Lucas do cenário da história.

Também de Paulo, poucas notícias temos daí por diante, a não ser as cartas que escreveu durante a sua prisão romana, de 61 a 63.

67. Restauração universal em Cristo

(Epístola aos Efésios)

Preso em Roma, não deixava Paulo de chefiar uma organização mundial.

Não é possível algemar o espírito. *Verbum Dei non ets alligatum...*

"Paulo está preso!" — este grito corre célere pelo Oriente. E todas as igrejas por ele fundadas oram pela libertação do querido mestre e pai. Muitas delas lhe mandam mensageiros, cartas de amizade, protestos de solidariedade. Outras enviam donativos para lhe suavizar a vida na prisão. A Macedônia está representada por Aristarco, a Galácia por Timóteo, Éfeso por Tíquico, Colossos manda seu fundador Epafras, Filipos envia Epafrodito. A casa de Paulo transformou-se em um lugar de romaria. Que terá pensado o taciturno legionário, ao ver seu preso tão homenageado?...

Paulo coibido na sua atividade apostólica externa, continua a evangelizar o mundo com os seus escritos. Ele, sim, está preso, mas "a palavra de Deus não está algemada".

As epístolas que Paulo escreveu na prisão e depois caracterizam-se por um novo aspecto de ideologia cristã.

A primeira série, do tempo das suas grandes viagens, gira em torno da obra da redenção do indivíduo. Como remate e transição desta para a seguinte série, figura a *Epístola aos Romanos*.

A segunsa série, exarada na pisão, visa, de preferência, a redenção da humanidade.

Finalmente, o terceiro grupo, as epístolas pastorais, tratam da hierarquia eclesiástica e da formação dos seus membros.

A *Epístola aos Hebreus*, que, embora não seja da mão de Paulo, reflete contudo o seu pensamento, centraliza toda a vida divina no seu foco, o pontífice da nova aliança, Jesus Cristo.

* * *

Paulo conta quase sessenta anos.

Declina o sol do seu grande dia...

Alongam-se as sombras do ocaso...

Das regiões do além sopra uma brisa suave, cheia de mistério e de eternidade.

As experiências, lutas e sofrimentos amadureceram a alma do herói...

Cessou o espírito polêmico...

O arrebol vespertino de uma caridade universal ilumina a alma de Paulo....

Só de vez em quando vê-se ainda no horizonte o súbito brilhar do relâmpago e ouve-se rolar o trovão longínquo de uma santa indignação...

O universalismo de Roma vai alargando mais ainda o espírito universalista do intrépido pioneiro da boa nova. Os seus olhos contemplam, em uma crescente nitidez, o programa do cristianismo cósmico, a visão do "Cristo de ontem, de hoje e de todos os séculos"...

Paulo chama seu secretário e dita uma carta às igrejas de Éfeso e arredores.

Nenhuma das epístolas paulinas reveste tamanha solenidade e contém tanta abundância de pensamentos sobre a vida espiritual como esta. Falta a costumada fórmula introdutória. Parece concebida, toda ela, à luz de uma visão sobrenatural.

Cristo não é como que um deslumbrante meteoro que, por momentos, rasgue a noite milenar do mundo profano; ele procedeu das eternas profundezas da Divindade, veio ao mundo visivelmente e continua a viver no mundo invisivelmente, através dos séculos, princípio vital do corpo místico da igreja. Ele não é do mundo, mas está no mundo para restaurar o mundo, harmonizando todas as desarmonias, centralizando em si, cabeça espiritual, todos os membros do grande organismo da humanidade.

Assim discorre o grande mestre.

Se para os pagãos, habituados aos exercícios físicos nos seus *Gymnasios*, era sugestiva a alegoria do corpo humano, subordinado à cabeça e por ela vitalizado e orientado — aos judeus era familiar a imagem do templo, edifício rijamente travado e garantido na sua estabilidade pela maciça pedra angular que unia um muro ao outro.

Estes dois símiles ilustrativos, máxime e do organismo humano, frisam a largueza e o critério do espírito paulino. Desenvolvendo essa idéia, poderíamos parafraseá-lo do modo seguinte: assim como o organismo recebe em si elementos diversos e os transmuda todos, pelo espírito, em sua própria substância viva — assim afluem também ao grande organismo da igreja do Cristo os mais diversos elementos — judeus e gentios, gregos e romanos, sábios e ignorantes — e todos os que se deixarem empolgar pelo divino princípio vital serão por ele assimilados e tornados partícipes da sua natureza divina. Essa absorção pelo espírito de Deus, que pode parecer uma escravidão, é, de fato, a mais bela das liberdades, a "liberdade dos filhos de Deus", a liberdade da harmonia e do ritmo, a liberdade da vida em toda a sua plenitude.

Amor e castidade — são estes os dois pontos que ele inculca, de preferência, em todas as suas cartas.

Se investigarmos a decadência do mundo antigo, como também a miséria do indivíduo de hoje, chegamos à conclusão de que o seu triste estado radica na falta destas duas virtudes. A carência de amor espiritual e o desgoverno do instinto sexual margeiam de duas linhas negras o caminho da humanidade. E onde quer que se extingam essas duas lâmpadas sagradas, alastra a noite da miséria pessoal e social.

Em Roma e na Grécia se ridicularizava a fidelidade conjugal da esposa, e celebrava-se em todos os tons o amor das heteras. Certas inscrições nas catacumbas, como *dulcissimae uxori* (à queridíssima esposa) devem ter causado estranheza aos gentios, como uma aurora de ignota espiritualidade após uma noite de desregrada volúpia. Eclipsara-se a formosa visão de Virgílio e emudecera a voz da sibila tiburtina; a imagem da mãe com o filhinho ao peito submergira na *cloaca máxima*, de que nos fala o realismo satírico de Juvenal.

O cristianismo pelos lábios de Jesus e pelo apostolado de Paulo, revocou do exílio a família humana e reconstruiu o éden do lar — o paraíso perdido.

* * *

Estava Paulo a terminar a sua epístola, quando o seu olhar caiu sobre o legionário romano, que, de plantão à entrada da casa, vigiava o seu prisioneiro. Contemplou por uns momentos a garbosa figura do soldado, na sua luzente armadura, o arnez de escamas a lhe cobrir o corpo, o escudo no braço esquerdo, a espada à cintura e o capacete na cabeça — e ditou ao secretário as palavras seguintes:

"Meus irmãos, sede fortes no Senhor, por sua poderosa virtude. Revesti-vos da armadura de Deus, para que possais resistir às ciladas do diabo. A nossa luta não é contra a carne e o sangue mas contra os principados e as potestades, contra os sinistros dominadores deste mundo, contra os espíritos malígnos nas alturas do céu. Revesti-vos, pois, da armadura de Deus, para que no dia mau possais debelar tudo e afirmar o campo. Ficai, pois, alerta, cingidos da verdade, cobertos da couraça do ajustamento, os pés calçados de prontidão para anunciar o Evangelho da paz. Por cima de tudo embraçai o escudo da fé, com que extinguir possais todos os projéteis ígneos do maligno. Lançai mão do capacete da salvação e do gládio do espírito, que é a palavra de Deus. Com ardentes preces e súplicas pedi sem cessar em espírito; e vigiai com perseverança e rogai por todos os santos e também por mim, para que me seja dada a verdadeira palavra, quando tiver de abrir os lábios, a fim de anunciar desassombradamente o mistério do Evangelho, do qual sou arauto, embora em algemas. Assim falarei destemidamente, como é meu dever" (Ef. 6, 10-20).

Fechou a carta, e no dia seguinte pediu a Tíquico que a levasse aos cristãos da Ásia Menor, lhes agradecesse o carinhoso interesse e lhes desse notícias do "prisioneiro do Cristo".

68. Reconciliação em Jesus Cristo

(Epístola aos Colossenses)

Certo dia apareceu em casa de Paulo, Epafras, fundador da igreja de Colossos, na Ásia Menor. Vinha pedir conselho e orientação para o seu rebanho.

Essa gente da Frígia, ainda que boa e caritativa, tinha forte propensão para sonhos abstrusos e fantasias místicas. Paulo, aliás, já lhes conhecia este fraco.

O frígio via o mundo repleto de demônios, os espaços sublunares povoados de gênios aéreos, e os céus cheios de espíritos superiores. Ao conjunto dos seres superiores chamavam *pléroma* (plenitude); aos inferiores *kénoma* (vácuo). Não havia na Frígia sapateiro nem lavrador que não conhecesse esses "termos técnicos" do espiritualismo corrente. Se a Jônia era a terra clássica da filosofia, a Frígia representava o solo fecundo das fantasmagorias ocultistas. A própria natureza parecia favorecer essas extravagâncias da imaginação; essa zona vulcânica flagelada de terremotos periódicos, cortadas de hiantes abismos e penhascos abruptos, e rasgada de negrejantes crateras a exalarem gases sulfúricos — não parecia, porventura, o teatro sinistro de lutas de demônios e divindades?...

Perto de Hierópolis mostrava-se o "plutônio", as fauces dos ínferos, em cujas profundezas se agitavam os espíritos das trevas. Tales, natural deste lugar, definira o mundo como um "ser vivo repleto de demônios".

Paulo ouviu, silencioso e pensativo, a longa exposição de Epafras. Sorriu das ingenuidades dos bons colossenses; mas não ignorava que por detrás dessas crendices populares se ocultava um grande perigo para a pureza da fé cristã.

E, de fato, a seqüência da narração de Epafras confirmou plenamente as suas apreensões: os neófitos de Colossos aplicavam as suas fantásticas ideologias à pessoa do Cristo e sua obra redentora.

Pela resposta que Paulo deu aos colossenses não se pode

reconstruir cabalmente o corpo dessas doutrinas supersticiosas, mas depreende-se uma espécie de teosofia judeu-helenística, ou seja um gnosticismo rudimentar.

Os judeus, não conseguindo persuadir os pagãos a aceitarem o mosaismo puro, davam-lhe um verniz de filosofia. Falavam em *aiones* e *dáimones*, e contavam, com ares de mistério, como alguns desses seres haviam aparecido a Moisés nas alturas do Sinai. Mais tarde, diziam, baixara à terra, o supremo *aion*, que tomara o nome de Jesus. Servira à lei de Moisés como os espíritos do Sinai, razão porque também os seus discípulos deviam professar essa mesma doutrina.

O gnosticismo evoluveu mais tarde, através dos séculos, aperfeiçoando-se cada vez mais e chegando a fascinar poderosas inteligências, como as de Manes, Marcion, Valentim, Basilides, etc.

Parece que influíram nessa ideologia elementos da "escola dos essênios", seita judaica de grande rigor ascético.

Este ocultismo religioso, caracterizado por uma viva repugnância a tudo que fosse terreno, material e sensual, e animado de um veemente anseio de redenção e espiritualidade, era bem de molde a empolgar um escol de espíritos retos e desejosos de aperfeiçoamento moral.

As controvérsias filosófico-religiosas em Colossos parecem ter girado em torno do problema central: Que se deve pensar do mundo material? Qual a sua origem? Divina ou diabólica? Que pensar do mal? Provém ele da matéria ou não?

A solução dada pelos sábios da Frígia era esta: o mundo material não é obra de Deus, que é puro espírito e não se ocupa com a matéria imunda. O mundo material deve a sua origem a potências subalternas, a seres intermediários, a espíritos elementares (Col. 2, 8), isto é, aos tais *aiones*. De Deus irradiam constantemente seres que tanto mais se materializam quanto mais se distanciam da esfera da divina espiritualidade, acabando por descer ao nível dos *demiurgus*, arquitetos do nosso mundo repleto de males e calamidades. A alma humana é uma centelha de luz emanada da esfera superior, centelha que se extraviou para as regiões inferiores do mundo material. A fim de libertar da escravidão da matéria a alma humana, desceu das alturas um dos *aiones* superiores, o Cristo, que se uniu com o homem Jesus por ocasião do batismo no Jordão, e abandonou novamente esse homem antes da crucificação no Gólgota. Sofreu Jesus, mas quem remiu a humanidade foi o Cristo, que do *kénoma* regressou para o *pléroma*.

Os iniciados nessa ciência oculta apelidavam-se "gnósticos" (cientes) e olhavam com desdém para os "písticos" (crentes). Realizava-se essa iniciação gnóstica por uma rigorosa mortificação do corpo, pela abstenção do vinho, da carne e das relações sexuais (Col. 2, 23).

Na solução que Paulo dá a esse complexo problema, misto de verdade e de ilusão, ressalta mais uma vez o critério seguro e a iluminação superior do seu espírito. Não fosse ele o exímio realista da sadia espiritualidade, teria simpatizado com uma ideologia que tanto enaltecia o culto do espírito e tanto reprimia a prepotência da matéria.

Entretanto, para Paulo a perfeição cristã não consiste simplesmente na fuga das creaturas, mas no reto uso das mesmas; não na extinção das energias orgânicas, mas na sua espiritualização mediante uma completa subordinação ao espírito. O cristianismo, se não é do mundo, também não está fora do mundo mas vive no mundo, — e os seus adeptos devem aprender a viver no mundo, sem serem do mundo. É esta a virtude divina do Evangelho e a vitória suprema da fé.

O ideal da santidade paulina não é João Batista, que vivia segregado da humana sociedade, não comia nem se vestia como os outros homens; mas sim, Jesus Cristo, que levava vida igual à dos outros homens, não usava traje especial, não adotava usos e costumes diferentes dos do povo, mas usava das creaturas conforme a vontade do Creador, porque "para o puro todas as coisas são puras".

Abusar das creaturas, é próprio do pecador.

Renunciar às creaturas, é virtude dos imperfeitos.

Usar corretamente das creaturas é santidade dos perfeitos.

Paulo não se deixou embair pelos fogos fátuos do gnosticismo, porque estava com os olhos fitos na "luz do mundo".

O que mais profundamente o contristava era o lugar subalterno que os colossenses atribuíam ao Cristo. A sua epístola é uma reinvidicação dos direitos que competem ao Unigênito do Pai.

Jesus Cristo não é um espírito qualquer, nem mesmo o mais alto dos *aiones*; ele é superior e anterior a qualquer creatura; nele, por ele, e para ele foram creadas, visíveis ou invisíveis, tanto as da "plenitude como as da vacuidade".

Paulo antecipou, nesta epístola, as solenes palavras do vidente de Patmos: "Tudo foi feito pelo Verbo, e sem o Verbo nada foi feito do que foi feito".

Continua o apóstolo a cantar as grandezas do Cristo.

"Ele está acima de todos; nele tudo subsiste. É ele a cabeça do corpo, da igreja; é o Primogênito entre os mortos. Pelo que lhe competia ocupar a primazia em todas as coisas. Era vontade de Deus que nele residisse toda a plenitude e por seu intermédio reconciliasse consigo tudo quanto existe na terra e no céu, estabelecendo a paz pelo seu sangue na cruz... Nele habita corporalmente toda a plenitude da divindade."

Nessas palavras refuta Paulo todos os erros dos colossenses. Não foi Jesus que sofreu, e o Cristo que nos redimiu. Quem sofreu e com sua morte redimiu a humanidade foi o Deus-homem Jesus Cristo, sofreu como homem, mas o Cristo Deus deu valor ao seu sofrimento.

Não há separação entre Cristo e Jesus, embora haja distinção, como mostra o próprio Cristo.

Cristo, portanto, não é uma das numerosas "centelhas" emanadas da divindade; ele é a própria "plenitude" da divindade; nele habita toda a substância da natureza divina. Como homem sim, faz parte da creação, desse transbordamento do amor de Deus, desse incessante extravasar da divina plenitude para o vácuo, para que esse vácuo, povoado de creaturas, reflita em mil cores as perfeições do Criador.

A creação não é indigna de Deus. Ela é a reveladora das suas perfeições, o espelho dos seus atributos.

A matéria, por mais grosseira, não mancha o espírito, assim como uma poça de água imunda não contamina o raio solar que nela imerge. O mundo não é uma emanação de Deus, no sentido de separação, é o resultado da sua vontade creadora, é uma das manifestações da Divindade.

* * *

Assim como o gnosticismo falha no problema da creação, falha também na solução do problema da redenção.

O mundo é creado por Deus, mas Deus não é o autor do mal. Permite os "males físicos" que não são males verdadeiros, senão apenas bens inferiores. Não impede os "males morais", porque respeita a liberdade do homem. A solução cabal do problema está escrita entre os braços da cruz do Gólgota e na fronte do Cristo redivivo.

Tanto os males individuais como as calamidades sociais levam fatalmente ao pessimismo universal a quem não se guiar pela luz do Evangelho que ensina a sofrer com o Cristo e pelo Cristo, como membro do seu corpo místico, "completando com os sofrimentos pessoais a paixão do Cristo" (1, 24).

A vida moral do cristão não é pautada pela abstenção arbitrária de certos manjares ou coisas, nem pela observância servil de determinadas cerimônias.

"Ninguém, pois, vos condene por causa de comida ou de bebida, por causa de uma festa, lua nova ou sábado. Estas coisas não passam de sombras daquilo que estava por vir; a realidade disso é o Cristo. Ninguém vos roube o galardão, afetando humildade ou culto de anjos, gabando-se de visões, enfatuado, sem fundamento, no seu sensualismo carnal. Em vez disto adira àquele que é a cabeça, a qual por meio de tendões e juntas, conserva todo o corpo unido e firme, fazendo-o crescer para Deus.

Se com Cristo morrestes para os elementos do mundo, por que permitis que vos imponham preceitos, como se ainda vivesseis com o mundo? "Não pegues nisto!" "Não comas aquilo!"

"Não o toques sequer!" E, no entanto, tudo aquilo, depois de usado acabará no nada. São preceitos e doutrinas humanas. Têm ares de sabedoria, com toda essa piedade arbitrária, essas humilhações e austeridades corporais; mas não têm valor e não servem senão para lisonjear a carne" (Col. 2, 16-23).

Em vez desses escrúpulos de abstenção material mostre o cristão a sua verdadeira espiritualidade pelo culto constante da ética, pelo amor à verdade e pela caridade fraterna:

"Não mintais uns aos outros, uma vez que despistes o homem velho com as suas obras, e vos revestistes do homem novo, que leva em si a imagem do Creador e conduz a novos conhecimentos. Aí não se trata mais do gentio ou judeu, de circuncidado ou incircunciso, de bárbaro ou cita, de escravo ou livre — Cristo é que é tudo em todos!

O cristão deve ser um novo Cristo. Já que pelo mergulho foi sepultado o "homem velho" e ressuscitado o "homem novo", viva também o regenerado essa nova vida em Cristo:

"Se ressuscitastes em Cristo, procurai o que está lá no alto, onde está Cristo, sentado à direita de Deus. Aspirai às coisas que estão no alto, e não às que estão cá na terra. Pois que morrestes, e a vossa vida está com o Cristo oculta em Deus" (Col. 3, 1-3).

* * *

Estava terminada a carta. Todos os amigos presentes manifestaram o desejo de mandar lembranças aos irmãos do Oriente, e Paulo deu ordem ao secretário para acrescentar os nomes de todos:

"Saudações de Aristarco, meu companheiro de prisão; e de Marcos, sobrinho de Barnabé. A respeito dele já recebestes recomendação; acolhei-o bem quando for ter convosco. Saudações também de Jesus, apelidado Justo. São estes os únicos dos circuncidados que comigo trabalham pelo reino de Deus, e me dão consolação.

Saudações de vosso patrício Epafras, servo de Jesus Cristo,

que não cessa de lutar por vós em suas orações, para que sejais perfeitos na plena observância de toda a vontade de Deus. Asseguro-vos que muito se afadiga por vós e pelos irmãos em Laodicéia e Hierápolis.

Saudações de Lucas, o caríssimo médico; como também de Demas.

Saudai os irmãos de Laodicéia, mormente a Ninfas e os que se reúnem em sua casa.

Por que nenhuma saudação de Pedro?

Porque, até esse ano, 61 a 63, Pedro não estivera em Roma.

Depois de lida entre nós esta carta, providenciai para que seja lida também na igreja dos laodicenses, e procurai ler a de Laodicéia. Dizei a Arquipo que procure desempenhar bem o cargo que recebeu do Senhor.

Vai de próprio punho a minha saudação: Paulo.

Lembrai-vos de que estou algemado. A graça seja convosco" (Col. 4, 10-18).

Tíquico e Onésimo tiveram ordem para levar a carta a Colossos, enquanto, Epafras ainda se demoraria algum tempo em Roma, em companhia do prisioneiro do Cristo.

69. Uma carta de amizade

(Epístola a Filêmon)

Quem lê as grandes epístolas doutrinárias e morais de Paulo dificilmente o julgaria capaz de escrever uma singela carta de amigo, cheia de bom humor e jovialidade.

E, no entanto, Paulo escreveu cartas dessa natureza e uma chegou até nós. A exemplo do divino Mestre, sabia ser doutor com os doutores, criança com as crianças, amigo com os amigos. Tinha o dom de fazer vibrar toda a escala dos sentimentos e das afeições humanas, desde as excelsitudes metafísicas da especulação até a lhaneza rústica do lavrador, desde as profundezas místicas das almas contemplativas até à singela religiosidade da criancinha que, de mãos postas, balbucia as suas orações desajeitadas.

A *Epístola de Paulo a Filêmon* faculta, além disto, uma vista sobre a atitude que o jovem cristianismo assumia em face do problema social da escravatura. Mostra-nos essa carta o apóstolo por um prisma simpático e atraente: o grande arauto do Evangelho é também verdadeiro homem e amigo sincero das classes humildes.

* * *

Filêmon, abastado negociante em Colossos, tinha um jovem escravo inteligente, esperto, comprado sabe Deus em que mercado. Filêmon fora convertido ao Evangelho por Paulo e procurava tomar a sério o cristianismo. Deu ao escravo anônimo o sugestivo nome de "Onésimo", que significa "útil", por sinal que o rapaz se revelava elemento prestimoso e trabalhador.

Um belo dia, porém, Onésimo faz das suas, abusa da confiança do patrão e foge com uma soma de dinheiro.

Depois de levar uma vida aventureira e gastar os recursos, vê-se em apuros — e vem-lhe a idéia de se refugiar em Roma, foco de todos os vagabundos do império.

Lá chegado, urgido pela necessidade, vai ter com Paulo, cujo paradeiro não lhe podia ser desconhecido, pois mais de uma cartinha de Filêmon tinha ele entregue ao "prisioneiro do Cristo". As leis romanas eram severas e a polícia da capital andava de olho aberto nos "fugitivos"; quando apanhava um desses desertores, ferreteava-lhe na fronte um "F" (*fugitivus*) e o restituia ao dono, que o podia matar com açoites ou enviá-lo ao *pistrinum*, onde o infeliz passaria o resto da vida a acionar os moinhos subterrâneos.

Apresentou-se, pois, Onésimo a Paulo, confessando o seu delito. Tinha tanta confiança naquele homem que, apesar de velho, era tão amigo da gente nova... Paulo ouve a confissão do fugitivo, que, a partir desse dia, reitera as suas visitas ao preso...

O apóstolo fala ao jovem escravo da verdadeira liberdade da alma, dada pelo Cristo.

Onésimo arregala os grandes olhos pretos e escuta em silêncio.

"Deus fez-se homem — prossegue Paulo — fez-se escravo, fez-se vítima, deixou-se crucificar por amor de nós. Escravo não é aquele que serve aos outros, que carrega cadeias e grilhões; mas, sim, o homem que vai à mercê das suas paixões, do seu orgulho, da sua ambição da sua sensualidade. Livre é aquele que é senhor de si, e só obedece a Deus e seus representantes". Ele, Paulo, apesar de acorrentado (Onésimo contempla a pesada cadeia que lhe cinge os pulsos), sente-se mais livre agora do que trinta anos atrás, quando, levado de ambição ia em demanda de Damasco para prender e matar os discípulos do Nazareno.

O escravo ouve, pensativo, tão estranhas palavras e acaba por fazer a sua profissão de fé no Cristo. Pede o batismo.

Paulo impunha com a mão algemada o tosco jarro d'água ao pé da parede, e deita água sobre a fronte do catecúmeno em sinal de consagração ao Cristo.

Um ósculo de fraternidade cristã termina a tocante cerimônia no cárcere de Roma. Paulo e Onésimo são irmãos — a graça de Deus nivela todas as idades e condições sociais.

E agora? Conservar o neófito consigo, em Roma? Tirá-lo sem mais nem menos a Filêmon?

Não. Para Paulo vigora uma correlação entre a religião e a moral. O paganismo divorciava as duas coisas, justapondo uma à outra: aqui a religião, acolá a moral. Podia um sujeito ser altamente religioso e ao mesmo tempo profundamente imoral — tanto assim que até havia deuses e deusas imorais.

Em Paulo, como aliás na vida de todo o cristão sincero e genuíno, a moral ou melhor, a ética é a flor da espiritualidade. Por isso, insiste Paulo com Onésimo para que volte a Colossos, confesse a sua culpa, aceite o castigo e supra com duplicada fidelidade as faltas do passado. Quanto à importância surripiada, Paulo se entenderá depois com Filêmon.

Respeita o apóstolo os conceitos sociais em vigor; não se julga na obrigação de abolir, de um dia para outro a escravatura. Em vez de se arvorarem pregoeiro de uma nova ordem social e propugnar uma subitânea revolução dos usos e costumes da época, prefere o prudente sociólogo preparar o terreno para uma solução paulatina e suave do magno problema.

Faz ver a Filêmon que, embora senhor e dono de Onésimo, deve tratá-lo como amigo, uma vez que o servo é da mesma natureza que seu amo — e isto com dobrada razão depois que Onésimo se tornou seu irmão em Cristo.

A intercessão de Paulo pelo escravo fugitivo é uma obra-prima de psicologia e finura de trato.

"Ainda que em Cristo — escreve — me assista o direito de prescrever-te o que convém, contudo, pelo muito que te quero, prefiro rogar-te a bem de meu filho Onésimo, que gerei entre algemas. Tempo houve em que ele se foi inútil; agora, porém, é útil, tanto a ti como a mim. Remeto-o a ti, acolhe-o como se fora o meu coração. Bem quisera retê-lo comigo, para que na minha prisão me servisse em teu lugar, em prol do Evangelho. Entretanto, nada quis fazer sem o teu consentimento, para o bem que praticaste não seja como que forçado, mas, sim, espontâneo" (Flm. 8-14).

Que linda graduação de motivos!

O apóstolo não fez valer o seu direito, que teria como pai espiritual de Filêmon; pede tão-somente. Quem é que pode?

Primeiro: "Eu, Paulo".

Segundo: "Eu, que sou velho".

Terceiro: "Eu, o prisioneiro do Cristo".

Roga por quem? Por meu filho Onésimo, que gerei entre algemas".

Ao ouvir o nome Onésimo". Filêmon, — assim parece a Paulo — carrega o sobrecenho — e logo o apóstolo acode com um gracioso jogo de palavras, baseado na palavra *Onésimo*, que quer dizer "útil":

"Tempo houve em que ele te foi inútil (um "não-Onésimo"); agora, porém, te é útil" (um "Onésimo" de verdade).

E, para quebrar a última resistência ou desvanecer o derradeiro vestígio de rancor da parte de Filêmon, acrescenta:

"A ti o remeto. Acolhe-o como se fora o meu coração".
Era pedir muito!

Depois de identificar Onésimo consigo mesmo, passa a nivelá-lo com Filêmon:

"Bem me poderia ele prestar serviços em teu lugar, em prol do Evangelho: mas nada quis fazer sem o teu consentimento".

Como sabe o apóstolo ser cavalheiro!

Mais ainda: vê até na fuga do escravo um desígnio de Deus: escapou gentio — regressa cristão. Fugiu um estranho — volta um irmão em Cristo.

"Se portanto, me tens amizade, recebe-o como se fora eu mesmo".

Mas — justiça haja! — se te causou qualquer prejuízo, se te está devendo alguma coisa, amigo Filêmon, "lança isto à minha conta; eu, Paulo, te escrevo de próprio punho que o pagarei".

Sorriu, sem dúvida. Filêmon em face de tão ousada fiança... Com que ia Paulo pagar?

Ajunta significativamente o apóstolo: Propriamente, o devedor és tu, e eu o credor; porque te deves a mim, hipotecaste-me a tua pessoa, quando, por meu intermédio, abraçaste o Evangelho e ingressaste no reino do Cristo.

Por fim, promete Paulo visitar o amigo em Colossos. Logo que se veja em liberdade; convida-se a si mesmo, porque, entre amigos, há comunidade de bens. "Prepara-me pousada; porque espero ser-vos restituído em virtude das vossas orações."

* * *

Não se encontra em toda a literatura antiga uma carta que em graça e delicadeza se compare com esta.

O sublime teólogo do cristianismo sabe ser também um delicioso *causeur*.

Sabe ele que a solução do problema social não está em medidas legislativas ou policiais, mas, sim, na transformação das almas, na cristificação do indivíduo pela fé e pelo amor.

70. Audácia divina

(Epístola aos filipenses)

Filipos, a primeira conquista de Paulo em continente europeu, foi sempre o *ai-jesus* do apóstolo, a sua igreja predileta, a cristandade mais querida ao seu coração.

Colônia romana fundada por legionários, predominava em Filipos o espírito da ordem e disciplina cesárea, mais do gosto de Paulo do que a volabilidade do gênio helênico.

Epafrodito trouxera ótimas notícias: os filipenses continuavam firmes na fé e ardentes na caridade, a despeito de certas sombras que havia e das rivalidades femininas entre Evódia e Síntique e algumas outras.

Epafrodito ficou algum tempo com Paulo, compartilhando o seu cárcere. Mas não resistiu à "febre romana". Adoeceu, Paulo passa noites inteiras à cabeceira do amigo febril.

Convalesce aos poucos o enfermo, e o apóstolo lhe entrega uma carta para os irmãos em Filipos.

Corria o ano 63. Paulo previa a sua próxima libertação do cativeiro.

Os amigos tinham regressado para a Ásia, à exceção de Timóteo, que estava com o apóstolo, o qual parece, voltara ao pretório.

Dentre as grandes epístolas paulinas é esta a mais carinhosa, a "pérola" das suas cartas.

Escrita com o coração nos lábios, revela uma certa falta de nexo, porque o coração não raciocina, não forja silogismos, não burila frases, não obedece a uma concatenação lógica de pensamentos e exposições.

A carta aos filipenses não parece escrita de uma assentada, mas em dias diversos, por entre os trabalhos de enfermeiro que Paulo exercia à cabeceira do amigo doente. De vez em quando vinham notícias, boas ou más, do tribunal. Daí a flutuação entre a esperança e o desânimo, entre o júbilo pela próxima libertação à sorte. Mais dolorosas do que as algemas foram para Paulo as notícias, sobre os manejos de certos cristãos romanos, que "pregavam o Cristo com segundas intenções": movidos de egoísmo, ambição e interesse.

"Mas que importa?" — exclama o apóstolo, pondo os olhos nas alturas do idealismo — que importa? "Contanto que de todos os modos seja anunciado o Cristo. É esta a minha alegria, e alegria minha sempre será."

Em seguida, lança Paulo ao papel meia dúzia de frases que por si sós dispensam alentados volumes de tratados sobre virtude e perfeição cristã. Ante seus olhos está a vida e a morte, e o apóstolo delibera, com absoluta calma e serenidade de espírito, o que seria melhor: viver ou morrer. A morte o uniria para sempre com o Cristo, mas a vida lhe faculta ulteriores trabalhos pelas almas e sofrimentos pelo Cristo — e assim Paulo se vê indeciso, não sabe que partido tomar: pedir a morte ou a vida — e acaba por entregar tudo às mãos de Deus.

"Quero que o Cristo seja glorificado em minha pessoa, também agora, como o foi sempre — quer na vida, quer na morte. Por que, para mim, o Cristo é a vida, e a morte me é lucro. Se tenho de continuar a viver, é-me isto trabalho frutuoso; de maneira que não sei o que escolher. Sinto-me impelido para uma e outra parte; anseio por me desprender e estar com o Cristo — seria isto sem comparação o melhor. Mas, continuar a viver é mais necessário por causa de vós. Pelo que nutro a confiança de ficar e permanecer ainda em vossa companhia, para proveito vosso e consolação da vossa fé. Então será ainda bem maior o vosso júbilo em Cristo Jesus por minha causa, para quando tornar a vós" (Fil. 1, 21-26).

Sobre um homem que atingiu as serenas alturas desse equilíbrio espiritual, já não tem poder o destino, não o perturbam os labores da vida, nem os horrores da morte. Está desarmado o carrasco em face de uma vítima que saúda a morte como a aurora da verdadeira vida.

Para quem morreu espontaneamente nada importa ser morto compulsoriamente. Entretanto, Paulo não perde de vista o objetivo principal da epístola: a recomendação da caridade e harmonia aos filipenses.

* * *

Paulo desenvolve o seu pensamento e motiva a sua ética, descendo às profundezas da divindade, remontando à existência pré-histórica do Verbo. O primeiro Adão tentou arrogar-se indebitamente a dignidade divina pelo intelecto — "serás como Deus" —; o segundo Adão, possuía de direito, sem usurpação, a majestade divina — e por amor aos homens despojou-se dos seus esplendores.

"Compenetrai-vos dos mesmos sentimentos que teve Jesus Cristo, o qual subsistindo na forma de Deus, não julgou dever aferrar-se a essa divina igualdade; mas esvaziou-se de si mesmo, assumindo forma de servo, tornando-se igual aos homens e aparecendo como homem no exterior. Humilhou-se a si mesmo, fazendo-se obediente até à morte, e morte na cruz. Pelo que também Deus o exaltou e lhe deu o nome que está acima de todos os nomes, para que ao nome de Jesus se dobre todo o joelho, dos que estão no céu, na terra, nos ínferos, e toda a língua confesse, pela glória de Deus Pai, que Jesus Cristo é o Senhor" (Fil. 2, 5-11).

Como poderia o cristão, em face dessa voluntária humilhação do Cristo reclamar ainda "direitos?" Queixar-se de injustiças, preterições, falta de consideração? E donde nasce toda a desarmonia e descaridade senão de uma funesta supervalorização do ego pessoal? Cristão genuíno é só aquele que sincroniza a sua vida com o espírito do Cristo. Cristificar a existência é vitalizá-la pela alma do Cristo, como ele mesmo dizia aos seus discípulos, no cenáculo, comparando-se à vide, cujas seivas circulam através das varas da videira.

* * *

Depois dessas considerações, vem o capítulo terceiro da epístola, que parece ter sido escrito em outra ocasião ou intercalada de outra carta. É forte, veemente, quase áspero. É provável que, nesse ínterim, tenha Paulo recebido notícias alarmantes de novas intrigas e perfídias dos mestres judaizantes, sempre apostados em devastar e sementeria do Evangelho e querer prender a águia do cristianismo na gaiola dourada do seu formalismo.

"Cuidado com os cães! Cuidado com os operários perversos! Cuidado com os da mutilação. Nós é que somos os verdadeiros circuncidados, nós que servimos a Deus em espírito, que nos gloriamos em Cristo Jesus, e não confiamos em privilégios externos, ainda que desses privilégios me pudesse eu gabar. Se alguém julga poder gabar-se de privilégios externos, com mais razão o poderia eu. Fui circuncidado no oitavo dia, sou do povo de Israel, da tribo de Benjamim hebreu e filho de hebreus; fui fariseu em face da lei; ardoroso perseguidor da igreja e de vida irrepreensível, à luz da justiça legal.

Entretanto, o que se me afigurava lucro passei a considerá-lo como perda em face do inexcedível conhecimento de meu Senhor Jesus Cristo. Por amor dele é que renunciei a tudo isso e o tenho em conta de lixo, a fim de ganhar o Cristo e viver nele — e isto, não em virtude da minha justiça, que é da lei, mas, sim, daquela que provém da fé em Cristo, em virtude da justiça que vem de Deus mediante a fé. Assim quisera eu conhecê-lo cada vez melhor, e a virtude da sua ressurreição, e ter parte nos seus sofrimentos; quisera parecer-me com ele também na morte a ver se chego também eu a ressugir dentre os mortos.

Não que eu tenha já atingido o alvo e a perfeição; mas vou-lhe à conquista e quisera atingi-lo; pois que também eu fui atingido por Cristo Jesus.

Meus irmãos, não tenho a pretensão de haver já atingido o alvo. Uma coisa porém, não deixo de fazer; lanço ao ouvido o que fica para trás e atiro-me ao que tenho diante" (Fil. 3, 3-14).

Recordando a vida viciosa de certos Cristãos, escreve o apóstolo estas palavras repassadas de dolorosa emoção:

"Muitos vivem — como freqüentes vezes vos tenho dito, e hoje repito entre lágrimas — como inimigos da cruz do

Cristo. O fim deles é a perdição; o seu deus é o ventre. Ufanam-se da sua infâmia. Só têm gosto pelas coisas terrenas. A nossa pátria, porém, é nos céus, donde aguardamos o Salvador, o Senhor Jesus Cristo; ele, que tem o poder de sujeitar tudo à sua vontade, transformará o nosso corpo frágil, tornando-o semelhante a seu corpo glorificado.

Portanto, irmãos meus caríssimos e mui queridos, alegria minha e coroa minha: ficai firmes no Senhor, caríssimos!" (Fil. 3, 18-4, 1).

Remata a epístola com uma apoteose da alegria espiritual:

"Alegrai-vos sempre no Senhor. Repito: alegrai-vos! Mostrai a todos os homens a vossa benignidade" (Fil. 4, 4-5).

"Finalmente, meus irmãos — conclui o apóstolo, — ocupai-vos com tudo o que é verdadeiro, digno, justo, santo, amável, atraente, virtuoso ou digno de louvor" (Fil. 4, 8).

E termina agradecendo os donativos que recebeu da liberalidade de seus diletos filipenses, liberalidade que aureolava de luz divina os dons materiais que eles enviaram ao "prisioneiro do Cristo".

"Foi imensa a minha satisfação no Senhor, porque, finalmente, tivestes ensejo de me acudir; verdade é que sempre estáveis com vontade de me acudir, mas não tínheis oportunidade. Digo isto, não por causa das privações; aprendi a adaptar-me a todas as circunstâncias; sei viver na penúria, e sei também como haver-me na abundância, estou familiarizado com toda e qualquer situação; viver saciado, e passar fome, ter abundância e sofrer necessidade. Tudo posso naquele que me conforta. Entretanto, fizestes bem em acudir a minha tribulação. Não ignorais, meus filipenses, que, quando comecei a pregar o Evangelho e parti da Macedônia, nenhuma igreja estreitou comigo relações de dar e receber, senão vós somente. Também para Tessalônica me enviastes, mais de uma vez, o que eu havia mister para o meu sustento. Não é a dádiva que me importa, mas, sim, o lucro que vós daí auferis, riquíssimo. Agora tenho tudo. Tenho em abundância. Tornei-me rico desde que recebi o que por mão de Epafrodito me mandastes

— qual perfume suave, qual sacrifício grato e agradável a Deus. Meu Deus, porém, segundo a sua riqueza, há de satisfazer todos os vossos desejos, na glória do Cristo Jesus. A Deus, nosso Pai, seja glória pelos séculos. Amém" (Fil. 4, 10-20).

71. Absolvição de Paulo.
Viagens ulteriores. Roma em chamas

Havia dois anos que Paulo estava preso. Girava o processo em torno de uma questão de caráter religioso, de que os tribunais do império não achavam saída.

Acabava o jovem Nero de despedir os seus sensatos preceptores, Sêneca e Afrânius Burrus.

Despertavam no sangue do príncipe os instintos selvagens herdados de sua mãe. Em pouco tempo eliminou ele do número dos vivos Britânicus, Otávia e sua própria progenitora Agripina. Exigiu de Sêneca que com a sua autoridade coonestasse o nefando matricídio que acabava de perpetrar. Recusou-se o estóico a aquiescer ao pedido de César e retirou-se para a sua casa de campo, não longe da capital, onde, mais tarde, recebeu a intimação de escolher entre a morte por mão própria e a por mão alheia. Optou Sêneca pela primeira alternativa e morreu à maneira do estóico, abrindo as veias com uma navalha.

Entregou Nero o supremo comando sobre os pretorianos a dois homens perigosos: Tigellinus, o famigerado cúmplice dos delitos do soberano, e Fennius Rutus, homem honesto, porém, sem firmeza de caráter.

No verão de 63 terminou o processo de Paulo com a absolvição do réu. Com isso reconhecia Roma, oficialmente, que professar o Cristianismo não constituia crime em face das leis do império. Só mais tarde, mudou Domiciano de opinião.

Em uma bela manhã, o guarda pretoriano tira dos pulsos de Paulo as algemas e o liberta.

O apóstolo abandona a capital, outrora alvo de tão ardentes

anseios. Alquebrado de corpo, a cabeça coberta de níveas cãs, mas com a alma sempre jovem, recomeça Paulo o seu apostolado mundial. A alma não conhece velhice. O ideal garante ao espírito indefectível juventude...

Para onde se dirigiu Paulo?

Rumo ao Oriente. Executaria mais tarde o seu plano de visitar a Espanha.

A caminho de Filipos, encontrou-se com Timóteo. Que alegria! Agora, após tão longos anos de sombra e de solidão, parecia a alma do apóstolo ter acumulado um grande cabedal de energias para uma nova primavera. Primavera? Ou antes um suave sol de outono, que viria dar ao vinho generoso do seu caráter o último fogo e a doçura final...

* * *

Entre a Grécia e o Egito se desdobra, em pleno azul do Mediterrâneo, a grande ilha de Creta, a famosa "ilha das cem cidades", como canta Homero. Tinha a sua história, a sua cultura, a sua religião peculiar. Os lendários castelos de Cnossos, Festos e Hagia Tríada contavam entre as maiores maravilhas arquitetônicas da antigüidade. A opulência natural de Creta, o intenso comércio com a Ásia e África, a suavidade do seu clima haviam criado uma atmosfera de luxúria e leviandade no espírito de seus habitantes. O poeta Epimênides celebrizou no mundo inteiro os seus conterrâneos, apelidando-os de "mentirosos, bestas ruins e ventres vadios".

Haviam assistido ao prodígio do primeiro Pentecostes diversos cretenses, como referem os *Atos dos Apóstolos*. Estava, pois, preparado o terreno para a sementeira evangélica.

Pôs Paulo os olhos nessa ilha e nela iniciou um grande movimento religioso, cuja continuação confiou, mais atrde, ao discípulo Tito.

Voltar para a Palestina?

Impossível! Era imensa a anarquia religiosa em Jerusalém...

* * *

Enquanto Paulo visita as cristandades do Oriente, um cataclismo de fogo de fumo e de cinzas envolve as ruas de Roma. Rios de sangue e montanhas de cadáveres enchem a "cidade das sete colinas". Nos atuais jardins vaticanos não há um palmo de terra que não tenha sido banhado de sangue de mártir...

No dia 19 de julho de 64, recebe Nero, na sua confortável vila de Antium, ao sul de Óstia, a notícia de que Roma estava em chamas. Sete dias durou o gigantesco incêndio, incinerando dez das quatorze zonas da metrópole e deixando intatas apenas quatro.

Cinco testemunhas insuspeitas da antigüidade pagã atribuem a Nero a autoria desse monstruoso crime: Tácito, Suetônio, Juvenal, Cássio Dio e Sêneca. Desejoso de levantar uma nova capital do império, não via o soberano outra solução senão destruir primeiro a antiga.

Entretanto, necessitava de um "bode expiatório" para se inocentar de tamanha iniqüidade, e lançou a culpa à odiada "seita dos nazarenos". O povo não sabia distinguir entre judeus e cristãos, religiões oriundas, ambas elas, da Palestina. Mas os israelitas, por intermédio dos seus validos na corte — sobretudo Tigellinus, Alytyrus, e a influente prosélita Popéia Sabina — souberam lançar toda a culpa do incêndio aos cristãos.

No meio do fragor dessa campanha anticristã da parte do paganismo e do judaísmo, cai pela primeira vez, da pena de um historiador gentio, o adorável nome do Cristo, ou, como ele escreve: "Chrestos".

Entre dois celerados fora Jesus crucificado, e por dois facínoras é a igreja de Cristo apontada ao mundo como a grande criminosa do império romano e inimiga mortal da humanidade. A partir daí, duas gigantescas moendas trituram o Cristianismo, por espaço de três séculos; se ele não dasapareceu da face da terra ou não renegou o seu caráter, é este o mais incompreensível de todos os fatos da história e o mais insondável mistério da Providência divina... O incêndio de Roma foi o sinal de alarme para essa epopéia trissecular de sangue e de lágrimas, de crueldade e de heroísmos, epopéia trissecular que varreu a Igreja da face da terra, soterrando-a no fundo das catacumbas, de onde ela surgiria, séculos depois, mais forte e gloriosa que nunca.

Nero, o comediante mais cruel da história, ilumina os jardins públicos de Roma com as tochas vivas de centenas de cristãos, cobertos da "túnica molesta" (veste embebida em pixe), atados nos postes e incendiados, para gáudio da plebe das choupanas e dos palácios...

Para que a rocha da igreja não se cubra de limo e de lama, é necessário seja incessantemente varrida pelas salsas águas dos escárneos e pelos vendavais da oposição.

Mil vezes melhor uma igreja na cruz do que uma igreja no salão!...

Antes um Cristianismo com as vestes em frangalhos e as carnes em chaga viva, do que um Cristianismo em trajos de seda e nutrido com finas iguarias!...

Meio século de "paz podre" é para a religião maior desastre do que três séculos a ferro e fogo!...

Um único "ministro de Deus" sem o espírito do Cristo é mais funesto à igreja do que todos os imperadores romanos, de Nero e Calígula até Décio e Diocleciano.

O reino de Deus e sua glória estão cravados na cruz...

* * *

Dentre as vítimas que sucumbiram à carnificina geral, contava, certamente, a maior parte dos cristãos amigos de Paulo, os que lhe tinham ido ao encontro na via Appia, bem como a longa série de auxiliares que o apóstolo menciona carinhosamente no final da sua *Epístola aos romanos*.

Pedro não sucumbiu, porque não estava em Roma, nem lá estivera até essa data. Também Paulo estava ausente.[1]

---

[1] A partir do quarto século, criou-se a tradição de que Pedro teria sido o

Quanto a Áquila e Priscila, parece que escaparam à morte; talvez que, nesse tempo, não se encontrassem em Roma.

Os meses de julho e agosto do ano 64 devem figurar em caracteres de ouro nos anais do Cristianismo, porque marcam o início da sua "prova de fogo"contra as potências do inferno.

A perseguição Nerônica conferiu ao Cristianismo o seu diploma de independência do judaísmo. Até aí, eram eles considerados pelos poderes públicos como uma e a mesma religião. No ano 64 traçou-se uma nítida linha divisória entre a *Torah* e o Evangelho. O Evangelho, embora baseado nas revelações que Deus fez a Israel, já não se pode confundir com o mosaísmo. Tem o seu cunho característico, tem a sua personalidade própria.

---

chefe espiritual da Igreja de Roma, ou mesmo o chefe da igreja universal. Historicamente, consta apenas que Simão Pedro, juntamente com Paulo de Tarso, foram visitar os cristãos romanos, atrozmente perseguidos pelos esbirros de Nero, que, por algum tempo, pregaram o Evangelho em Roma e acabaram mártires da fé. A sua chegada à metrópole romana se deu, provavelmente, na primavera de 67, e sua morte no verão do mesmo ano: a tradição fixou o dia 29 de junho como dia da sua morte, embora esta data seja incerta.

Paulo quando, em 58, escreve a sua grande epístola aos cristãos de Roma, ignora totalmente a presença de Pedro: durante o seu primeiro cativeiro romano, de 60 a 62, Paulo recebe visitas de todos os principais cristãos da metrópole, como menciona em suas epístolas escritas na prisão — nunca menciona uma visita de Pedro, porque este não estava em Roma.

Quanto à alegação de ter Pedro sido nomeado por Jesus chefe da igreja, nem o próprio Pedro nem Paulo jamais se referem, em suas cartas, a essa nomeação, e ainda no século V Santo Agostinho, no seu sermão 76, nega que as palavras do Mestre "Tu és Pedro" se refiram à pessoa do pescador galileu, porquanto a pedra da igreja é Cristo.

A partir do século IV, quando Constantino Magno unificou o império romano, derrotando seu rival Maxêncio, acentuou-se a tendência de centralização da hierarquia eclesiástica em Roma, a partir daí sede única do império. E esta centralização civil iniciou a centralização religiosa, quando, até então, cada chefe espiritual local governava o seu rebanho independente de Roma. Jerusalém, Antioquia e Éfeso foram os primeiros centros do Cristianismo, mas sem a idéia de um pontificado único e infalível.

Hoje porém, todo católico deve crer que Pedro foi o primeiro papa, infalível, nomeado pelo próprio Cristo, e que resistiu em Roma cerca de 25 anos como pontífice.

Cristo continua a dominar os séculos — e Ahasver prossegue na sua odisséia macabra de judeu errante.

Por outro lado, divorciou-se também o Evangelho, definitivamente da política profana. Os príncipes deste mundo lhe declararam guerra de morte — e até hoje continuam a guerreá-lo, seja de emboscada, seja em campo aberto, quer pela sangrenta sinceridade de ferro e fogo, quer pela traiçoeira perfídia de uma legislação liberticida...

Assim como seu divino fundador e mestre, vive o Cristianismo no mundo, mas não é do mundo. Não mendiga favores aos soberanos políticos. Respeita-lhes as leis, quando justas, mas não tolera jamais que se dê a César o que é de Deus...

Se o império tivesse compreendido que os seus melhores cidadãos eram os que, transformados em tochas, ardiam nos postes de iluminação pública, ou os que eram jogados ao Coliseu como repasto às feras — outra teria sido, talvez, a sorte desse organismo mundial engendrado pelo gênio dos Césares...

72. "Coluna e alicerce da Verdade"

(Primeira Epístola a Timóteo)

A cultura humana, como também a evolução espiritual dos povos, parecem acompanhar o curso do sol movendo-se do Oriente para o Ocidente.

Desde largos anos nutria Paulo o desejo de "visitar a Espanha", o que, na linguagem do tempo, equivalia dizer: o extremo limite ocidental do império romano, o litoral Atlântico.

Parece que no ano 65, terminado o seu giro pelas igrejas do Oriente, realizou Paulo este seu velho anelo.

Entretanto, essa provável expedição à Espanha vem envolta em mistério. A principal testemunha é Clemente Romano, que deve ter conhecido pessoalmente o apóstolo. Afirma ele, na sua carta aos coríntios, que Paulo penetrou até os limites do Ocidente.

Também o "fragmento muratoriano" — o mais antigo documento sobre a coleção dos escritos neotestamentários — torna plausível essa hipótese.

Até hoje se encontram na Espanha numerosas tradições locais que se referem à passagem do apóstolo das gentes pelas plagas da Península Ibérica, por exemplo Ecija, e, sobretudo, em Tortosa, onde Paulo teria instituído Rufus como pastor local.

Faltou um Lucas, para nos tirar dessas incertezas.

Por essa mesma ocasião deve ter o apóstolo visitado, também, a Gália (França) e, no caso que seja exata a grafia "Gália" (em vez de Galácia) na primeira epístola a Timóteo (4, 10), foi Crescênio seu companheiro de viagem.

* * *

Na primavera de 66 encontramos o velho bandeirante de novo no Oriente. Visita Creta, perlustra o litoral da Ásia Menor, como se fosse jovem; pede a Timóteo que persevere firme em Éfeso, e de caminho à Macedônia se hospeda em Trôade em casa de seu amigo Carpo.

Nesta cidade, parece Paulo ter escrito a primeira *Epístola a Timóteo* na previsão de que não regressaria a Éfeso.

A *Epístola a Tito* e as duas a Timóteo relevam a índole e o estilo de Paulo ancião. Se as cartas improvisadas durante as suas grandes viagens apostólicas nos põem diante dos olhos o arrojado teólogo e místico — as epístolas escritas depois deste período nos mostram o solícito cura d'almas, o bondoso pai espiritual, rico de sábios conselhos e diretivas. Falta, nestas últimas cartas, o fogo, a audácia, a genialidade dos outros escritos. O estilo é mais calmo, suave, meticuloso; a exuberância dos pensamentos não arrasa os diques, não atropela a gramática nem quebra uma frase para começar outra, como acontece freqüentemente nas epístolas-mestras de Paulo.

* * *

Timóteo, em Éfeso, lutava contra o vício tradicional desta cidade, o falso misticismo. Quanto mais enigmática e abstrusa fosse uma doutrina, tanto mais adeptos encontrava entre os efésios. Tudo quanto os antigos e modernos ocultistas e espiritualistas têm sonhado sobre a metempsicose, a reencarnação e as influências astrológicas era doutrina corrente nas ruas e nos salões de Éfeso.

No meio deste caos lançaram ainda os rabinos judeus, para cúmulo de confusão, a sua literatura ritualista, engendrando, à luz de intermináveis genealogias patriarcais, uma babel de lendas e fábulas religiosas — verdadeiros "contos da carochinha" — para gáudio e enlevo das almas devotas das sinagogas e das piedosas damas dos círculos esotéricos dos salões elegantes.

A par dessa religiosidade de sentimento e ficção, florescia outra, com o pomposo nome de *gnosis*, que invocava o intelecto como suprema instância em matéria de espiritualidade. Reunia em seu seio o "escol dos intelectuais", homens que desejavam passar por espiritualistas, mas sem se ferir nas agudas arestas da cruz do Gólgota...

Contra todos estes perigos previne o apóstolo os neófitos de Éfeso por intermédio de seu pastor local, Timóteo.

Unidade na fé, unidade no culto, unidade na hierarquia — são estes os três pensamentos que formam o *substratum* da sua carta pastoral.

O Cristianismo não assenta alicerces em fantasias, sonhos e vago sentimentalismo, mas sobre a rocha firme da fé em Deus, manifestada por um sincero amor aos homens.

Sem essa unidade na fé não há unidade de culto nem comunidade na oração.

Lex orandi — lex credendi.

Paulo recomenda à oração dos fiéis sobretudo as autoridades civis, que, por esse tempo, começavam a perceber o poder do Evangelho mobilizavam contra ele as suas hostes.

Sem a família bem organizada — prossegue Paulo — não há prosperidade nacional. O chefe da família é o homem. A mulher é companheira, e não escrava do homem. Canta o apóstolo as belezas da maternidade, assim como, outrora, celebrara as glórias da virgindade.

Verdade que, filho da sua época, estabelece um critério que nem todas as filhas de Eva estarão dispostas a admitir, dizendo:

"Pode a mulher salvar-se pelo cumprimento dos seus deveres de mãe".

Ao lado da coluna-mestra da família cristã está a irmandade eclesiástica. Paulo compraz-se em pintar em todas as suas epístolas pastorais o ideal do pastor d'almas.

"Importa que ele seja irrepreensível, marido de uma só mulher, sóbrio, prudente, de bons costumes, honesto, hospitaleiro, versado no ensino; que não seja amigo de bebidas, nem violento; mas, sim, modesto, avesso a contendas e ganâncias; que saiba governar bem a sua casa e trazer os filhos em toda a obediência e castidade — pois quem não sabe governar a sua própria casa, como teria cuidado da igreja de Deus?"

Em face do vício da poligamia, que reinava entre os pagãos e às vezes entre os próprios cristãos, proíbe Paulo ao ministro de Deus possuir mais de uma mulher. Consoante o espírito do divino Mestre, que escolhera os seus discípulos entre solteiros e casados e distinguira como chefe honorário da sua igreja um pai de família, vigorava também na igreja primitiva o costume de se escolherem os serventuários do culto de todas as condições e classes sociais; o que se exigia era vida honesta e um grande fervor apostólico.

O celibato do pastor espiritual era livre, e não obrigatório.

* * *

Depois dessas explanações relativas à fé, ao culto e à hierarquia, passa o apóstolo a traçar ao seu discípulo judiciosas diretivas sobre o modo de se haver com diversas classes de pessoas; viúvas, sacerdotes, escravos, ricos, etc.

Por fim — como um velho pároco a seu coadjutor mocinho — dá a Timóteo uns conselhos práticos para a sua saúde precária:

"Não continues a beber só água, mas toma também um pouco de vinho, por causa do teu estômago e dos teus freqüentes achaques" (Ti. 5, 23).

73. Inverno em Nicópolis. A Igreja em Creta

(Epístola a Tito)

Terminou Paulo a sua última viagem pelo Oriente.

Deixou Tito em Creta e passou para Corinto, onde se despediu de Erasto.

Foi em demanda de Mileto, onde deixou Trófimo doente.

Nomeou Timóteo, seu legado em Éfeso e, via Trôade, penetrou na Macedônia.

No outono de 66 encontramo-lo, com um grupo de amigos — entre os quais talvez Lucas — a caminho de Nicópolis, cidade litorânea do Mar Adriático.

Era Nicópolis o mais importante centro do Epiro, colônia romana, a "cidade da vitória", como a intitulara Augusto em lembrança do seu triunfo (31 a.C.) sobre Antônio.

Aqui resolveu Paulo passar o inverno e, logo na primavera de 67, visitar a cristandade de Roma, devastada pela sangrenta perseguição de Nero.

Escreveu a Tito para ir ter com ele a Nicópolis, depois de nomear um substituto idôneo em Creta.

A *Epístola a Tito* abre com uma introdução excepcionalmente solene. Bem conhecia Paulo as dificuldades com que lutava seu discípulo em uma zona saturada de um paganismo multissecular e sem tradição cristã alguma. Era necessário, antes de tudo, crear um ambiente religioso, impossível sem a atividade de pastores de envergadura moral.

Por isso inculca Paulo a Tito, com grande veemência, que seja circunspecto na escolha e nomeação de chefes espirituais. E, como a Timóteo, traça também a Tito o ideal do pastor d'almas:

"Deixei-te em Creta, para regulares o que ainda está por fazer, e instituíres presbíteros em cada cidade como te ordenei. Importa que o presbítero seja irrepreensível, marido de uma só mulher, que tenha filhos fiéis que não seja acoimados de dissolutos, nem de insubordinados. Porquanto é mister que o pastor, na qualidade de dispenseiro de Deus seja irrepreensível; que não seja arrogante, nem iracundo, nem dado ao vinho, nem violento, nem ávido de sórdido lucro, mas, sim, hospitaleiro, amigo do bem, comedido, justo, piedoso, continente, que se atenha à palavra fidedigna, conforme foi ensinada, para que esteja em condições de ministrar a sã doutrina e refutar os contraditores" (Tit. 1, 5-9).

Em seguida, previne-o contra certos judeu-cristãos que se arvoram em apóstolos, mas "por causa de sórdida ganância", fazendo da religião um negócio e do santuário uma casa de mercado.

Outros dão ouvidos a fábulas e mitos ridículos, em vez de se aterem à revelação divina.

E, no entanto, não é a matéria a sede do mal, como opinavam certos hereges puritanos; a sede do mal é a vontade do homem, o livre-arbítrio, o abuso da liberdade.

"Para os puros todas as coisas são puras, mas para os impuros nada é puro." Esta frase podia tão bem figurar em um livro de Sêneca ou de Sócrates como na epístola de um discípulo do Cristo; caracteriza o esclarecido critério e a madura filosofia de Paulo. O verdadeiro cristão não recusa nem abusa das creaturas, mas usa delas com boa intenção; não é essênio nem epicureu, mas filho do Pai celeste, que creou as coisas para o uso dos homens; é discípulo do Cristo, esse Cristo que santificava com a sua presença os banquetes dos publicanos e os ósculos da ex-pecadora de Mágdala."

Paulo, que renunciou à família por amor à grande família

espiritual, é sempre o grande amigo e defensor do lar. Em todas as suas cartas recomenda ele, com carinho especial, a estabilidade, a paz e o amor da família.

"Tu, porém, prega o que esteja em harmonia com a sã doutrina: que os homens de idade sejam sóbrios, honestos, comedidos, sãos na fé, na caridade e na paciência. Da mesma forma se portem as mulheres idosas com dignidade, não sejam caluniadoras, nem entregues à embriaguez; porém modelos do bem, para que ensinem às jovens a amarem seus maridos e quererem bem a seus filhos, a serem prudentes, castas, amigas do lar, benignas, submissas a seus maridos para que não se diga mal da palavra de Deus.

Também aos jovens exorta-os a que vivam morigerados. Dá-lhes tu mesmo em tudo exemplo de vida modelar, nas boas obras. Mostra na doutrina pureza e dignidade. Seja a tua palavra sã e irrefutável, de maneira que o adversário se confunda, e não tenha mal nenhum a dizer de nós" (Tit. 2, 1-8).

O final da carta prova o tino prático do apóstolo que, embora voltado para o espiritual, não se esquece das necessidades materiais dos seus, e sabe educar os seus discípulos para uma caridade ativa e racional:

"Provê devidamente para a viagem a Zenas, o jurisconsulto, e a Apolo, para que nada lhes falte" (Tit. 3, 13-14).

74. Segundo cativeiro romano. O testamento de Paulo

(Segunda Epístola a Timóteo)

Em Nicópolis estava Paulo a meio caminho de Roma.

Uma força estranha o impelia para a capital do império, onde a glória do martírio ia coroar-lhes os heroísmos do apostolado.

Entrementes, chegara de Creta o amigo Tito e fora enviado à Ilíria.

Por esse tempo foi Paulo preso. Não consta ao certo onde nem como. Existem conjeturas diversas.

À luz das recentes escavações e pesquisas científicas, é possível a versão seguinte:

Paulo chegou a Roma na primavera — abril ou maio — do ano 67. É o que parece supor também um documento do II século, intitulado *Passio Petri et Pauli*. Hospedou-se na 11ª zona da cidade, perto da ilha do Tibre, sobre a margem esquerda do rio, em um lugar chamado *ad arenulam* (às areias). Não longe daí, próximo à Porta Ostiensis, existia um grande armazém de trigo, vulgarmente denominado *horreum extra urbem* (celeiro fora da cidade). Como o armazém estivesse vazio, resolveu Paulo, enchê-lo com o trigo divino do Evangelho, reunindo nesse local numerosos ouvintes e falando-lhes do reino de Deus.

Entre os seus ouvintes figuravam muitos militares.

Certo dia, entram no celeiro uns soldados de Nero e dão voz de prisão ao orador como chefe suspeito de um partido religioso.

Estava ainda na memória de todos o horroroso incêndio de Roma atribuido "à seita dos nazarenos"...

No lugar do último albergue de Paulo levanta-se hoje uma vetusta capelinha dedicada ao grande evangelizador dos povos — *San Paolo alla Régola*. *Alla Régola* é, evidentemente, uma deturpação de *ad arenulam*, expressão latina incompreensível à gíria popular dos séculos subsequentes.

As escavações de 1936 acusam vestígios de uma antiga casa de comércio nesse mesmo lugar, que fora quarteirão de marinheiros e pescadores, negociantes de cereais e verduras, curtidores e cerâmicos.

Ao pé do Capitólio, no *Forum Romanum*, achava-se o famoso "Cárcere Mamertino", chamado também *Tullianum*, hoje em parte soterrado. Segundo uma tradição antiga, mais ou menos certa, foi Paulo lançado a esta masmorra.

Esta segunda prisão romana tornou-se bem mais dura que a primeira. Carregado de cadeias, como um criminoso, falta ao ancião todo conforto. A solidão é quase absoluta. A custo conseguem alguns amigos romanos visitar o preso. Eubulo, Prudente, Lino e Cláudia saudam-no cautelosamente, porque — diz a tradição — sabiam do paradeiro de Paulo e queriam evitar todas as suspeitas da parte do público.[2]

Inventou ainda a tradição cristã um encontro entre Pedro e Paulo, no Cárcere Mamertino — invenção essa que mais tem de piedosa que de provável. Espiritualmente, sim, encontraram-se os dois grandes chefes, coadunados no mesmo heroísmo do martírio. Um encontro físico era impossível.

Mais do que nunca sentiu o prisioneiro a deserção de quase todos os seus amigos de outrora. Também os seus amigos auxiliares da Ásia, Figelo e Hermógenes e outros, deixaram de atender ao seu convite. Apenas Lucas estava com ele.

No meio dessas sombras cai subitamente, como um raio de luz, a visita de Onesíforo, cidadão de Éfeso, que já outrora prestara relevantes serviços ao apóstolo. Quanto trabalho para descobrir o paradeiro de Paulo, nos inúmeros cárceres de Roma! Que colóquios terão os dois travado por entre as paredes escuras do calabouço?...

O processo de Paulo era da alçada do tribunal de César. Nero, nesse tempo, perlustrava a Grécia como histrião e comediante, e deixa Roma entregue à administração de seu amigo Aelius, feito à sua imagem e semelhança.

A primeira fase do processo correu em uma das grandes *basilikés*, isto é, galerias do forum, cujo nome e tipo arquitetônico perduram nas basílicas cristãs. Na ábside estavam sentados os juízes e demais membros do tribunal. À frente, na

---

[2] Pedro deve ter vindo a Roma também em 67 acabando por morrer mártir como Paulo. A idéia de que ele tenha residido em Roma, ou até sido bispo nesta cidade, é insustentável à luz dos documentos do primeiro século. Apenas no século IV, quando a igreja começa a ser hierárquica e política, é que alguns cristãos começaram a advogar esta idéia. Nem Pedro nem Paulo mencionam, em suas epístolas uma estadia em Roma do ex-pescador da Galiléia.

nave central, os réus, as testemunhas e os advogados. Das naves laterais e das galerias assistia a multidão dos curiosos a processos sensacionais.

Paulo foi acusado, provavelmente, de cúmplice ou insuflador dos "cristãos incendiários", que, como se espalhava solicitamente, haviam reduzido a capital a um montão de escombros.

Com poucas palavras se refere ele ao processo:

"Na minha primeira defesa não houve ninguém que me valesse; todos me abandonaram — perdoados sejam! — O Senhor, porém, me assistiu e me deu forças para que por meu intermédio fosse anunciado o Evangelho e chegasse aos ouvidos dos gentios. Escapei às faces do leão".

Sem advogado nem amigo, defendeu-se Paulo sozinho, e tão às claras pôs a sua inocência que desta vez escapou aos dentes das feras, cujos rugidos ouvia todos os dias, nas jaulas do Coliseu.

Após o primeiro interrogatório, voltou ao cárcere.

Exausto de sofrimentos e privações, sente desfalecer cada vez mais as forças e avizinhar-se o fim da vida, mesmo que o tribunal o absolvesse.

Pede umas folhas de papiro, uma pena e um pouco de tinta, e enquanto o tépido sol da primavera derrama sobre o mundo oceanos de claridade, põe-se o prisioneiro do Cristo a exarar, na dúbia penumbra do cárcere subterrâneo, o seu "testamento".

Sim, o seu "testamento". Não nos legou ouro nem prata, não deixou terrenos nem casas; mas transmitiu à cristandade de todos os séculos aqueles tesouros espirituais de que a sua alma era mina profunda e inesgotável.

Paulo escreve a sua carta derradeira e nomeia Timóteo testamenteiro da sua última vontade. Pede ao discípulo que venha a Roma, porque deseja vê-lo ainda uma vez antes de fechar os olhos para sempre; e que traga consigo também a Marcos, em cuja pessoa quer abraçar Barnabé, amigo de mocidade e companheiro da primeira expedição evangélica.

"Apressa-te a visitar-me quanto antes".

Receia que Timóteo chegue tarde. O processo está correndo com intensidade.

"Quando vieres, traze contigo a capa, que deixei em Trôade, em casa de Carpo, como também os livros, sobretudo os pergaminhos".

Como não terá Paulo sofrido naquele subterrâneo úmido e frio!... De nada lhe valiam as tépidas auras primaveris, de nada os fulgores do estio — lá em baixo era noite e inverno perpétuo. A sua capa, talvez a única, ficara em Trôade, e ele a manda vir, porque lhe faz falta...

Tem saudades dos seus livros sagrados, também deixados em Trôade. Deseja entregar a Lucas os seus manuscritos para ulterior elaboração.

Uma velha capa, uns livros sacros e alguns manuscritos — eis aí toda a fortuna deste homem que, por espaço de trinta anos, trabalhou pelo bem da humanidade e enriqueceu milhares e milhões de almas!... Para morrer em tamanha pobreza é necessário ter vivido com a alma repleta de uma riqueza imensa.

Enquanto algum "apóstolo" pensa em levantar palacetes, acumular dinheiro, fazer política profana e enriquecer os parentes — o seu "apostolado" é uma comédia... Só no dia em que ele puder dizer em verdade: "Cristo é minha vida — e o mundo me vale tanto como um punhado de lixo", será o seu apostolado uma realidade. Só o homem que nada quer para si pode dar tudo a todos, dando-se em holocausto aos homens.

Do homem que nada espera do mundo, tudo pode o mundo esperar.

No meio das vicissitudes do processo, que decidirá sobre a vida ou a morte. Paulo só pensa em evangelizar a Cristo, e toda a sua consolação está em poder lançar o adorável nome do divino Mestre ao meio das galerias da *basiliké* e entre as togas romanas. "O Senhor me deu forças para que por meu intermédio chegasse o Evangelho aos ouvidos dos gentios. A ele seja glória pelos séculos dos séculos. Amém."

* * *

Mais alguns dias, e Paulo se convence de que o seu processo vai terminar com a sentença de morte. No caso que Timóteo não chegue a tempo para trocar o abraço de despedida e receber as últimas recomendações, aí vão elas, por escrito:

"Sê forte, meu filho, em virtude da graça que está em Cristo Jesus o que de mim ouviste, transmite-o a homens de confiança e idôneos para ensinar a outros. Sofre comigo como bom soldado do Cristo Jesus. O lutador na arena não é coroado sem que tenha lutado legitimamente... Eu sofro e estou algemado como criminoso, mas a palavra de Deus não está algemada... Foge das paixões da mocidade. Aspira à justiça, à fé, à esperança, ao amor. Vive em paz com os que de coração puro invocam o Senhor. Tomaste por norma a minha doutrina, o meu modo de vida, o meu ideal, a minha longanimidade, a minha caridade, a minha paciência, as minhas perseguições, os meus sofrimentos — e que grandes sofrimentos tive de suportar! Todos os que querem levar vida piedosa no Cristo sofrerão perseguição".

Surge então aos olhos do ancião um idílio suave: um débil menino, sentado ao colo da mãe, a estudar as divinas revelações do Antigo Testamento: Timóteo e Eunice, em Listra...

"Fica com o que aprendeste; conheces as sagradas Escrituras desde pequeno; delas poderás haurir a sabedoria para te salvar pela fé em Jesus Cristo. Por quanto, toda a Escritura divinamente inspirada é útil para sempre ensinar, para argüir, para corrigir, para educar na justiça. Destarte chega o homem de Deus a perfeição, habilitado para toda a boa obra."

Paulo revê-se ferido em Listra, jogado ao monturo, em um delíquio profundo dado por morto; quando abre os olhos percebe através de um véu de sangue, o semblante dessa criança frágil, que devia tornar-se um dia o seu grande discípulo, Timóteo...

Quanto a mim — prossegue, com o olhar sereno do trabalhador que, após dia pesado, volta ao lar — já estou para ser imolado... Aproxima-se o tempo do meu passamento... Pelejei o bom combate... Terminei a carreira... Guardei a fé... No mais, está me reservada a coroa da justiça, que naquele dia me dará o Senhor, justo juiz; e não somente a mim, mas a todos os que, amorosos, anseiam pelo seu advento...

A cadência suave destas pequenas frases é como o extinguir gradual de um dia de outono...

Declina o sol no horizonte...
Alongam-se as sombras do poente...
Ouve-se ao longe o marulhar de grandes águas...
Ciciam pelos ciprestes as brisas vespertinas...
Caem as folhas murchas...
Perdem-se na penumbra os contornos das coisas...
Paira no espaço uma paz imensa...
Anoitece...

75. No termo da viagem

Pelos meados do ano 67 correu a segunda fase do processo contra Paulo. Novamente comparece o "prisioneiro do Cristo" às barras do tribunal de César — e desta vez para ouvir a sua sentença de morte.

Face a face encontram-se dois homens: Paulo e Nero, o melhor e o pior homem do século...

A virtude em algemas — e o vício sobre o trono...

Ouve Paulo a sentença fatal com serenidade, mas não com a indiferença artificial e fictícia de certos falsos estóicos.

Paulo não é dessa categoria de "heróis", que lembram certas crianças que, ao atravessar escura floresta, assobiam ou falam alto consigo mesmas, no intuito de disfarçar o medo da solidão com a ilusão da coragem. Paulo é tão realista como Jesus no Getsêmane: "Pai, se é possível passe de mim este cálice, sem que eu o beba". Mas conhece também a resignação do Mestre: "Contudo, meu Pai, não se faça a minha, mas, sim a tua vontade"...

Sabe que "a morte é o último inimigo". Inimigo que ele

conhece, aliás, de longa data. Quantas vezes não se viu o apóstolo face a face com a morte! Quantas vezes não lhe sentiu o hálito letal, contemplou-lhe a caveira sem olhos, ouviu-lhe o ranger dos ossos descarnados!...

Quem como Paulo morreu a morte mística dos verdadeiros cristãos vê na morte corporal apenas uma transição para a fase espiritual da existência, uma nova etapa nessa metamorfose a que chamamos vida humana.

* * *

Em uma daquelas manhãs, passa pela "Porta Trigemina", rumo a "Óstia Tiberina" (foz do Tibre), um grupo de lictores imperiais, escoltando um ancião de corpo alquebrado, cabelo cor de neve, olhar espiritualizado, vestes em andrajos...

Passam silenciosos ao pé da pirâmide de Cestios. Dobram para a esquerda e entram na Via Ardeatina.

Para a direita se espraia o vale do Tibre; para o outro lado a Via Appia, por onde, seis anos antes, chegara Paulo a Roma pela primeira vez.

Seguindo daí a Via Laurentina, descem, meia hora depois a uma baixada pantanosa, chamada *Aquae Salviae*. Fazem alto no terceiro marco miliário, lá onde branqueja atualmente, por entre eucaliptos o convento de *Tre Fontane*.

Foi aqui, nesta imensa solitude, aberta para a vastidão do mar; foi aqui que, sem a presença de um amigo, caiu a cabeça de Paulo de Tarso sob o golpe da gladio romano...

Foi aqui que o indômito bandeirante do Evangelho plantou a última bandeira do seu Senhor e Mestre, bandeira ruborizada com o sangue do seu coração...

Nenhuma outra espécie de morte teria sido tão digna de Paulo como esta... Sozinho... sem uma lágrima de amigo... Sem um gemido de mulher ou filho... Sem um carinho de mãe ou irmã... Sem uma alma que lhe recebesse o último olhar... Sem um coração que acompanhasse as derradeiras pulsações do seu coração...

Ele só... com Deus...

....

Assim morrem os heróis...
Cidadão romano, só lhe convinha morrer a fio de espada.
Apóstolo do Cristo, só lhe convinha morrer mártir.
Diz a tradição que Paulo, ao receber o golpe fatal, tinha o rosto voltado para o oriente e recitava, em língua hebraica, a última oração da sua vida — confundindo-se assim a prece vespertina da sua velhice com a prece matutina da sua juventude...
Entre essas duas orações — a de Tarso e a de Roma — só existe uma saudade imensa, que se chama o Cristo... De Tarso até Damasco, a saudade do "Deus desconhecido"; de Damasco até Roma a saudade do Cristo, o Crucificado, o Ressuscitado...

* * *

Mãos caridosas, retiraram o corpo e levaram-no, a distância de duas milhas, para o "Prédio de Lucina", distinta matrona e discípula do Cristo. Sepultaram o corpo do apóstolo no ponto em que se eleva hoje a grandiosa basílica de "São Paulo fora dos muros".
Aí repousaram os restos mortais do grande evangelizador até o terceiro século, quando, sob o reinado de Valeriano, procurava o paganismo destruir e saquear todos os santuários e cemitérios cristãos. Os fiéis de Roma previram o sacrílego intento e ocultavam no fundo das catacumbas de São Sebastião, na Via Appia, os corpos dos seus grandes chefes espirituais, Pedro e Paulo.
É o que diz uma tradição mais ou menos vaga e incerta.
Mais tarde, quando despontou para o Cristianismo o dia da paz, foram as venerandas relíquias restituídas aos seus jazigos primitivos. Deu-se esta transladação no dia 29 de junho, razão

por que o cristianismo celebra nesta data a solenidade coletiva de São Pedro e São Paulo.

Em 1833 foi a antiga basílica de São Paulo destruída por um incêndio que respeitou apenas o arco em mosaico de *Galla Placidia*.

Reedificou-se a basílica que é uma das mais belas do mundo.

À sombra desse majestoso santuário — que tem algo do espírito do grande apóstolo — repousa até ao presente dia o invólucro daquela grande alma.

E só então chegará o mundo a conhecer cabalmente a vida heróica de Paulo de Tarso — o maior discípulo do Cristo, o mais intrépido bandeirante do evangelho.

Textos Complementares

Explicações necessárias do Editor

Como afirmamos no Prefácio para a 18ª Edição, o filósofo e educador Huberto Rohden foi um escritor prolífero. Escreveu mais de 65 obras, todas com várias edições.

A biografia *Paulo de Tarso – O Maior Bandeirante do Evangelho* é um de seus livros mais lidos e amados por seus leitores, alunos e discípulos.

Rohden partiu deste plano físico há mais de vinte anos, contudo sua mensagem crística continua viva e atuante. O maior veículo para a difusão dessa mensagem são seus livros.

A fim de facilitar economicamente a aquisição das obras do filósofo, estamos republicando-as, em formato de bolso, dentro da Coleção "A Obra Prima de Cada Autor" — um dos maiores sucessos editoriais da nossa empresa.

Para que o leitor tenha o máximo de informação sobre Paulo de Tarso, resolvemos, nesta edição, transcrever algumas das principais epístolas do biografado, traduzidas diretamente do texto grego do primeiro século por Rohden e que fazem parte do *Novo Testamento*. Assim, para ganho de todos, estamos incluindo nesta biografia, como textos complementares, os seguintes escritos de Paulo: *Epístola aos Romanos*, *Primeira Epístola aos Coríntios*, *Epístola aos Gálatas*, *Epístola aos Efésios*, *Epístola aos Filipenses* e a *Primeira Epístola a Timóteo*.

Como editor e legatário das obras de Huberto Rohden, acreditamos que esta antologia das epístolas de Paulo completarão, didática e literariamente, esta magnífica biografia do grande apóstolo dos gentios.

As epístolas paulinas

1. São quatorze as epístolas que devemos ao amor paternal e à incansável solicitude que São Paulo votava às cristandades da época. Entretanto, é certo que o apóstolo escreveu mais cartas desse gênero. Assim, por exemplo, alude em 1 Coríntios 5, 9 a uma carta aos coríntios, anterior à que hoje intitulamos a primeira aos coríntios; em Colossenses 4, 16 faz menção de uma epístola aos laodicenses; a julgar por Filipenses 3, 1, parece que São Paulo escreveu ainda outra carta aos filipenses anterior à que possuímos.

2. Algumas das epístolas se dirigem a uma ou mais igrejas, outras a pessoas particulares. A sucessão que ostentam no cânon da igreja não obedece à ordem cronológica da sua origem, mas antes ao prestígio de que gozavam as respectivas cristandades ou pessoas. Faz exceção dessa regra a *Epístola aos Hebreus*, que, a princípio, não era universalmente reconhecida na igreja ocidental.

3. É riquíssimo o conteúdo doutrinário das epístolas paulinas. São Crisóstomo compara-as a grandes minas que contêm inesgotável abundância dos mais preciosos metais; diz ainda que são como outras tantas fontes perenes, maravilhosos mananciais que tanto mais água fornecem quanto mais se lhes tira. Santo Tomás de Aquino encontra condensada nas epístolas de São Paulo "quase toda a teologia". A idéia fundamental que passa por todas as cartas é o pensamento da universalidade do Cristianismo, cujas bênçãos quer Deus fazer reverter em benefício de toda a humanidade, tanto judeus como pagãos.

4. Todas as epístolas de São Paulo foram redigidas em grego. Ainda que o apóstolo conhecesse perfeitamente essa língua, contudo, devido à escassez do tempo e à multiplicidade dos trabalhos, não lhe era possível prestar a necessária atenção à forma estilística. Costumava ditar as suas missivas (Ro. 16, 22; 2 Te. 3, 17; 1 Co. 16, 21; Gál. 6, 11); mas a pena do amanuense não valia seguir a extraordinária vivacidade do espírito de Paulo; no meio da frase acudiam não raro, idéias novas à mente do autor e às vezes conclui o período com imagens diversas das que formam o princípio. A facilidade e a rapidez de concepção e a torrente riquíssima de grandes idéias a brotarem impetuosamente da alma do apóstolo nem sempre favoreciam um desenvolvimento sereno e harmônico da forma exterior. Daí essas frases obscuras e dificilmente inteligíveis que freqüentemente nos deparamos nas epístolas paulinas (cf. 2 Pe. 3, 16).

Mas, ainda assim, não há quem não sinta, nessas cartas, uma eloqüência espontânea que tudo empolga e arrebata. A cada passo recorre o autor a figuras e alegorias muito apropriadas, não regateia perguntas e exclamações cheias de vida, lança mão de freqüentes jogos de contrastes, graduações e outros recursos retóricos (1 Co. 9, 1-13; 13, 1-3; 2 Co. 4, 8-12; 4, 5-10). O que mais que tudo caracteriza o estilo de São Paulo é um extraordinário vigor e energia de expressão. "Toda a vez que leio São Paulo — diz São Jerônimo — julgo ouvir, não palavras, mas trovões". A agudeza daquele espírito privilegiado e a riqueza daquele coração de fogo emprestam à linguagem de Paulo incomparável veemência e fascinante beleza.

5. A forma exterior das epístolas obedece às formalidades gerais da época: a princípio se lê o nome do remetente, o destinatário e a competente fórmula de bênção. Seguem-se, por via de regra, umas palavras de agradecimento e de intercessão. Vem depois o corpo da epístola que, geralmente abrange duas partes, ocupando-se a primeira com a exposição e demonstração de alguma verdade dogmática, enquanto a segunda parte tira conseqüências práticas para a vida religiosa e moral.

Rematam a carta algumas comunicações pessoais, saudações e votos de felicidade.

Epístola aos Romanos

Introdução

1. Roma recebeu o evangelho da Palestina, ou melhor, de Jerusalém. As primeiras notícias da redenção aí chegaram bem cedo, não muito após a vinda do Espírito Santo sobre os apóstolos (At. 2, 10). Como fundador da igreja romana dá-nos a antiguidade cristã o apóstolo Pedro, o qual, em face da perseguição movida por Herodes Agripa, abandonou a Palestina no ano 42 (At. 12, 17). Compunha-se a cristandade romana, a princípio de judeus e étnico-cristãos; mas não tardou a cortar as relações com a sinagoga de Israel razão por que não foi atingida pelo edito de expulsão do imperador Cláudio, nos anos 50-51. A partir desta data, predominava o elemento etnocristão. É devido a esta circunstância que São Paulo, na qualidade de apóstolo dos gentios, vê na igreja romana uma esfera de ação que lhe dizia respeito, e saúda os leitores como neófitos vindos do paganismo (Ro. 1, 5 s; 15, 14-16; 11, 13).

Enquanto a Galácia e Corinto se viam freqüentemente perturbadas pelas doutrinas dos judaizantes, florescia em Roma uma cristandade tão tranqüila e bem organizada, que São Paulo não hesita em associar-se ao hino de louvor que todo o mundo cantava aos cristãos da capital do império; agradece a Deus por aquela vida exemplar e exalta a dedicação que os discípulos testemunhavam à causa do evangelho (Ro. 1, 8; 15, 14; 16, 17-19).

2. Qual a ocasião desta epístola? Antes de tudo, queria São

Paulo apresentar-se à cristandade de Roma, preparar a sua próxima chegada à metrópole e despertar nos leitores o interesse pela planejada excursão apostólica para a Espanha (Ro. 1, 10-13; 15, 21-33). Mas visava ainda um fim superior: tencionando demorar-se pouco tempo em Roma, achou conveniente expor em carta o programa do seu evangelho, realçando principalmente a doutrina que tão ardentemente advogava, a saber: a justificação do homem pela fé em Jesus Cristo. De maneira que a epístola aos romanos nasceu, a bem dizer, da missão característica do apóstolo das gentes. É também essa missão tão sua que ele alega como desculpa ou justificativa da liberdade que toma em escrever aos cristãos de Roma e confirmá-los na fé recebida de São Pedro e seus discípulos (15, 15).

3. No tempo em que São Paulo escrevia esta carta, acabava de ultimar os seus labores no oriente e estava prestes a partir para Jerusalém e levar aos cristãos daí o resultado das coletas feitas na Macedônia e na Acaia (15, 19-26). Ora, sendo que a carta foi escrita em Corinto (cf Ro. 16, 23 com 1 Co. 1, 14), temos de localizar a sua composição no fim da permanência do apóstolo em Corinto, isto é, por volta do ano 58.

4. A autenticidade do documento está fora de dúvida. Dele já se servia Clemente Romano, Justino, Ireneu, Clemente de Alexandria, Tertuliano e outros citam-no sob o título de *Epístola de São Paulo aos Romanos*.

Epístola de São Paulo aos romanos

Paulo,

1 servo de Jesus Cristo, chamado a ser apóstolo, escolhido para o
2 evangelho, que Deus prenunciara pelos profetas nas Sagradas Escrituras sobre seu Filho — o qual, segundo a carne, é des-
3 cendente de Davi, mas segundo o Espírito Santo, pela ressurreição
4 dentre os mortos, foi poderosamente demonstrado como Filho de Deus — Jesus Cristo, Senhor nosso. Por seu intermédio é que
5 recebemos a graça do apostolado, a fim de sujeitar à fé, pela glória
6 de seu nome, todos os povos gentios, de que fazeis parte também vós, chamados por Jesus Cristo.

7 A todos os de Roma, queridos de Deus e chamados a ser santos, a graça e a paz vos sejam dadas por Deus, nosso Pai, e pelo Senhor Jesus Cristo.

8 **Agradecimento e petição.** Antes de tudo, dou graças a meu Deus, mediante Jesus Cristo, por todos vós, porque a vossa fé é
9 preconizada em todo o mundo. Deus, a quem sirvo em meu espírito pela evangelização de seu filho, me é testemunha de que
10 sem cessar vos trago na lembrança, e não deixo de suplicar em minhas orações me seja concedido, finalmente, visitar-vos, se
11 Deus quiser.

É que estou com saudade de vos ver, a fim de vos comunicar
12 algum dom espiritual que vos fortaleça, ou melhor: para nos
13 fortalecermos mutuamente pela nossa fé comum, tanto vossa como minha. Quero que não ignoreis, meus irmãos, que já muitas vezes tenho tido intenção de vos visitar; mas até agora não me tem sido
14 possível. Pois quisera colher algum fruto no meio de vós, assim
15 como entre outras nações. Porquanto sou devedor a gregos e bárbaros, e sábios e ignorantes. Da minha parte estou pronto a
16 anunciar o evangelho também a vós, em Roma.

Pois não me envergonho do evangelho, porque é virtude divina
17 para dar salvação a todo homem que crê, em primeiro lugar para o judeu, mas também para o gentio. Pois nele se patenteia que Deus justifica pela fé e para a fé, conforme está escrito: "O justo vive da fé". _{Hab 2,2}

Justificação por Jesus Cristo

Necessidade universal da justificação

Estado moral dos gentios. Idolatria pagã. Toda a impiedade e injustiça dos homens, que com a sua injustiça oprimem a **verdade**, faz descer do céu a ira divina.

Pois, o que de Deus se pode conhecer, bem o conheceis eles; Deus lho manifestou. Com efeito, desde a criação do mundo, pode a inteligência contemplar-lhe visivelmente nas obras o ser invisível: o seu eterno poder como a sua divindade. De maneira que eles não têm excusa; pois, embora conhecessem a Deus, não o glorificaram como Deus, nem lhe renderam graças. Antes se entregaram a pensamentos fúteis, e obscureceu-se-lhes o coração insensato; pretenderam ser sábios, e tornaram-se estultos. Trocaram a glória de Deus imperecível por imagens de homens perecedores, de aves, de quadrúpedes e de répteis.

Luxúria pagã. Por isso os entregou Deus à impureza pelos apetites dos seus corações, a ponto de cometerem infâmias nos corpos uns dos outros. Trocaram o Deus verdadeiro por ídolos falsos, prestando culto e adoração às criaturas em vez do Criador, que é bendito para sempre. Amém.

Por esta razão os entregou Deus a paixões infames. As suas mulheres converteram as relações naturais em relações contra a natureza. Da mesma forma, abandonaram também os homens o comércio natural com a mulher, e se abrasaram de volúpia uns para com os outros; homens praticaram torpezas com homens; e chegaram a experimentar em si mesmos o justo castigo dos seus desvarios.

E, uma vez que se negaram a reconhecer a Deus, entregou-os Deus aos seus sentimentos depravados de modo que cometeram inconveniências, repletos de toda a injustiça, malícia, avareza, perversidade; cheios de inveja, homicídios, discórdias, dolo, astúcia; são murmuradores, caluniadores, ímpios, escarnecedores, soberbos, fanfarrões; inventores de maldades, insubmissos aos pais; insensatos homens sem palavra, sem caridade nem piedade. Embora conheçam os preceitos de Deus, que declaram réus de morte aos que tais coisas praticam, contudo não somente as cometem eles mesmos, senão ainda aplaudem os que assim procedem.

2   Estado moral dos judeus. Bitola divina. Por isso é inescusável, ó homem quem quer que sejas se te arvoras em juiz; porque pelo fato de julgares o próximo condenaste a ti mesmo, uma vez 2 que cometes aquilo mesmo que condenas. Ora, sabemos que Deus 3 julgará segundo a verdade aos que tais coisas praticam. Cuidas, porventura, escapar ao juízo de Deus, ó homem, que cometes o 4 mesmo que aqueles que condenas? Ou desprezas a riqueza da sua bondade, paciência e longanimidade? Ignoras, acaso, que a bondade de Deus quer levar-te à conversão?

5   Mas com essa dureza e esse coração impenitente vais acumulando ira para o dia da ira e da revelação do justo juízo de Deus, que 6 a cada um retribuirá segundo as suas obras: a vida eterna aos que 7 perseverarem na prática do bem e aspirarem à glória, à honra e à 8 incorruptibilidade; a ira, porém, e a indignação aos obstinados, aos que contradisserem a verdade e se guiarem pela injustiça. 9 Tribulação e angústia sobrevêm à alma de todo o homem que praticar o mal, primeiramente ao judeu, mas também ao gentio; ao 10 passo que aos que praticarem o bem lhes caberá glória, honra e paz, em primeiro lugar ao judeu, e depois ao gentio. Porque Deus 11 não conhece acepção de pessoas.

12   **A posse da lei.** Os que pecarem sem a lei, fora da lei perecerão; e os que pecarem sob a lei, à luz da lei serão julgados. 13 Porquanto, não serão justos perante Deus os que ouvem a lei, mas, sim, os que cumprem a lei, esses é que serão declarados justos. 14 Quando os gentios, que não possuem a lei, fazem de modo natural o que pede a lei, então eles, que não têm a lei, servem de lei a si 15 mesmos: por sinal que mostram levar gravada no coração a essência 16 da lei. É o que lhes testificam a consciência, e os pensamentos a se acusarem ou defenderem mutuamente — no dia em que Deus há de julgar, por Jesus Cristo, os segredos humanos, consoante o meu evangelho.

17   **Jactância dos judeus.** Dizes que és judeu, confias na lei e te 18 ufanas de Deus; conheces a sua vontade, e, instruído pela lei, sabes o que é bom e o que é mau; tens-te em conta de guia dos 19 cegos, luzeiro dos que vivem em trevas, doutor dos ignorantes, 20 mestre dos pequeninos, de homem que na lei possui a expressão 21 do conhecimento e da verdade — e tu, que ensinas a outrem, não 22 te ensinas a ti mesmo? Pregas que não se deve furtar — e furtas?

Dizes que não se deve cometer adultério — e cometes adultério? Detestas os ídolos — e cometes sacrilégio? Glorias-te da lei — e desrespeitas a Deus pela transgressão da lei? Pois, é por vossa culpa que se ultraja o nome de Deus entre os gentios, como diz a escritura.

Is 52,5

Valor da circuncisão. A circuncisão é de proveito, sim, no caso que observes a lei; mas, desde que te constituas transgressor da lei, a tua circuncisão se tornou em incircuncisão. Se, pelo contrário, um incircunciso observar os dispositivos da lei, porventura não valerá por circuncisão o seu estado de incircunciso? E assim, quem é por natureza incircunciso, mas observa a lei, te há de julgar a ti, que a despeito da letra e da circuncisão, és transgressor da lei. Porquanto, não é judeu quem o é apenas no exterior, nem é circuncisão a que se faz apenas exteriormente, na carne; mas judeu é aquele que o é no seu interior; e circuncisão é a que está no coração, no espírito, e não segundo a letra; e, embora esse não tenha elogio dos homens, tem-no da parte de Deus.

Privilégios dos judeus. Que vantagem tem, pois, o judeu? Que proveito traz a circuncisão? Muito, em todo o sentido. Em primeira linha, porque lhes foram confiados os oráculos de Deus. Que importa que alguns tenham recusado crer? Será que a sua descrença anula a fidelidade de Deus? Certo que não. Deus há de provar-se verdadeiro, seja embora todo o homem mentiroso, conforme está escrito: "Que apareças justo em tuas palavras, e vencedor, quando contraditado."

Sal 50,6

Mas, se a nossa injustiça põe em relevo a justiça de Deus, que diremos a isto? Que Deus é injusto — humanamente falando — em executar a sentença da sua ira? Não, por certo. Do contrário, como havia Deus de julgar o mundo? Mas, se a veracidade de Deus aparece maior e mais gloriosa em face da minha falsidade, por que ainda me condenam como pecador? E por que não diríamos então o que alguns, caluniosamente, nos põem na boca: "Pratiquemos o mal para que dele nasça o bem?" Mas esses tais terão o castigo merecido.

Miséria universal. Que se segue, pois, daí? Que nós levamos vantagem sobre eles? De forma alguma. Acabamos de demonstrar que todos, tanto judeus como gentios, estão sujeitos ao pecado.

¹⁰ Diz a escritura: "Ninguém é justo, nem um só; não há quem ande Sal 13,1
¹¹ com critério, não há quem procure a Deus. Todos se extraviaram,
¹² todos juntos se perderam. Não há quem pratique o bem, não há um Sal 5,11
¹³ sequer. As suas faces são sepulcro aberto, cometem fraude com a 30,4
¹⁴ língua, trazem veneno de serpente nos lábios; a sua boca está cheia
¹⁵ de maldição e aspereza; velozes são os seus pés para derramar Sal 9,7
¹⁶ sangue; perdição e desgraça assinalam seus caminhos; ignoram o Is 59,7
¹⁷ caminho da paz, e o temor de Deus é desconhecido a seus olhos. Sal 35,2

¹⁸ Ora, nós sabemos que tudo quanto à lei diz di-lo para os que
estão sob a lei, a fim de que se cale toda a boca e todo o mundo se
¹⁹ sujeite ao juízo de Deus; porque a seus olhos nenhum homem será
²⁰ justificado pelas obras da lei. A lei serve apenas para conhecer o
pecado.

Processo da justificação

²¹ **A fé em Jesus Cristo.** Agora, porém, se tornou patente que
somos justificados por Deus, sem a lei — justificação essa
²² indigitada pela lei e pelos profetas — a justificação que vem de
²³ Deus, graças a fé em Jesus Cristo, para todos os que crerem. Não
²⁴ há distinção alguma. Todos pecaram e estão privados da glória de
Deus. Mas são justificados gratuitamente pela sua graça, mediante Gên 15,6
²⁵ a redenção de Jesus Cristo, a quem Deus constituiu, pela fé,
vítima de propiciação, em virtude do seu sangue, no intuito de
²⁶ patentear a sua justiça. É que na sua longanimidade tolerara os
pecados anteriores, para manifestar, no tempo presente, a sua justiça;
porque queria mostrar-se justo, e também tornar justo a todo o
homem que tivesse fé em **Jesus**.

²⁷ Que é, pois, da ufania? Está excluída. Em virtude de que lei?
²⁸ Das obras? Não; em virtude da lei da fé. Pois estamos convencidos
²⁹ de que o homem é justificado pela fé sem as obras da lei. Acaso é
³⁰ Deus apenas Deus dos judeus, e não dos gentios? Também dos
gentios, é certo. Porque há um só Deus, que, em atenção à fé,
³¹ justifica os circuncisos; e, pela fé, os incircuncisos. Suplantamos,
pois, a lei pela fé? De modo nenhum; antes confirmamos a lei.

4 **Exemplo de Abraão.** Que diremos? Que alcançou Abraão,
² nosso pai segundo a carne? Se Abraão se justificasse pelas obras,
³ teria de que gloriar-se. Mas não é o que acontece. Com efeito, que

diz a escritura? "Abraão creu em Deus, e isto lhe foi tido em conta de justificação". Quem pratica obras, a esse não se lhe atribui a recompensa como graça, mas, sim como merecimento. Quem, pelo contrário, não tem obras, mas crê naquele que justifica o pecador, a este é imputada à fé como justificação. Tanto assim que Davi chama bem-aventurado ao homem a quem Deus concede a justificação independente das obras: "Bem-aventurado aquele cujas iniqüidades foram perdoadas, e cujos pecados foram cobertos. Bem-aventurado o homem cujo pecado o Senhor não toma em conta".

Ora, valerá esta bem-aventurança tão-somente para os circuncidados? Ou também para os incircuncisos? Pois dizemos que a fé foi imputada a Abraão como justificação. De que modo lhe foi imputada? Depois de circuncidado, ou antes de circuncidado? Não foi depois da circuncisão, mas antes da mesma; tanto assim que só recebeu o sinal da circuncisão como sigilo da justificação — justificação que alcançara antes de circuncidado, em virtude da fé. Destarte devia ele tornar-se o pai de todos os crentes incircuncisos, para que também a eles lhes fosse levada em conta à justificação. Devia, outrossim, ser pai dos circuncidados, dos que não somente têm a circuncisão, mas também seguem as veredas da fé, que nosso pai Abraão já possuía antes de circuncidado.

A promessa e a fé. Não foi em virtude da lei que a Abraão e a seus descendentes coube a promessa de serem herdeiros do mundo; mas, sim, pela justificação mediante a fé; pois, se só os adeptos da lei fossem os herdeiros, seria desvirtuada a fé, e sem valor a promessa, tanto assim que a lei não é senão causa de castigo. Mas onde não há lei não há transgressão. Logo, em virtude da fé e, portanto, pela graça. Assim é que a promessa é garantida para todos os seus descendentes, e não somente para os adeptos da lei, mas também para os que possuem a fé que teve Abraão, o pai de todos nós — conforme está escrito: "Destinei-te para pai de muitos povos" — pai de todos nós perante Deus, no qual teve fé, Deus, que dá vida aos mortos e chama à existência o que não existe.

Abraão e a fé. Contra toda a esperança esperou e creu que seria pai de numerosos povos, porque isto lhe fora dito: "Assim será a tua descendência. Não vacilou na fé, embora visse esmore-

cer-se-lhe o corpo — tinha quase cem anos — e definhar o seio de
20 Sara. Não descreu da promessa de Deus, antes se mostrou forte na
21 fé, e glorificou a Deus, na firme convicção de que ele é poderoso
para cumprir o prometido. Por isso lhe foi levado em conta de
22 justificação.

Mas não somente por causa dele mesmo está escrito que lhe
23 foi levado em conta, senão também por causa de nós; porque também a nós nos será levado em conta, se crermos naquele que ressus-
24 citou dentre os mortos a nosso Senhor Jesus, o qual por nossos
25 pecados foi entregue e foi ressuscitado para nossa justificação.

Efeitos da justificação

5   **Reconciliação com Deus.** Justificados pela fé temos paz com
2 Deus, por nosso Senhor Jesus Cristo. Por ele é que, em virtude da
fé, temos acesso à graça em que estamos firmes, e nos ufanamos,
3 esperando a glória de Deus. E não somente isto: ufanamo-nos até
na tribulação, certos de que a tribulação produz a paciência, a
4 paciência, a prova, a prova a esperança. A esperança, porém, não
5 ilude; porque a caridade de Deus está derramada em nosso coração
6 pelo Espírito Santo, que nos foi dado. Quando éramos ainda
7 fracos, em boa hora morreu Jesus Cristo pelos pecadores. Dificilmente haverá quem se entregue a morte por um justo; e, ainda que
8 alguém se anime a morrer por um homem de bem, Deus prova a
caridade para conosco pelo fato de ter Cristo morrido por nós
9 quando éramos ainda pecadores. Ora, justificados por seu sangue,
ainda muito mais seremos por ele preservados da ira. Se pela
10 morte de seu Filho fomos reconciliados com Deus, quando inimigos, muito mais seremos salvos por sua vida, depois de reconci-
11 liados. E não somente isto: Também nos gloriamos em Deus por
nosso Senhor Jesus Cristo, pelo qual acabamos de alcançar a
reconciliação.

12   **Adão e Cristo.** Portanto, por um só homem entrou no mundo
o pecado, e, pelo pecado, a morte; e assim passou a morte a todos
13 os homens, porque todos pecaram. Já antes da lei havia pecado no
mundo, mas onde não havia lei não era imputado o pecado.
14 Reinava a morte desde Adão até Moisés, e também sobre os que
não tinham como Adão pecado pela transgressão da lei. É esse
Adão uma figura do que estava por vir.

Entretanto, com a graça de Deus não se dá o mesmo que com o pecado. Se pelo delito de um só se tornaram réus de morte esses muitos pela graça de um só homem, Jesus Cristo, se derramou sobre esses muitas abundâncias do dom gratuito de Deus. Com a graça não acontece o mesmo que com o pecado de um homem: se a sentença sobre um só levou todos à condenação, a graça leva, através de muitos pecados, à justificação.

Porque, se, pelo delito de um, e por causa de um só reinou a morte, muito mais reinará a vida naqueles que por um só, Jesus Cristo, receberam abundância do dom gratuito da justificação.

Por conseguinte, assim como, pelo pecado de um só, todos os homens se tornaram réus de condenação, assim por um só, que era justo, veio à justificação e a vida. E como, pela desobediência de um só homem, se tornaram pecadores esses muitos, assim, pela obediência de um só, esses muitos se tornarão justos.

Sobreveio a lei para que abundassem os pecados; mas, onde abundava o pecado, superabundava a graça. Assim, pois, como o pecado ostentava o seu poder pela morte, assim também a graça, em virtude da justificação para a vida eterna, ostentará o seu poder por Jesus Cristo, nosso Senhor.

Morto para o pecado. Que diremos, pois? Continuaremos a viver em pecado para que tanto mais abunde a graça? De certo que não. Uma vez que morremos para o pecado, como continuaríamos a viver nele? Ignorais, acaso, que todos nós, que fomos submersos na água batismal em Cristo Jesus, fomos submersos na sua morte? Pelo que, submersos no batismo da morte, fomos com ele sepultados. E assim como Cristo ressuscitou dentre os mortos pela glória do Pai, assim vivamos também nós vida nova. Se temos, por assim dizer, íntima união vital com a sua morte, tê-la-emos igualmente com a sua ressurreição. Porquanto, sabemos que foi crucificado em nós o homem velho, para que pereça o corpo pecaminoso, e doravante não mais sirvamos ao pecado. Pois quem morreu está livre do pecado.

Ora, uma vez que com Cristo morremos, temos fé que também com Cristo viveremos. Pois sabemos que Cristo, ressuscitado da morte, não torna a morrer; a morte já não tem poder sobre ele. Morrendo, morreu uma só vez pelo pecado; vivendo, porém, vive só para Deus. Semelhantemente, considerai-vos também vós como mortos para o pecado, mas vivos para Deus, em Cristo Jesus.

12 Não há de, portanto, reinar o pecado em vosso corpo mortal, 13 para obedecerdes às suas paixões. Não entregueis ao pecado vossos membros, como instrumentos de iniqüidade; mas entregai-vos a Deus, como quem passou da morte para a vida; e oferecei os 14 vossos membros a Deus, como instrumentos de justiça. Pois, o pecado não deve mais ter poder sobre vós, uma vez que não vos achais sob o regime da lei, mas, sim, da graça.

15 **Vivo para Deus.** Que se segue daí? Que podemos pecar, pois não vivemos sob o regime da lei, mas da graça? De forma alguma! 16 Não sabeis que como escravos tereis de obedecer a quem como escravos vos entregardes — quer seja ao pecado, que leva à 17 morte, quer seja à obediência, que leva à justificação? Graças a Deus! Escravos, outrora do pecado, abraçastes de todo o coração a doutrina em que fostes iniciados; e, livres do pecado, passastes a 18 servir à justiça. Falo à maneira dos homens, em atenção à fraqueza 19 da vossa carne. Do mesmo modo que pusestes vossos membros ao serviço da impureza e da iniqüidade, vivendo iniquamente, assim ponde agora os vossos membros ao serviço da justiça, vivendo 20 santamente. Enquanto éreis escravos do pecado, estáveis privados 21 da justiça. Que fruto tirastes das coisas de que agora vos enver- 22 gonhais? Pois, o fim delas é a morte. Agora, porém, livres do pecado e feitos servos de Deus, possuís como fruto a santidade, e 23 como termo final a vida eterna. Porque o salário do pecado é a morte; a graça de Deus, porém, é a vida eterna, em Cristo Jesus, nosso Senhor.

7 **Libertação da lei mosaica.** Não sabeis, irmãos — falo a quem conhece a lei — que a lei só tem poder sobre o homem enquanto 2 ele vive? Assim, a mulher casada está obrigada à lei enquanto o marido vive; morrendo o marido, não está mais ligada ao marido 3 pela lei. Se em vida do marido se entregasse a outro homem, seria chamada adúltera. Mas, falecido o marido, está livre em face da lei, e não será adúltera, se entregar a outro homem.

4 Assim também vós, meus irmãos, pelo corpo de Cristo estais 5 mortos para a lei, e pertenceis a outrem, àquele que ressurgiu dentre os mortos. Produzamos, pois, fruto para Deus. Enquanto vivíamos ao sabor da carne, as paixões despertadas pela lei nos faziam produzir fruto para a morte; agora, porém, somos livres da lei, e pela morte libertos das suas algemas; pelo que servimos

segundo um espírito novo, e não mais segundo a letra antiga.

A lei e o pecado. Que diremos, pois? Que a lei é pecado? De modo algum! Mas é que eu não cheguei a conhecer o pecado senão mediante a lei. Pois, nada saberia da concupiscência, se a lei não dissesse: "Não cobiçarás". De modo que o mandamento serviu de ensejo ao pecado, para despertar em mim toda a espécie de concupiscência. Onde não há lei está morto o pecado. Outrora, vivia eu sem a lei; mas, assim que veio o mandamento, despertou o pecado; e eu morri. Assim foi que o mandamento, em vez de levar à vida, me levou à morte. Pois o pecado, encontrando ensejo no mandamento, iludiu-me e precipitou-me na morte. A lei, por conseguinte, é santa. O mandamento é santo, justo e bom.

De maneira que uma coisa boa se tornou causa de morte para mim? De modo algum. Antes devia o pecado revelar-se como pecado, levando-me à morte por meio daquilo que era bom; devia o pecado revelar, à luz do mandamento, o quanto encerra de excessivamente pecaminoso.

A lei e o homem. A lei, como sabemos, é espiritual, ao passo que eu sou carnal, vendido ao pecado. Não compreendo o meu modo de agir; pois não faço aquilo que quero, mas, sim, aquilo que aborreço. Ora, se faço o que não quero, dou razão à lei. Mas, neste caso, já não sou eu quem age, age o pecado que em mim habita. Pois sei que em mim — isto é, em minha carne — não habita o que seja bom. Está em mim o "querer" o bem, mas não o "executar". Com efeito, não faço o bem que quero, mas faço o mal que não quero. Ora, se faço o que não quero, já não sou eu quem age, mas, sim, o pecado que em mim habita. Encontro, pois, esta lei: quando quero fazer o bem sinto-me mais inclinado ao mal. Segundo o homem interior, acho satisfação na lei de Deus; mas percebo nos meus membros outra lei, que se opõe à lei do meu espírito e me traz cativo sob a lei do pecado, que reina nos meus membros.

Infeliz de mim! Quem me libertará deste corpo mortífero? Graças a Deus, por Jesus Cristo nosso Senhor.

De maneira que segundo o espírito, sirvo à lei de Deus; segundo a carne, porém, à lei do pecado.

Felicidade do estado da graça. Assim, já não se encontra

nada de condenável naqueles que estão em Cristo Jesus; porque a
2 lei do espírito, que dá a vida em Jesus Cristo, te livrou da lei do
3 pecado e da morte. Pois, o que era impossível à lei, porque desvirtuada pela carne, isto fez Deus enviando seu Filho na figura da carne pecadora e por causa do pecado, condenando na carne
4 dele o pecado, a fim de que as justas exigências da lei achassem cumprimento em nós, que já não vivemos ao sabor da carne, mas
5 segundo o espírito. Os que vivem segundo a carne apetecem o que é carnal; os que vivem segundo o espírito apetecem o que é
6 espiritual. O que a carne apetece é morte, o que o espírito apetece
7 é vida e paz. Pois, o apetite da carne é inimigo de Deus; não se
8 sujeita à lei de Deus, nem o pode. Os que andam ao sabor da carne
9 não podem agradar a Deus. Vós, porém, não andais segundo a carne, mas segundo o espírito — se é que o espírito de Deus habita em vós. Mas quem não possui o espírito de Cristo não
10 pertence a ele. Se, porém, Cristo habitar em vós, morra embora o corpo, em conseqüência do pecado, o espírito vive, graças à justificação. Se habitar em vós o espírito daquele que ressuscitou
11 a Jesus dentre os mortos, então esse mesmo que ressuscitou dentre os mortos a Cristo Jesus há de vivificar também o vosso corpo mortal, por meio do seu espírito, que em vós habita.

12 **Filhos de Deus.** Pelo que, não devemos à carne vivermos
13 segundo a carne. Se viverdes segundo a carne, morrereis. Mas, se pelo espírito mortificardes os apetites da carne, vivereis. Porque
14 todos os que se guiam pelo espírito de Deus são filhos de Deus.
15 Porquanto, não recebestes o espírito da escravidão para andardes novamente com temor; mas recebestes o espírito da filiação adotiva,
16 que nos faz exclamar: "Aba, Pai!" Esse mesmo espírito é que diz
17 ao nosso espírito que somos filhos de Deus. Ora, se somos filhos, também somos herdeiros — herdeiros de Deus e co-herdeiros de Cristo — contanto que padeçamos com ele para sermos com ele glorificados.

18 **Glória celeste.** Pois eu tenho para mim que os padecimentos do tempo presente não se comparam com a glória futura que se há
19 de revelar em nós. Porquanto, os anseios da criação são anseios
20 pela revelação dos filhos de Deus. A criação foi sujeita a corruptibilidade, não por vontade própria, mas por aquele que a sujeitou.
21 Mas a criação tem esperança de ser libertada da escravidão do

corruptível e alcançar a gloriosa liberdade dos filhos de Deus. ²² Com efeito, sabemos que toda a criação geme e sofre dores de parto até ao presente. E não somente ela, como também nós, que ²³ possuímos as primícias do espírito, gememos em nosso interior, ansiando pela filiação divina, a redenção do nosso corpo. Pois, ²⁴ nesta esperança é que somos salvos. O que se vê cumprido não mais se espera. Pois como se pode esperar o que se tem visível diante de si?

Mas o que não vemos persistimos em esperar e aguardar com ²⁵ paciência.

Do mesmo modo, vem também o espírito em auxílio da nossa ²⁶ fraqueza; porque não sabemos o que seja pedir às direitas. Por isso é que o espírito intercede por nós com gemidos súplices, que ²⁷ não se exprimem por palavras. Mas aquele que perscruta os corações sabe o que o espírito deseja, porque intercede pelos santos, segundo a vontade de Deus.

Sabemos que todas as coisas redundam em benefício dos que ²⁸ amam a Deus, porque segundo os seus desígnios são chamados. ²⁹ Porque, aos que Deus de antemão conheceu também os predestinou a se assemelharem à imagem de seu Filho, para que este seja o primogênito entre muitos irmãos, e aos que predestinou também ³⁰ os chamou. E aos que chamou justifica-os. E aos que declarou justos são também os que glorificou.

Exaltação da graça divina. Que diremos a isto? Se Deus é ³¹ por nós quem será contra nós? Se nem poupou ao próprio Filho, mas o entregou por todos nós, como não nos daria tudo juntamente ³² com ele? Quem acusaria os eleitos de Deus? Deus é que os ³³ justifica. Quem os condenaria? Cristo Jesus lá está. Morreu, e até ³⁴ ressuscitou e está sentado à direita de Deus, intercedendo por nós. Quem nos separaria do amor de Cristo? A tribulação? A angústia? ³⁵ A perseguição? A fome? A desnudez? O perigo? A espada — pois está escrito: "Por tua causa estamos sendo trucidados, dia a ³⁶ dia; somos quais ovelhas de matadouro". — Mas de tudo isto ³⁷ somos soberanos vencedores pela virtude daquele que nos amou.

Sal 43,22 Estou certo de que nem a morte, nem a vida, nem anjos, nem ³⁸ potestades, nem coisas presentes, nem futuras, nem potências, nem o que há nas alturas, nem nas profundezas, nem criatura alguma ³⁹ será capaz de nos separar do amor de Deus, que está em Cristo, nosso Senhor.

Israel e a justificação

9 **Interesse do apóstolo pela sorte de Israel.** Digo a verdade — por Cristo, que não minto! — a consciência me dá testemunho pelo Espírito Santo de que é grande a minha tristeza, incessante a dor do meu coração. Quisera eu mesmo carregar a maldição, ser banido de Cristo, em lugar de meus irmãos, patrícios meus segundo a carne. São israelitas. Deles é que são a filiação adotiva, a glória, as alianças, a legislação, o culto, as promessas. Deles são os patriarcas. Deles descende Cristo segundo a carne, ele, que está acima de tudo, Deus bendito para sempre. Amém.

Israel e a promessa divina. Não falha a palavra de Deus. Mas nem todos os que descendem de Israel são israelitas, como nem todos os descendentes de Abraão são filhos seus. Pois foi dito: "De Isaque tomarão nome os teus descendentes". Quero dizer que não os filhos carnais são filhos de Deus, mas os filhos da promessa é que passarão por descendentes. Porque a palavra da promessa dizia: "Por esse tempo voltarei; e Sara terá um filho". E isto se deu não somente com Sara, senão também com Rebeca, que teve filhos de um só varão, nosso pai Isaque. Ainda não eram nascidos, nem tinham cometido nem bem nem mal, e já fizera Deus a escolha, segundo o seu desígnio inabalável. Porque não são as obras que decidem, mas, sim, aquele que chama; tanto assim que Rebeca teve este recado: "O mais velho servirá ao mais novo". Assim também está escrito: "Amei a Jacó e odiei a Esaú". Gên 21,12 Gên 18,10 Gên 25,23 Mal, 2

A liberdade de Deus na distribuição das graças. Que diremos, pois? Que há injustiça em Deus? De modo algum. Porque a Moisés diz ele: "Terei misericórdia com quem me aprouver ter misericórdia; e terei piedade com quem me aprouver ter piedade". Ex 33,19

Pelo que, não depende do querer, nem do correr, mas, sim, do compadecimento de Deus. Pois diz a Escritura a Faraó: "Para isto é que te chamei: para manifestar em ti o meu poder, a fim de que em todo o mundo seja revelado o meu nome". Compadece-se, portanto, de quem quer, e deixa na obstinação a quem quer. Ex 9,16

Objetar-me-ás: "Porque, pois, censura ele? Quem pode lá resistir à sua vontade?" Quem és tu, ó homem, para contenderes com Deus? Pode acaso o artefato dizer ao artífice: "Por que me fizeste assim?" Ou não tem o oleiro poder sobre a argila e não pode fazer da mesma massa um vaso precioso ou um vaso de uso ordinário? E, se Deus, depois de suportar com muita paciência os vasos da ira, votados à perdição, quis neles manifestar a sua ira e mostrar o seu poder; ao passo que nos vasos de misericórdia, que destinou à glória, quis patentear a riqueza da sua glória? Para isto é que nos chamou, não só dentre os judeus, mas também dentre os gentios.

Os 2,25
2,1
O povo eleito. Diz ele por boca de Oséias: "Chamarei povo meu a que não era meu povo, e querida minha a quem não era minha querida. E, em vez de lhes dizer: Não sois meu povo, serão chamados: Filhos do Deus vivo."

Is 10,22
Isaías exclama sobre Israel: "Se o número dos filhos de Israel for como as areias do mar, só um resto será salvo; porque o Senhor cumprirá a sua palavra na terra, cabalmente e em breve."

Is 1,9
Predisse ainda Isaías: "Se o Senhor dos exércitos não nos deixara um resto, seríamos como Sodoma e semelhantes a Gomorra".

Culpa de Israel. Que diremos, pois? Os gentios, que não procuravam a justificação, alcançaram a justificação, e a justificação pela fé; ao passo que Israel, alvejando a justificação, não atingiu o alvo.

Is 8,14
28,26
E por que não? Porque pretendia atingi-lo, não pela fé, mas pelas obras. Tropeçou na pedra de tropeço, conforme está escrito: "Eis que ponho em Sião uma pedra de tropeço, uma rocha de escândalo. Mas quem crer nela não será confundido".

Meus irmãos, o desejo do meu coração e a súplica que a Deus dirijo é por eles, pela sua salvação. Dou-lhes o testemunho de que têm zelo por Deus, mas falta de compreensão. Negam-se a reconhecer a justificação por Deus, e pretendem estabelecer a sua própria, recusando sujeitar-se à justificação de Deus. Pois, o termo final da lei é Cristo, que justifica a todo o homem que crê.

A fé indispensável para a justificação. Com efeito, Moisés escreve sobre a justificação mediante a lei: "Só o homem que a cumprir terá a vida por meio dela"; ao passo que a justificação pela fé diz: "Não digas em teu coração: Quem subirá ao céu?" — a saber: para fazer descer a Cristo — "ou: Quem descerá ao abismo?" — a saber: para revocar a Cristo dentre os mortos. Que

Le 18,5
De 30,2

9 diz, pois, a escritura? "Perto de ti está a palavra; está em tua boca e em teu coração", quer dizer: a palavra da fé que pregamos. Se De 30,14 com a boca confessares que Jesus é o Senhor, e se em teu coração
10 creres que Deus o ressuscitou dentre os mortos, serás salvo. Pois,
11 com o coração é que se crê — e isto conduz à justificação; com a Is 28,16 boca se confessa — e isto conduz à salvação. Tanto assim que a
12 escritura diz: "Ninguém que nele crê será desapontado". Não há diferença entre judeu e gentio; há o mesmo senhor sobre todos,
13 enriquecendo a todos os que o invocam. Sim, "quem invocar o nome do Senhor será salvo".

14 **Culpável incredulidade de Israel.** Mas, como invocarão aquele Jl 2,32 em quem não crêem? Como depositarão fé naquele de quem não ouviram? Como ouvirão dele, se não há arauto? E como haverá
15 arautos, se não forem mandados? Diz a Escritura: "Quão formosos Is 52,7
16 são os pés dos que anunciam a boa nova". Mas nem todos Is 53,1 obedecem à boa nova; pois diz Isaías: "Senhor, quem dará fé ao
17 que pregamos?" A fé, portanto, vem da pregação; a pregação, porém, é mandamento de Cristo.

18 Entretanto, pergunto: Porventura, não a ouviram? De certo. Sal 18,5 Pois, "por toda a terra se espalhou a sua voz, e até aos confins do
19 orbe a sua palavra". Mas, pergunto ainda: Israel acaso não o De 32,21 compreendeu? Já diz Moisés: "Eu vos incitareis ao ciúme de um povo que não é povo e exasperar-vos-ei sobre um povo insensato".

20 E Isaías se abalança a dizer: "Fiz-me encontrar pelos que não Is 65,1 me procuravam; revelei-me aos que não perguntavam por mim.

21 A Israel, porém, diz: "Todo o dia estou com as mãos estendidas Is 65,2 para um povo teimoso e rebelde".

1 **O escol de Israel.** Ora, pergunto eu: Rejeitou Deus por ventura o seu povo? Certo que não. Pois também eu sou israelita, descendente de Abraão, da tribo de Benjamin. Não, Deus não rejeitou o
2 seu povo, que outrora escolheu. Não sabeis o que diz a escritura a respeito de Elias, quando ele acusava o povo perante Deus:
3 "Mataram os teus profetas, Senhor, derribaram os teus altares;
4 fiquei apenas eu, e também a mim me querem matar?" — que 1 Rs 19, resposta teve ele de Deus? "Reservei para mim sete mil homens, 10
5 que não dobraram o joelho a Baal". Assim também no tempo 1 Rs 19,
6 presente ficou um resto, escolhido pela graça. Mas, se foi pela 18 graça, não foi pelas obras. Do contrário, a graça já não seria graça.

Vocação dos gentios, estímulo para Israel. Que diremos, 7 pois? Que Israel não conseguiu o que pretendia; somente o conseguiu o escol, enquanto os restantes ficaram obcecados, segundo o que está escrito: "Deu-lhes Deus até ao presente dia um espírito 8 de torpor, olhos para não verem, ouvidos para não ouvirem". Diz ainda Davi: "Torne-se-lhes a mesa em laço e cilada, em armadilha 9 e justo castigo. Obscureçam-se-lhes os olhos, para que não vejam, 10 e andem sempre de costas encurvadas".

Ora, pergunto: Se tropeçaram, foi para cair? De modo algum! 11 Antes foi pela sua queda que a salvação coube aos gentios, para rivalizarem com eles. Ora, se a sua queda reverteu em riqueza para 12 o mundo, e a sua falência, representa uma riqueza para os gentios, quanto mais o seu número, quando completo. A vós, gentios, vos 13 digo: Na qualidade de apóstolo dos pagãos, hei de fazer honra ao meu ministério, a ver se consigo estimular à emulação os meus 14 patrícios para salvar alguns deles. Pois, se a sua reprovação trouxe 15 reconciliação ao mundo, que será o seu acolhimento senão vida do meio da morte? Se forem santas as primícias, sê-lo-á a massa 16 toda: e, se for santa a raiz, sê-lo-ão também os ramos.

Israel, oliveira de lei. Ora, se se quebraram alguns desses 17 ramos, e tu, oliveira silvestre passaste a ser enxertada no meio deles, participando da raiz e da seiva da oliveira de lei: não te 18 vanglories contra os outros ramos. Se te vangloriares, lembra-te de que não és tu que sustentas a raiz, mas, sim, a raiz que te sustenta a ti. Dirás, porém: "Quebraram-se os ramos para que eu 19 fosse enxertado". Muito embora foram quebrados por causa da sua incredulidade, ao passo que tu foste enxertado graças à tua fé. 20 Não te ensoberbeças, por isso, mas enche-te de temor; porque, se 21 Deus não poupou os ramos naturais, também não te há de poupar a ti. Considera por isso a bondade de Deus, como também o seu 22 rigor: o rigor para com aqueles que caíram, a bondade de Deus para contigo — suposto que continues fiel à sua bondade; do contrário, também tu serás cortado.

Entretanto, também aqueles serão reenxertados se não persis- 23 tirem-na sua incredulidade; porque Deus tem o poder de os enxertar novamente. Pois, se tu foste cortado de oliveira silvestre, a 24 que por natureza pertences, e, contra a natureza, foste enxertado em uma oliveira de lei, quanto mais facilmente não se enxertarão na própria oliveira os ramos que por natureza a ela pertencem!

25 **Salvação final de Israel.** Meus irmãos, não quero que ignoreis o seguinte mistério, para que aos vossos olhos não vos tenhais por sábios. É que a cegueira de uma parte de Israel durará somente até 26 que se complete o número dos gentios. E então Israel em peso 27 será salvo, como está escrito: "De Sião virá o Salvador e porá termo à impiedade de Jacó: é esta a aliança que com eles faço, 28 para quando lhes tirar os pecados".

Quanto ao evangelho, é verdade que eles são inimigos, para Is 59,20 proveito vosso; mas, segundo a eleição, são eles muito queridos 27,9 29 por causa de seus pais. Porque os dons de Deus e a vocação são 30 irrevogáveis. Do mesmo modo que vós, um dia, éreis rebeldes contra Deus, agora, porém, encontrastes misericórdia em atenção 31 à rebeldia deles, assim também se rebelaram eles, a fim de alcançarem piedade pela misericórdia que vos coube a vós. Assim 32 Deus fez cair a todos em rebeldia, para usar de misericórdia para com todos.

33 **Exaltação de Deus.** Ó profundidade das riquezas, da sabedoria Is 40,13 e do conhecimento de Deus! Quão incompreensíveis são os seus 34 desígnios! Quão imperscrutáveis os seus caminhos! Pois, quem Jó 41,3 35 conhece os pensamentos do Senhor? Quem é conselheiro dele? 36 Quem lhe dá primeiro para que tenha de receber em troca? Dele, por ele e para ele são todas as coisas. A ele seja glória pelos séculos. Amém.

Deveres morais do cristão

Deveres gerais

2 **Vida santa.** Meus irmãos, rogo-vos pela misericórdia de Deus 2 que ofereçais vosso corpo em holocausto vivo, santo e agradável a Deus; assim será espiritual o vosso culto. Não vos conformeis com este mundo, mas reformai-vos pela renovação do vosso espírito, a fim de conhecerdes qual seja a vontade de Deus, o que seja bom, agradável e perfeito.

3 **Vida eclesiástica.** Em virtude da graça que me foi dada, admoesto cada um de vós a que não tenha de si mesmo idéia mais alta do que é justo; tenha de si idéia modesta. Depende da fé com

que Deus aquinhoou cada um. Porque, do mesmo modo que em um só corpo temos muitos membros, mas nem todos os membros têm a mesma função, assim constituímos todos nós um só corpo em Cristo, ao passo que entre nós somos membros, diversamente dotados, segundo a graça que nos foi concedida. Quem tiver o dom da profecia use dele em harmonia com a fé; quem tiver algum múnus, desempenhe esse múnus; quem tiver de ensinar, ensine; quem tiver de exortar, exorte; quem der esmola, dê com simplicidade; quem é superior, seja-o com solicitude; quem exerce a misericórdia, exerça-a alegremente.

Caridade do próximo. Seja a caridade sem fingimento. Odiai o mal e abraçai o bem. Amai-vos mutuamente com caridade fraterna, porfiando em provas de estima um para com o outro. Não desfaleçais no zelo; sede fervorosos de espírito; servi ao Senhor. Sede alegres na esperança; pacientes nos sofrimentos, perseverantes na oração. Acudi às necessidades dos santos; esmerai-vos na hospitalidade. Abençoai aos que vos perseguem; abençoai-os e não os amaldiçoeis. Alegrai-vos com os alegres, e chorai com os que choram. Cultivai a harmonia entre vós; não tenhais grandes pretensões, mas condescendei com o que é humilde. Não vos tenhais em conta de sábios.

Espírito pacífico. Não pagueis a ninguém mal por mal. Procurai fazer o bem perante todos os homens. Vivei em paz com toda a gente, quanto possível e enquanto depende de vós. Não vos vingueis por vós mesmos, caríssimos, mas dai lugar à ira; porque está escrito: "A mim me pertence a vingança; eu é que retribuirei", diz o Senhor. Pelo contrário, "se teu inimigo estiver com fome, dá-lhe de comer; se estiver com sede, dá-lhe de beber, se assim fizeres, acumularás brasas vivas sobre a sua cabeça". Não te deixes vencer pelo mal, mas vence o mal com o bem.

Obediência à autoridade. Esteja cada qual sujeito ao poder da autoridade; porque não há autoridade que não venha de Deus, e as que existem foram instituídas por Deus. Pelo que, quem se revolta contra a autoridade, revolta-se contra a ordem de Deus; os rebeldes, porém, atraem sobre si próprios a condenação. Os governos não são motivo de temor aos homens de bem, mas, sim, aos que praticam o mal. Se não quiseres ter de recear a autoridade, pratica o bem e merecer-lhe-ás louvor; porque ela é auxiliadora de Deus para teu bem. Se, porém, praticares o mal, teme; pois, não é sem razão que ela leva a espada; pois é auxiliadora de Deus para 5 infligir o castigo aos malfeitores. Pelo que é necessário prestar-lhe 6 sujeição, não somente pelo temor do castigo, mas também por motivos de consciência. É também esta a razão por que pagais 7 tributo; pois, os encarregados deste serviço são ministros de Deus. Dai a cada um o que lhe compete: tributo a quem tributo, imposto a quem imposto, temor a quem temor, honra a quem honra compete.

8 **Santidade universal.** A ninguém fiqueis devendo coisa al- Ex 20,14
9 guma, a não ser a caridade mútua; quem ama o próximo cumpre a lei; pois, os mandamentos: "Não cometerás adultério, não ma- De 5,17 tarás, não furtarás, não cobiçarás", como também outro mandamento qualquer, todos se resumem neste único: "Amarás o teu 10 próximo como a ti mesmo". A caridade não pratica o mal contra o próximo. De modo que pela caridade se cumpre cabalmente a lei.
11 Assim procedei, conhecedores do tempo. É chegada a hora de vos levantardes do sono; porque agora está mais próxima a nossa 12 salvação do que outrora, quando abraçamos a fé. Vai adiantada a noite e vem despontando o dia. Despojemo-nos, pois, das obras 13 das trevas e revistamo-nos das armas da luz! Vivamos honestamente, como em pleno dia; não em glutonarias e bebedeiras, não 14 em volúpias e luxúrias, não em contendas e rivalidades; mas revesti-vos do Senhor Jesus Cristo e não ceveis a carne para as concupiscências.

Deveres para com os cristãos fracos

14 **Juízos temerários.** Acolhei a quem é fraco na fé, sem lhe 2 criticar as intenções. Este crê que pode comer de tudo; o fraco, porém, só come vegetais. Quem come não despreze a quem deixa de comer; e quem não come não condene a quem come; porque 3 Deus o acolheu. Quem és tu que proferes sentença contra um 4 servo alheio? Que ele esteja em pé ou caia — isto é com o seu Senhor. Entretanto, há de ficar de pé, porque o Senhor é assaz poderoso para o sustentar.
5 Este faz diferença entre dia e dia, ao passo que aquele considera iguais todos os dias. Fique, pois, cada qual com o seu modo de 6 ver. Quem guarda o tal dia guarda-o por causa do Senhor, quem

come, come por causa do Senhor, pois que dá graças a Deus; e quem se abstém de comer, abstém-se por causa do Senhor, e também ele agradece a Deus. Nenhum de nós vive para si, nem morre para si mesmo. Vivendo, vivemos para o Senhor; morrendo, morremos para o Senhor. Vivamos, pois, ou morramos — ao Senhor é que pertencemos. Porque foi precisamente por isso que Cristo morreu e tornou à vida: para reinar sobre os vivos e os mortos. Por que proferes sentença contra teu irmão ou por que desprezas a teu irmão, quando todos temos de comparecer ante o tribunal de Deus? Pois está escrito: "Por minha vida, diz o Senhor, que diante de mim se dobrará todo o joelho, e toda a língua louvará a Deus".

Sim, cada um de nós há de dar contas a Deus de si mesmo.

Evitar o escândalo. Deixemos, pois, de nos julgar uns aos outros. Esforçai-vos antes por não ofender nem escandalizar a nenhum irmão. Sei, e estou convencido em o Senhor Jesus de que nada há impuro em si mesmo; somente é impuro aos olhos de quem o considera impuro, Mas, se teu irmão se ofende com o que comes, o teu procedimento não corresponde à caridade. Não deixes a perder com o teu manjar um homem por quem Cristo morreu. Não exponhais à injúria o bem que possuís. Pois o reino de Deus não consiste em comida e bebida, mas, sim, na justiça, na paz e na alegria do Espírito Santo. Quem deste modo serve a Cristo é agradável a Deus e agradável aos homens. Aspiremos, portanto, ao que promove a paz e a edificação mútua. Não destruas a obra de Deus por amor a uma comida. Todas as coisas são puras, mas quem escandaliza comendo, para este é pecado. Convém então não comer carne, nem tomar vinho nem outra coisa com que teu irmão se ofenda. Guarda contigo mesmo e aos olhos de Deus a tua convicção. Bem haja quem não tem remorsos sobre o que considera justo! Quem, pelo contrário, duvida e não obstante come, já está julgado; porque não procede de boa-fé. Tudo o que não procede de boa-fé é pecado.

Indulgência com os fracos. Ora, nós, que somos fortes, devemos suportar as fragilidades dos fracos e não agir a nosso bel-prazer. Seja cada um de nós amável para com seu próximo, a fim de edificá-lo no bem. Também Cristo não viveu a seu bel-prazer, mas está escrito: "Caem sobre mim às injúrias dos que te injuriam". Tudo o que foi escrito antigamente, para ensinamento nosso é que foi escrito, a fim de que colhamos paciência e consolação nas escrituras, para guardarmos a esperança. O Deus de paciência e da consolação vos conceda harmonia entre vós, segundo a vontade de Jesus Cristo, para que, unânimes e a uma só voz, glorifiqueis a Deus, Pai de nosso Senhor Jesus Cristo.

Pelo que socorra um ao outro, assim como também Cristo vos socorreu, pela glória de Deus. Digo que Cristo se submeteu à circuncisão por causa da veracidade de Deus, a fim de cumprir às promessas feitas aos pais. Os gentios; porém, glorificam a Deus Sal 17, 50 pela sua misericórdia. Pois, está escrito: "Por isso, hei de glorificar-te entre os gentios e cantarei louvores a teu nome". E mais: De 32 "Alegrai-vos, gentios, em companhia de seu povo!" E ainda: Sal 116,1 "Louvai o Senhor, gentios todos! Glorifiquem-no todos os povos". Is 11,10

Diz mais Isaías: "Brotará um rebento de Jessé para dominar sobre todos os gentios; nele têm as nações posta a sua esperança".

O Deus da esperança vos encha de toda a alegria, de paz na fé, para que sejais riquíssimos de esperança pela virtude do Espírito Santo.

Conclusão

Motivos da epístola. Estou firmemente convencido, meus irmãos, de que estais cheios de boa vontade, repletos de todo o conhecimento e bem capazes de vos exortar uns aos outros. Ainda assim vos escrevi — e em parte com bastante franqueza — a fim de vos revocar à memória algumas coisas, e fi-lo em atenção à graça que me foi dada por Deus. Pois tenho a missão de ministro de Cristo Jesus entre os gentios, e o múnus sagrado de anunciar o evangelho de Deus, para que os gentios se tornem holocausto agradável, santificado pelo Espírito Santo. Nas coisas de Deus tenho, pois, motivo de me gloriar em Cristo Jesus; porque não ousaria falar de coisas que Cristo não tivesse operado por mim, no intuito de levar os gentios à obediência, por palavras e obras, à força de milagres e prodígios e pela virtude do Espírito Santo. Destarte, fui espargindo largamente a pregação do evangelho de Cristo por todas aquelas regiões, desde Jerusalém até a Ilíria; timbrava em não anunciar o evangelho onde já se conhecia o nome de Cristo; pois não queria edificar sobre fundamento Is 52,15 alheio; porquanto está escrito: "Verão aqueles a quem ainda não fora anunciado; e os que não ouviram entenderão".

Planos de viagem. Foi este o motivo que, de preferência, me impediu de vos visitar. Agora, porém, não tenho mais campo de atividade cá por estas bandas, e desde largos anos estou com desejo de vos visitar. Nutro esperanças de vos ver quando aí passar de viagem para a Espanha, acompanhado por vós, depois de ter gozado um pouco da vossa companhia.

Primeiramente, porém, vou em demanda de Jerusalém a serviço dos santos. É que a Macedônia e a Acaia resolveram espontaneamente fazer uma coleta a favor dos pobres que há entre os santos de Jerusalém. Fizeram-no de bom grado; pois são devedores deles, tanto assim que, se os gentios participam dos bens espirituais dos judeus, convém que a estes acudam com bens materiais. Quando, pois, tiver cumprido isto e lhes tiver feito entrega do resultado, hei de visitar-vos por ocasião da minha viagem para a Espanha. Estou certo de que, se for ter convosco, vos levarei abundantes bênçãos de Cristo.

Rogo-vos, meus irmãos, por nosso Senhor Jesus Cristo e pelo amor do espírito, que com as vossas orações a Deus me assistais na luta, para que seja livre dos infiéis da Judéia e que o serviço de caridade em prol de Jerusalém encontre acolhimento favorável da parte dos santos. Então irei visitar-vos com satisfação, se Deus quiser, e cobrarei novo alento no meio de vós.

O Deus da paz seja com todos vós. Amém.

Recomendações e saudades. Recomendo-vos nossa irmã Febe, que se acha ao serviço da igreja de Cencréia. Acolhe-a no Senhor, assim como convém a santos. Acudi-lhe com todas as coisas em que necessitar de vós; ela tem acudido a muitos, e a mim também.

Saudações a Prisca e Áquila, auxiliares meus em Cristo Jesus que arriscaram a cabeça por minha vida, o que não somente eu, mas também todas as igrejas do gentilismo lhes agradecemos. Saudações também à cristandade que se acha em casa deles. Saudações a meu querido Epêneto, primícia que a Ásia deu a Cristo. Saudações a Maria, que tanto se afadigou por vós. Saudações a Andrônico e Júnias, patrícios meus e companheiros de prisão, tão estimados dos apóstolos, e cristãos já antes de mim. Saudações a Ampliato, a quem tanto quero no Senhor. Saudações a Urbano, nosso companheiro de trabalho em Cristo, como também a meu amigo Estáquis. Saudações a Apeles, provado em Cristo. Saudações aos da família de Aristóbulo. Saudações a meu patrício Herodião. Saudações aos da família de Narciso, que vivem no Senhor. Saudações a Trifena e Trifosa, que se afadigam no Senhor. Saudações à querida Pérside, que há tempo trabalha pelo Senhor. Saudações a Rufo, eleito do Senhor, e a sua mãe, que também é minha. Saudações a Asíncrito, a Flegonte, a Hermes, e Pátrobas, a Hermas, e aos outros irmãos aí. Saudações a Filólogo e Júlia, a Nereu e sua irmã, a Olimpas e a todos os santos que com eles se acham. Saudai-vos uns aos outros no ósculo santo. Saúdam-vos todas as igrejas de Cristo.

Cuidado com os hereges. Rogo-vos, meus irmãos, que tomeis cuidado com os que provocam dissensões e escândalos, em contradição com a doutrina que aprendestes. Fugi desses tais! Essa gente não serve a nosso Senhor Jesus Cristo, mas ao próprio ventre, e com belas e piedosas frases seduzem as almas simples. A vossa obediência se tornou notória em toda parte. Por isso me encheis de alegria. O que quero é que sejais sábios no bem, mas simples no tocante ao mal. O Deus da paz não tardará a esmagar Satanás debaixo dos vossos pés. A graça de nosso Senhor Jesus Cristo seja convosco.

Saudações de Corinto. Saudações de Timóteo, companheiro meu de trabalhos; bem como dos meus patrícios Lúcio, Jason e Sosípatro.

Também eu, Tércio, que escrevi esta carta, vos saúdo no Senhor.

Saudações de Gaio, hospedeiro meu e de toda a igreja.

Saudações de Erasto, prefeito da cidade e do irmão Quarto.

Glória a Deus. A ele, que é poderoso para vos confirmar, segundo meu evangelho, pregação de Jesus Cristo — revelação do mistério que desde a eternidade andou oculto, mas agora, graças às Escrituras dos profetas e por ordem do Deus eterno, se revelou a todos os povos para os levar à obediência da fé — a ele, o único Deus sábio, seja por Jesus Cristo glória pelos séculos dos séculos. Amém.

Notas explicativas

Segundo a sua geração humana é Jesus filho de Davi; segundo a geração eterna, é o Cristo Filho de Deus, como prova à evidência a sua gloriosa ressurreição.

Encerra o evangelho uma virtude divina, que a todos os homens — quer judeus, quer pagãos — pode dar a graça da justificação e, com isto, a eterna salvação. Mas para isto é necessária a fé como condição indispensável.

Antes de principiar a cantar as glórias da redenção, expõe o apóstolo à profunda miséria moral, primeiramente dos pagãos, e depois dos judeus. Os gentios não se ajudavam devidamente da luz da razão natural para chegarem ao conhecimento de Deus entregando-se à mais absurda idolatria (19-23) e caindo no abismo de hedionda imoralidade.

Depois de historiar a decadência moral dos pagãos, passa o apóstolo a demonstrar que os judeus, a despeito da revelação divina, se entregaram aos mesmos vícios que aqueles. Se Deus é longânimo para dar tempo de penitência ao pecador, é também justo e há de retribuir a cada qual segundo as suas obras (4-10).

O judeu não será salvo pelo fato de conhecer a lei, se a não puser por obra. Nem tampouco o salvará a simples cerimônia da circuncisão, se não viver conforme o espírito da mesma.

No intuito de atalhar equívocos, afirma o apóstolo que, apesar de tudo, o judaísmo leva grande vantagem ao paganismo, pois foi ele o depositário das revelações divinas (1-2); nem será anulado este privilégio pelo fato de terem os israelitas recusado abraçar a fé em Jesus Cristo (3-4).

Se, não obstante os numerosos abusos, Deus não tirou a religião revelada aos judeus, não se segue daí que não castigue o pecado, que, em última análise, reverterá em maior glória de Deus; do contrário, não poderia Deus castigar pecado algum.

Por mais que o apóstolo conceda a superioridade do judaísmo sobre o paganismo, não deixa de frisar que tanto uns como outros são pecadores e não se podem salvar por forças próprias.

Depois de esclarecer devidamente o estado moral da humanidade e frisar a impossibilidade da salvação por virtude própria, passa o apóstolo a mostrar que pela fé em Jesus Cristo, o qual com sua vida, morte e ressurreição satisfez à divina justiça, podem todos os homens alcançar a salvação.

25 Pela morte de Cristo patenteou Deus a gravidade do pecado. Deus é justo, isto é, santo por natureza, e torna justo por participação a todo o homem que crer na virtude justificante da morte e ressurreição de Jesus.

28 Torna o apóstolo a realçar a absoluta necessidade da fé, porque "a fé é o princípio da salvação, o fundamento e a raiz de toda a justificação; uma vez que sem ela é impossível agradar a Deus e alcançar a filiação divina". As obras do antigo testamento, independentemente de Cristo, nada podiam contribuir para a justificação.

4
-8 Mostra o apóstolo, pelo exemplo de Abraão e pelas palavras de Davi, que a justificação interior não é devida às obras do homem, como indivíduo, senão à graça que Deus lhe concede, em atenção à fé em Jesus Cristo.

17 A Abraão e seus descendentes prometeu-lhes Deus em herança o reino; quem crê nesta promessa terá parte na recompensa. Portanto, não é a observância da lei ritual que justifica, mas a fé; e todos os que têm fé são filhos espirituais de Abraão, sejam da estirpe natural do patriarca, sejam oriundos do paganismo. — Note-se que São Paulo não estabelece confronto entre a fé e as obras simplesmente, mas entre as obras rituais do antigo testamento e a fé cristã do novo testamento, estando, assim, de perfeito acordo com a *Epístola de São Tiago*, que tanto encarece a necessidade das boas obras.

5
-5 O homem de fé não perde a paciência nas tribulações, mas sai delas grandemente aproveitado, graças ao Espírito de Deus que nele habita.

Em conseqüência do pecado entrou no mundo a morte corporal,
14 que abrange também aqueles que não têm pecado pessoal (as crianças), porquanto em Adão todos pecaram (pecado original) — assim como em Cristo todos serão justificados. É esta a doutrina de São Paulo.

17 Se Adão foi causa de ruína para todos os homens, foi Jesus Cristo causa de ressurreição para todos, e a reparação se provou muito mais rica e abundante do que a destruição; porque a morte do Redentor nos liberta não somente do pecado original, que contraímos em Adão, senão ainda dos pecados pessoais, em que incorrermos por culpa própria.

20 A lei mosaica não estava em condições de destruir nem diminuir os pecados, concorrendo antes para realçar ainda mais o contraste

entre o bem e o mal. Mas, depois de o pecado tocar o auge, veio, mais poderosa ainda, a graça do Redentor.

Entretanto, do que vai dito não se deve inferir que convém pecar, a fim de fazer resplandecer em luz mais viva a graça de Deus; porque seria absurdo querer entregar-se ao pecado e ao mesmo tempo participar da graça santificante.

Costumava-se, geralmente, naquele tempo, administrar o batismo por imersão, razão por que o apóstolo o compara a um sepultamento. A submersão do batizando nas águas simboliza a descida do corpo de Cristo ao seio da terra; a emersão do batizado das águas significa a ressurreição de Cristo das trevas do sepulcro. Ora, do mesmo modo que Jesus Cristo, após a ressurreição, não mais torna a morrer, assim deve também o discípulo de Cristo, depois de batizado, preservar-se da morte moral do pecado, levando uma vida imortal pela graça santificante, agora e, um dia pela glória celeste.

Assim como aquele que morreu já não é atingido pelos dispositivos da lei, de modo análogo, quem pelo batismo morreu com Cristo para o mundo, deve estar imune do poder do pecado. É esta a gloriosa liberdade do evangelho.

Torna o apóstolo a rebater a idéia de que a abolição da lei mosaica equivalha a uma abolição da lei moral (15). Quem se entrega ao serviço de qualquer soberano, tem de lhe obedecer (16); ora, pela justificação foi o cristão libertado da escravidão do pecado e colocado ao serviço de Cristo (17); tem, pois, obrigação de servir, não ao pecado, mas à virtude (18).

Passa o apóstolo a ilustrar a idéia do tópico 6,14: "já não estamos sob o domínio da lei, mas, sim, da graça", recorrendo a uma comparação tirada da vida social: um acordo entre duas pessoas — como, por exemplo, o contrato matrimonial — só tem vigor enquanto vivem os dois contratantes; morrendo um deles, fica desobrigado o outro. Assim, morreu o cristão com Cristo pela submersão na água batismal e, com isto, ficou livre da obrigação da lei, e deve servir a Deus em uma vida nova e espiritual.

A lei não é pecado; mas nem por isso deixa de vigorar certa relação entre uma e outra coisa; porquanto a lei leva o homem ao conhecimento do "pecado", quer dizer, da concupiscência inata na natureza humana e que nos induz à transgressão da lei.

Antes do uso da razão, ignora o homem a lei; mais tarde, chega a conhecer a lei e ao mesmo tempo sente despertar em si a concupiscência, que o põe em conflito com a lei e o leva à morte moral.

13 Não é a lei que nos leva à morte moral, mas, sim, a concupiscência, que se revolta contra a lei, patenteando, destarte, toda a sua maldade.

23 O homem sente em si dois princípios antagônicos: um, que o impele para o alto; outro, que o arrasta para baixo, tornando-se ele, assim, um enigma para si mesmo.

24 O corpo é chamado mortífero por ser a sede da concupiscência, que ocasiona a morte moral.

8 -9 Os que foram espiritualmente regenerados estão livres da lei, do poder do pecado e da morte — vitória essa que é devida, não à lei mosaica, mas unicamente à morte redentora de Cristo (1-3), que nos dá a força moral de cumprirmos a lei divina (4), contanto que o homem coopere sinceramente com a graça da redenção, resista aos apetites carnais e siga os impulsos do espírito (5-9).

15 Graças à justificação, somos filhos de Deus; pelo que devemos servir ao Senhor com amor filial e não com temor servil.

25 Tão grande é a glória que aguarda os filhos de Deus, que a própria natureza irracional, sujeita à corrupção pelo pecado do homem, suspira por esse momento libertador; o pecado será eliminado, e restabelecido o reino dos filhos de Deus, em que também a natureza inferior terá parte. Mais ainda do que a natureza irracional, anseia o mundo espiritual por essa hora ditosa.

39 O apóstolo remata a sua doutrina sobre a redenção e a justificação com a afirmação de que nada existe no céu nem na terra, nem no inferno que possa tornar infelizes os que são felizes e confirmados no amor de Jesus Cristo.

9 Ainda que boa parte do povo de Israel tenha frustrado as graças da redenção, nem por isso deixará Deus de ser fiel às suas
16 promessas, que mais visam um Israel espiritual — isto é, os crentes em geral — do que os descendentes naturais de Abraão. É o que está a provar a história dos filhos Abraão e de Isaque.

18 Faz São Paulo ver que Deus é livre na distribuição das suas graças; não comete injustiça alguma em deixar os judeus na sua obstinação voluntária, nem lesa direitos alheios quando convida os pagãos a serem herdeiros das promessas messiânicas.

24 Não se segue daí que a perdição do homem corra por conta de Deus, uma vez que a todos dá graça suficiente; se a este dá mais do que aquele — quem teria o direito de incriminá-lo por causa desta liberalidade? Deus é longânimo para com os seus inimigos e magnânimo para com seus amigos.

Ainda que os judeus mostrem grande zêlo religioso, falta-lhes a compreensão de que, com o advento do Messias, expirou a lei antiga (2-4) como já indicara o próprio Moisés, apelando para a justificação pela fé. Não faltam motivos de credibilidade, pois Jesus Cristo já desceu do céu, assumindo a natureza humana, e já ressuscitou da morte, provando o seu poder divino. É indispensável abraçar e professar esta fé.

Nada deixou Deus de fazer para salvar os homens, mandando pregar o evangelho a todos os povos; mas os judeus resistiram à superabundância das graças divinas, quando numerosos pagãos se resolveram a abraçar a fé em Jesus Cristo.

Entretanto, não se segue daí que o povo de Israel seja rejeitado por completo; tanto assim que o próprio apóstolo é filho de Israel, como o foram também muitos outros que chegaram à salvação pela fé no Messias (1-6), ainda que a maior parte persistisse na sua obstinação.

Davi era protótipo de Cristo; pelo que os inimigos dele simbolizavam os adversários do Salvador. Mesa — quer dizer, alimento, isca, engôdo; a comparação é tomada da armadilha ou do laço do caçador; assim como a ave ou o animal incauto cai vítima da morte por causa de um bocado apetitoso, assim acabarão por perecer os pecadores entregues a seus gozos materiais.

A queda de Israel reverteu em bênçãos para os povos pagãos, que acolheram os arautos do evangelho expulsos por aqueles. Se tantos bens produziu a queda de Israel, quantos não causará a sua ressurreição!

Israel é o tronco; o paganismo representa os ramos que nele foram enxertados.

Procure cada qual preencher cabalmente o cargo peculiar que lhe coube na igreja de Deus, e não se preocupe com planos ambiciosos.

À medida que se vai aproximando o fim da noite, da ignorância, e despontando o dia do conhecimento, deve o homem desfazer-se dos vícios e dedicar-se à prática das virtudes cristãs.

Havia duas classes de fiéis: uns, de consciência mais larga; outros, mais estreita; uns desprezavam certos ritos exteriores, que a outros pareciam indispensáveis. Recomenda o apóstolo que, por estas coisas, ninguém forme juízo temerário do próximo, e proceda cada qual conforme os ditames da sua consciência.

Acautele-se cada qual que com o seu procedimento, no tocante à observância de certos ritos exteriores, não dê escândalo ao próximo, de consciência mais delicada ou escrupulosa.

16 Este bem é a liberdade quanto a certos manjares proibidos pela lei mosaica.

.5 Jesus Cristo ofereceu o seu evangelho e suas graças aos judeus
24 circuncisos, aos quais tinham sido feitas as promessas, que deviam cumprir-se para que Deus se provasse fiel e veraz. É por isso que os judeus convertidos glorificam antes de tudo a fidelidade de Deus, ao passo que os pagãos que abraçaram o Cristianismo enaltecem a misericórdia do Senhor, que os chamou também a eles ao reino messiânico.

6 Faz esta extensa lista ver o florescimento do apostolado leigo
24 entre os cristãos de Roma.

Febe era, provavelmente, portadora da epístola aos romanos.

2 Cencréia era o porto de Corinto.

-4 Prisca (ou Priscila) e Áquila era o casal judeu-cristão de que falam At. 18, 2, 3, 18, 26. Os demais personagens nos são desconhecidos.

13 Rufo é, provavelmente, idêntico ao que menciona Marcos (15, 21), como sendo filho de Simão Cireneu. Gaio, batizado por mãos de São Paulo (1 Co 1, 14), e o tesoureiro Erasto eram cidadãos de Corinto.

Primeira Epístola aos Coríntios

Introdução

1. Corinto, reconstruída por Júlio César, no ano 44, antes de Cristo, sobre as ruínas de uma cidade antiga, foi pelo imperador Augusto criada capital da província da Acaia. Com a crescente opulência, tomaram grande incremento, não só as ciências e artes, mas também o luxo e a imoralidade.

2. Foi por ocasião da sua segunda excursão missionária que São Paulo chegou a Corinto. Ao cabo de um ano e meio de indefessos labores, deixou aí constituída uma grande e próspera cristandade, que era fadada a tornar-se a igreja-mãe da Grécia (At. 18, 1-18). Depois da partida do apóstolo chegou a Corinto um sábio de Alexandria, por nome Apolo, homem de grande eloqüência e ótimo conhecedor das Escrituras. Não tardou a granjear numerosos amigos e admiradores, graças ao brilho e à amenidade das suas conferências. Pouco depois, apareceram uns judeu-cristãos da Palestina, que se diziam intimamente relacionados com Simão Pedro e pretendiam deslustrar o prestígio de São Paulo. Havia, nesta cristandade, ainda outra facção, que se ufanavam de partidários de Cristo e não queriam saber de intermediário humano.

Tal era o estado das coisas em Corinto: quatro partidos, que proclamavam como seus respectivos chefes a Paulo, a Apolo, a Pedro ou a Cristo (1 Co 1, 12). Dessas dissensões tivera o apóstolo notícia por meio dos amigos de uma certa Cloé (1 Co 1, 11).

Conhecia ele, outrossim, o estado moral da igreja de Corinto. Não tinham os cristãos saído incólumes do contágio daquela Sodoma pagã; um dos neófitos vivia até em relações escandalosas com sua madrasta, e os outros toleravam no seu meio esse incestuoso. Pendências entre cristãos eram submetidas à autoridade pagã. Além disso tinham os emissários da igreja de Corinto cientificado oralmente ao apóstolo da desenvoltura de costumes no mundo feminino, das desordens ocorridas nos ágapes e das dúvidas que alguns suscitavam, no tocante à ressurreição dos mortos. Finalmente, enviara a cristandade uma missiva a São Paulo, solicitando esclarecimentos sobre o estado matrimonial e virginal, bem como sobre a liceidade da manducação dos sacrifícios oferecidos aos deuses, sobre o valor dos carismas, etc.

Não faltava, pois, ao apóstolo ocasião nem motivo para intervir. Escreveu a *Epístola aos Coríntios*, a fim de restabelecer a ordem alterada e responder às perguntas propostas.

3. Foi esta epístola composta em Éfeso (1 Co 16, 8) pelo fim da permanência de São Paulo nesta cidade, provavelmente pela Páscoa de 55-56 (1 Co 5,6-8).

A autenticidade da carta tem a seu favor os melhores testemunhos da antigüidade cristã. Já a menciona São Clemente de Roma (97?) na carta que ele mesmo dirigiu aos coríntios dando-a como produção de São Paulo. São Policarpo (155) apela para a autoridade do apóstolo das gentes, citando as palavras que se lêem em 1 Coríntios 6, 2.

Primeira Espístola de São Paulo aos Coríntios

Paulo

pela vontade de Deus, chamado a ser apóstolo de Jesus Cristo, e o 1
irmão Sóstenes, à igreja de Deus em Corinto, aos que foram
santificados em Cristo Jesus e chamados a ser santos, juntamente
com todos os que com eles ou conosco, por toda a parte, invocam
o nome de nosso Senhor Jesus Cristo. 2

Seja convosco a graça e a paz de Deus, nosso Pai, e do Senhor 3
Jesus Cristo.

Ação de graças. Não deixo de agradecer a meu Deus, por 4
vossa causa, pela graça de Deus que vos foi concedida em Cristo
Jesus. Por ele é que fostes enriquecidos de tudo: em toda a 5
doutrina e em todo o conhecimento. Agora lançou raízes entre 6
vós o testemunho sobre Cristo. De maneira que em nenhum dom 7
da graça sofreis míngua, enquanto aguardais a revelação de nosso
Senhor Jesus Cristo. Ele vos dará perseverança até ao fim, para 8
que apareçais, sem culpa no dia de nosso Senhor Jesus Cristo. 9
Deus é fiel, e ele vos clamou à sociedade de seu Filho, nosso
Senhor Jesus Cristo.

Repressão de abusos diversos

Espírito partidário

O fato. Em nome de nosso Senhor Jesus Cristo, vos rogo, 1
irmãos: sede todos unânimes; não haja dissensões entre vós; sede
perfeitamente unidos em vosso sentir e julgar. Pois fui informado, 1
meus irmãos, pela gente de Cloé de que reinam desavenças entre 1
vós. Refiro-me ao fato de dizer um de vós: "Eu sou de Paulo";
outro: "Eu de Apolo"; outro anda: "Eu sou de Cefas"; e mais
outro: "Eu sou de Cristo".

Será que Cristo está dividido? Acaso foi Paulo crucificado por 1
vós? Ou fostes batizados em nome de Paulo? Graças a Deus que,
à exceção de Crispo e Gaio, não batizei nenhum de vós! Assim, 1
ninguém poderá afirmar que fostes batizados em meu nome. É 1
verdade, batizei também a família de Estéfanas; não me consta ter 1

batizado mais alguém. Pois não me enviou Cristo para batizar, 17 mas, sim, para pregar o evangelho, e isto não com altissonante sabedoria, para não desvirtuar a cruz de Cristo.

18 **A pregação da cruz.** Verdade é que a palavra da cruz é loucura para os que se perdem; para nós, porém, que nos salvamos, Is 29,14 19 virtude de Deus. Pois está escrito: "Aniquilarei a sabedoria dos 20 sábios, e rejeitarei a prudência dos prudentes".

Onde está o sábio? Onde o escriba? Onde o retórico deste 21 mundo? Acaso, não declarou Deus loucura a sabedoria deste mundo? Uma vez que o mundo, com a sua sabedoria, não conheceu 22 a Deus em sua divina sabedoria, aprouve a Deus salvar os crentes 23 por uma mensagem que é tida por loucura. Os judeus reclamam prodígios, os gregos procuram a sabedoria — nós, porém, pregamos 24 a Cristo crucificado, escândalo para os judeus, loucura para os 25 gentios; mas para os que são chamados — quer judeus, quer gentios — Cristo virtude de Deus e sabedoria de Deus! Porque a "loucura" de Deus é mais sábia que os homens; e a "fraqueza" de Deus é mais forte que os homens.

26 **Eleição dos humildes.** Vede, meus irmãos, os que foram chamados entre vós; não são muitos os sábios segundo os padrões 27 mundanos, nem muitos os poderosos, nem muitos os nobres. Não, o que passa por estulto aos olhos do mundo, isto escolheu Deus para confundir os sábios; e o que passa por fraco aos olhos do 28 mundo isto escolheu Deus para confundir o que é forte; e o que o mundo tem em conta de vil, de desprezível e de nada, isto escolheu 29 Deus para aniquilar aquilo que é tido por valioso; para que ninguém 30 se glorie em face de Deus; é por ele que estais em Cristo Jesus, o qual por Deus se tornou para nós sabedoria, justificação, santi- 31 ficação, e redenção. "Quem quiser gloriar-se, glorie-se no Senhor", Jr 9,24 como diz a Escritura.

2 **Pregação do missionário.** Meus irmãos, quando fui ter convosco, para vos dar testemunho de Deus não me apresentei com 2 ares de sábio nem palavras altissonantes. Pois entendia que não 3 convinha ostentar entre vós outra ciência a não ser Jesus Cristo — o Crucificado. Foi com sentimento de fraqueza, de temor e de 4 grande hesitação que apareci no meio de vós; e o que vos disse e 5 vos preguei não consistia em palavras persuasivas de sabedoria, mas na demonstração de espírito e poder, para que a vossa fé não se baseasse em sabedoria humana, mas, sim, no poder de Deus.

Sabedoria cristã. Verdade é que também nós pregamos a 6 sabedoria, mas só para os que aspiram à perfeição, porém não a sabedoria deste mundo, nem dos príncipes deste mundo, que hão de perecer; mas o que anunciamos é a sabedoria de Deus, misteriosa 7 e oculta, sabedoria que Deus trazia reservada para a nossa glorificação, antes que o mundo existisse. Mas nenhum dos príncipes 8 deste mundo a compreendeu; pois, se a houvessem compreendido, não teriam crucificado o Senhor da glória. Vem a propósito o que 9 Is 64,4 diz a Escritura: "Nem olhos viram, nem ouvidos ouviram, nem jamais penetrou em coração humano o que Deus preparou àqueles que o amam".

A nós, porém, a revelou Deus por seu espírito; porque o 10 espírito penetra todas as coisas, mesmo as profundezas de Deus. Quem sabe o que vai no interior do homem, a não ser o espírito, 11 que dentro do homem está? Assim também ninguém conhece o íntimo de Deus, senão o espírito de Deus. Não recebemos o espírito 12 do mundo, mas o espírito que vem de Deus, para que conheçamos os dons que nos foram prodigalizados por Deus. E é o que 13 anunciamos, com palavras ditadas, não pela sabedoria humana, mas pelo espírito, declarando que é espiritual a homens espirituais. 14 O homem natural não compreende o que é do espírito de Deus; tem-no em conta de estultícia; nem o pode compreender, porque é 15 em sentido espiritual que deve ser entendido. O homem espiritual, pelo contrário, compreende tudo, ao passo que ele mesmo não é 16 Is 40,13 por ninguém compreendido. "Pois quem compreende a mente do Senhor, que o possa ensinar?" Nós temos o espírito de Cristo.

Rivalidades. Meus irmãos. Não vos pude falar como a homens 3 espirituais, mas, sim, como a homens carnais, como a crianças em Cristo. Dei-vos leite em alimento, e não comida sólida, porque 2 não estáveis em condições de suportá-la; nem agora estais em condições, porque sois ainda carnais. Pois, enquanto reinarem 3 entre vós rivalidades e discórdias, não será por serdes carnais e viverdes de modo todo humano? Porquanto, se um diz: "Eu sou 4 de Paulo", e outro: "Eu de Apolo", não é isto muito humano?

Pois, quem é Apolo? Quem é Paulo? Servos apenas, que vos 5 levaram à fé, cada qual segundo o modo que o senhor lhe deu. Eu

⁶ plantei, Apolo regou, mas quem deu o crescimento foi Deus. Por ⁷ isso o que vale não é quem planta, nem quem rega, mas, sim, ⁸ aquele que faz crescer, que é Deus. Quem planta vai de acordo com aquele que rega; e cada um terá a sua recompensa, segundo o ⁹ trabalho que houver prestado; pois nós somos cooperadores de Deus, e vós sois lavoura de Deus, arquitetura de Deus.

¹⁰ Na qualidade de prudente arquiteto, lancei o alicerce, auxiliado pela graça de Deus; outro levantará sobre ele o edifício. Mas veja ¹¹ cada qual como o leva adiante a construção. Pois ninguém pode lançar fundamento diverso do que foi lançado, que é Jesus Cristo. ¹² Mas se alguém levanta sobre este fundamento um edifício de ouro, ¹³ de prata e de pedras preciosas, ou então de madeira, de feno e de palha, não tardará a manifestar-se na obra de cada um; há de revelá-lo o dia, porque se há de patentear no fogo. Pois há de o ¹⁴ fogo provar o que vale a obra de cada um. Se a construção resistir, ¹⁵ será ele premiado; se, porém, a sua obra for consumida pelo fogo, sofrerá dano; ele mesmo será salvo, mas somente como que pelo fogo.

¹⁶ **Espírito de soberba.** Não sabeis que sois templo de Deus e que o espírito de Deus habita em vós? Quem destruir o templo de ¹⁷ Deus será por Deus destruído; porque o templo de Deus é santo — e isso sois vós.

¹⁸ **Orgulho partidário.** Ninguém se iluda! Quem se julga sábio aos olhos do mundo, torne-se estulto, a fim de ser sábio; porquanto ¹⁹ a sabedoria deste mundo passa por estultícia diante de Deus; tanto assim que está escrito: "Apanha ele os sábios na sua própria Jó 5,13 ²⁰ astúcia"; e mais ainda: "Sabe o Senhor que são vãos os pensamentos Sal 93,11 ²¹ dos sábios". Pelo que ninguém se glorie em um homem; pois que ²² tudo vos pertence: Paulo, Apolo e Cefas, o mundo, a vida e a ²³ morte; o presente e o futuro — tudo é vosso. Vós, porém, sois de Cristo, e Cristo é de Deus.

4 Considerem-nos, portanto, os homens como servos de Cristo e ² administradores dos mistérios de Deus. Ora, o que se requer do ³ administrador é que seja fiel. Quanto a mim não me importa o juízo que de mim fazeis, ou faça outro juiz humano; nem sequer ⁴ importa o juízo que eu formo de mim mesmo. E, ainda que de nada me acuse a consciência nem por isso me tenho por justificado ⁵ — quem me julga é o Senhor. Não julgueis, pois, antes do tempo, enquanto não apareça o Senhor; ele porá às claras o que se acha oculto, revelando até os sentimentos dos corações. E então cada um terá de Deus o seu louvor.

O que aí vai, meus irmãos, foi por vossa causa que o referi a mim e a Apolo, para que em nossa pessoa aprendais a máxima: "Não passar além do que está escrito!" Não haja, pois, entre vós quem se enalteça a favor de um com prejuízo de outro. Pois quem é que te dá distinção? Que possuis que não tenhas recebido? Mas, se o recebeste porque te ufanas como se o não receberas? Vós já estais fartos; estais ricos, já estais reinando sem nós — Oxalá reinásseis, de fato! Que também nós reinaríamos convosco.

Quinhão do apóstolo. Creio que Deus designou a nós, apóstolos, o último lugar, como condenados à morte; porquanto nos tornamos espetáculo para o mundo, para os anjos e os homens.

Nós somos estultos por amor de Cristo — e vós sábios em Cristo; nós somos fracos — e vós fortes; vós estimado — e nós desprezados. Até à presente hora, andamos sofrendo fome, sede e desnudez; somos maltratados, vivemos sem casa e nos afadigamos com o trabalho das nossas mãos; lançam-nos maldições — e nós espargimos bênçãos; perseguem-nos — e nós o sofremos; caluniam-nos — e nós consolamos; até esta hora somos considerados como o lixo do mundo e a escória de todos.

Pai da comunidade. Escrevo-vos isto, não para vos envergonhar, mas para vos admoestar, como a filhos meus caríssimos. Ainda que tivésseis milhares de preceptores em Cristo, não tendes, todavia, muitos pais. Ora, pela pregação do evangelho eu me tornei vosso pai em Cristo Jesus. Pelo que vos exorto a que me tomeis por modelo. Foi por esta razão que vos enviei Timóteo, filho meu caríssimo e fiel no Senhor, para que ele vos revocasse à memória o caminho que trilho, em Cristo conforme ensino por toda parte, em todas as igrejas. Há entre vós alguns que se enfatuam como se eu não mais tornasse a ir ter convosco. Hei de visitar-vos, porém, em breve, se o Senhor quiser; e desejaria ver então, não as palavras desses enfatuados, mas, sim, a sua virtude; porquanto o reino de Deus não consiste em palavras, porém na virtude. Que quereis? Que eu vá visitar-vos com a vara, ou no espírito de caridade e de mansidão?

Misérias morais

5 **Caso escandaloso.** Ouve-se dizer constantemente que reina entre vós a luxúria e uma luxúria tal que nem mesmo entre pagãos 2 se encontra, a ponto de haver quem viva com a mulher de seu próprio pai. E ainda andais enfatuados, em vez de mostrardes pesar, para 3 eliminar do vosso meio semelhante malfeitor. Eu, embora corporalmente ausente, presente estou em espírito; e, como se convosco 4 estivesse, já proferi sentença sobre aquele malfeitor: reuni-vos comigo em espírito, em nome de nosso Senhor Jesus e, pelo poder do 5 Senhor Jesus, entregai esse homem a Satanás, para a perdição da carne, a fim de que se salve seu espírito, no dia do Senhor Jesus.
6 Não é nada bela a vossa jactância. Ignorais, porventura, que o fermento, embora pouco, leveda a massa toda? Fora, pois, com 7 esse fermento velho! Sede massa nova, pois que sois massa sem fermento. Também foi imolado Cristo, vosso cordeiro pascal. 8 Celebremos, portanto, a nossa festa, não mais no fermento velho, nem no fermento da malícia e da iniqüidade, mas no pão ázimo da sinceridade e da verdade.

9 **Trato com impuros.** Escrevi-vos naquela carta que não 10 tivésseis relações com os impuros. Com isto me referia, não aos impuros deste mundo em geral, os avarentos, os ladrões ou idólatras; senão tereis de sair do mundo; mas escrevi-vos no sentido 11 de não manterdes relações com um homem que, dizendo-se irmão, é impuro, avarento, idólatra, blasfemador, beberrão ou ladrão — a 12 um tal não deveis tolerá-lo nem como companheiro de mesa. Pois com que direito havia eu de julgar os que estão de fora? Não é que 13 julgais os que são do número dos de dentro? Os que estão de fora serão julgados por Deus. Eliminai do vosso meio o malfeitor!

6 **Processos perante juízes gentios.** Ousará algum de vós, implicado em um processo contra outro, solicitar justiça aos iní- 2 quos e não aos santos? Não sabeis, porventura, que os santos hão de julgar o mundo? Se, portanto, o mundo será julgado por vós, 3 não seríeis competentes para julgar essas coisas insignificantes? Acaso ignorais que havemos de julgar os anjos? Quanto mais essas coisas de cada dia! Quando, pois, tiverdes qualquer litígio 4 sobre coisas da vida cotidiana, constitui juízes aqueles que aliás nenhuma cotação têm na igreja! — para vergonha vossa é que digo isso. É possível que não haja entre vós um único homem entendido, capaz de funcionar como árbitro entre irmãos? Mas o que se vê são processos entre irmão e irmão — e isso perante incrédulos. O simples fato de existirem discórdias entre vós é mau sinal. Por que não preferis sofrer injustiça? Por que não tolerais antes a fraude? Em vez disso, vós mesmos cometeis injustiça e fraude, e isso até contra irmãos. Não sabeis que os injustos não terão parte no reino de Deus? Não vos iludais! Os impuros, os idólatras, os adúlteros, os luxuriosos, os sodomitas, os ladrões, os avarentos, os beberrões, os blasfemadores, os salteadores não terão parte no reino de Deus. E tais fostes vós em parte. Agora, porém, fostes purificados, fostes santificados, fostes justificados em nome do Senhor Jesus Cristo e pelo espírito de nosso Deus.

O corpo, templo de Deus. Tudo me é permitido, mas nem tudo convém. Tudo me é permitido, mas não convém que eu me deixe escravizar por coisa alguma. As comidas são para o estômago e o estômago para as comidas; e Deus deixará perecer um e outro. O corpo, porém, não é para a luxúria, mas para o Senhor, e o Senhor para o corpo. Deus que ressuscitou o Senhor, há de também ressuscitar-nos a nós pelo seu poder. Não sabeis que os vossos corpos são membros de Cristo? E eu tomaria os membros de Cristo e os faria membros de uma meretriz? Nunca! Ou ignorais que quem se entrega a uma meretriz se torna um só corpo com ela? Pois foi dito que serão dois em uma só carne. Mas, quem se entrega ao Senhor fica um só espírito com ele. Fugi da luxúria! Todo o outro pecado que o homem comete não lhe atinge o corpo; mas quem se entrega à luxúria peca contra seu próprio corpo. Não sabeis que vosso corpo é templo do Espírito Santo, que habita em vós e que de Deus recebestes? De maneira que já não pertenceis a vós mesmos? Fostes comprados por alto preço; pelo que glorificai a Deus no vosso corpo.

Gên 2,24

Respostas diversas

Matrimônio e virgindade

Sociedade matrimonial. A propósito daquilo de que me escrevestes, digo que é bom para o homem não se aproximar de mulher.

2 Entretanto, em vista do perigo da luxúria, tenha cada homem sua mulher e cada mulher seu marido. O marido conceda à mulher o 3 que lhe deve; e da mesma maneira também a mulher ao marido. A 4 mulher não pode dispor do seu corpo, senão o marido; do mesmo modo não pode o marido dispor do seu corpo, mas a mulher. Não 5 vos negueis um ao outro, senão de comum acordo, e por algum tempo, a fim de vos entregardes à oração; em seguida, porém, tornai a conviver, para que Satanás não vos arme ciladas por faltares à 6 continência. Digo isso como concessão, e não como preceito; 7 porque desejaria que todos os homens fossem como eu. Entretanto, cada um recebeu de Deus um dom especial, um este, outro aquele. 8 Aos solteiros e às viúvas digo que lhes é conveniente conservarem-9 se assim como eu. Se, porém, não puderem viver continentes, casem; pois é melhor casarem do que arderem de volúpia.

10 **Vínculo conjugal.** Aos casados preceitua o Senhor — e não eu — que a mulher não se separe do marido. No caso, porém, que se separe, fique sem casar, ou se reconcilie com o marido. Pela 11 mesma forma não abandone o marido sua mulher. Aos demais 12 digo eu — e não o Senhor — que, se algum irmão tiver uma 13 mulher descrente que de boa vontade viva com ele, não a abandone. E, se uma mulher tiver um marido descrente que de boa vontade 14 viva com ela, não abandone o marido. Porque o marido descrente é santificado pela mulher; como também a mulher descrente é santificada pelo irmão; do contrário, os vossos filhos seriam 15 impuros, quando de fato são santos. Mas, se a parte descrente quiser separar-se, separe-se; pois, neste caso, o irmão ou a irmã não 16 estão ligados, uma vez que Deus vos chamou para a paz. Mulher, sabes tu se salvarás teu marido? Homem, sabes tu se salvarás tua mulher?

17 **Mudança de estado.** Viva cada um de modo como o Senhor lho concedeu, segundo a vocação que tem de Deus. É esta uma recomendação que dou a todas as igrejas. Quem foi chamado como 18 cirrcuncidado não procure disfarçá-lo; quem foi chamado como incircunciso, não se faça circuncidar. O que importa não é ser cir-19 cuncidado ou incircunciso, mas a observância dos mandamentos 20 de Deus. Fique cada qual no estado no qual recebeu a vocação. Se 21 foste chamado como servo, não te dê isto cuidados; e, ainda que possas ser livre prefere servir; pois quem como servo foi chamado

ao Senhor é um liberto do Senhor; do mesmo modo, quem foi chamado como livre não deixa de ser servo de Cristo. Por alto preço fostes comprados; não vos torneis escravos dos homens. Meus irmãos, fique cada qual diante de Deus, no estado em que recebeu a vocação.

Recomendação da virgindade. Quanto às virgens, não tenho mandamento do Senhor; dou, porém, um conselho como quem merece confiança por ser agraciado do Senhor. Entendo que, por causa da presente tribulação, é bom ficarem assim — como é bom para outro qualquer. Se estás ligado a uma mulher, não procures separação; se estás solteiro, não procures mulher. Entretanto, se casares, não pecas. E se a virgem casar não peca. Estes, todavia, padecerão tribulação da carne, de que eu quisera preservar-vos. O que vos digo, meus irmãos, é que o tempo é breve. Pelo que convém que os casados vivam como se casados não fossem; os tristes, como se não andassem tristes; os alegres, como se não estivessem alegres; os que adquirem, como se nada possuíssem; e os que se ocupam de coisas mundanas, como se delas não se ocupassem; porque passa a figura deste mundo. Quisera ver-vos sem cuidados. Quem não é casado cuida das coisas do Senhor e procura agradar ao Senhor; mas quem é casado cuida das coisas do mundo e procura agradar à mulher — e está dividido. A mulher não casada e a virgem cuidam das coisas do Senhor e procuram ser santas de corpo e alma; ao passo que a casada pensa nas coisas do mundo e procura agradar ao marido.

Digo isso para vosso bem, e não para vos armar um laço, mas porque me interesso pelos bons costumes e por uma desimpedida entrega ao Senhor.

Casamento da filha. Entretanto, se alguém acha desairoso que uma filha donzela passe da idade, e se tem conveniência faça como entender; não peca, podem casar. Mas quem possui coração firme e não tem de ceder a nenhuma necessidade, quem é senhor da sua vontade e assentou consigo conservar virgem a sua filha, faz bem. Quem, por conseguinte, casa a sua virgem faz bem; quem não a casa faz melhor.

Atitude da viúva. A mulher está ligada enquanto o marido vive; mas, se ele morrer, está livre e pode casar com quem quiser,

40 contanto que seja no Senhor. Contudo, será mais feliz se ficar como está. Isto é meu conselho, e creio que também eu tenho o espírito de Deus.

Participação na idolatria

8 **Consideração para com os fracos.** Quanto às carnes sacrificadas aos ídolos, creio que todos temos a necessária ciência. 2 — A ciência, é verdade, incha, mas a caridade edifica. Quem se ufana de seu saber, nem sequer sabe de que modo convém saber; 3 quem ama a Deus este é conhecido dele. — No que, pois, toca aos comestíveis sacrificados aos ídolos, sabemos que não existem 4 ídolos no mundo, e que não há senão um só Deus. Por mais numerosos que sejam, no céu e na terra, os chamados deuses — pois 5 há tantos deuses quantos senhores — mas para nós existe um só Deus, o Pai, do qual provêm todas as coisas e que é o nosso 6 destino; e um só Senhor, Jesus Cristo, por quem tudo foi criado, e por ele também nós.

7 Entretanto, nem todos possuem a verdadeira compreensão; alguns, ainda imbuídos da idéia de ídolos, comem da carne como sendo sacrifício de ídolos, e saem com a consciência manchada, 8 porque é fraca. Não é a comida que nos dá valor aos olhos de Deus; não valemos mais por comermos, nem valemos menos por 9 não comermos. Vede, porém, que esta vossa liberdade não venha a ser ocasião de escândalo para os fracos.

10 Porque, se alguém te vir à mesa em um templo de ídolos, a ti, que és instruído, não se sentirá ele, quando de consciência fraca, 11 induzido a comer das carnes sacrificadas aos ídolos? De maneira que o fraco poderá perecer por causa do teu conhecimento, ele, o irmão, pelo qual Cristo morreu. Mas, se pecardes contra os irmãos, 12 ofendendo-lhes a consciência fraca, é contra Cristo que pecais. 13 Se, portanto, uma comida serve de escândalo a meu irmão, não quisera jamais comer carne, para não escandalizar a meu irmão.

9 **Paulo, como modelo.** Não sou, porventura, livre? Não sou apóstolo? Não vi eu nosso Senhor Jesus? Não sois vós obra minha 2 no Senhor? Se para outros não sou apóstolo, para vós, certamente não deixo de o ser; pois que vós sois o sigilo do meu apostolado no 3 Senhor. É esta a defesa que apresento aos que me fazem recriminações.

Não temos nós, porventura, o direito de aceitar comida e bebida? Não temos o direito de nos fazer acompanhar por uma mulher irmã, a exemplo dos demais apóstolos, irmãos no Senhor, e Cefas? Ou será que eu e Barnabé somos os únicos sem o direito de abrir mão do trabalho? Quem há por aí que vá à guerra à sua custa? Quem planta uma vinha, e não come do seu fruto? Quem apascenta um rebanho, e não se alimenta do leite do rebanho? Será que não passa de costume humano o que estou dizendo? Ou não diz o mesmo também a lei? Pois está escrito na lei de Moisés: "Não porás mordaça ao boi que pisa o trigo". Será que Deus só se interessa pelos bois? Não será principalmente por causa de nós que assim fala? Com efeito, é por nossa causa que está escrito: Quem lavra a terra lavre com esperança. Quem debulha o cereal faça-o com a esperança de perceber o seu quinhão. Ora, se semeamos entre vós bens espirituais, será demais colhermos dos bens materiais que vos pertencem? Se outros têm direito sobre vós, quanto mais nós! Entretanto, não temos feito uso deste direito; pelo contrário, tomamos tudo sobre nós mesmos, para não criar nenhum obstáculo ao evangelho de Cristo.

Não sabeis que os que trabalham no santuário, do santuário se alimentam? E quem serve ao altar no altar tem parte? Do mesmo modo, ordenou o Senhor que os que pregam o evangelho do evangelho vivam.

Renúncia heróica. Eu, porém, não tenho feito uso de nenhum desses direitos. Não escrevo isso para que daqui por diante assim se faça comigo; prefiro morrer a renunciar a esta minha glória. A pregação do evangelho não me redunda em glória, uma vez que é minha obrigação — ai de mim se não pregasse o evangelho! Se o faço de livre vontade, tenho direito a prêmio; se, porém o faço obrigado, apenas me desincumbo de um cargo que me foi confiado. Em que consiste, pois, o meu merecimento? No fato de pregar de livre vontade o evangelho sem fazer valer o direito que me dá o evangelho. Ainda que livre em todo o sentido, fiz-me escravo de todos, a fim de ganhar o maior número possível. Para os judeus me fiz como judeu, a fim de ganhar os judeus; para os que estão sujeitos à lei me fiz como quem está sob a lei — embora não mais esteja sob a lei — a fim de ganhar os súditos da lei. Para os que vivem sem a lei me fiz como quem vive sem a lei — ainda que não esteja isento da lei de Deus, mas ligado pela lei de Cristo — a

22 fim de ganhar os que vivem sem a lei. Com os fracos me fiz fraco,
23 a fim de ganhar os fracos. Fiz-me tudo para todos, a fim de salvar ao menos alguns. Faço tudo isso por causa do evangelho, para ter parte nele.

24 **Salvar a alma.** Ignorais, porventura, que no estádio todos correm, mas um só recebe o prêmio? Correi, pois, de tal modo que
25 o alcanceis. Todo o atleta pratica abstinência em todas as coisas; fazem-no eles para conquistar uma coroa perecível; nós, porém, por causa de uma coroa imperecível. Assim corro também eu,
26 mas não à-toa; pelejo também eu, mas não como quem fustiga o
27 ar; antes mantenho em disciplina o meu corpo e o obrigo a sujeição, para que, depois de ter pregado a outros, não venha eu mesmo a ser indigno do prêmio.

10 **Para escarmento.** Quisera, meus irmãos, que não ignorásseis que nossos pais estiveram todos sob a nuvem; que todos passaram
2 o mar; que todos na nuvem e no mar, receberam o batismo em
3 Moisés; que todos comeram o mesmo manjar espiritual e beberam
4 a mesma bebida espiritual — pois bebiam da pedra espiritual que os acompanhava, pedra que era Cristo — entretanto, da maior parte
5 deles não se agradou Deus, pelo que sucumbiram no deserto. Ora,
6 aconteceu isto para nos servir de exemplo, para que não cobicemos o mal, como aqueles cobiçaram. Nem vos entregueis à idolatria,
7 como alguns deles; por quanto está escrito: "Sentava-se o povo para comer e beber, e levantava-se para folgar e dançar". Não
8 pratiquemos luxúria, como alguns deles praticaram, e pereceram
9 vinte e três mil em um só dia. Não tentemos ao Senhor, como Ex 32,6
10 alguns deles o tentaram, e foram mortos pelas serpentes. Nem murmureis, como alguns deles murmuraram, e foram arrebatados
11 pelo anjo exterminador. Tudo isto que lhes aconteceu vale como exemplo; e foi escrito para escarmento nosso, que presenciamos a
12 plenitude dos tempos. Quem, pois, julga estar em pé, tome cuidado
13 que não venha a cair. Não vos sobreveio nenhuma tentação que não fosse humana. Deus é fiel, não permitirá que sejais tentados acima das vossas forças; antes levará a bom termo a tentação para que possais suportá-la.

14 **Manjares cultuais.** Pelo que, queridos meus, fugi da idolatria.
15 Falo como a pessoas de critério; avaliai por vós mesmos o que

estou dizendo. O cálice da bênção que consagramos não é a comunhão do sangue de Cristo? E o pão que partimos não é a, participação do corpo de Cristo? Ora, como é um só pão, assim também nós, muitos que somos, formamos um só corpo; pois todos participamos de um só pão. Considerai o Israel terreno: não é verdade que os que comem das vítimas têm parte no altar do sacrifício?

Que quero dizer com isso? Que um sacrifício feito aos ídolos, seja alguma coisa? Ou que o ídolo seja alguma coisa? Não; o que os pagãos sacrificam é sacrifício oferecido aos demônios e não a Deus. Mas não quero que tenhais sociedade com os demônios; não podeis beber o cálice do Senhor e o cálice dos demônios; não podeis tomar parte na mesa do Senhor e na mesa dos demônios. Queremos, acaso, provocar o Senhor? Somos mais fortes que ele?

Avisos práticos. Tudo é permitido, mas nem tudo convem. Tudo é permitido, mas nem tudo edifica. Ninguém procure os seus interesses, mas o bem do próximo.

Comei de tudo o que se vende no mercado, sem inquirirdes, por escrúpulos de consciência. "Pois ao Senhor pertence a terra e tudo quanto ela contém". Se portanto, fordes convidado por um descrente e tiverdes vontade de lá ir, comei de tudo o que vos for servido, sem nada indagardes, por escrúpulos de consciência. Mas se alguém vos advertir: "Isto é carne sacrificada aos ídolos", não a comais, em atenção àquele que vos advertiu, por motivo de consciência — quero dizer, não da consciência própria, mas da do outro. Porque sujeitaria eu a minha liberdade ao critério da consciência de outrem? Se com gratidão como uma coisa, por que havia de merecer censura por aquilo que tomo com ação de graças?

Portanto, quer comais, quer bebais, ou façais outra coisa qualquer, fazei tudo pela glória de Deus. Não deis motivo de escândalo nem a judeus nem a gentios, nem à igreja de Deus; assim como também eu procuro em tudo agradar a todos, não buscando os meus interesses, mas os interesses dos muitos, para que se salvem.

Sede imitadores meus, assim como eu sou imitador de Cristo.

Inconveniências no culto divino

Mulheres veladas. Acho louvável que em tudo vos lembreis de mim e guardeis as minhas instruções, assim como vo-las dei. Quisera, porém, chamar-vos à memória que Cristo é o chefe de todo o homem, que o chefe da mulher é o homem, e que Deus é o chefe de Cristo. Todo o homem que orar ou profetizar de cabeça coberta, desonra a seu chefe. E toda a mulher que orar, ou profetizar de cabeça descoberta, desonra a seu chefe, nivelando-se à mulher de cabeça rapada. A mulher que não velar a cabeça vá cortar o cabelo. Ora, se é vergonhoso para a mulher cortar o cabelo ou rapar-se, vele a cabeça. O homem não precisa cobrir a cabeça, por ser imagem e resplendor de Deus; ao passo que a mulher é o resplendor do homem; pois o homem não provém da mulher, mas a mulher provém do homem; nem o homem foi feito por causa da mulher, mas, sim, a mulher por causa do homem. Por isso, deve a mulher levar na cabeça um distintivo de que está sob o poder — por causa dos anjos. Entretanto, no Senhor, nem a mulher é independente do homem, nem o homem é independente da mulher; pois, como a mulher provém do homem, assim o homem deve a sua origem à mulher — mas tudo vem de Deus.

Julgai por vós mesmos se é conveniente que uma mulher ore a Deus não tendo véu. Não vos ensina a própria natureza que para o homem é desonroso usar cabelo comprido, ao passo que para a mulher o cabelo comprido é um ornamento? A cabeleira lhe foi dada como véu. Entretanto, se alguém fizer questão de defender a sua opinião, não temos nós esse costume, nem tampouco as igrejas de Deus.

Reuniões eucarísticas. Ao dar-vos estas exortações, não posso louvar que as vossas reuniões redundem, não em proveito, mas em prejuízo vosso. Em primeiro lugar, ouço que, quando vos reunis, há dissensões entre vós, e em parte o creio. Nem pode deixar de haver dissensões entre vós, para que se manifestem dentre vós aqueles que são de virtude comprovada. Quando, pois, vos reunis, não é mais para celebrardes a ceia do Senhor, porque cada qual, ao comer, antecipa a sua ceia — e um sofre fome, enquanto outro está ébrio. Não tendes casas onde comer e beber? Ou desprezais a igreja de Deus e melindrais os indigentes? Que vos direi? Hei de louvar-vos? Neste ponto não vos louvo.

Porquanto, recebi do Senhor o que vos ensinei, a saber: que o Senhor Jesus, na noite em que foi entregue, tomou o pão e, havendo dado graças, o partiu e disse: "Isto é o meu corpo, que é entregue por vós; fazei isto em memória de mim". Da mesma forma, depois da ceia, tomou o cálice, dizendo: "Este cálice é o novo testamento em meu sangue; fazei isto em memória de mim todas às vezes que o beberdes". Porque, todas às vezes que comerdes este pão e beberdes o cálice, anunciareis a morte do Senhor, até que ele venha. Pelo que, quem comer indignamente o pão, ou beber o cálice do Senhor será réu do corpo e do sangue do Senhor. Examine-se, pois, o homem e assim coma do pão e beba do cálice. Porque quem come e bebe, come e bebe a própria condenação, não fazendo discernimento do corpo. Por isso é que há entre vós tantos fracos e enfermos, e alguns já adormeceram. Mas, se nos examinássemos a nós mesmos, não seríamos julgados. Se, porém, somos julgados pelo Senhor, é para correção nossa, a fim de não sermos condenados com o mundo.

Portanto, meus irmãos, quando vos reunis para a refeição, esperai uns pelos outros. Se alguém estiver com fome, coma em casa, para que a vossa reunião não reverta em condenação vossa.

Quanto ao mais, hei de regularizá-lo quando aí for.

Dons divinos. A propósito dos dons espirituais, meus irmãos, não quero deixar-vos na ignorância. Sabeis que, quando pagãos, vos deixáveis levar cegamente aos ídolos mudos. Ora, faço-vos saber que ninguém que fala pelo espírito de Deus diz mal de Jesus; e ninguém pode proclamar a Jesus como Senhor, senão pelo Espírito Santo.

São diversos os dons espirituais, mas o espírito é um só; diversos são os ministérios, mas um só é o Senhor; há operações diversas, mas um só Deus que tudo opera em todos. É para utilidade que a cada um se concede a manifestação do espírito. A um é concedido pelo espírito o dom da sabedoria; a outro o dom da ciência, pelo mesmo espírito; a outro, o dom da fé, pelo mesmo espírito; a outro, o dom de curar doenças, pelo mesmo espírito; a outro, a virtude de fazer milagres; a outro, a profecia; a outro, o discernimento dos espíritos; a outro, o dom das línguas; a outro, a interpretação dos idiomas. Todas estas operações são realizadas pelo mesmo espírito, que distribui os seus dons a cada um como quer.

A igreja, corpo de Cristo. Do mesmo modo que o corpo é um só, mas tem muitos membros, e todos estes membros apesar da sua multiplicidade, formam um só corpo: assim também acontece com Cristo. Todos nós fomos, pelo batismo, por um só espírito, unidos em um só corpo — judeus e gentios, escravos e livres —

14 todos fomos imbuídos de um só espírito. Pois também o corpo não consta de um só membro, senão de muitos. Se o pé dissesse: 15 "Porque não sou mão não pertenço ao corpo", nem por isso deixaria de fazer parte do corpo. E, se o ouvido dissesse: "Porque não 16 sou vista, não pertenço ao corpo", nem por isso deixaria de fazer parte do corpo. Se o corpo fosse todo olho, onde ficaria o ouvido? 17 E, se fosse todo ouvido, onde ficaria o olfato? Deus marcou a cada 18 membro a sua função no corpo, segundo a sua vontade. Se tudo 19 fosse apenas um membro, que seria então do corpo? Entretanto, são 20 muitos os membros, e um só o corpo. Não pode o olho dizer à mão: 21 "Não preciso de ti"; nem tampouco pode a cabeça dizer aos pés: 22 "Não necessito de vós". Pelo contrário, justamente os membros do corpo que mais fracos parecem é que são os mais necessários. Os 23 membros do corpo que temos em conta de menos nobres tratamo-los com tanto maior respeito; os menos decentes são recatados 24 com maior decência, ao passo que os decentes não necessitam disto. Deus organizou assim o corpo, distinguindo mais os mem- 25 bros menos nobres, para que não houvesse desordem no corpo, mas que os membros, harmonicamente, tivessem solicitude uns 26 para com os outros. Se um membro sofre, todos sofrem com ele; se um membro é honrado, todos os membros se alegram com ele.

27 Ora, vós sois o corpo de Cristo e, cada um da sua parte, membro 28 dele. A alguns constitui Deus na igreja como apóstolos; a outros, como profetas; a outros, como doutores; ainda a outros, para operar milagres, para curar doentes, para prestar socorros, para governar, 29 cargos para diversas línguas. São todos, porventura, apóstolos? Todos profetas? Todos doutores? Todos taumaturgos? Será que 30 todos têm o dom de curas milagrosas? Falam todos em línguas diversas? Têm todos o dom da interpretação de idiomas?

31 Não deixeis de aspirar aos dons superiores.

3 Entretanto, eu vos mostrarei um caminho ainda mais excelente.

2 **Apoteose do amor.** Se eu falasse a língua dos homens e dos anjos, mas não tivesse amor, não passaria de um metal sonoro ou de uma campainha a tinir. E, se tivesse o dom da profecia, se penetrasse todos os mistérios e possuísse todos os conhecimentos, se tivesse toda a fé a ponto de transportar montanhas, mas não tivesse 3 amor — nada seria. E, se distribuísse entre os pobres todos os meus 4 haveres, e entregasse o meu corpo à fogueira, mas não possuísse amor — de nada me serviria. O amor é paciente, o amor é

benigno; o amor não é ciumento, não é indecoroso; não é orgulhoso, não é enfatuado, não é interesseiro, não se irrita, não guarda rancor; não folga com a injustiça, mas alegra-se com a verdade, tudo suporta, tudo crê, tudo espera, tudo sofre — o amor jamais acaba.

Terão fim as profecias, expirará o dom das línguas, perecerá a ciência; porque imperfeito é o nosso conhecer, imperfeito o nosso profetizar: mas, quando vier o que é perfeito, acabará o que é imperfeito.

Quando eu era criança falava como criança, pensava como criança, ajuizava como criança; mas, quando me tornei homem, despojei-me do que era pueril. Vemos agora como que em espelho e enigma; então, porém, veremos face a face; agora conheço apenas em parte; então, porém, conhecerei assim como eu mesmo sou conhecido. Por ora, ficam a fé, a esperança e o amor, estes três — o maior deles, porém, é o amor. Aspirai ao amor!

O dom da profecia e das línguas. Esforçai-vos por alcançar os dons espirituais, mormente, porém, o dom da profecia. Pois quem faz uso do dom das línguas, não fala aos homens, mas a Deus; ninguém o entende, porque fala coisas misteriosas ditadas pelo espírito. Mas quem profetiza fala aos homens, edificando, exortando, consolando. Quem fala pelo dom das línguas edifica-se apenas a si mesmo; mas quem profetiza edifica a igreja. Quisera que todos tivésseis o dom das línguas; porém, ainda mais, que tivésseis o dom da profecia; porque quem profetiza é superior àquele que fala em línguas, salvo se também as interpreta para edificação da igreja.

Meus irmãos. Suposto que a vós me dirigisse com o dom das línguas, que proveito havíeis de tirar se não vos dissesse palavras de revelação, de conhecimento, de profecia ou doutrina? Se instrumentos inanimados, como a flauta ou a cítara, emitissem sons que não fossem nitidamente distintos, como se entenderia o que se toca na flauta ou na cítara? E, se a trombeta desse apenas um ruído confuso, quem se prepararia para a luta? O mesmo acontece convosco: se, ao falardes em línguas, não proferirdes, palavras inteligíveis como se há de entender o que diz? É o mesmo que falar ao vento. Há no mundo tantas línguas, e cada uma consta de sons; mas, se ignoro a significação do som, fico alheio àquele que fala, assim como ele me fica alheio a mim.

¹² Já que tanto vos esforçais por alcançar os dons espirituais, procurai enriquecer-vos dos que sirvam de edificação à igreja. ¹³ Quem, por conseguinte, possui o dom das línguas, peça o dom da ¹⁴ interpretação. Pois se eu orar em uma língua, o meu espírito ora, sim, mas o meu entendimento fica sem fruto. Que se segue daí? ¹⁵ Que hei de orar com o espírito e orar com a inteligência; cantarei ¹⁶ com o espírito, e cantarei com a inteligência. Se cantares só em espírito, como é que um inexperiente responderá amém à tua ¹⁷ ação de graças, se não compreende o que dizes? Pode ser ótima a tua ação de graças, mas o outro não se edifica. Graças a Deus que ¹⁸ falo mais línguas que a todos vós; e, no entanto, quero antes proferir em uma assembléia cinco palavras que se entendam, para ¹⁹ instruir os outros, do que dez mil palavras em língua estranha. ²⁰ Meus irmãos; não sejais crianças no modo de pensar; quanto à malícia, sim, sede crianças; mas no modo de pensar sede homens maduros.

²¹ Está escrito na lei: "Em línguas estranhas e por lábios alheios Is 28,11 falarei a este povo; nem assim me atenderá, diz o Senhor". Portanto, ²² o dom das línguas é sinal, não para os crentes, mas para os descrentes; ao passo que o dom da profecia serve aos crentes e não ²³ aos descrentes. Ora, se a comunidade dos fiéis se reunisse e todos falassem em línguas diversas, e entrassem não iniciados ou des- ²⁴ crentes — não diriam que estais loucos? Se, porém, todos profetizarem, e entrar um descrente ou um não iniciado, todos lhe falam à consciência, todos lhe proferem sentença, revelam-se os segredos ²⁵ do seu coração; e ele acabará por se prostrar de face em terra, adorando a Deus e confessando que Deus está realmente no meio de vós.

²⁶ **Normas litúrgicas.** Que importa, pois, fazer, meus irmãos? Nas vossas reuniões um tenha algum cântico, outro uma doutrina, outro uma revelação, um dom de línguas, uma interpretação; mas ²⁷ sirva tudo isto para a edificação. Se houver quem tenha o dom das línguas não falem mais de dois ou, quando muito, três, e sucessiva- ²⁸ mente, e um dê a interpretação. Não havendo intérprete, calem-se na assembléia aqueles; falem consigo mesmos ou com Deus. ²⁹ Quanto aos profetas, falem apenas dois ou três; os outros dêem ³⁰ parecer. Mas, se outro daqueles que estão sentados tiver uma ³¹ revelação, cale-se o primeiro. Todos podeis profetizar, mas um após outro, para que todos recebam doutrina e exortação. Os

espíritos dos profetas estão sujeitos aos profetas. Deus não é de confusão, mas de paz. Assim é em todas as igrejas dos santos.

Mulheres na liturgia. Fiquem as mulheres caladas, na assembléia não lhes compete falar; têm de subordinar-se, conforme prescreve a lei. Se quiserem saber alguma coisa, perguntem em casa a seus maridos; pois não convém que a mulher fale na assembléia. Partiu de vós, porventura, a palavra de Deus? Ou foi só a vós que chegou?

Gên 3, 16

Quem se tem em conta de profeta ou favorecido de dons espirituais, reconheça que o que estou escrevendo é preceito do Senhor. Se, porém, não o reconhecer, nem ele seja reconhecido.

Aspirai, pois, meus irmãos, ao dom da profecia; mas não ponhais embargo ao dom das línguas. Tudo se faça com decência e boa ordem.

Ressurreição dos mortos

Ressurreição de Cristo. Meus irmãos, venho explicar-vos o evangelho que vos preguei. Vós o abraçastes e nele perseverais firmes. É nele que está a vossa salvação, se o guardardes assim como vo-lo preguei; do contrário, em vão teríeis abraçado a fé.

Antes de tudo, vos ensinei o que eu mesmo recebi; que Cristo morreu pelos nossos pecados, segundo a Escritura; que foi sepultado e, segundo a Escritura, ressuscitou no terceiro dia; apareceu a Cefas e, depois, aos doze. Em seguida, apareceu a mais de quinhentos irmãos reunidos, a maior parte dos quais ainda vive, ao passo que alguns morreram. Depois apareceu a Tiago; mais tarde, a todos os apóstolos e, por último de todos, apareceu-me também a mim, que nem ainda estava maduro. Pois eu sou o menor dentre os apóstolos, nem sou digno de ser chamado apóstolo, porque persegui a igreja de Deus. Mas pela graça de Deus sou o que sou; a sua graça não tem sido estéril em mim; pelo contrário tenho trabalhado mais que todos os outros; quer dizer, não eu, mas a graça de Deus comigo.

Eu ou eles — é esta a nossa pregação, e foi destarte que abraçastes a fé.

Se Cristo não ressuscitara. Ora, quando se prega que Cristo ressuscitou dentre os mortos, como é que alguns de vós afirmam que nem há ressurreição dos mortos? Se não há ressurreição dos mortos, também Cristo não ressuscitou. Mas, se Cristo não ressuscitou, então é vã a nossa pregação, vã também é a vossa fé; e nós aqui estamos como falsas testemunhas de Deus, porque contra Deus depusemos que ressuscitou a Cristo, quando de fato não o ressuscitou — se é que os mortos não ressuscitam. Se os mortos não ressuscitam, também Cristo não ressuscitou. Mas, se Cristo não ressuscitou, então é vã a vossa fé e ainda estais nos vossos pecados, e estão perdidos também os que em Cristo morreram. Se tão-somente para esta vida temos esperança em Cristo, somos os mais deploráveis de todos os homens.

Cristo, primícia dos ressuscitados. Entretanto, Cristo ressuscitou dentre os mortos, primícia dos que repousaram. Por um só homem veio a morte, por um só homem vem a ressurreição dos mortos. Pois, assim como todos morreram em Adão, assim todos serão vivificados em Cristo; cada qual quando chegar a sua vez; Cristo foi o primeiro; em seguida, os que pertencerem a Cristo na sua vinda. Depois vem a consumação, quando ele entregar o reino a Deus Pai, após haver destruído todo o principado, dominação e poder; pois importa que ele reine até que reduza todos os inimigos debaixo de seus pés. O último inimigo a ser derrotado é a morte. Sal 8,7 Porquanto, "submeteu tudo a seus pés". Ora, quando diz que tudo está sujeito, naturalmente se excetua aquele que tudo lhe sujeitou. Mas, quando tudo lhe estiver sujeito, então o próprio Filho se submeterá àquele que tudo lhe sujeitou. E será Deus tudo em todas as coisas.

Ponderações humanas. E que pretendem aqueles que se fazem batizar a favor dos mortos? Se os mortos de fato não ressuscitam, por que então se fazem batizar em prol deles? E por que nos expomos também nós a perigos a toda a hora? Dia por dia, estou em perigo de morte, tão certo como vós, meus irmãos, sois a minha glória em Jesus Cristo, nosso Senhor. Se, em Éfeso, eu tivesse lutado com as feras só como homem, de que me serviria? Se os mortos não ressuscitam, então "comamos e bebamos, porque Is 22, amanhã morreremos!" Não vos iludais! Más companhias corrompem os bons costumes. Andai com toda a sobriedade e não pequeis. Alguns não têm idéia de Deus — para vergonha vossa o digo.

Possibilidade da ressurreição. Mas, perguntará alguém: Como hão de os mortos ressuscitar? Com que corpo virão?

Insensato! O que semeias não chega a viver sem que primeiro morra. O que semeias não é a planta que se há de formar, mas é o simples grão, por exemplo de trigo ou outro qualquer. Deus, porém, lhe dá a forma que lhe apraz, e a cada semente a sua forma peculiar.

O corpo redivivo. Nem todos os corpos são da mesma espécie; outro é o corpo do homem, outro o dos quadrúpedes, outro o das aves, outro o dos peixes. Há também corpos celestes e corpos terrestres, mas um é a glória dos celestes e outro a dos terrestres; diverso é o brilho do sol, diverso o da lua, e diverso o das estrelas — e até vai diferença de claridade de estrela a estrela.

É o que se dá com a ressurreição dos mortos. O que se semeia é corruptível — o que ressuscita é incorruptível; o que se semeia é humilde — o que ressuscita é glorioso; que se semeia é fraco — o que ressuscita é forte; o que se semeia é um corpo material — o que ressuscita é um corpo espiritual.

Se há corpo material, há também corpo espiritual. Pois está escrito: "Foi feito o primeiro homem, Adão, organismo vivo"; o segundo Adão, porém, espírito vivificante. O que há primeiro não é o espiritual, senão o material; em seguida vem o espiritual. O primeiro homem é formado da terra, é terrestre; o segundo homem vem do céu. Qual o terrestre, tais os terrestres; qual o celeste, tais os celestes. Assim como representamos em nós a imagem do que é terrestre, assim também representaremos em nós a imagem do que é celeste. O que vos declaro, meus irmãos, é que a carne e o sangue não podem herdar o reino de Deus, nem a corruptibilidade partilhará a incorruptibilidade.

Eis que vos revelo um mistério: nem todos havemos de morrer, mas todos seremos transformados. Será repentinamente, em um instante, ao último som da trombeta. Soará a trombeta, e ressuscitarão os mortos, incorruptíveis, e nós seremos transformados. Importa que este ser corruptível revista a incorruptibilidade, que este ser mortal revista a imortalidade.

Triunfo sobre a morte. Ora, quando este ser corruptível tiver revestido a incorruptibilidade, quando este ser mortal tiver revestido a imortalidade, então se cumprirá a palavra da Escritura:

⁵⁶ "Foi a morte tragada na vitória. Que é da tua vitória, ó morte? Que é do teu aguilhão, ó morte?" O aguilhão da morte é o pecado; a força do pecado, porém, está na lei.   Is 25,8 / Os 13,14
⁵⁷ Graças a Deus, que nos dá a vitória por Jesus Cristo, nosso Senhor!
⁵⁸ Pelo que, irmãos meus caríssimos, permanecei firmes e inabaláveis; trabalhai com zelo na obra do Senhor, na certeza de que não é em vão o vosso esforço no Senhor.

16 **Conclusão.** Quanto às coletas em benefício dos santos, guiai-
² vos pelo que ordenei às igrejas da Galácia: no primeiro dia da semana, cada um de vós ponha de parte alguma coisa para si,
³ quanto quiser, para que a coleta não se faça só por ocasião da minha chegada. Quando aí estiver, hei de enviar a Jerusalém, com
⁴ carta de recomendação, homens de vossa confiança, para que
⁵ levem o vosso óbulo. Se for conveniente que vá também eu, podem eles acompanhar-me.

Irei ter convosco pelo caminho da Macedônia, pois pela
⁶ Macedônia só vou de passagem. Convosco, porém, ficarei mais
⁷ tempo, talvez o inverno todo. Podeis então acompanhar-me à
⁸ despedida, quando seguir viagem. Não quisera ver-vos apenas de
⁹ passagem; espero demorar-me algum tempo no meio de vós, se o Senhor o permitir. Até Pentecostes ficarei em Éfeso, onde se me
¹⁰ abriu uma porta larga e auspiciosa, embora não sejam poucos os adversários.

Quando chegar Timóteo, providenciai para que possa estar
¹¹ convosco sem temor; trabalha como eu na obra do Senhor. E que ninguém o menospreze! Acompanhai-o antes pacificamente para
¹² que venha ter comigo; espero-o com os irmãos. Quanto ao irmão Apolo, pedi-lhe encarecidamente que fosse visitar-vos em companhia dos irmãos; mas não houve meio de movê-lo a empreender
¹³ a viagem agora; irá, todavia, mais tarde, oportunamente.

¹⁴ Sede vigilantes! Estai firmes na fé! Sede homens, sede fortes!
¹⁵ Tudo quanto fizerdes, fazei-o com amor. Mais um pedido, meus irmãos: conheceis a família de Estéfanas. São as primícias da
¹⁶ Acaia, que se consagraram ao serviço dos santos. Mostrai-vos
¹⁷ dedicados a tais homens, como em geral a todos os que trabalham e se afadigam. Estou satisfeito pela chegada de Estéfanas, Fortunato
¹⁸ e Acaico; porque supriram a vossa ausência, confortando a minha alma e a vossa. Mostrai-vos reconhecidos a tais homens.

Enviam-vos lembranças as igrejas da Ásia. Muitas saudações no Senhor, de Áquila e Priscila, bem como da cristandade que se acha em sua casa. Lembranças de todos os irmãos. Saudai-vos uns aos outros no ósculo santo.

Aí vai a minha saudação, de próprio punho: Paulo.

Quem não ama ao Senhor, maldito seja! *Maran-atha*!

A graça do Senhor Jesus seja convosco.

A todos vós o meu amor, em Cristo Jesus.

Notas explicativas

Não quiseram os sábios do mundo conhecer a Deus, embora não lhes escasseassem provas da sua existência (cf Ro 1, 19 s); por isso deixou Deus de parte a sabedoria humana e serviu-se da ignomínia da cruz para salvar a humanidade.

A cruz e o sofrimento, que parecem loucura aos mundanos, são suprema sabedoria aos olhos de Deus.

Também entre os cristãos de Corinto havia maior número de humildes que de poderosos.

O homem, confiado nas suas faculdades meramente naturais, não pode atingir as verdades sobrenaturais do cristianismo, que até lhe parecem absurdas; ao passo que o homem espiritual iluminado pela fé às compreende e abraça, tornando-se com isto uma espécie de enigma para o profano.

São Paulo, com a sua pregação, lançara os fundamentos da igreja de Corinto; outros, após a partida dele, levariam adiante a construção. No dia do juízo se verá com que material cada um trabalhou: se com o ouro, a prata e as pedras preciosas de doutrinas sólidas e virtudes acrisoladas, se com a madeira, o feno e a palha do palavreado vão e exemplos ambíguos.

Ninguém ponha a sua confiança em mestre humano, como se dele dependesse a sua salvação; pois todos os mestres não passam de instrumentos nas mãos de Deus, para utilidade espiritual dos fiéis.

O que vale de todos os mestres exemplificou-o São Paulo na sua pessoa e na de Apolo, para que os coríntios aprendessem a não enaltecer um homem mais do que convém, segundo os ditames dos livros sacros.

Aos olhos do mundo é o apostolado a mais triste condição do homem, mas aos olhos de Deus é sublime privilégio.

5 Na qualidade de representante de Jesus Cristo, exclui São
-5 Paulo da comunidade eclesiástica o pecador impenitente e escandaloso, entregando-o ao reino de Satanás, isto é, ao mundo dominado pelo príncipe das trevas, para que este castigo o faça cair em si.

-8 Alusão às cerimônias pascais dos judeus. O fermento significa o mau exemplo daquele homem.

13 Os pagãos não estão sujeitos à jurisdição eclesiástica do apóstolo.

6 Nem tudo convém fazer, embora seja moralmente lícito, para
21 não ofender o próximo. Nem é justo deixar-se dominar por qualquer inclinação viciosa. A manducação deste ou daquele alimento é, de per si, coisa indiferente, mas não o é do mesmo modo qualquer gozo sensual; porque, segundo a vontade de Deus, tem o corpo destino superior que não o da satisfação carnal; é membro do corpo místico de Cristo e criado para participar da glória da alma, desde o dia da ressurreição universal.

7 O matrimônio entre cristãos é indissolúvel. Havendo, porém, um casal em que uma parte seja cristã, e a outra pagã, se esta última
16 se negar a querer continuar a vida matrimonial, pode a parte cristã requerer separação, com dissolução do vínculo matrimonial; porque, do contrário, correria perigo de perder a fé. No caso, porém, que a parte pagã queira continuar no matrimônio, não se dissolva o vínculo conjugal; porque a convivência pacífica com o cônjuge cristão poderá redundar em bênção espiritual para a parte pagã, dispondo-a, talvez, para a conversão (privilégio paulino).

24 Convém que o homem, após a sua conversão ao cristianismo, continue no seu ofício ou profissão de antes; pois o cristão pode santificar-se em qualquer estado de vida que seja honesto.

21 Recomenda o apóstolo aos escravos das famílias cristãs que, mesmo depois de batizados, continuem a servir de boa-vontade, contentando-se com a liberdade espiritual.

38 Refere-se o apóstolo aos pais e tutores.

8 Comia-se, em parte, nos banquetes rituais, a carne que sobrava
-3 dos sacrifícios oferecidos aos deuses, em parte se vendia no mercado. Agitava-se entre os fiéis a questão sobre a liceidade ou iliceidade da manducação dessas carnes.

9 Tomando por ponto de partida o seu próprio exemplo, insiste
14 São Paulo na necessidade da abnegação cristã mostrando como, muitas vezes, a caridade nos impõe a renúncia aos nossos direitos e à nossa liberdade. Na qualidade de apóstolo, bem podia ele

exigir que a cristandade o provesse do necessário, a ele e aos seus colaboradores; como também teria o direito de entregar os trabalhos domésticos a uma auxiliar cristã. Preferiu, porém, renunciar a todos esses privilégios, a fim de não embaraçar a difusão do evangelho.

A despeito dos extraordinários privilégios que Deus concedera aos israelitas no deserto, não atingiram eles o termo da peregrinação, perecendo no ermo, por não terem sabido dominar os seus apetites. Ninguém se dê, pois, por muito seguro da salvação, mesmo que se ache cumulado de favores especiais.

O manjar e a bebida espirituais (quer dizer, que simbolizavam coisa espiritual) eram o maná e a água do rochedo, protótipo do corpo e sangue de Cristo, o qual na sua divindade, os acompanhava.

É permitido comer das carnes sacrificadas aos ídolos, contanto que não se tenha intenção idólatra, nem se escandalize o próximo, de consciência escrupulosa.

Era costume em Corinto que, nas reuniões públicas, os homens se apresentassem de cabeça descoberta, em sinal da sua autoridade, enquanto as mulheres vinham veladas, em prova de sua sujeição ao marido. Parece que algumas mulheres promoviam um movimento de indébita "emancipação feminina", simbolizada pela abolição do véu. O apóstolo reprova semelhante inovação, provando pela natureza humana e pela escritura sagrada que a mulher deve obedecer ao marido.

Convém que a mulher leve na cabeça um distintivo do poder que o marido tem sobre ela (o véu), por causa dos anjos, isto é, dos espíritos celestes que serviram de intermediários da lei de Deus e, destarte, cooperaram para essa determinação e a sujeição da mulher ao marido, tendo motivo de alegrar-se pela observância da ordem divinamente estabelecida.

No intuito de imitarem a santa ceia de Cristo, costumavam os fiéis daquele tempo reunir-se para celebrar o mistério eucarístico. Vinha esta celebração unida a um ágape, ou banquete fraternal, que devia, de preferência, reverter em benefício das classes pobres.

Entretanto, se introduzira remediados, fazerem entre si sem nada. E com isto sofria caritativo e a unção religiosa o abuso de os cristãos mais o ágape, deixando os pobres notável detrimento o caráter dessas reuniões.

Entende-se enfermidade e morte moral, conseqüência da indigna recepção da Eucaristia.

2 Havia, na primitiva igreja, diversas pessoas dotadas de carismas extraordinários destinados à edificação dos fiéis e à conversão dos infiéis. Acontecia, porém, que nas reuniões litúrgicas o uso desses privilégios degenerasse em abuso e desordem; pelo que o apóstolo se apressa a dar esclarecimentos e diretivas práticas sobre este particular.

3 Quem fala por inspiração divina promove o reino de Cristo; quem lhe põe embargo, está sob a influência do espírito maligno.

31 Dissera o apóstolo que, não obstante a multiplicidade dos dons divinos, um só é o Espírito Santo, autor deles; e passa a mostrar esta verdade por meio de um paralelo tirado do corpo humano: assim como cada membro e cada órgão tem a sua função peculiar, ainda que todos tenham por princípio um e o mesmo espírito (a alma), que dirige a um fim harmônico as diversas partes e suas atividades — de modo análogo acontece também na igreja de Deus.

3
13 Os próprios carismas do Espírito Santo não tornam o homem mais perfeito e agradável a Deus, se lhe faltar a verdadeira caridade do próximo baseada no amor de Deus.

12 Na vida presente não conhecemos as coisas de Deus se não de um modo indireto, como que em um espelho, e obscuramente, como que em visão enigmática; no mundo futuro, porém, os conheceremos direta e claramente.

4
4 Na igreja primitiva, ocupava o dom da profecia a primeira plana. Consistia em falar aos fiéis, sob o impulso do Espírito Santo, de um modo tão claro que já nenhuma interpretação ulterior era necessária. O dom das línguas, ao invés disto, se manifestava em palavras estranhas, proferidas sob a atuação do Espírito Santo, mas que não eram inteligíveis aos ouvintes sem a competente interpretação.

5
8 Quer o apóstolo dizer que, no dia da sua conversão, não estava ainda maduro para o múnus apostólico.

20 Jesus Cristo é a primícia dentre os mortos porque primeiro ressuscitou do sepulcro, abrindo-nos, assim, o caminho para a gloriosa ressurreição.

25 No fim do mundo resplandecerá visivelmente o poder de Jesus Cristo sobre todas as potências adversas. A morte será derrotada para sempre, e será restituída a vida aos corpos dos defuntos.

29 Havia entre os coríntios quem pusesse em dúvida a imortalidade da alma, e a ressurreição dos corpos. Passa o apóstolo a refutar

esta dúvida pelas praxes desses mesmos homens, que se faziam batizar em prol dos defuntos não batizados — coisa absurda, no caso que esses defuntos já não existissem nem houvesse esperança de ressurreição. Claro está que o apóstolo não aprova essa cerimônia singular; toma-a tão somente por ponto de partida para formar um argumento *ad hominem*.

Mostra São Paulo o fato da ressurreição dos corpos. Morrer para viver!

Expõe as propriedades que terá o corpo ressuscitado. Entre os próprios corpos gloriosos ainda haverá graduações, assim como há diferença de fulgor entre as diversas estrelas.

O corpo mortal de Cristo se transformara em corpo imortal — assim acontecerá também a cada um de nós: Jesus Cristo é o autor da vida imortal do nosso corpo.

O poder sinistro do pecado original foi posto em relevo pela lei de Moisés; porque foi em atenção ao pecado que a lei se tornou tão minaz e tão rigorosa nos seus dispositivos.

Os santos — são os cristãos de Jerusalém, que eram muito pobres.

O primeiro dia da semana — já nesse tempo celebrava a igreja o domingo em vez do sábado (cf. At. 20,7).

Áquila e Priscila (Prisca), que de Corinto se haviam mudado para Éfeso, tinham oferecido a sua casa para igreja, assim como fizeram mais tarde em Roma (cf. Ro. 16, 3).

Maran-atha — quer dizer: Vem, Senhor! Exprime esta exclamação o vivíssimo anseio que os cristãos tinham do próximo advento de Cristo juiz. Corresponde ao nosso aleluia ou amém.

Epístola aos Gálatas

Introdução

1. Eram os gálatas um povo de raça céltica. Cedendo ao embate dos germanos, no seu avanço progressivo às regiões do Reno, pelo ano 300 antes de Cristo, emigraram numerosos celtas para o sul e sudeste, chegando alguns até à Asia-Menor. Aí fundaram uma colônia, que teve o nome de Galácia. Na sua segunda e terceira excursão missionária tinha o apóstolo Paulo visitado estas terras (At 16; 18, 23) e fundado ali algumas cristandades (Gal. 4, 13-15). Predominava, nessas igrejas, o elemento étnico-cristão (4, 8; 5, 2; 6, 13), embora não faltassem judeu-cristãos (3, 13 s; 4, 3). Há, todavia, quem opine não ser esta epístola dirigida aos cristãos da parte setentrional, mas, sim, aos habitantes do sul da província romana apelidada Galácia, quer dizer, às igrejas da Pisídia e Licaônia, que o apóstolo perlustrara em sua primeira viagem.

2. Deixara São Paulo a Galácia e achava-se em Éfeso, quando certos doutores judaizantes vieram causar sérios distúrbios entre os gálatas, semeando doutrinas ambíguas. Tentavam persuadir aos neófitos que só podia participar da plenitude do reino messiânico quem se fizesse circuncidar e adotasse a lei mosaica. Para alcançar mais eficazmente este seu intento, exageravam desmedidamente o valor da lei antiga e amesquinhavam o prestígio de São Paulo, estrênuo paladino da liberdade do evangelho. Apelavam para o exemplo dos grandes apóstolos que tinham sido inseparáveis companheiros de Jesus, e continuavam ainda a observar a lei de Moisés. Paulo — diziam — que admitia os pagãos à igreja sem a circuncisão, não era apóstolo no sentido próprio da palavra; tinha

recebido de homens a sua doutrina e missão; o seu evangelho não concordava com o dos demais apóstolos. A notícia dessas intrigas e o grande perigo que corriam os cristãos da Galácia encheram de profunda aflição a alma do apóstolo. Achou, pois, de urgente necessidade intervir, reivindicar a sua autoridade apostólica (cap. 1 - 2) e provar verdadeira a sua doutrina sobre a justificação: alcança-se a justificação pela fé viva em Jesus Cristo; está dispensada a circuncisão e a lei mosaica (cap. 3-6).

3. A carta não foi escrita antes da 3ª excursão apostólica, por sinal que o autor alude a duas visitas suas feitas à Galácia (4, 13). Deve ter sido composta logo depois da segunda viagem, porque só assim se justifica a estranheza que São Paulo manifesta diante da rápida mudança de sentimentos dos gálatas (1, 6). A origem da epístola cai, pois, no princípio da permanência do apóstolo em Éfeso, isto é, no ano 53 ou 54.

Na hipótese de serem os cristãos da Galácia meridional os destinatários da missiva, pode ter ela nascido durante a segunda viagem apostólica do autor (42-52).

A autenticidade da epístola é garantida pelo testemunho unânime da antiguidade cristã. O fragmento muratoriano, Santo Ireneu, Tertuliano e Clemente Alexandrino falam dela como sendo uma epístola de São Paulo.

Epístola de São Paulo aos Gálatas

Paulo

1 constituído apóstolo, não pelos homens, nem por intermédio de homem; mas, sim, por Jesus Cristo e por Deus Pai, que o ressuscitou 2 dentre os mortos; em companhia de todos os irmãos: às igrejas da Galácia.

3 A graça e a paz vos sejam dadas por Deus Pai e nosso Senhor 4 Jesus Cristo, o qual se imolou por nossos pecados, a fim de nos 5 libertar deste mundo perverso, segundo a vontade de Deus, nosso Pai. A Ele seja a glória pelos séculos dos séculos. Amén.

6 **Introdução.** Estou admirado de que tão depressa passeis daquele que vos chamou à graça de Cristo para outro evangelho 7 — quando nem há outro evangelho. O que há é que alguns vos 8 perturbam e adulteram o evangelho de Cristo. Mas, ainda que nós, ou mesmo um anjo do céu, pregássemos evangelho diferente do 9 que vos temos pregado —maldito seja! Repito aqui o que já outrora vos dissemos: se alguém vos anunciar um evangelho diferente daquele que recebeste — maldito seja!

10 É porventura, o favor dos homens que eu procuro agora, ou favor de Deus? Pretendo eu, acaso, agradar aos homens? Se procurasse agradar aos homens, não seria servo de Cristo.

Origem do evangelho paulino

11 **Paulo, judeu.** Asseguro-vos, meus irmãos, que o evangelho 12 que vos preguei não é obra de homens: não o recebi de homem algum, nem o aprendi por estudos; mas foi-me revelado por Jesus Cristo.

13 Conheceis a vida que eu levava, outrora, no judaísmo, quão desmedidamente perseguia a igreja de Deus e procurava exterminá-14 la; avantajava-me, no fervor pelo judaísmo, a muitos companheiros de idade do meu povo, pelo excesso com que zelava pelas tradições de meus pais.

15 **Paulo, apóstolo.** Aprouve então àquele que me destinara desde 16 o seio de minha mãe e me chamara por sua graça, revelar em mim seu Filho, para que eu o evangelizasse entre os gentios. Desde 17 aquela hora, não consultei a carne e o sangue, nem subi a Jerusalém

ter com os que antes de mim eram apóstolos; mas parti para a Arábia, e tornei a regressar a Damasco. Só três anos mais tarde é que fui a Jerusalém para ver a Cefas, e estive com ele quatorze dias. Dos outros apóstolos não vi nenhum, a não ser Tiago, irmão do Senhor. O que estou a escrever-vos — tomo a Deus por testemunha — não é mentira. Depois demandei as regiões da Síria e Cilícia; as igrejas cristãs da Judéia não chegaram a conhecer-me pessoalmente; o que tinham ouvido era isto: Aquele que outrora nos perseguia anuncia agora a fé que então procurava exterminar. E glorificavam a Deus por minha causa.

Aprovação do evangelho Paulino pelos apóstolos. Decorridos catorze anos subi novamente a Jerusalém, em companhia de Barnabé, levando também a Tito. Fui em conseqüência de uma revelação; e apresentei-lhes — mormente os que gozavam de autoridade — o evangelho que prego entre os gentios. É que não quisera andar, nem ter andado à toa. Entretanto, nem sequer meu companheiro Tito, que era gentio, foi obrigado a circuncidar-se. E isto apesar de se terem introduzido sorrateiramente entre nós uns falsos irmãos e estavam a querer roubar-nos a liberdade que temos em Cristo Jesus, para nos reduzirem à escravidão. A esses tais nem por um momento nos sujeitamos, para que se vos conservasse a verdade do evangelho.

Quanto àqueles que gozavam de autoridade — fossem como fossem, não me importa; Deus não conhece acepção de pessoa — os que tinham autoridade a nada mais me obrigaram. Antes pelo contrário, compreenderam que a mim me fora confiada a evangelização dos incircuncisos, assim como a Pedro tocavam os circuncidados. Pois, o mesmo que assistia a Pedro, no apostolado entre os circuncidados, assistia-me também a mim, no meio dos gentios. Também compreenderam que, de fato, me coubera, a graça. Tiago, Cefas e João, que são considerados como colunas, deram-nos as mãos fraternalmente, a mim e a Barnabé, que nós pregássemos entre os gentios, e eles entre os da circuncisão. Recomendaram apenas que nos lembrássemos dos pobres, o que também fiz solicitamente.

Paulo em conflito com Pedro. Tendo Cefas chegado a Antioquia, enfrentei-o face a face, porque merecia censura. Pois, antes de chegarem alguns da parte de Tiago, comia ele com os pagãos;

mas, depois da chegada deles, retraiu-se e segregou-se — por medo dos circuncidados. Os outros judeus lhe imitaram a simulação; o próprio Barnabé se deixou levar pelo fingimento deles.

Ora, vendo eu que a sua atitude não correspondia à verdade do evangelho, disse afoitamente a Cefas em presença de todos: "Se tu, que és judeu, vives à maneira de gentio, e não de judeu, como é que obrigas os gentios a viverem de modo judaico?"

Isenção da lei. Nós somos judeus de nascença, e não pecadores de origem pagã. Entretanto, sabemos que o homem não se justifica pelas obras da lei, mas, sim, pela fé em Jesus Cristo. Por isso é que abraçamos a fé em Cristo Jesus: para sermos justificados pela fé em Cristo, e não pelas obras da lei. Pois, pelas obras da lei nenhum homem se justifica.

Ora, se nesse empenho de nos justificarmos em Cristo fôssemos encontrados pecadores, não seria então Cristo fautor do pecado? Impossível! Mas, se torno a edificar o que antes arrasei, constituo-me prevaricador. Pois, pela lei morri para a lei, a fim de viver para Deus. Com Cristo estou cravado na cruz. Já não sou eu quem vive. — Cristo é que vive em mim. Enquanto vivo na carne, vivo na fé no Filho de Deus, que me amou e se imolou por mim. Não falo em desabono da graça de Deus: se houvesse justificação pela lei, em vão morrera Cristo.

3 Conteúdo do evangelho paulino

Experiência dos gálatas. Ó gálatas sem critério que é que vos fascinou quando vos foi pintado aos olhos Jesus Cristo crucificado? Só uma coisa quisera eu saber de vós: foi pelas obras da lei que recebestes o espírito, ou pela mensagem da fé? Sois assim tão insensatos? Começastes pelo espírito — e acabaríeis agora pela carne? Teríeis experimentado em vão tão grandes coisas? Se é que foi em vão!... Aquele que vos comunica o espírito e opera milagres no meio de vós, porventura o faz pelas obras da lei, ou pela aceitação da mensagem da fé?

Exemplo de Abraão. É o caso de Abraão: "Creu em Deus, e Gên 15,16 isto lhe foi imputado para justiça". Notai que os filhos de Abraão são os que têm fé. Na previsão de que Deus justificaria os gentios pela fé, prenunciou a escritura a Abraão: "Em ti serão abençoados Gên 12,3 todos os povos". Logo, são os crentes abençoados juntamente com Abraão, o crente. Todos, porém, que se guiam pelas obras da lei estão sujeitos à maldição; porquanto está escrito: "Maldito quem não cumprir com perseverança tudo o que está escrito no livro da lei". Por onde se evidencia que diante de Deus ninguém é justificado pela lei; porquanto: "o justo vive pela fé". A lei nada tem que ver com a fé, mas diz: "Quem a observar alcançará por ela a vida".

Cristo livrou-nos da maldição da lei, tomando sobre si a maldição em nosso lugar; pois está escrito: "Maldito seja todo aquele que está suspenso no madeiro".

Assim é que, por meio de Cristo Jesus, deviam os gentios ter parte na bênção de Abraão, para que nós recebêssemos pela fé o Espírito prometido.

Meus irmãos, vou lembrar, o que vai entre os homens. Ninguém declara nulo, nem acrescenta cláusula ao testamento de uma pessoa exarado na forma da lei. Ora, a Abraão e a seu descendente foram feitas as promessas. Não se diz: "A seus descendentes", no plural: mas no singular; "a seu descendente", isto é: a Cristo. O que quero dizer é isto: um testamento dado legítimo por Deus não pode ser anulado pela lei, que veio quatrocentos e trinta anos mais tarde; a lei não pode frustrar a promessa. Se a herança proviesse da lei, já não nasceria da promessa. E, no entanto, foi pela promessa que Deus a deu gratuitamente a Abraão.

Escopo da lei. Que fim, tem pois a lei? Foi dada por causa das transgressões, até que viesse o descendente a quem visava a promessa. Promulgada pelos anjos, passou pelas mãos de um medianeiro. Ora, não se requer medianeiro quando se trata de um só — e Deus é um só. De maneira que a lei contradiz as promessas de Deus? De forma alguma. Se a lei fosse dada como sendo capaz de comunicar a vida, então, sim, a justificação viria da lei. Mas a escritura declara tudo sujeito ao pecado, para que os crentes participassem da promessa mediante a fé em Jesus Cristo.

Antes que viesse a fé, estávamos postos sob a lei e rigorosa observância, até que fosse revelada a fé. Destarte devia a lei servir de pedagogo a levar-nos a Cristo, a fim de sermos justificados pela fé. Mas, depois que veio a fé, não mais estamos sujeitos ao pedagogo; graças à fé em Jesus Cristo, todos sois filhos de Deus. Todos os que fostes batizados em Cristo vos revestistes de Cristo.

Já não há judeu nem grego, não há escravo nem livre, não há
29 homem nem mulher — todos vós sois um só em Cristo Jesus. E, se sois de Cristo sois também descendentes de Abraão e herdeiros segundo a promessa.

4 Fim da lei, a vinda de Cristo. Ora, digo eu: enquanto o herdeiro é menor, em nada difere de um servo, embora seja senhor
2 de tudo. Mas está sob tutores e curadores até ao prazo determinado
3 pelo pai. Era esta a nossa condição: quando menores, servíamos como escravos aos elementos do mundo. Chegada, porém, a
4 plenitude dos tempos, enviou Deus seu Filho, formado de uma
5 mulher, sujeito à lei, a fim de que resgatasse os que estavam sob a
6 lei, para que fôssemos adotados como filhos. E, porque sois filhos, enviou Deus ao nosso coração o espírito de seu Filho, que
7 clama: "Aba, Pai!" Portanto, já não és servo, senão filho; e, como filho, também herdeiro por Deus.

Vida segundo o Evangelho paulino

8 **Cuidado com a escravidão da lei.** Outrora, quando não conhecíeis a Deus, servíeis a deuses, que nem existem na realidade.
9 Agora, porém, que conheceis a Deus, e, mais ainda, que sois conhecidos de Deus — como tornaríeis a elementos tão pobres e caducos, que de novo lhes queirais servir? Pois que ligais
10 importância a dias, meses, festividades e anos? Receio que tenha
11 sido em vão o meu trabalho entre vós...

12 Rogo-vos, meus irmãos, que vos torneis iguais a mim; pois que também eu sou como um de vós. Em nada me ofendestes.
13 Bem sabeis como da primeira vez que vos preguei o evangelho em enfermidade corporal, e que grande provação vos exigiu o
14 meu estado físico. Mas nem por isso me desprezastes nem me repudiastes; antes me acolhestes como um mensageiro de Deus;
15 sim, como ao próprio Cristo Jesus. Que é feito do vosso santo
16 entusiasmo? Asseguro-vos que, possivelmente, vos teríeis arrancado os olhos para mos dar.

Tornei-me, acaso, inimigo vosso pelo fato de vos ter pregado
17 a verdade?

Aqueles tais que se empenham por vós, não o fazem com boas
18 intenções; querem levar-vos à deserção, para que tomeis o partido
19 deles. É muito belo ter zelo, quando é pelo bem e não apenas na

minha ausência. Filhinhos meus! Novamente sofro por vós dores 20
de parto, até que Cristo se forme em vós. Quem me dera estar
agora convosco e usar de outra linguagem! Mas não sei em que 21
tom falar-vos...

Filhos da escravidão, filhos da liberdade. Dizei-me, vós que
quereis viver debaixo da lei: Não ouvis o que diz a lei? Pois está 22
escrito: Abraão teve dois filhos: um da escrava e outro da mulher [Gên 16,15]
livre. O da escrava nascera de modo natural; mas o da mulher 23 [21,2]
livre, em virtude da promessa. Isto foi dito por alegoria: essas 24
mulheres simbolizam os dois testamentos: Agar, o do monte Sinai, 25
que leva à escravidão — pois Agar significa o monte na Arábia, 26
que se assemelha à atual Jerusalém, que é escrava com seus
filhos. A mulher livre, porém, significa a Jerusalém lá do alto, que 27 [Is 54,1]
é nossa mãe. Pois está escrito: "Alegra-te estéril, que não dás à
luz! Exulta e rejubila, tu, que não conheces as dores de parto!
Porque mais filhos tem a que estava abandonada do que a que tem 28
marido".

Vós, irmãos, sois filhos da promessa, como Isaque. Mas, como 29
naquele tempo, quem nascera de modo natural perseguia ao que
nascera segundo o espírito, assim acontece também agora. 30 [Gên 21,10]
Entretanto, que diz a Escritura? Despede a escrava com seu filho;
porque o filho da escrava não há de ser herdeiro com o filho da 31
mulher livre". De modo que, irmãos, não somos filhos da escrava,
mas, sim, da que é livre.

A liberdade cristã. Cristo nos conquistou a liberdade. Ficai, 5
pois, firmes e não vos dobreis novamente ao jugo da escravidão. 2
Eis que eu, Paulo, vos digo: Se vos fizerdes circuncidar, de nada 3
vos servirá Cristo. Mais uma vez declaro que todo o homem que
se fizer circuncidar está obrigado a cumprir toda a lei. Se 4
procurardes a justificação pela lei, estais separados de Cristo e
perdestes a graça; pois é pelo espírito e em virtude da fé que 5
aguardamos a desejada justificação. Em Cristo Jesus nada vale 6
estar circuncidado ou estar incircunciso; mas, sim, a fé que opera
pela caridade.

Andáveis tão bem! Quem vos embargou o passo para deixardes
de obedecer a verdade? A esta mudança não vos persuadiu aquele 7
que vos chamou! É que um pouco de fermento leveda toda a 8
massa... Entretanto, confio de vós no Senhor que não mudeis de 9

10 sentimentos. Quem vos perturbar será castigado, seja quem for.
11 　Meus irmãos. Se eu continuasse a pregar a circuncisão, ainda seria perseguido? Pois estaria eliminado o escândalo da cruz.
12 　Oxalá se castrassem de vez os que vos perturbam!

13 　**Vida pelo espírito.** Fostes chamados à liberdade, meus irmãos. Não abuseis da liberdade para servirdes aos prazeres carnais.
14 Procurai antes servir uns aos outros em caridade; porque toda a lei acha cumprimento neste único preceito: "Amarás o teu próximo
15 como a ti mesmo". Se, porém, vos mordeis e dilacerais mutuamente — tomai cuidado que não vos devoreis uns aos outros!...
16 　O que digo é isto: vivei segundo o espírito e não satisfaçais os
17 apetites da carne. Pois a carne apetece contra o espírito, e o espírito contra a carne; são adversários um do outro. Assim, não
18 fazeis o que quereis. Se vos guiardes pelo espírito, não estejais
19 sujeitos à lei. Entre as obras da carne contam-se manifestamente a
20 fornicação, a luxúria, a idolatria, a magia, as inimizades, as contendas, os ciúmes, as iras, as rixas, as discórdias, o espírito de partido,
21 a inveja, o homicídio, a embriaguez, a glutonaria, e coisas semelhantes. Repito o que já vos disse em outra ocasião: os que praticam
22 estas coisas não herdarão o reino de Deus. Os frutos do espírito, porém, são o amor, a alegria, a paz, a paciência, a benignidade, a
23 bondade, a fidelidade, a mansidão, a continência. Contra estas coisas não há lei. Os que são de Cristo Jesus crucificaram a sua
24 carne com as paixões e concupiscências. Se recebemos a vida
25 pelo espírito, andemos também segundo o espírito. Não cobicemos
26 a glória vã, não nos provoquemos nem invejemos uns aos outros.

6 　**Indulgência para com os que erram.** Meus irmãos. Se alguém tiver o descuido de cair em uma falta, corrigi-o em espírito de mansidão, vós, que sois homens espirituais. Tem cuidado de ti mesmo para que não caias também tu em tentação. Suporte o
2 fardo um do outro; assim cumprireis a lei de Cristo. Quem julga
3 ser alguma coisa, quando nada é, engana-se a si mesmo. Examine
4 cada qual as suas próprias obras — e guardará muito consigo
5 mesmo a sua "ufania", em vez de levá-la a outra gente; cada um tem fardo bastante consigo mesmo.

6 　**Obras boas.** Quem recebe instrução na doutrina, reparta de todos os seus bens com o que instrue.

Não vos enganeis: não se zomba de Deus! O que o homem semear, isto colherá. Quem semear em sua carne, da carne colherá perdição; mas quem semear no espírito, do espírito colherá a vida eterna. Não nos cansemos de fazer o bem; porque, se não desfalecermos, a seu tempo colheremos. Façamos, pois, bem a todos; principalmente aos irmãos na fé.

Conclusão. Vede as letras grandes que de próprio punho acrescento. Os que procuram agradar a outra gente vos impõem a circuncisão, unicamente para não sofrerem perseguição por causa da cruz de Cristo. E, no entanto, esses tais, apesar de circuncidados, nem guardam a lei; mas querem que vós vos mandeis circuncidar para eles se gloriarem em vossa pessoa. Longe de mim, porém, gloriar-me, a não ser na cruz de nosso Senhor Jesus Cristo, por quem o mundo está crucificado para mim, e eu para o mundo. Em Cristo Jesus nada vale circuncisão nem incircuncisão; mas, sim, a nova criatura. Sobre os que se guiarem por esta norma e sobre os verdadeiros israelitas desçam a paz e a misericórdia.

Daqui por diante já ninguém venha vexar-me; porque eu trago em meu corpo as cicatrizes de Jesus.

A graça de nosso Senhor Jesus Cristo seja com vosso espírito, irmãos. Amém.

Notas explicativas

Frisa São Paulo a sua missão apostólica diretamente divina, e dá morte redentora de Jesus Cristo como única fonte de salvação, pontos esses, impugnados pelos mestres judaizantes da Galácia.

Recebeu São Paulo a sua doutrina diretamente de Deus, e por Deus foi nela instruído. Passa, em seguida, a provar historicamente esta sua asserção.

Com este procedimento reconhecia o apóstolo das gentes uma autoridade superior na pessoa de São Pedro.

Não tinha o apóstolo a menor dúvida sobre a verdade e origem divina do evangelho que pregava; mas, para cortar todas as cavilações dos adversários, como se ele discordasse dos demais apóstolos, achou bem avisado solicitar a aprovação destes últimos. A figura do lutador na arena é muito familiar a São Paulo (cf 1 Co. 9,24; Fil. 2, 16; Ti. 4, 7).

14 Não cometera São Pedro nenhum erro doutrinário, senão apenas uma imprudência disciplinar; bem sabia o chefe dos apóstolos que os etnocristãos não estavam sujeitos à lei de Moisés, nos pontos em questão; mostrara-se, porém, conivente demais para com os judeu-cristãos, incitando com seu poderoso exemplo os outros a enveredarem pelo mesmo caminho. Em face deste inconveniente, o apóstolo dos gentios o censura, invocando a liberdade do evangelho.

21 Dirigem-se estas palavras aos judeu-cristãos, e não já a São Pedro, que não tinha necessidade de semelhante instrução (cf v. 12). Afirma São Paulo que não é pecado algum abandonar a lei de Moisés; pois, se pecado fora, recairia ele sobre a pessoa de Cristo, por causa do qual abandonamos a lei antiga (15-17).

3 Loucura seria crer que a fé em Cristo, principiada pelo Espírito
3 Santo, deva ser aperfeiçoada pela circuncisão carnal, segundo a lei mosaica.

-9 Abraão foi justificado, não em virtude da circuncisão, nem da observância da lei, mas pela fé nas promessas divinas. É também este o caminho para seus descendentes. Filhos genuínos de Abraão são os crentes, e só eles é que serão herdeiros das promessas.

14 A sagrada escritura declara malditos todos os que não observarem com perseverança todos os dispositivos da lei, mas, como isto é impossível ao homem natural, sem a graça de Deus, segue-se que são malditos todos os que da lei esperam salvação (10-12). Nenhum outro senão só Jesus Cristo estava em condições de tirar essa maldição (13), de maneira que a bênção coube a todos os povos, mas só pelo Messias (14).

18 Um testamento exarado na forma da lei não pode ser anulado por qualquer homem; muito menos o testamento de Deus solenemente promulgado. Ora, a promessa messiânica foi feita a Abraão com juramento (15-16), promessa que a lei, vinda muito mais tarde, não pôde anular; de onde se segue que a salvação não deriva da lei de Moisés, mas exclusivamente da promessa de Deus (17-18).

21 Em face das promessas messiânicas não ocupa a lei mosaica senão plano secundário; tinha ela por fim preservar os israelitas da contaminação do paganismo circunvizinho. Além disto, fora dado por intermédio de homem (Moisés), no passo que as promessas foram feitas a Abraão diretamente por Deus (19-20). Entretanto, a lei não contravinha às promessas, rompendo antes

caminho para a conquista das mesmas; era para Israel como que um guarda vigilante contra a invasão de erros pagãos. Destarte, preparou a lei o povo eleito para o caminho da fé, que, na plenitude dos tempos, ia ser aberto por Jesus Cristo.

Como o filho adulto já não está sujeito à disciplina do pedagogo, 25 assim, após o advento de Cristo, já não estão os judeu-cristãos sujeitos à lei antiga, nem tampouco os etnocristãos, uma vez que todos na qualidade de filhos de Deus, gozam das mesmas regalias; é o batismo que nos faz todos iguais, filhos do mesmo Deus (27-29).

O herdeiro, enquanto menor, não se distingue do servo, no **4** tocante ao uso dos bens paternos, que ainda lhe são reservados 1- pelos tutores curadores. Assim, antes do advento de Cristo, se achavam os homens — quer judeus, quer pagãos — na menoridade, tendo por tutores e curadores os elementos do mundo — expressão essa com que o apóstolo designa, provavelmente, às potências espirituais adversas a Deus (demônios), a cuja influência se achava exposta a humanidade irredenta.

Os cristãos, pela morte redentora de Cristo, passaram da 7 condição de servos para a de filhos e herdeiros do reino celeste.

Depois destas exposições teórico-dogmáticas, passa o apóstolo 8- a por em relevo a insensatez dos gálatas, que, das alturas da filiação divina, se dispõem a voltar às regiões da servidão mosaica.

Pelo amor que, em tempos idos, lhe manifestaram os gálatas, 1: lhes suplica o apóstolo que se libertem da observância da lei mosaica, não apenas exterior, senão também interiormente.

Estabelece o apóstolo um engenhoso paralelo entre as duas 2 mulheres de Abraão, Agar e Sara, por um lado, e o antigo e novo testamento, por outro lado. A escrava Agar, que deu à luz um filho escravo, é o símbolo da lei antiga, fundada no monte Sinai; pois a antiga aliança é como que uma mãe que gera para a escravidão, obrigando seus filhos à observância da lei; Sara porém, esposa livre de Abraão, ainda que a princípio estéril, veio a tornar-se mãe fecunda de descendência mais numerosa que Agar. Do mesmo modo, será também a família cristã mais numerosa que a do povo hebreu, embora hostilizada por esses últimos, assim como Ismael, filho de Agar, perseguia a Isaque, filho de Sara. Entretanto, como Agar acabou por ser expulsa da casa juntamente com seu filho, assim serão também excluídos da casa de Deus os judeus descrentes, que não quiseram renunciar à escravidão da lei

mosaica. Os crentes, porém, que em Jesus Cristo se libertaram da
5 lei antiga, não devem voltar à escravidão dessa lei.

2 Quem põe a sua esperança na circuncisão, não pode esperar salvação em Jesus Cristo.

11 O fato de o apóstolo dar a fé em Jesus Cristo como causa única da redenção, com exclusão da circuncisão, lhe suscitara numerosos inimigos entre os judeus, os quais, no entanto, apregoavam que, de vez em quando, ele pregava a necessidade da circuncisão, calúnia essa, de que São Paulo se defende vigorosamente.

22 Previne o apóstolo que não se entenda mal a liberdade do evangelho, como sendo carta branca para uma vida sem freio nem lei, quando essa gloriosa liberdade prescreve precisamente o mais perfeito domínio do espírito sobre a carne.

6 Recomenda o apóstolo a humildade e a caridade, em atenção à
-4 fragilidade humana; trate cada qual do seu próprio progresso espiritual, e terá motivo de sobra para não se ensoberbecer e criticar o próximo (cf 2 Co. 12, 9, 19).

8 O apóstolo compara a conduta moral do homem com a semeadura e a colheita, enquanto a carne e o espírito simbolizam os respectivos campos.

11 Por via de regra, ditava o apóstolo as suas epístolas; o que se segue foi acrescentado de próprio punho, a fim de autenticar a genuidade da carta e frisar a importância da observação final (cf 2 Te. 3, 17).

17 Estas chagas são os ferimentos e as cicatrizes, que o apóstolo tinha, provenientes das perseguições e dos maus tratos que sofrera por causa do evangelho de Jesus Cristo.

Epístola aos Efésios

Introdução

1. A epístola aos efésios é, na opinião da maior parte dos exegetas contemporâneos, uma carta circular dirigida, não só aos cristãos de Éfeso, mas a todas as igrejas filiais que dependiam desta igreja-mãe[1]. É o que faz crer o conteúdo geral da mesma, bem como a circunstância de o escrito não conter saudação para os habitantes de Éfeso, formalidade essa que São Paulo não deixaria de parte, no caso que os destinatários exclusivos fossem os fiéis daquela cristandade — tanto mais que, ele tinha trabalhado em Éfeso quase três anos (cf. Ef. 1, 15; 3, 2-4; 4, 20, 21). Quem, apesar disso, considerasse a epístola como dirigida a uma igreja em particular, não andaria, talvez enganada em dar como destinatários os fiéis de Laodicéia; porque segundo Col. 4, 16, o apóstolo escreveu uma carta especial a essa cristandade.

2. Deram ocasião a esta carta as notícias que o apóstolo teve das igrejas da Ásia Menor, fundadas depois da sua partida e que pela maior parte se compunham de étnico-cristãos (2, 11 s. 19; 3, 1; 4, 17). Ouvira o apóstolo da fé e do amor desses neófitos (1, 15), da solicitude que tinham por seu pai espiritual (3, 13; 4, 1; 6, 21 s.); por outro lado, não ignorava as tentações e o pendor que tinham às tradições pagãs, bem como a dificuldade que experimentavam em perseverar na comunidade cristã (2, 11-22; 4, 3-6).

---

[1] Note-se que as palavras "em Éfeso", que a Vulgata traz na primeira frase, não se encontram nos códices mais antigos, como não se conheciam os padres da igreja prístina, nem os escritores eclesiásticos.

Com esses cristãos é que o apóstolo das gentes quis travar relações, confirmá-los na fé e na vida cristã, robustecê-los no espírito de unidade, na consciência de perfeita igualdade com os demais filhos da igreja de Cristo e entusiasmá-los por essa única igreja verdadeira (2, 19-22; 3, 1-6).

3. Se traçarmos um paralelo entre Ef. 6, 21 e Cl. 4, 7 s., e ainda Fm. v. 12, evidencia-se que estas três cartas foram escritas ao mesmo tempo e no mesmo lugar; tendo as duas primeiras como portador Tíquico, ao passo que a última foi entregue por mãos de Onésimo, companheiro daquele. Ora, sendo que, segundo Fm v. 22, São Paulo prevê como certa a sua libertação do cativeiro, devem as mencionadas epístolas ter sido escritas em Roma, no ano 63, pelo fim da primeira prisão do apóstolo.

4. A autenticidade da *Epístola aos Efésios* baseia-se perfeitamente na tradição cristã. Já a cita Santo Ireneu, bem como o fragmento de Muratori, encontrando-se também em todas as antigas versões.

Epístola de São Paulo aos Efésios

Paulo pela vontade de Deus apóstolo de Jesus Cristo, aos santos em Éfeso, que têm fé em Cristo Jesus.

A graça vos seja dada e a paz por Deus, nosso Pai, e pelo Senhor Jesus Cristo.

Benefício da redenção

Exaltação da graça de Deus. Bendito seja Deus, pai de nosso Senhor Jesus Cristo, que nos abençoou, em Cristo, com toda a bênção espiritual no céu. Nele nos escolheu Deus antes da criação do mundo, para que fôssemos santos e irrepreensíveis diante dele; com caridade nos predestinou, segundo a sua livre vontade, para filhos seus, por Jesus Cristo, para que enaltecêssemos a magnificência da sua graça, que nos prodigalizou no seu dileto. Nele é que temos a redenção, pelo seu sangue, a remissão dos pecados, devido à riqueza da sua graça, que em torrentes derramou sobre nós, a par de toda a sabedoria e conhecimento. Revelou-nos o mistério da sua vontade; pois o desígnio que estabelecera e queria executar na plenitude dos tempos era este: fazer convergir para Cristo como cabeça tudo quanto existe no céu e na terra. Nele é que fomos chamados para a herança; para isto é que fomos predestinados segundo o decreto daquele que tudo faz conforme os ditames da sua vontade, a fim de que exaltássemos a sua glória, nós, que há tempo temos posto a nossa confiança em Cristo.

Ouvistes a palavra da verdade, a boa nova da vossa salvação, e abraçastes a fé. Nele é que fostes assinalados pelo sigilo do Espírito Santo, que é o penhor da nossa herança até ao resgate da sua propriedade, em louvor da sua glória.

Sublimidade da redenção. Desde que soube da vossa fé no Senhor Jesus e do vosso amor para com todos os santos, não deixo de render graças por vós sempre que de vós me lembro nas minhas orações. Queira o Deus de nosso Senhor Jesus Cristo, o Pai da glória, conceder-vos o espírito da sabedoria e da revelação, para que chegueis a conhecê-lo; queira iluminar os olhos do vosso coração para que compreendais a que esperança fostes chamados, quão rica é a gloriosa herança que dá aos santos, e quão incom-

paravelmente grande é o poder que manifesta em nós, que abraça-
²⁰ mos a fé. Com efeito, manifesta-se o seu poder extraordinário na
pessoa de Cristo, quando o ressuscitou dentre os mortos e o fez
sentar-se à sua direita no céu, superior a todos os principados e
²¹ potestades, virtudes e dominações, e que outro nome haja, não só
²² neste mundo, como também no futuro. Submeteu tudo a seus pés
²³ e o fez cabeça soberana da igreja; é ela o seu corpo, repleta dele,
que de tudo enche o universo inteiro.

2   Dignidade do cristão. Estáveis mortos em conseqüência dos
² vossos delitos e pecados, nos quais andáveis outrora, segundo as
máximas deste mundo, à mercê do príncipe dos poderes nos ares,
espírito esse que ainda agora opera nos filhos da desobediência.
³ No meio deles andávamos também todos nós, um dia segundo os
apetites da carne; obedecíamos aos desejos da carne e dos sentidos,
⁴ e éramos por natureza filhos da ira, como os outros. Deus, porém,
⁵ que é rico em misericórdias, mostrou-nos o seu grande amor,
conduzindo-nos à vida com Cristo, a nós, que estávamos mortos
⁶ pelos nossos pecados. A vossa salvação é obra de sua graça. Em
Cristo Jesus é que nos ressuscitou e nos designou o lugar no céu, a
⁷ fim de mostrar nos tempos futuros a superabundante riqueza de
sua graça, pela bondade que nos tem em Jesus Cristo. Sim, foi
⁸ pela graça que fostes remidos, em virtude da fé. Não é merecimento
⁹ vosso, é dádiva de Deus; não é devida as obras, para que ninguém
¹⁰ se glorie. Somos criaturas dele, destinados por Cristo Jesus às obras
boas; para que nelas vivamos nos escolheu Deus, há muito tempo.

¹¹   **Vocação das gentios.** Lembrai-vos, pois, de que outrora éreis
pagãos de nascença, apelidados incircuncisos pelos chamados
circuncidados, aqueles em cujo corpo foi feita a circuncisão por
¹² mão humana. Naquele tempo, vivíeis sem Cristo, excluídos da
comunhão de Israel e privados da aliança da promissão; vivíeis
¹³ neste mundo sem esperança e sem Deus. Agora, porém, vós, que
¹⁴ andáveis longe, chegastes perto em Cristo Jesus — pelo sangue
de Cristo. É ele a nossa paz. Foi ele que congraçou as duas partes,
arrasando o muro divisório, eliminando, em sua carne, a inimizade
¹⁵ e abolindo a lei com seus preceitos e decretos. Pacificador, queria,
em sua pessoa, formar das duas partes um homem novo, em um só
¹⁶ corpo, reconciliar ambos com Deus, destruindo ele mesmo, na
¹⁷ cruz, a inimizade. A vós, que andáveis longe, veio anunciar a paz,

e a paz também aos que estavam perto. É, pois, por ele que, uns e outros, temos acesso ao Pai, em um só espírito. Portanto, já não sois hóspedes, nem peregrinos, mas concidadãos dos santos e membros da família de Deus. Fostes edificados sobre o fundamento dos apóstolos e profetas, sendo o próprio Cristo Jesus a pedra angular. É nele que vem travar-se solidamente o edifício todo e cresce em um templo santo no Senhor. Nele sois também vós edificados para serdes habitáculo espiritual de Deus.

Ministério do apóstolo. É por isso que intercedo por vós, gentios, eu, Paulo, prisioneiro de Cristo Jesus. Certamente ouvistes do ministério da graça que entre vós me foi outorgado. Pois foi por uma revelação que cheguei a conhecer o mistério, que acabo de descrever em poucas palavras. Se o lerdes, podeis compreender qual o conhecimento que tenho do mistério de Cristo, mistério que, em outros tempos, não foi assim manifestado aos filhos dos homens como agora é revelado pelo espírito aos seus santos apóstolos e profetas: que os gentios são co-herdeiros em Cristo Jesus, membros e participantes das promessas. É o que se depreende do evangelho do qual sou ministro pela graça que Deus me concedeu em virtude de seu poder. A mim, o menor dentre todos os santos, me coube a graça de anunciar aos gentios as inescrutáveis riquezas de Cristo e patentear como se realizou esse mistério, oculto desde a eternidade em Deus, Criador do universo, mas revelado agora pela igreja aos principados e às potestades nos céus como sendo a sabedoria de Deus, que tudo abrange. Foi este o seu eterno desígnio, que executou em Cristo, Senhor nosso. Nele nos podemos confiadamente aproximar de Deus, pela fé que nele temos. Pelo que vos suplico não desfaleçais por causa das tribulações que por vós padeço; pois que redundam em glória vossa.

Intercessão do apóstolo. Pelo que, dobro o joelho diante do Pai, do qual deriva toda a paternidade no céu e na terra. Queira ele conceder-vos, segundo as riquezas da sua glória, que por seu espírito vos robusteçais interiormente; que Cristo habite em vossos corações pela fé, e que sejais bem arraigados e consolidados na caridade. Então estareis em condições de compreender, com todos os santos, a largura, o comprimento, a altura e a profundidade, e conhecer o amor de Cristo, que excede toda a compreensão. Sereis então repletos da plenitude de Deus; a ele, porém que, por

sua eficaz virtude dentro de nós, vale fazer incomparavelmente
21 mais do que possamos pedir ou imaginar, a ele seja glória na
igreja e em Cristo Jesus, por todos as gerações, pelos séculos dos
séculos. Amém.

Exortações e preceitos morais

4 **União e harmonia.** Prisioneiro no Senhor, exorto-vos a que
2 vos portei, dignos da vocação que vos coube, com toda a humildade, mansidão e paciência. Suportai-vos uns aos outros com
3 caridade. Sede solícitos em guardar a unidade do espírito pelo
4 vínculo da paz. Um só corpo e um só espírito, assim como também
5 a vossa vocação vos deu uma só esperança; um só Senhor, uma só
6 fé, um só batismo; um só Deus e Pai de todos, que opera acima de
todos, por todos e em todos.

7 **Múnus eclesiásticos.** A cada um de nós foi concedida a graça Sal 67,19
segundo a medida com que Cristo a distribuiu. Por isso foi dito:
8 "Subiu às alturas, levando em seu poder os cativos e distribuindo
9 dons aos homens". Ora, que supõe esse subir senão que primeiro
tenha descido às baixadas da terra? Quem desceu é o mesmo que
10 subiu aos céus, para levar o universo à perfeição. Assim foi que
11 destinou uns para apóstolos, outros para profetas, outros para
12 arautos do evangelho, ou para pastores e mestres, a fim de aper-
13 feiçoarem os santos para o desempenho do seu ministério, em
ordem a edificar o corpo de Cristo, até chegarmos todos à unidade
da fé e do conhecimento do Filho de Deus, à perfeita virilidade, à
14 plenitude da idade de Cristo. Então não seremos mais crianças,
balouçados e impelidos por qualquer sopro de doutrina, pela
15 fraudulência dos homens e pelas astúcias do erro. Pelo contrário,
16 abraçaremos a verdade, e em caridade cresceremos naquele que é
a cabeça: Cristo. Partindo dele, se organiza e se mantém firme o
corpo todo, por meio de cada junta que exerce a sua função
segundo a capacidade de cada membro. Destarte se vai completando o crescimento do corpo e se edifica pela caridade.

17 **O homem novo.** Digo-vos, portanto, e conjuro-vos no Senhor:
Não vos porteis mais como pagãos, que andam a mercê dos seus
18 sentimentos perversos. Têm o entendimento obscurecido, e são
alheios à vida em Deus; porque são vítimas da ignorância e

dureza de coração; baldos de todo o sentimento, entregam-se à luxúria, praticando, insaciáveis, toda a espécie de impureza. Não foi isto que aprendestes de Cristo, vós que dele ouvistes e estais instruídos a seu respeito. Em Jesus é que está a verdade. Renunciai à vida antiga e despojai-vos do homem velho, que perece por causa dos seus apetites falazes. Renovai-vos no vosso modo de sentir, e revesti-vos do homem novo, que é criado segundo Deus, em verdade, justiça e santidade.

Deveres para com o próximo. Abandonai, pois, a mentira. Fale cada um a verdade a seu próximo, pois que somos membros entre nós. Quando vos irardes, não queirais pecar; não se ponha o sol sobre a vossa ira. Não deis entrada ao demônio. Quem foi ladrão, não torne a furtar, mas procure ganhar honestamente pelo trabalho das suas mãos com que possa socorrer ainda aos necessitados. Não passe por vossos lábios palavra má, mas só palavra boa e, quando mister, edificante; assim fará bem aos que a ouvirem. Não contristeis o Espírito Santo de Deus, que recebestes como sigilo para o dia da redenção. Longe de vós toda a aspereza e violência, toda a cólera, vociferação e blasfêmia, como qualquer maldade! Sede antes benignos e misericordiosos uns para com os outros; perdoai-vos mutuamente, assim como Deus vos perdoou em Cristo.

Sede imitadores de Deus, como filhos diletos dele, e andai no amor como também Cristo vos amou e por nós se imolou — sacrifício de grato odor para Deus.

Filhos da luz. A luxúria, como toda a espécie de impureza ou cobiça, nem sequer se nomeie entre vós, como convém a santos. Nem tampouco haja conversa indecente, tola ou leviana; tais coisas não convêm. Tanto mais convêm ação de graças. Convencei-vos disto: que nenhum escravo da luxúria, nenhum impuro, nenhum avarento — quer dizer, idólatra — tem parte no reino de Cristo e de Deus. Ninguém vos iluda com palavreado vão; por causa disso é que a ira de Deus vem sobre os filhos da desobediência. Não façais causa comum com eles. Um dia éreis trevas; agora, porém, sois luz no Senhor. Andai como filhos da luz. O fruto da luz se revela em pura bondade, justiça e verdade. Examinai o que é agradável ao Senhor. Não tomeis parte nas obras infrutíferas das trevas, antes desmascarai-as. O que eles praticam às ocultas, é por demais vergonhoso até nomeá-lo. Tudo que se expõe à luz é por ela iluminado; sim, quando iluminado, se torna em luz. Por onde se diz: "Desperta, tu, que dormes! Levanta-te dentre os mortos, e Cristo te iluminará!" Pelo que, vêde solicitamente como andais! Não como insensatos, mas como sábios. Tirai bom proveito do tempo, que os dias são maus. Por isto, não sejais insensatos, mas aprendei a compreender qual seja a vontade do Senhor. Não vos embriagueis de vinho — que isto leva à luxúria — mas enchei-vos do espírito. Entretende-vos com salmos, hinos e cânticos espirituais; cantai de coração e salmodiai ao Senhor. Dai graças sem cessar a Deus Pai, por tudo, em nome de nosso Senhor Jesus Cristo.

Deveres de estado. Sujeitai-vos uns aos outros no temor de Cristo. Mulheres, submetei-vos a vossos maridos como ao Senhor; porque o marido é o chefe da mulher, assim como Cristo é o chefe da igreja, ele, salvador de seu corpo. Ora, como a igreja está sujeita a Cristo, assim o sejam em tudo as mulheres a seus maridos.

Maridos, amai a vossas mulheres, assim como Cristo amou a igreja e por ela se entregou, a fim de santificá-la, purificando-a no batismo d'água pela palavra; assim quis preparar uma igreja gloriosa, sem mácula, nem ruga, nem coisa semelhante; mas santa e imaculada. Assim amem também os maridos suas mulheres, como a seu próprio corpo. Quem ama a sua mulher ama a si mesmo. Nunca ninguém odiou a sua própria carne; antes a nutre e trata. É o que Cristo faz à sua igreja; pois nós somos membros do seu corpo. "Por isso é que o homem deixa pai e mãe e se une à sua mulher, e se tornam esses dois uma só carne". Vai nisto um mistério sublime, quero dizer, com relação a Cristo e à igreja. Assim ame cada um de vós a sua mulher como a si mesmo; a mulher, porém, tenha reverência a seu marido. Gên 2,24

Filhos, sede obedientes a vossos pais, no Senhor, porque assim convém. O primeiro mandamento que leva uma promessa diz: "Honra teu pai e tua mãe para que gozes bem-estar e vida longa sobre a terra". Ex 20,12

Pais, não provoqueis à ira vossos filhos; mas educai-os na disciplina e na doutrina do Senhor.

Servos, obedecei a vossos senhores temporais com temor e tremor, mas de coração sincero, como a Cristo. Não sirvais só quando, vistos, para agradar aos homens; sede servos de Cristo que de bom grado cumprem a vontade de Deus. Servi de boa mente, como ao Senhor, e não aos homens; pois sabeis que cada um — quer escravo, quer livre — receberá do Senhor a sua recompensa pelo bem que fizer.

E vós, senhores, procedei do mesmo modo com os servos. Abstende-vos de ameaças. Pois sabeis que tanto vós como eles tendes no céu o mesmo Senhor, que não conhece acepção de pessoas.

Armadura espiritual. Finalmente, sede fortes no Senhor, por sua poderosa virtude. Revesti-vos da armadura de Deus, para que possais resistir às ciladas do demônio. A nossa luta não é contra a carne e o sangue, mas contra os principados e as potestades, contra os sinistros dominadores deste mundo, contra os espíritos malignos nas alturas do céu. Revesti-vos, pois, da armadura de Deus, para que no dia mal possais debelar tudo e afirmar o campo. Ficai, pois, firmes, cingidos da verdade, cobertos da couraça da justiça, os pés calçados de prontidão para anunciar o evangelho da paz. Por cima de tudo embraçai o escudo da fé, com que extinguir possais todos os projéteis ígneos do maligno. Lançai mão do capacete da salvação e do gládio do espírito, que é a palavra de Deus. Com ardentes preces e súplicas pedi sem cessar em espírito; e vigiai com perseverança e rogai por todos os santos e também por mim, para que me seja dada a verdadeira palavra, quando tiver de abrir os lábios, a fim de anunciar desassombradamente o mistério do evangelho, do qual sou defensor, embora algemado. Assim falarei destemidamente, como é meu dever.

Conclusão. Se quiserdes saber qual a minha situação e como passo, de tudo vos informará Tíquico, irmão querido e servo no Senhor. É por isso mesmo que vo-lo envio, para que saibais o que é feito de nós e para que ele console os vossos corações. A paz seja com os irmãos e a caridade juntamente com a fé por parte de Deus Pai e do Senhor Jesus Cristo. A graça seja com todos os que votam amor constante a nosso Senhor Jesus Cristo.

Notas explicativas

10 Note-se que as palavras "em Éfeso", que a Vulgata traz na primeira frase, não se encontram nos códices mais antigos.

O que o pecado desunira, devia Cristo reuni-lo sob um único princípio, a exemplo do que vai entre os membros do corpo humano, centralizados pelo princípio diretor da cabeça; devia Jesus tornar-se rei e centro de todos os corações, centro de todo o universo material e espiritual.

13 A posse do Espírito Santo nesta vida é garantia e penhor da eterna bem-aventurança.

23 Jesus ressuscitado foi, segundo a sua natureza humana, exaltado acima de todos os coros angélicos; é ele a cabeça da igreja que se acha toda repleta e compenetrada dos seus dons e das suas graças.

2 Antes da sua conversão, viviam os cristãos nas trevas da morte
16 espiritual à mercê dos ditames de Satanás e da carne; Deus, porém, os libertou da morte do pecado pelos merecimentos de Jesus Cristo, predestinando-os para a glória celeste.

22 Conhecia o código civil da Grécia duas classes de homens: os cidadãos e os hóspedes, ou estrangeiros. Não gozavam estes últimos foros de cidade, nem tomavam parte na vida oficial da república. Distinção análoga vigorava, outrora, entre judeus e pagãos, sendo aqueles por assim dizer, os cidadãos do reino de Deus nesta terra, ao passo que os gentios eram considerados apenas como hóspedes adventícios. Jesus Cristo, porém, arrasou o muro divisório, congraçando todos os povos em uma só família cristã, com os mesmos direitos e regalias espirituais.

3 O mistério a que o apóstolo se refere é o do Verbo divino, isto
9 é, Cristo se fez homem.

10 Os próprios anjos do céu ignoravam o mistério, até que fosse
13 manifestado pelo Espírito Santo.

Não descoroçoeis em face dos meus sofrimentos! Ufanai-vos antes de me verdes tão perseguido no cumprimento da minha missão apostólica entre vós.

5 Todas as classes de seres racionais, anjos e homens, fazem parte da grande família do Pai celeste.

4 Ainda que um só seja o espírito que governa a igreja, contudo
6 são muitas as funções exercidas por este espírito — assim como também Jesus Cristo é um só, mas reúne em sua pessoa e que há

de mais alto e de mais baixo. Reina em a igreja a maior unidade na mais vasta multiplicidade.

Dia houve em que em vós reinavam as trevas da ignorância; agora, porém, resplandece a luz do conhecimento.

Não consta da origem deste tópico; talvez que remonte a um cântico religioso conhecido nas reuniões litúrgicas do tempo.

Alude o apóstolo ao batismo, cuja força purificadora provém da morte do Redentor.

Deve o cristão munir-se de armas sobrenaturais, porque tem de lutar contra os demônios, que, expulsos do céu, vagueiam pelo mundo para perder as almas.

Epístola aos Filipenses

Introdução

1. Filipos, cujo nome deriva de Filipe, pai de Alexandre Magno, era uma das principais cidades da Macedônia. Por ocasião de sua segunda excursão missionária fundou São Paulo ali a primeira cristandade em terras da Europa (At. 16, 11-40). Depois de abandonar a cidade, continuou a considerar Filipos como sua igreja predileta. Só ela tinha o privilégio de poder enviar subsídios pecuniários a seu pai espiritual, como de fato, enviou para Tessalônica e Corínto, e, depois, para Roma, durante o cativeiro do apóstolo na capital do império (Fil. 4, 15 s; 2. 15; 4, 10-18; 2 Co. 11, 8 s).

2. O portador da coleta foi Epafrodito, o qual deu parte a Paulo da solicitude que os filipenses tinham pela sorte do apóstolo preso, e não menos pela causa magna do evangelho (Fil. 1, 12). Descreveu-lhe também o estado religioso e moral da cristandade, estado que era, no geral, muito satisfatório, abstração feita de umas desavenças e rivalidades que existiam (4, 2, s). Bem mais graves eram as tribulações e os perigos de fora (1, 28 s; 3, 2, 18 s). Quando Epafrodito se dispôs a regressar para Filipos, entregou-lhe Paulo uma carta de agradecimento, na qual informa sobre a sua situação e dá algumas admoestações ditadas pela solicitude paternal do seu coração. Esta epístola, mais do que outra qualquer leva o cunho de uma correspondência pessoal e íntima, verdadeira carta de amizade; escreveu-a o grande apóstolo com o coração nas mãos, como se costuma dizer.

3. Este notável documento foi escrito em Roma, à sombra do cárcere (1, 7-13; 4, 22). Deve ter sido na primeira prisão romana;

porque a liberdade de movimento que esta carta faz entrever não se coaduna com o segundo cativeiro. Parece datar dos fins daquela prisão, quando os inquéritos iam terminando e principiava o processo propriamente dito; seria, pois, pelo ano 63 (cf. 1, 12 s.; 20-26; 2, 24).

A autenticidade desta epístola é atestada sobejamente pela cristandade, desde os tempos mais remotos. Entre outros, São Policarpo, discípulo de São João, na sua carta aos filipenses, apela para este escrito do apóstolo das gentes.

Epístola de São Paulo aos Filipenses

1 **Paulo e Timóteo**
servos de Cristo Jesus,

a todos os santos em Cristo Jesus em Filipos, a par dos seus pastores e diáconos.
2 A graça e a paz vos sejam dadas por Deus, nosso Pai, e pelo Senhor Jesus Cristo.

3 **Agradecimento e intercessão.** Dou graça a Deus, todas as 4 vezes que me lembro de vós, e em cada uma das minhas orações 5 rogo sempre por todos vós, cheio de alegria pelo interesse que vos mereceu o evangelho, desde o primeiro dia até agora. Pelo que 6 nutro a firme confiança de que aquele que em vós iniciou a boa obra também a levará a êxito cabal, até ao dia de Cristo Jesus. É 7 justo que eu forme de todos vós este conceito, porque vos trago mui dentro do coração, a vós que participais da minha graça, quer esteja em algemas, quer defenda e confirme o evangelho. Deus 8 me é testemunha das saudades que tenho de todos vós, no mais 9 entranhado amor de Cristo Jesus. O que rogo é que vossa caridade se enriqueça cada vez mais do conhecimento e de toda a com-10 preensão daquilo que importa; de modo que no dia de Cristo vos 11 possais apresentar puros e irrepreensíveis, cheios de frutos de justiça, por Jesus Cristo, para glória e louvor de Deus.

Notícias pessoais do apóstolo

12 **Estado do evangelho.** Quisera fazer-vos saber, meus irmãos, que a situação em que me acho redundou em maior proveito do 13 evangelho; tanto assim que em todo o pretório e a todos os demais se tornou manifesto que é por amor de Cristo que eu carrego estas 14 algemas. Também as minhas algemas encheram de coragem no Senhor a maior parte dos irmãos, de maneira que ousam com 15 maior desassombro anunciar a palavra de Deus. Alguns, é verdade, pregam a Cristo por motivo de inveja e ciúmes; outros, porém, 16 com reta intenção. Estes, por amor, na certeza de que eu fui 17 constituído defensor do evangelho; aqueles, movidos de egoísmo e deslealdade, procurando tornar ainda mais pesadas as minhas 18 cadeias. Mas que importa? Contanto que de todos os modos, quer

sinceramente, quer com segunda intenção, se anuncie a Cristo. É esta a minha alegria, e alegria minha sempre será.

Situação do apóstolo. Pois, tenho para mim que, graças às vossas preces e à assistência do espírito de Jesus Cristo, isto me reverterá em salvação. Espero firme e confiadamente não ser confundido de forma alguma; mas que sem reserva venha Cristo a ser glorificado em meu corpo também agora, como o foi sempre, quer na vida, quer na morte. Porque para mim Cristo é a vida, e a morte me é lucro. Se tenho de continuar a viver, é-me isto trabalho frutuoso; de maneira que não sei o que escolher. Sinto-me impelido para uma e outra parte: anseio por me desprender e estar com Cristo — seria isto sem comparação o melhor. Mas, continuar a viver, é mais necessário por causa de vós. Pelo que nutro a confiança de ficar e permanecer ainda em vossa companhia, para proveito vosso e consolação da vossa fé. Então será ainda bem maior o vosso júbilo em Cristo Jesus por minha causa, quando tornar a vós.

Encarecimento da harmonia. O que importa é que leveis uma vida digna do evangelho de Cristo. Quando vier, quisera ver, ou, ficando longe, quisera ouvir que estais firmes em um só espírito, lutando unanimemente pela fé no evangelho, sem vos deixardes de modo algum intimidar pelos adversários. Isto lhes servirá de sinal de que eles se perdem, e vós vos salvais; e isto provém de Deus. Pois, a vós foi concedida a graça de não somente crerdes em Cristo, mas também de sofrerdes por ele; pois tendes de pelejar o mesmo combate que me vistes pelejar e do qual agora estais ouvindo.

Ora, se é que vos merece estima uma exortação em Cristo, se uma carinhosa persuasão, se a comunhão do espírito, e um entranhado amor — enchei a medida de minha alegria, e tende um e o mesmo modo de sentir, animados do mesmo amor, do mesmo espírito, avessos a todo o espírito de contenda e vanglória. Tenha cada qual a humildade de considerar o próximo superior a si mesmo. Ninguém tenha em vista só os seus próprios interesses, mas também os do outro.

Exemplo de Cristo. Compenetrai-vos dos mesmos sentimentos que teve Cristo Jesus, o qual, subsistindo na forma de Deus, não

7 julgou dever aferrar-se a essa divina igualdade; mas despojou-se a si mesmo, assumindo forma de servo, tornando-se igual aos homens 8 e aparecendo como homem no exterior. Humilhou-se a si mesmo, 9 fazendo-se obediente até à morte, e morte na cruz. Pelo que também Deus o exaltou e lhe deu o nome que está acima de todos 10 os nomes, para que ao nome de Jesus se dobre todo o joelho, dos 11 que estão no céu, na terra, e debaixo da terra, e toda a língua confesse, pela glória de Deus Pai, que Jesus Cristo é o Senhor.

12 **Zelo na prática do bem.** Portanto, caríssimos meus, como sempre tendes sido obedientes, operai a vossa salvação com temor e tremor, não somente em minha presença, mas ainda mais agora 13 na minha ausência. Pois, é Deus que em vós opera tanto o querer como o fazer, conforme o seu agrado.

14 Fazei tudo sem murmurar nem hesitar, para que sejais irrepre-
15 ensíveis e puros, filhos de Deus imaculados, no meio de uma geração corrupta e perversa, entre a qual brilhareis como os 16 luzeiros no universo. Guardai a palavra da vida, para glória minha no dia de Cristo; então não terei corrido em vão, nem trabalhado 17 em vão. Ainda que tenha de derramar o meu sangue, hei de alegrar-me e congratular-me com todos vós, pelo sacrifício e pelo 18 serviço da vossa fé. Por este motivo alegrai-vos também vós e congratulai-vos comigo.

19 **Recomendações.** Nutro a esperança, no Senhor Jesus, de poder em breve enviar-vos Timóteo, para ter notícias vossas, e ficar 20 contente. Não tenho outro homem de idênticos sentimentos, e que por vós se interesse com afeto mais sincero; todos os mais só 21 procuram os seus próprios interesses, e não os interesses de Cristo 22 Jesus. Bem sabeis que prova deu de si; como um filho serve ao 23 pai, assim me serviu ele, a bem do evangelho. A este, pois, espero enviar logo que tenha noção exata da minha situação.

24 Confio, porém, no Senhor que eu mesmo irei em breve.

25 Além disto, achei necessário reenviar-vos o irmão Epafrodito, companheiro meu de trabalho e lutas, mensageiro vosso, que me 26 socorreu nas minhas necessidades. Estava ele com saudades de todos vós, e andava inquieto, por terdes ouvido de sua enfermidade; 27 e, de fato, esteve mortalmente enfermo. Deus, porém, teve compaixão dele, e não somente dele, mas também de mim, para que 28 não me viesse pesar sobre pesar. Tanto mais me apresso a mandar-

vo-lo, para que tenhais a satisfação de revê-lo e eu me veja com um cuidado a menos. Acolhei-o, pois, no Senhor e com toda a alegria, e tende em grande estima a homens desses; porque foi por amor à obra de Cristo que ele esteve às portas da morte; pôs jogo a própria vida para me servir, enquanto vós estais longe de mim.

Avisos e admoestações à cristandade

Mestres judaizantes. Quanto ao mais, meus irmãos, alegrai-vos no Senhor. Se vos escrevo o mesmo não me aborrece a mim, e a vós vos dá segurança. Cuidado com os cães! Cuidado com os operários perversos! Cuidado com a mutilação! Nós é que somos os verdadeiros circuncidados, nós, que servimos a Deus em espírito, que nos gloriamos em Cristo Jesus, e não confiamos em privilégios externos, ainda que de privilégios me pudesse eu gabar. Se alguém julga poder gabar-se de privilégios externos, com mais razão o poderia eu. Fui circuncidado no oitavo dia, sou do povo de Israel, da tribo de Benjamin, hebreu e filho de hebreus; fui fariseu em face da lei; ardoroso perseguidor da igreja, e de vida irrepreensível, à luz da justiça legal.

Ideal cristão. Entretanto, o que se me afigurava lucro passei a considerá-lo como perda por amor de Cristo. Sim considero como perda todas as coisas em face do inexcedível conhecimento de meu Senhor Jesus Cristo. Por amor dele é que renunciei a tudo isto e o tenho em conta de lixo, a fim de ganhar a Cristo e viver nele — e isto não em virtude da minha justiça, que é da lei, mas, sim, daquela que provém da fé em Cristo, em virtude da justiça que vem de Deus mediante a fé. Assim quisera eu conhecê-lo cada vez melhor, e a virtude da sua ressurreição, e ter parte nos seus sofrimentos; quisera parecer-me com ele também na morte, a ver se chego também eu a ressurgir dentre os mortos.

Não que eu tenha já atingido o alvo e a perfeição; mas vou-lhe à conquista e quisera atingi-la; pois que também eu fui atingido por Cristo Jesus.

Meus irmãos, não tenho a pretensão de haver já atingido o alvo. Uma coisa, porém, não deixo de fazer: lanço ao olvido o que fica para trás e atiro-me ao que tenho adiante. Mirando o alvo vou à conquista do prêmio, para o qual Deus no céu me chamou, em Cristo Jesus. Seja este o modo de pensar de todos os que somos perfeitos. E, se, por ventura, sois de outro parecer, há de vos Deus esclarecer sobre isto. O que importa é que, no ponto em que estivermos, prossigamos no mesmo rumo.

Inimigos da cruz. Sede imitadores meus, irmãos, e ponde os olhos naqueles que se guiam pelo nosso exemplo. Porque muitos vivem — como freqüentes vezes vos tenho dito, e agora repito entre lágrimas — como inimigos da cruz de Cristo. O fim deles é a perdição, o seu deus é o ventre. Ufanam-se da sua infâmia. Só têm gosto pelas coisas terrenas. A nossa pátria, porém, é o céu, donde aguardamos o Salvador, o Senhor Jesus Cristo. Ele, que tem o poder de sujeitar tudo à sua vontade, transformará o nosso corpo frágil, tornando-o semelhante a seu corpo glorificado. Portanto, irmãos meus caríssimos e mui queridos, alegria minha e coroa minha: ficai firmes no Senhor, caríssimos!

Exortações. Exorto a Evódia e admoesto a Síntique a serem unânimes no Senhor. Rogo também a ti, fiel companheiro, que lhes prestes auxílio. Trabalharam comigo em prol do evangelho, em companhia de Clemente e dos demais colaboradores meus. Os seus nomes estão no livro da vida.

Alegrai-vos sempre no Senhor. Repito: alegrai-vos! Mostrai a todos os homens a vossa benignidade. O Senhor está perto. Não vos inquieteis com coisa alguma mas apresentai a Deus todas as vossas necessidades, em fervorosa prece e ação de graças; e a paz de Deus, que excede toda a compreensão, guardará os vossos corações e os vossos pensamentos, em Cristo Jesus.

Finalmente, meus irmãos, ocupai-vos com tudo o que é verdadeiro, digno, justo, santo, amável, atraente, virtuoso ou digno de louvor. O que aprendestes e herdastes, o que ouvistes e observastes em mim, isto praticai. E o Deus da paz será convosco.

Gratidão do apóstolo. Foi imensa a minha satisfação no Senhor, porque, finalmente tivestes ensejo de me acudir; verdade é que sempre estáveis com vontade de me acudir, mas não tínheis oportunidade. Digo isto, não por causa das privações; aprendi a adaptar-me a todas as circunstâncias sei viver na penúria, e sei também como haver-me na abundância, estou familiarizado com toda e qualquer situação: viver saciado, e passar fome; ter abundância, e sofrer necessidade. Tudo posso naquele que me conforta.

Entretanto, fizestes bem em acudir à minha tribulação. Não ignorais meus filipenses, que, quando comecei a pregar o evangelho e parti da Macedônia, nenhuma igreja estreitou comigo relações de dar e receber, senão vós somente. Também para Tessalônica me enviastes, mais de uma vez, o que havia mister para o meu sustento. Não é a dádiva que me importa, mas, sim, o lucro que vos dai auferis, riquíssimo. Agora tenho tudo. Tenho em abundância. Tornei-me rico desde que recebi o que por mão de Epafrodito me mandastes — qual perfume suave, qual sacrifício grato e agradável a Deus. Meu Deus, porém, segundo a sua riqueza, há de satisfazer todos os vossos desejos, na glória de Cristo Jesus. A Deus, nosso Pai, seja glória pelos séculos dos séculos. Amém.

Conclusão. Saudai a cada um dos santos em Cristo Jesus. Saúdam-vos os irmãos que estão comigo. Saúdam-vos todos os santos, especialmente os da casa de César.

A graça do Senhor Jesus Cristo seja com o vosso espírito. Amém.

Notas explicativas

"Epíscopos" — isto é: guardas, pastores — se apelidavam então todos os chefes da igreja, quer tivessem recebido a sagração episcopal, quer apenas a ordenação sacerdotal. Cf At. 20, 17, 28.

Os filipenses, provendo o sustento material do apóstolo, têm parte nos merecimentos dele. A graça (ou alegria) significa os sofrimentos de São Paulo encarcerado.

Atendendo a seu desejo pessoal, preferiria o apóstolo morrer e unir-se com Cristo, no céu; mas, por causa dos fiéis confiados a seu cuidado, prefere viver e trabalhar, e nutre a firme confiança de que, para este fim, Deus o conservará em vida ainda por algum tempo.

A constância dos fiéis no bem é garantia da sua salvação, e motivo de confusão para os pecadores impenitentes.

Não deixará de haver harmonia e caridade entre os fiéis, se eles se guiarem pelo exemplo de humildade, que nos deu Jesus Cristo, o qual longe de se aferrar à majestade celeste, se despojou da mesma, aparecendo entre nós em forma despretenciosa de homem mortal e de servo obediente.

O mundo pecador se afigura ao apóstolo qual noite tenebrosa, onde, aqui e acolá, cintilam as estrelas das igrejas cristãs, que no dia do advento de Cristo juiz formarão o mais belo triunfo de seu fundador. O martírio seria motivo de satisfação para o apóstolo mesmo e para os fiéis de Filipos.

3 Certos mestres judeus constituíam grande perigo para as jovens
-4 cristandades. — O apóstolo compara esses intrusos a cães, desordeiros e mutilados, por ligarem demasiada importância à descendência natural e à mutilação corporal praticada na circuncisão, com flagrante menoscabo do espírito desta cerimônia; os cristãos é que são os verdadeiros circuncidados, espiritualmente.

11 Tempo houve em que o apóstolo teve em grande apreço os privilégios do judaísmo; desde a sua conversão, porém, os têm em pouca conta, prezando tanto mais a vida gloriosa de Cristo e ansiando por tomar parte na paixão dele, a fim de, um dia, chegar à gloriosa ressurreição.

13 Concede o apóstolo que ainda não é perfeito; mas, desde que Jesus Cristo como que o empolgou, às portas de Damasco, se assemelha ele a um lutador que corre na arena, nem cessa de correr com todas as forças até atingir a meta.

4 Evódia e Síntique, que nos são, aliás, desconhecidas, parecem
-3 ter ocupado lugar de destaque na cristandade filipense. O fiel companheiro vem a ser, provavelmente, Epafrodito, portador da epístola. Clemente talvez seja idêntico ao que, mais tarde, se notabilizou como pontífice romano.

16 Não costumava o apóstolo aceitar subsídios materiais dos fiéis, por mais estrenuamente que, em teoria, advogasse este direito para os operários apostólicos; com os seus queridos filipenses, porém, abriu exceção, aceitando das suas mãos dádivas de caridade.

22 Os da casa de César — quer dizer, os empregados e servos do palácio imperial de Roma.

Primeira Epístola a Timóteo

Introdução

1. As duas epístolas a Timóteo e a carta a Tito ostentam íntima afinidade de caráter e denominam-se geralmente "epístolas pastorais", porque tratam dos deveres e das obrigações do pastor d'almas. Desde os tempos mais remotos consideram-se estas cartas, quer no oriente, quer no ocidente, como canônicas, isto é, pertencentes ao rol dos livros sacros. Tem a seu favor o testemunho de Santo Ireneu, o fragmento muratoriano, Orígenes, a par das versões mais antigas.

Segundo decisão da Comissão Bíblica de 12 de junho de 1913, é o apóstolo São Paulo o autor das epístolas pastorais, remontando a sua origem ao período que medeia entre o fim do primeiro cativeiro romano e a morte do apóstolo, quer dizer, os anos de 63 a 67.

2. Timóteo converteu-se ao Cristianismo em Listra da Licaônia, por ocasião da primeira expedição evangélica de São Paulo (At 16, 1-3); e na segunda associou-se-lhe como colaborador. A partir dessa data encontramos a Timóteo companheiro quase inseparável do grande evangelizador dos povos, o qual, desprezando a pouca idade do discípulo, lhe confiava missões nada fáceis (1 Te. 3, 1-8; 1 Co. 4, 17; 16, 10; Fil. 2, 19-23; He. 13,23). Livre do primeiro cativeiro, empreendeu Paulo novas excursões em companhia de Timóteo, acabando por lhe confiar a direção da igreja de Éfeso (1 Ti. 1,3). No seu último cativeiro desejava o apóstolo ter a seu lado o dedicado amigo, razão por que o chamou a Roma. Após a morte do mestre, voltou Timóteo para Éfeso, reassumindo o seu *munus*

pastoral. Diz a tradição que morreu mártir. A igreja lhe celebra a festa em 24 de janeiro.

3. A epístola supõe na igreja efesina uma vida cristã de bastante duração tanto assim que existia uma completa hierarquia eclesiástica, nem faltava bom número de heresias (1 Ti. 5, 17; 3, 6, 8). Segundo Atos dos Apóstolos 20, 29 s., não se conheciam aí doutrinas falsas até ao ano 58; pelo que a epístola em questão deve ter nascido no lapso de tempo compreendido entre o primeiro e o segundo cativeiro romano do apóstolo, mais ou menos no ano 65.

4. Os perigos que São Paulo agourava, por ocasião da sua despedida de Mileto, se tinham tornado realidade: hereges audazes caíram quais lobos famintos, sobre o pequeno rebanho de Cristo. Por mais que o apóstolo, na sua permanência em Éfeso, houvesse trabalhado por atalhar esses males, não lhe sobrara tempo para extirpá-los de todo. Ficou Timóteo sozinho no campo de luta, soldado e arquiteto ao mesmo tempo. Nesta tão crítica situação acudiu o experimentado mestre ao jovem discípulo, transmitindo-lhe por escrito as suas instruções e diretivas.

Primeira Epístola de São Paulo a Timóteo

Paulo, 1
apóstolo de Cristo Jesus
por ordem de Deus, nosso Salvador, e de Cristo Jesus,
nossa esperança:
a Timóteo 2
seu filho genuíno na fé.
Graça, misericórdia e paz, da parte de Deus Pai, e de
Cristo Jesus, Senhor nosso.

Diretivas pastorais

Luta contra os hereges. Pedi-te, por ocasião da minha partida 3 para a Macedônia, que ficasses em Éfeso a fim de inculcar a certa gente que não ensinem doutrinas errôneas, nem se ocupem com 4 fábulas e intermináveis questões de genealogia, coisas que servem antes para contendas do que para o aproveitamento na fé. O 5 escopo da nossa pregação deve ser este: que o amor nasça do coração puro, da boa consciência e da fé sincera. Disto aberraram 6 alguns, entregando-se a palavreado vão, e arvorando-se em dou- 7 tores da lei, quando nem entendem o que dizem e com tanta afoiteza afirmam.

Sabemos que a lei é boa, contanto que se aplique como convém, 8 e se tenha presente que a lei não foi feita para o justo, mas, sim, 9 para os transgressores, os rebeldes, ímpios, os pecadores, os irreverentes, os profanos, os assassinos de pai e mãe, os homicidas, os fornicadores, os sodomitas, os traficantes de homens, os men- 10 tirosos, os perjuros, e o que mais haja contrário à sã doutrina. Assim diz o evangelho da glória de Deus bem-aventurado, que 11 me foi confiado.

Doutrina genuína. Dou graças a nosso Senhor Jesus Cristo, 12 que me deu forças, me considerou fiel e me escolheu para seu ministério, a mim, que outrora fui blasfemador, perseguidor e 13 perverso. Mas alcancei misericórdia porque agi por ignorância, na 14 incredulidade. Tanto mais abundante foi a graça de nosso Senhor, 15 a par da fé e do amor de Cristo Jesus. Verdadeira e merecedora da aceitação de todos é esta doutrina: que Cristo Jesus veio ao mun- 16 do para salvar os pecadores, entre os quais sou eu o primeiro. Mas

foi por isso mesmo que encontrei misericórdia, para que Cristo Jesus manifestasse de preferência em mim toda a sua longanimi-
17 dade, a fim de que eu servisse de modelo a todos os que pela fé nele alcançarem a vida eterna. A ele, o Rei dos séculos, Deus imortal, invisível e único, seja honra e glória pelos séculos dos séculos. Amém.

18 É esta a doutrina que te recomendo, filho meu, Timóteo, em atenção às profecias que te dizem respeito. Em virtude delas
19 peleja o bom combate, conserva a fé e a boa consciência. Alguns desprezaram isto, e sofreram naufrágio na fé, entre eles Himeneu
20 e Alexandre. Entregueio-os a Satanás para que percam o vezo de blasfemar.

2 **Intercessão universal.** Antes de tudo, te exorto a que se
2 façam preces, intercessão e ações de graças por todos os homens, pelos reis e por todas as autoridades, para gozarmos vida sossegada e tranqüila, em toda a piedade e pureza. Isto é bom e agradável a
3 Deus, nosso Salvador, o qual quer que todos os homens se salvem
4 e cheguem ao conhecimento da verdade. Pois, não há senão um só
5 Deus, e um só medianeiro entre Deus e os homens: o homem
6 Cristo Jesus, que se entregou como resgate por todos. E o que em
7 boa hora devia ser apregoado. Disto é que fui constituído arauto e apóstolo — digo a verdade, e não minto — para ensinar aos povos a fé e a verdade.

8 **Aviso para homens e mulheres.** Quero que os homens, onde quer que estejam, isentos de ira e descaridade, levantem mãos
9 puras em oração. Da mesma forma, quero que as mulheres andem com decência, ataviando-se com recato e modéstia, e não com cabeleira frisada, adereços de ouro, pérolas e vestidos de luxo;
10 mas antes ornadas de boas obras, como convém a mulheres que
11 fazem profissão de piedade. A mulher procure ensinamentos em
12 silêncio e submissão. Não permito que a mulher ensine nem que
13 dê ordens ao marido, mas convém que se conserve em silêncio.
14 Pois, o primeiro a ser criado foi Adão; depois, Eva. Mas não foi Adão que se deixou iludir, senão a mulher que, enganada caiu em
15 pecado. Pode, todavia, salvar-se pelo cumprimento dos seus deveres de mãe, contanto que persevere na fé, na caridade, e leve a vida santa e recatada.

Ministérios eclesiásticos. Palavra verdadeira é esta: Quem aspira ao múnus de pastor aspira a um múnus sublime. Importa que o pastor seja irrepreensível, marido de uma só mulher, sóbrio, criterioso, de bons costumes, hospitaleiro, versado no ensino; que não seja amigo de bebidas, nem violento; mas, sim, modesto, amigo da paz e isento de cobiça; que saiba governar bem a sua família e traga os filhos em toda a obediência e castidade — pois, quem não sabe governar a sua própria casa, como administrará a igreja de Deus? Não seja neófito, para que não se ensoberbeça e venha a cair réu do juízo do demônio. Importa, outrossim, que goze de boa reputação entre os de fora, a fim de não incorrer em difamação e no laço do demônio.

Da mesma forma, sejam também os diáconos honestos, não homens de duas línguas, não dados a muito vinho, nem ávidos de torpe ganância; que guardem o mistério da fé em uma consciência pura. Também é necessário que sejam primeiramente provados, e só depois exerçam o ministério, se forem irrepreensíveis. Assim sejam também as mulheres honestas, não maldizentes; mas sóbrias e de confiança em tudo. Os diáconos maridos de uma só mulher, e governem bem os filhos e a casa. Pois, os que desempenharem bem o seu ministério alcançarão honrosa posição e grande confiança na fé, que é em Cristo Jesus.

Coluna da verdade. Escrevo-te isto, embora tenha esperança de ver-te em breve. Se, todavia, tardar, saberás como deves proceder na casa de Deus, que é a igreja do Deus vivo, coluna e alicerce da verdade. Evidentemente, é sublime o mistério da piedade, aquele que apareceu na carne, autenticado pelo Espírito, manifestado aos anjos, anunciado aos povos, acreditado no mundo, exaltado na glória.

Espíritos embusteiros. Diz claramente o Espírito que, em tempos posteriores, uns quantos hão de apostatar da fé, dando ouvidos a espíritos embusteiros e doutrinas de demônios. Aderirão a hipocrisia de mestres mentirosos, ferreteados pela própria consciência. Proíbem o matrimônio e o uso de certos manjares, que Deus criou para que os fiéis, conhecedores da verdade, os tomem de coração agradecido. Pois tudo o que Deus criou é bom, e nada há de reprovável, contanto que se use com ação de graças; é santificado pela palavra de Deus e pela oração.

Diretivas pessoais

6 **Vida exemplar.** Recomenda isto aos irmãos, e serás um bom
7 ministro de Cristo Jesus, nutrindo-se com as palavras da fé e a sã
doutrina, que tomaste por norma. Não dês atenção a fábulas
8 ineptas de velhas. Exercita-te na piedade. Pois, os exercícios corporais pouco proveito trazem, ao passo que a piedade é proveitosa para tudo, tem promessa da vida para o presente e o futuro.
9 Verdadeira e digna da aceitação de todos é esta palavra. É por isso
10 que trabalhamos e lutamos, porque temos posta a nossa esperança no Deus vivo, que é Salvador de todos os homens, máxime dos fiéis.

11 É isto que deves pregar e inculcar.

12 Ninguém te despreze por seres jovem. Sê modelo para os fiéis,
13 no modo de falar e de viver, na caridade, na fé, na castidade. Até à minha chegada, aplica-te à leitura, à exortação, ao ensino. Não
14 deixes ficar infecundo em ti o dom da graça, que recebeste em virtude de palavras inspiradas e por ocasião da imposição das
15 mãos de presbíteros. Dedica-te a isto, põe nisto o teu cuidado, para que o teu aproveitamento se torne manifesto a todos. Presta
16 atenção a ti mesmo e à doutrina: conserva-te firme nela. Se isto fizeres, salvar-te-ás a ti mesmo e aos que te ouvirem.

5 **Atitude para com diversas classes.** Não trates com aspereza a um velho; mas fala-lhe como a um pai. Aos jovens trata-os como a irmãos; as mulheres de idade como a mães; a jovens como
2 a irmãs, com a maior honestidade.

3 **Atitude para com as viúvas.** Ampara as viúvas que vivem a
4 sós. Se uma viúva tem filhos ou netos, aprendam eles antes de tudo a cumprir os deveres de piedade para com a própria família e mostrem-se, destarte, reconhecidos aos genitores. Isto é que é
5 agradável a Deus. Uma viúva que vive a sós põe a sua esperança
6 em Deus e não cessa de orar e suplicar dia e noite. Mas, se levar
7 vida dissoluta, está morta em plena vida. Inculca-lhes isto para que
8 andem irrepreensíveis. Mas quem se descuida dos seus, principalmente das pessoas de casa, renegou a fé e é pior que um incrédulo.

9 Não inscrevas no rol das viúvas senão a que tenha ao menos sessenta anos, tenha casado só uma vez e goze da reputação de
10 praticar o bem — quer seja educando bem os filhos, exercendo a

hospitalidade, lavando os pés aos santos, acudindo aos atribulados, ou de outro modo qualquer se tenha dedicado à prática das boas obras.

Não admitas viúvas jovens; porque, quando nelas despertar a sensualidade, contra a vontade de Cristo, quererão casar, e incorrerão em sentença condenatória, faltando à fidelidade anterior. Além disto, costumam andar ociosas de casa em casa, e não somente ociosas, mas também faladeiras e amigas de novidades, dizendo o que não convém. Quero, pois, que as jovens tornem a casar, sejam mães, tomem conta do lar e não dêem aos adversários motivo de difamação. Já algumas se perverteram e seguem a Satanás. Se uma mulher fiel tiver viúvas em sua companhia, subministre-lhes o necessário, e não onere a igreja, para que esta possa acudir às viúvas que vivem a sós.

Atitude para com os presbíteros. Presbíteros que desempenham corretamente o seu ministério merecem trato duplamente honroso, mormente os que se afadigam nos labores da palavra e da doutrina. Pois diz a escritura: "Não amarres a boca ao boi que pisa o grão". E ainda: "O operário bem merece o seu sustento". Não aceites acusação contra um presbítero, a não ser com duas ou três testemunhas. Aos que tiverem caído em falta, repreende-os em presença de todos, para que também os outros tenham medo. Conjuro-te por Deus, por Cristo Jesus e pelos anjos eleitos que nisto procedas sem prevenção nem parcialidade. Não sejas precipitado em impor as mãos a alguém, e não te tornes cúmplice de pecados alheios. Conserva-te casto.

Não continues a beber só água, mas toma também um pouco de vinho, por causa do teu estômago e dos teus freqüentes achaques.

Em alguns homens os pecados são manifestos, mesmo antes do julgamento, ao passo que em outros só se descobrem mais tarde. Da mesma forma, são manifestas também as obras boas e, quando assim não seja, não podem ficar ocultas.

Atitude para com os escravos. Todos os que se acham sob o jugo da escravidão considerem os seus senhores dignos de toda a honra, para que o nome de Deus e a doutrina não sofram desdouro. Os que têm senhores crentes, não lhes mostrem menos estima porque são seus irmãos; antes os sirvam ainda melhor, por serem crentes e amados de Deus e dediquem-se à prática do bem. Isto é que ensina e inculca.

3 **Cuidado com a cobiça.** Quem ensina de outro modo e não se guia pelas palavras sãs de nosso Senhor Jesus Cristo e sua doutrina 4 está obcecado; não compreende coisa alguma. Labora de mania de questionar e sofisticar. Daí nascem as invejas, contendas, 5 blasfêmias, suspeitas, contínuos conflitos entre homens de coração 6 corrupto e avessos à verdade, que consideram a piedade como uma fonte de lucro. A piedade é, sim, uma fonte de lucro bem 7 grande, quando unida à sobriedade. Nada trouxemos ao mundo, e 8 nada podemos daqui levar. Se temos o que comer e com que nos 9 vestir, estejamos contentes. Os que querem enriquecer caem em tentação e no laço e em muitos desejos tolos e nocivos, que 10 precipitam os homens à ruína e à perdição; porquanto a cobiça do dinheiro é a raiz de todos os males. Não poucos, pela cobiça de possuir, aberraram da fé e se emaranharam em muitas aflições.

11 **Timóteo como modelo.** Tu, porém, varão de Deus, foge disto. Aspira tanto mais a justiça, a piedade, a fé, a caridade, a paciência, 12 a mansidão. Peleja o bom combate da fé, conquista a vida eterna. Para isto é que foste chamado e disto fizeste tão bela profissão de 13 fé diante de numerosas testemunhas. Em face de Deus, que dá vida a todas as coisas, e em face de Cristo Jesus, que diante de 14 Pôncio Pilatos fez tão bela profissão, eu te ordeno: Guarda sem mancha nem falha o mandamento, até o advento de nosso Senhor 15 Jesus Cristo, advento que, a seu tempo, mostrará o bem-aventurado 16 e único Soberano, o Rei dos reis e o Senhor dos senhores, ele, o único Imortal, que habita em uma luz inacessível, o que nunca foi nem pode ser visto por homem algum — a ele seja honra e poder pelos séculos. Amém.

17 Aos ricos deste mundo manda que não se ensoberbeçam nem ponham a sua esperança nas riquezas tão mal seguras, mas, sim, 18 em Deus, que nos concede fruirmos tudo em abundância; que pratiquem o bem se enriqueçam de boas obras, dêem com libera-19 lidade, repartam do seu, lançando assim um fundamento sólido para o futuro. Assim alcançarão a vida verdadeira.

20 **Conclusão.** Ó Timóteo, guarda o bem que recebeste; foge do mundano e vão palavreado e das questões sobre o que falsamente 21 chamam "conhecimento", alguns que dele fizeram profissão apostataram da fé. A graça seja convosco.

Notas explicativas

A lei visa antes os pecadores do que os justos, porque aqueles que necessitam de um freio para as suas paixões, ao passo que estes servem a Deus por amor.

Alude o apóstolo a um fato que nos é desconhecido; parece que havia homens esclarecidos que indigitavam a pessoa de Timóteo como sendo varão mais idôneo para governar a igreja de Éfeso. Cf At 13, 2.

Himeneu parece ser idêntico ao negador da ressurreição de que fala 2 Ti. 2, 17. Alexandre talvez seja o ferreiro que vem mencionado em 2 Ti. 4, 14.

São excluídos da comunidade eclesiástica.

Não compete à mulher aparecer oficialmente em funções litúrgicas.

Nesse tempo não existia celibato obrigatório.

Entende-se, provavelmente, as esposas dos diáconos, ou então as mulheres piedosas que se dedicavam ao serviço especial da igreja.

São as colunas e os alicerces que sustentam o edifício todo — assim como a igreja sustenta o templo revelação divina; donde se conclue que compete à igreja o dom da infalibilidade doutrinária.

Professavam aqueles hereges erros dualistas e doutrinas gnósticas, segundo as quais a matéria é má em si mesma, pelo que convém desfazer-se dela. Por esta mesma razão proibiam também o matrimônio e exigiam a abstenção de certos manjares.

Faz São Paulo recordar a graça da sagração episcopal. O apóstolo impunha as mãos ao sagrando, no que era imitado pelos demais sacerdotes presentes. Cf. 2 Ti. 1, 6. Acresciam as vozes inspiradas, que davam a Timóteo como o pastor divinamente predestinado. Cf. acima 1, 18.

Trata-se de uma categoria de pessoas existentes na igreja primitiva: as viúvas honoríficas, cujos nomes eram lançados em um registro especial. Era condição essencial para este título contarem certa idade, terem estado casadas só uma vez e haverem levado vida edificante. Não se aceitavam viúvas mais jovens, porque facilmente procurariam contrair segundas núpcias, violando, assim, o voto de abstenção sexual e quebrando a fidelidade a Cristo.

Trata-se da ordenarão dos diáconos e presbíteros e da sagração episcopal. Cf. acima, 4, 14.

-25 O apóstolo impõe ao bispo de Éfeso a obrigação de examinar rigorosamente os candidatos ao apostolado, a ver se levavam vida virtuosa ou viciosa.

6 Não podia o cristianismo abolir, desde logo, a escravatura — tanto mais que perante o evangelho, os senhores e os escravos eram servos de Cristo e gozavam da liberdade dos filhos de Deus, a Caridade cristã, porém, acabou por suplantar paulatinamente a escravatura.

Com este "conhecimento" designa o apóstolo o que, mais tarde, se chamou **gnosis** ou **gnosticismo**, espécie de teosofia.

PERFIL BIOGRÁFICO

Huberto Rohden

Nasceu em Tubarão, Santa Catarina, Brasil. Fez estudos no Rio Grande do Sul. Formou-se em Ciências, Filosofia e Teologia em Universidades da Europa — Innsbruck (Áustria), Valkenburg (Holanda) e Nápoles (Itália).

De regresso ao Brasil, trabalhou como professor, conferencista e escritor. Publicou mais de 65 obras sobre ciência, filosofia e religião, entre as quais várias foram traduzidas em outras línguas, inclusive o Esperanto; algumas existem em braile, para institutos de cegos.

Rohden não está filiado a nenhuma igreja, seita ou partido político. Fundou e dirigiu o movimento mundial Alvorada, com sede em São Paulo.

De 1945 a 1946 teve uma bolsa de estudos para pesquisas iientíficas, na Universidade de Princeton, New Jersey (Estados Unidos), onde conviveu com Albert Einstein e lançou os alicerces para o movimento de âmbito mundial da Filosofia Univérsica, tomando por base do pensamento e da vida humana a constituição do próprio Universo, evidenciando a afinidade entre Matemática, Metafísica e Mística.

Em 1946, Huberto Rohden foi convidado pela American University, de Washington, DC, para reger as cátedras de Filosofia Universal e de Religiões Comparadas, cargo este que exerceu durante cinco anos.

Durante a última Guerra Mundial foi convidado pelo Bureau of Inter-American Affairs, de Washington, para fazer parte do corpo de tradutores das notícias de guerra, do inglês para o português. Ainda na American University, de Washington, fundou o Brazilian Center, centro cultural brasileiro, com o fim de manter intercâmbio cultural entre o Brasil e os Estados Unidos.

Na capital dos Estados Unidos, Rohden freqüentou, durante três anos, o Golden Lotus Temple, onde foi iniciado em *Kriya Yôga* por Swami Premananda, diretor hindu desse *ashram*.

Ao fim de sua permanência nos Estados Unidos, Huberto Rohden foi convidado para fazer parte do corpo docente da nova International Christian University (ICU) de Metaka, Japão, a fim de reger as cátedras de Filosofia Universal e Religiões Comparadas; mas, por causa da guerra na Coréia, a universidade japonesa não foi inaugurada, e Rohden regressou ao Brasil. Em São Paulo foi nomeado professor de Filosofia na Universidade Mackenzie, cargo do qual não tomou posse.

Em 1952, fundou em São Paulo a Instituição Cultural e Beneficente Alvorada, onde mantinha cursos permanentes em São Paulo, Rio de Janeiro e Goiânia, sobre Filosofia Univérsica e Filosofia do Evangelho, e dirigia Casas de Retiro Espiritual (*ashrams*) em diversos estados do Brasil.

Em 1969, Huberto Rohden empreendeu viagens de estudo e experiência espiritual pela Palestina, Egito, Índia e Nepal, realizando diversas conferências com grupos de iogues na Índia.

Em 1976, Rohden foi chamado a Portugal para fazer conferências sobre autoconhecimento e auto-realização. Em Lisboa fundou um setor do Centro de Auto-Realização Alvorada.

Nos últimos anos, Rohden residia na capital de São Paulo, onde permanecia alguns dias da semana escrevendo e reescrevendo seus livros, nos textos definitivos. Costumava passar três dias da semana no *ashram*, em contato com a natureza, plantando árvores, flores ou trabalhando no seu apiário-modelo.

Quando estava na capital, Rohden freqüentava periodicamente a editora responsável pela publicação de seus livros, dando-lhe orientação cultural e inspiração.

Fundamentalmente, toda a obra educacional e filosófica de Rohden divide-se em grandes segmentos: 1) a sede central da Instituição (Centro de Auto-Realização), em São Paulo, que tem a finalidade de ministrar cursos e horas de meditação; 2) o *ashram*, situado a setenta quilômetros da capital, onde são dados, periodicamente, os Retiros Espirituais, de três dias completos; 3) a Editora Martin Claret, de São Paulo, que difunde, através de livros, a Filosofia Univérsica; 4) um grupo de dedicados e fiéis amigos, alunos e discípulos, que trabalham na consolidação e continuação da sua obra educacional.

À zero hora do dia 7 de outubro de 1981, após longa internação em uma clínica naturista de São Paulo, aos 87 anos, o professor Huberto Rohden partiu deste mundo e do convívio de seus amigos e discípulos. Suas últimas palavras em estado consciente foram: "Eu vim para servir a Humanidade."

Rohden deixa, para as gerações futuras, um legado cultural e um exemplo de fé e trabalho somente comparados aos dos grandes homens do nosso século.

Huberto Rohden é o principal editando da Editora Martin Claret.

Relação de obras do prof. Huberto Rohden

Coleção Filosofia Universal:

O Pensamento Filosófico da Antigüidade
A Filosofia Contemporânea
O Espírito da Filosofia Oriental

Coleção Filosofia do Evangelho:

Filosofia Cósmica do Evangelho
O Sermão da Montanha
Assim Dizia o Mestre
O Triunfo da Vida Sobre a Morte
O Nosso Mestre

Coleção Filosofia da Vida:

De Alma para Alma
Ídolos ou Ideal?
Escalando o Himalaia
O Caminho da Felicidade
Deus
Em Espírito e Verdade
Em Comunhão com Deus
Cosmorama
Porque Sofremos

Lúcifer e Logos
A Grande Libertação
Bhagavad Gita (tradução)
Setas para o Infinito
Entre dois Mundos
Minhas Vivências na Palestina, Egito e Índia
Filosofia da Arte
A Arte de Curar pelo Espírito. Autor: Joel Goldsmith (tradução de Huberto Rohden)
Orientando
"Que Vos Parece do Cristo?"
Educação do Homem Integral
Dias de Grande Paz (tradução)
O Drama Milenar do Cristo e do Anticristo
Luzes e Sombras da Alvorada
Roteiro Cósmico
A Metafísica do Cristianismo
A Voz do Silêncio
Tao Te Ching de Lao-Tse (tradução) - ilustrado
Sabedoria das Parábolas
O 5º Evangelho Segundo Tomé (tradução)
A Nova Humanidade
A Mensagem Viva do Cristo (Os Quatro Evangelhos - tradução)
Rumo à Consciência Cósmica
O Homem
Estratégias de Lúcifer
O Homem e o Universo
Imperativos da Vida
Profanos e Iniciados
Novo Testamento
Lampejos Evangélicos
O Cristo Cósmico e os Essênios
A Experiência Cósmica

Coleção Mistérios da Natureza:

Maravilhas do Universo
Alegorias
Ísis
Por Mundos Ignotos

Coleção Biografias:

Paulo de Tarso
Agostinho
Por um Ideal - 2 vols. - autobiografia
Mahatma Gandhi - ilustrado
Jesus Nazareno - 2 vols.
Einstein - O Enigma da Matemática - ilustrado
Pascal - ilustrado
Myriam

Coleção Opúsculos:

Saúde e Felicidade pela Cosmomeditação
Catecismo da Filosofia
Assim dizia Mahatma Gandhi (100 Pensamentos)
Aconteceu entre 2000 e 3000
Ciência, Milagre e Oração são Compatíveis?
Centros de Auto-Realização

Sumário

Advertência do autor 11
Prefácio do Editor para a 18ª edição 13
Prefácio da 6ª edição 17
Do prefácio de edições anteriores 21

PARTE I - DE TARSO A DAMASCO
Fariseu e perseguidor

1. Israelita e cidadão do mundo 27
2. Enriquecendo a inteligência e o coração 31
3. Por entre o sussurro do tear 33
4. Aos pés de Gamaliel 35
5. O primeiro sangue 40

PARTE II - DE DAMASCO A ROMA
Apóstolo e organizador

6. Às portas de Damasco 47
7. Agir! 51
8. Silêncio e oração 53
9. Regenerando em Cristo 57
10. A sós com Deus 63
11. Em Jerusalém 70
12. O ermitão anônimo 76
13. Antioquia. Primavera apostólica 80
14. Paulo e Barnabé — pioneiros do Evangelho 84
15. Caridade social de Paulo 90

16. Expedição apostólica a Chipre 92
17. No país dos Gálatas 99
18. Pela liberdade do Evangelho 106
19. Em Icônio 111
20. Em Listra. Paulo apedrejado 112
21. Solidão e sofrimento 119
22. Moisés ou Cristo?
    Prenúncios da luta pela liberdade do Evangelho 121
23. O Concílio Apostólico 126
24. Paulo em conflito com Pedro 131
25. Morte de uma grande amizade 136
26. Segunda expedição apostólica pelas montanhas. Timóteo 138
27. O brado da Europa. Lucas, o médico 144
28. Em Filipos. Lídia, a purpureira 146
29. A Pitonisa de Filipos 149
30. Uma noite misteriosa. Paciência de mártir e brio de homem ... 153
31. Em Tessalônica 156
32. De Tessalônica a Beréia 159
33. Sozinho em Atenas 164
34. O "Deus desconhecido" 167
35. Paulo no aerópago 168
36. O discurso filosófico de Paulo 171
37. Hora de desânimo 178
38. Fundação da Igreja de Corinto 180
39. Paulo como escritor 186
40. O anticristo 195
41. Paulo e Galião 199
42. Regresso à Ásia 202
43. Éfeso — cidade sagrada 209
44. Apolo — o filósofo cristão 210
45. O Evangelho no *gymnasion* helênico 216
46. Paulo — terror dos demônios 219
47. A escravidão da letra — e a liberdade do espírito 223
48. A sabedoria do mundo — e a loucura da cruz 231
49. No mundo — mas não do mundo 238
50. "Grande é a Diana de Éfeso!" 246
51. Fuga de Éfeso. Segunda Epístola aos coríntios 252
52. Inverno em Corinto. Epístola aos romanos 260
53. Última viagem à Jerusalém 269
54. Conselho funesto 275

55. "Sou cidadão romano" 280
56. Perante o Sinédrio. Visão noturna 285
57. Conspiração malograda. Na fortaleza de Cesaréia 289
58. Paulo perante Félix 292
59. Paulo, Félix e Drusila 297
60. Origem de dois livros encantadores 300
61. "Apelo para César" 304
62. Paulo, Agripa e Berenice 307

PARTE III - DE ROMA A ÓSTIA
Prisioneiro e mártir

63. Em demanda de Roma. Tormenta e naufrágio 317
64. Inverno em Malta 325
65. Salve, Roma! 327
66. O prisionário do Cristo. Entrevista religiosa 330
67. Restauração universal em Cristo 333
68. Reconciliação em Jesus Cristo 337
69. Uma carta de amizade 343
70. Audácia divina 348
71. Absolvição de Paulo. Viagens ulteriores.
    Roma em chamas 353
72. "Coluna e alicerce da verdade" 358
73. Inverno em Nicópolis. A Igreja em Creta 362
74. Segundo cativeiro romano. O testamento de Paulo 364
75. No termo da viagem 370

TEXTOS COMPLEMENTARES

Explicações necessárias 377
As epístolas paulinas 379
Epístola dos Romanos 381
Primeira Epístola aos Coríntios 412
Epístola aos Gálatas 441
Epístola aos Efésios 454
Epístola aos Filipenses 465
Primeira Epístola a Timóteo 474
Perfil biográfico do autor 485

O Objetivo, a filosofia e a missão da Editora Martin Claret

O principal objetivo da Martin Claret é contribuir para a difusão da educação e da cultura, por meio da democratização do livro, usando canais de comercialização habituais, além de criar novos.

A filosofia de trabalho da Martin Claret consiste em produzir livros de qualidade a um preço acessível, para que possam ser apreciados pelo maior número possível de leitores.

A missão da Martin Claret é conscientizar e motivar as pessoas a desenvolver e utilizar o seu pleno potencial espiritual, mental, emocional e social.

O livro muda as pessoas. Revolucione-se: leia mais para ser mais!

MARTIN CLARET

Relação dos Volumes Publicados

1. **Dom Casmurro**
   Machado de Assis
2. **O Príncipe**
   Maquiavel
3. **Mensagem**
   Fernando Pessoa
4. **O Lobo do Mar**
   Jack London
5. **A Arte da Prudência**
   Baltasar Gracián
6. **Iracema / Cinco Minutos**
   José de Alencar
7. **Inocência**
   Visconde de Taunay
8. **A Mulher de 30 Anos**
   Honoré de Balzac
9. **A Moreninha**
   Joaquim Manuel de Macedo
10. **A Escrava Isaura**
    Bernardo Guimarães
11. **As Viagens - "Il Milione"**
    Marco Polo
12. **O Retrato de Dorian Gray**
    Oscar Wilde
13. **A Volta ao Mundo em 80 Dias**
    Júlio Verne
14. **A Carne**
    Júlio Ribeiro
15. **Amor de Perdição**
    Camilo Castelo Branco
16. **Sonetos**
    Luís de Camões
17. **O Guarani**
    José de Alencar
18. **Memórias Póstumas de Brás Cubas**
    Machado de Assis
19. **Lira dos Vinte Anos**
    Álvares de Azevedo
20. **Apologia de Sócrates / Banquete**
    Platão
21. **A Metamorfose/Um Artista da Fome/Carta a Meu Pai**
    Franz Kafka
22. **Assim Falou Zaratustra**
    Friedrich Nietzsche
23. **Triste Fim de Policarpo Quaresma**
    Lima Barreto
24. **A Ilustre Casa de Ramires**
    Eça de Queirós
25. **Memórias de um Sargento de Milícias**
    Manuel Antônio de Almeida
26. **Robinson Crusoé**
    Daniel Defoe
27. **Espumas Flutuantes**
    Castro Alves
28. **O Ateneu**
    Raul Pompéia
29. **O Noviço / O Juiz de Paz da Roça / Quem Casa Quer Casa**
    Martins Pena
30. **A Relíquia**
    Eça de Queirós
31. **O Jogador**
    Dostoiévski
32. **Histórias Extraordinárias**
    Edgar Allan Poe
33. **Os Lusíadas**
    Luís de Camões
34. **As Aventuras de Tom Sawyer**
    Mark Twain
35. **Bola de Sebo e Outros Contos**
    Guy de Maupassant
36. **A República**
    Platão
37. **Elogio da Loucura**
    Erasmo de Rotterdam
38. **Caninos Brancos**
    Jack London
39. **Hamlet**
    William Shakespeare
40. **A Utopia**
    Thomas More
41. **O Processo**
    Franz Kafka
42. **O Médico e o Monstro**
    Robert Louis Stevenson
43. **Ecce Homo**
    Friedrich Nietzsche
44. **O Manifesto do Partido Comunista**
    Marx e Engels
45. **Discurso do Método / Meditações**
    René Descartes
46. **Do Contrato Social**
    Jean-Jacques Rousseau
47. **A Luta pelo Direito**
    Rudolf von Ihering
48. **Dos Delitos e das Penas**
    Cesare Beccaria
49. **A Ética Protestante e o Espírito do Capitalismo**
    Max Weber
50. **O Anticristo**
    Friedrich Nietzsche
51. **Os Sofrimentos do Jovem Werther**
    Goethe
52. **As Flores do Mal**
    Charles Baudelaire
53. **Ética a Nicômaco**
    Aristóteles
54. **A Arte da Guerra**
    Sun Tzu
55. **Imitação de Cristo**
    Tomás de Kempis
56. **Cândido ou o Otimismo**
    Voltaire
57. **Rei Lear**
    William Shakespeare
58. **Frankenstein**
    Mary Shelley
59. **Quincas Borba**
    Machado de Assis
60. **Fedro**
    Platão
61. **Política**
    Aristóteles
62. **A Viuvinha / Encarnação**
    José de Alencar
63. **As Regras do Método Sociológico**
    Émile Durkheim
64. **O Cão dos Baskervilles**
    Sir Arthur Conan Doyle
65. **Contos Escolhidos**
    Machado de Assis
66. **Da Morte / Metafísica do Amor / Do Sofrimento do Mundo**
    Arthur Schopenhauer
67. **As Minas do Rei Salomão**
    Henry Rider Haggard
68. **Manuscritos Econômico-Filosóficos**
    Karl Marx
69. **Um Estudo em Vermelho**
    Sir Arthur Conan Doyle
70. **Meditações**
    Marco Aurélio
71. **A Vida das Abelhas**
    Maurice Materlinck
72. **O Cortiço**
    Aluísio Azevedo
73. **Senhora**
    José de Alencar
74. **Brás, Bexiga e Barra Funda / Laranja da China**
    Antônio de Alcântara Machado
75. **Eugênia Grandet**
    Honoré de Balzac
76. **Contos Gauchescos**
    João Simões Lopes Neto
77. **Esaú e Jacó**
    Machado de Assis
78. **O Desespero Humano**
    Sören Kierkegaard
79. **Dos Deveres**
    Cícero
80. **Ciência e Política**
    Max Weber
81. **Satíricon**
    Petrônio
82. **Eu e Outras Poesias**
    Augusto dos Anjos
83. **Farsa de Inês Pereira / Auto da Barca do Inferno / Auto da Alma**
    Gil Vicente
84. **A Desobediência Civil e Outros Escritos**
    Henry David Toreau
85. **Para Além do Bem e do Mal**
    Friedrich Nietzsche
86. **A Ilha do Tesouro**
    R. Louis Stevenson
87. **Marília de Dirceu**
    Tomás A. Gonzaga
88. **As Aventuras de Pinóquio**
    Carlo Collodi
89. **Segundo Tratado Sobre o Governo**
    John Locke
90. **Amor de Salvação**
    Camilo Castelo Branco
91. **Broquéis/Faróis/ Últimos Sonetos**
    Cruz e Souza
92. **I-Juca-Pirama / Os Timbiras / Outros Poemas**
    Gonçalves Dias
93. **Romeu e Julieta**
    William Shakespeare
94. **A Capital Federal**
    Arthur Azevedo
95. **Diário de um Sedutor**
    Sören Kierkegaard
96. **Carta de Pero Vaz de Caminha a El-Rei Sobre o Achamento do Brasil**
97. **Casa de Pensão**
    Aluísio Azevedo
98. **Macbeth**
    William Shakespeare

99. **Édipo Rei/Antígona**
   Sófocles
100. **Luciola**
   José de Alencar
101. **As Aventuras de Sherlock Holmes**
   Sir Arthur Conan Doyle
102. **Bom-Crioulo**
   Adolfo Caminha
103. **Helena**
   Machado de Assis
104. **Poemas Satíricos**
   Gregório de Matos
105. **Escritos Políticos / A Arte da Guerra**
   Maquiavel
106. **Ubirajara**
   José de Alencar
107. **Diva**
   José de Alencar
108. **Eurico, o Presbítero**
   Alexandre Herculano
109. **Os Melhores Contos**
   Lima Barreto
110. **A Luneta Mágica**
   Joaquim Manuel de Macedo
111. **Fundamentação da Metafísica dos Costumes e Outros Escritos**
   Immanuel Kant
112. **O Príncipe e o Mendigo**
   Mark Twain
113. **O Domínio de Si Mesmo pela Auto-Sugestão Consciente**
   Émile Coué
114. **O Mulato**
   Aluísio Azevedo
115. **Sonetos**
   Florbela Espanca
116. **Uma Estadia no Inferno / Poemas / Carta do Vidente**
   Arthur Rimbaud
117. **Várias Histórias**
   Machado de Assis
118. **Fédon**
   Platão
119. **Poesias**
   Olavo Bilac
120. **A Conduta para a Vida**
   Ralph Waldo Emerson
121. **O Livro Vermelho**
   Mao Tsé-Tung
122. **Oração aos Moços**
   Rui Barbosa
123. **Otelo, o Mouro de Veneza**
   William Shakespeare
124. **Ensaios**
   Ralph Waldo Emerson
125. **De Profundis / Balada do Cárcere de Reading**
   Oscar Wilde
126. **Crítica da Razão Prática**
   Immanuel Kant
127. **A Arte de Amar**
   Ovídio Naso
128. **O Tartufo ou O Impostor**
   Molière
129. **Metamorfoses**
   Ovídio Naso
130. **A Gaia Ciência**
   Friedrich Nietzsche
131. **O Doente Imaginário**
   Molière
132. **Uma Lágrima de Mulher**
   Aluísio Azevedo
133. **O Último Adeus de Sherlock Holmes**
   Sir Arthur Conan Doyle
134. **Canudos - Diário de Uma Expedição**
   Euclides da Cunha
135. **A Doutrina de Buda**
   Siddharta Gautama
136. **Tao Te Ching**
   Lao-Tsé
137. **Da Monarquia / Vida Nova**
   Dante Alighieri
138. **A Brasileira de Prazins**
   Camilo Castelo Branco
139. **O Velho da Horta/Quem Tem Farelos?/Auto da Índia**
   Gil Vicente
140. **O Seminarista**
   Bernardo Guimarães
141. **O Alienista / Casa Velha**
   Machado de Assis
142. **Sonetos**
   Manuel du Bocage
143. **O Mandarim**
   Eça de Queirós
144. **Noite na Taverna / Macário**
   Álvares de Azevedo
145. **Viagens na Minha Terra**
   Almeida Garrett
146. **Sermões Escolhidos**
   Padre Antonio Vieira
147. **Os Escravos**
   Castro Alves
148. **O Demônio Familiar**
   José de Alencar
149. **A Mandrágora / Belfagor, o Arquidiabo**
   Maquiavel
150. **O Homem**
   Aluísio Azevedo
151. **Arte Poética**
   Aristóteles
152. **A Megera Domada**
   William Shakespeare
153. **Alceste/Electra/Hipólito**
   Eurípedes
154. **O Sermão da Montanha**
   Huberto Rohden
155. **O Cabeleira**
   Franklin Távora
156. **Rubáiyát**
   Omar Khayyám
157. **Luzia-Homem**
   Domingos Olímpio
158. **A Cidade e as Serras**
   Eça de Queirós
159. **A Retirada da Laguna**
   Visconde de Taunay
160. **A Viagem ao Centro da Terra**
   Júlio Verne
161. **Caramuru**
   Frei Santa Rita Durão
162. **Clara dos Anjos**
   Lima Barreto
163. **Memorial de Aires**
   Machado de Assis
164. **Bhagavad Gita**
   Krishna
165. **O Profeta**
   Khalil Gibran
166. **Aforismos**
   Hipócrates
167. **Kama Sutra**
   Vatsyayana
168. **O Livro da Jângal**
   Rudyard Kipling
169. **De Alma para Alma**
   Huberto Rohden
170. **Orações**
   Cícero
171. **Sabedoria das Parábolas**
   Huberto Rohden
172. **Salomé**
   Oscar Wilde
173. **Do Cidadão**
   Thomas Hobbes
174. **Porque Sofremos**
   Huberto Rohden
175. **Einstein: O Enigma do Universo**
   Huberto Rohden
176. **A Mensagem Viva do Cristo**
   Huberto Rohden
177. **Mahatma Gandhi**
   Huberto Rohden
178. **A Cidade do Sol**
   Tommaso Campanella
179. **Setas para o Infinito**
   Huberto Rohden
180. **A Voz do Silêncio**
   Helena Blavatsky
181. **Frei Luís de Sousa**
   Almeida Garrett
182. **Fábulas**
   Esopo
183. **Cântico de Natal/ Os Carrilhões**
   Charles Dickens
184. **Contos**
   Eça de Queirós
185. **O Pai Goriot**
   Honoré de Balzac
186. **Noites Brancas e Outras Histórias**
   Dostoiévski
187. **Minha Formação**
   Joaquim Nabuco
188. **Pragmatismo**
   William James
189. **Discursos Forenses**
   Enrico Ferri
190. **Medéia**
   Eurípedes
191. **Discursos de Acusação**
   Enrico Ferri
192. **A Ideologia Alemã**
   Marx & Engels
193. **Prometeu Acorrentado**
   Esquilo
194. **Ialá Garcia**
   Machado de Assis
195. **Discursos no Instituto dos Advogados Brasileiros / Discurso no Colégio Anchieta**
   Rui Barbosa
196. **Édipo em Colono**
   Sófocles
197. **A Arte de Curar pelo Espírito**
   Joel S. Goldsmith
198. **Jesus, o Filho do Homem**
   Khalil Gibran
199. **Discurso sobre a Origem e os Fundamentos da Desigualdade entre os Homens**
   Jean-Jacques Rousseau

200. **Fábulas**
La Fontaine
201. **O Sonho de uma Noite de Verão**
William Shakespeare
202. **Maquiavel, o Poder**
José Nivaldo Junior
203. **Ressurreição**
Machado de Assis
204. **O Caminho da Felicidade**
Huberto Rohden
205. **A Velhice do Padre Eterno**
Guerra Junqueiro
206. **O Sertanejo**
José de Alencar
207. **Gitanjali**
Rabindranath Tagore
208. **Senso Comum**
Thomas Paine
209. **Canaã**
Graça Aranha
210. **O Caminho Infinito**
Joel S. Goldsmith
211. **Pensamentos**
Epicuro
212. **A Letra Escarlate**
Nathaniel Hawthorne
213. **Autobiografia**
Benjamin Franklin
214. **Memórias de Sherlock Holmes**
Sir Arthur Conan Doyle
215. **O Dever do Advogado / Posse de Direitos Pessoais**
Rui Barbosa
216. **O Tronco do Ipê**
José de Alencar
217. **O Amante de Lady Chatterley**
D. H. Lawrence
218. **Contos Amazônicos**
Inglês de Souza
219. **A Tempestade**
William Shakespeare
220. **Ondas**
Euclides da Cunha
221. **Educação do Homem Integral**
Huberto Rohden
222. **Novos Rumos para a Educação**
Huberto Rohden
223. **Mulherzinhas**
Louise May Alcott
224. **A Mão e a Luva**
Machado de Assis
225. **A Morte de Ivan Ilicht / Senhores e Servos**
Leon Tolstói
226. **Álcoois e Outros Poemas**
Apollinaire
227. **Pais e Filhos**
Ivan Turguêniev
228. **Alice no País das Maravilhas**
Lewis Carroll
229. **À Margem da História**
Euclides da Cunha
230. **Viagem ao Brasil**
Hans Staden
231. **O Quinto Evangelho**
Tomé
232. **Lorde Jim**
Joseph Conrad
233. **Cartas Chilenas**
Tomás Antônio Gonzaga
234. **Odes Modernas**
Antero de Quental
235. **Do Cativeiro Babilônico da Igreja**
Martinho Lutero
236. **O Coração das Trevas**
Joseph Conrad
237. **Thais**
Anatole France
238. **Andrômaca / Fedra**
Racine
239. **As Catilinárias**
Cícero
240. **Recordações da Casa dos Mortos**
Dostoiévski
241. **O Mercador de Veneza**
William Shakespeare
242. **A Filha do Capitão / A Dama de Espadas**
Aleksandr Púchkin
243. **Orgulho e Preconceito**
Jane Austen
244. **A Volta do Parafuso**
Henry James
245. **O Gaúcho**
José de Alencar
246. **Tristão e Isolda**
Lenda Medieval Celta de Amor
247. **Poemas Completos de Alberto Caeiro**
Fernando Pessoa
248. **Maiakóvski**
Vida e Poesia
249. **Sonetos**
William Shakespeare
250. **Poesia de Ricardo Reis**
Fernando Pessoa
251. **Papéis Avulsos**
Machado de Assis
252. **Contos Fluminenses**
Machado de Assis
253. **O Bobo**
Alexandre Herculano
254. **A Oração da Coroa**
Demóstenes
255. **O Castelo**
Franz Kafka
256. **O Trovejar do Silêncio**
Joel S. Goldsmith
257. **Alice na Casa dos Espelhos**
Lewis Carrol
258. **Miséria da Filosofia**
Karl Marx
259. **Júlio César**
William Shakespeare
260. **Antônio e Cleópatra**
William Shakespeare
261. **Filosofia da Arte**
Huberto Rohden
262. **A Alma Encantadora das Ruas**
João do Rio
263. **A Normalista**
Adolfo Caminha
264. **Pollyanna**
Eleanor H. Porter
265. **As Pupilas do Senhor Reitor**
Júlio Diniz
266. **As Primaveras**
Casimiro de Abreu
267. **Fundamentos do Direito**
Léon Duguit
268. **Discursos de Metafísica**
G. W. Leibniz
269. **Sociologia e Filosofia**
Émile Durkheim
270. **Cancioneiro**
Fernando Pessoa
271. **A Dama das Camélias**
Alexandre Dumas (filho)
272. **O Divórcio / As Bases da Fé / e outros textos**
Rui Barbosa
273. **Pollyanna Moça**
Eleanor H. Porter
274. **O 18 Brumário de Luís Bonaparte**
Karl Marx
275. **Teatro de Machado de Assis**
Antologia
276. **Cartas Persas**
Montesquieu
277. **Em Comunhão com Deus**
Huberto Rohden
278. **Razão e Sensibilidade**
Jane Austen
279. **Crônicas Selecionadas**
Machado de Assis
280. **Histórias da Meia-Noite**
Machado de Assis
281. **Cyrano de Bergerac**
Edmond Rostand
282. **O Maravilhoso Mágico de Oz**
L. Frank Baum
283. **Trocando Olhares**
Florbela Espanca
284. **O Pensamento Filosófico da Antiguidade**
Huberto Rohden
285. **Filosofia Contemporânea**
Huberto Rohden
286. **O Espírito da Filosofia Oriental**
Huberto Rohden
287. **A Pele do Lobo / O Badejo / o Dote**
Artur Azevedo
288. **Os Bruzundangas**
Lima Barreto
289. **A Pata da Gazela**
José de Alencar
290. **O Vale do Terror**
Sir Arthur Conan Doyle
291. **O Signo dos Quatro**
Sir Arthur Conan Doyle
292. **As Máscaras do Destino**
Florbela Espanca
293. **A Confissão de Lúcio**
Mário de Sá-Carneiro
294. **Falenas**
Machado de Assis
295. **O Uraguai / A Declamação Trágica**
Basílio da Gama
296. **Crisálidas**
Machado de Assis
297. **Americanas**
Machado de Assis
298. **A Carteira de Meu Tio**
Joaquim Manuel de Macedo
299. **Catecismo da Filosofia**
Huberto Rohden
301. **Rumo à Consciência Cósmica**
Huberto Rohden

302. **COSMOTERAPIA**
    Huberto Rohden

303. **BODAS DE SANGUE**
    Federico García Lorca

304. **DISCURSO DA SERVIDÃO VOLUNTÁRIA**
    Étienne de la Boétie

305. **CATEGORIAS**
    Aristóteles

306. **MANON LESCAUT**
    Abade Prévost

307. **TEOGONIA / TRABALHOS E DIAS**
    Hesíodo

308. **AS VÍTIMAS ALGOZES**
    Joaquim Manuel de Macedo

309. **PERSUASÃO**
    Jane Austen

SÉRIE OURO
(Livros com mais de 400 p.)

1. **LEVIATÃ**
    Thomas Hobbes

2. **A CIDADE ANTIGA**
    Fustel de Coulanges

3. **CRÍTICA DA RAZÃO PURA**
    Immanuel Kant

4. **CONFISSÕES**
    Santo Agostinho

5. **OS SERTÕES**
    Euclides da Cunha

6. **DICIONÁRIO FILOSÓFICO**
    Voltaire

7. **A DIVINA COMÉDIA**
    Dante Alighieri

8. **ÉTICA DEMONSTRADA À MANEIRA DOS GEÔMETRAS**
    Baruch de Spinoza

9. **DO ESPÍRITO DAS LEIS**
    Montesquieu

10. **O PRIMO BASÍLIO**
    Eça de Queirós

11. **O CRIME DO PADRE AMARO**
    Eça de Queirós

12. **CRIME E CASTIGO**
    Dostoiévski

13. **FAUSTO**
    Goethe

14. **O SUICÍDIO**
    Émile Durkheim

15. **ODISSÉIA**
    Homero

16. **PARAÍSO PERDIDO**
    John Milton

17. **DRÁCULA**
    Bram Stocker

18. **ILÍADA**
    Homero

19. **AS AVENTURAS DE HUCKLEBERRY FINN**
    Mark Twain

20. **PAULO – O 13º APÓSTOLO**
    Ernest Renan

21. **ENEIDA**
    Virgílio

22. **PENSAMENTOS**
    Blaise Pascal

23. **A ORIGEM DAS ESPÉCIES**
    Charles Darwin

24. **VIDA DE JESUS**
    Ernest Renan

25. **MOBY DICK**
    Herman Melville

26. **OS IRMÃOS KARAMAZOVI**
    Dostoiévski

27. **O MORRO DOS VENTOS UIVANTES**
    Emily Brontë

28. **VINTE MIL LÉGUAS SUBMARINAS**
    Júlio Verne

29. **MADAME BOVARY**
    Gustave Flaubert

30. **O VERMELHO E O NEGRO**
    Stendhal

31. **OS TRABALHADORES DO MAR**
    Victor Hugo

32. **A VIDA DOS DOZE CÉSARES**
    Suetônio

34. **O IDIOTA**
    Dostoiévski

35. **PAULO DE TARSO**
    Huberto Rohden

36. **O PEREGRINO**
    John Bunyan

37. **AS PROFECIAS**
    Nostradamus

38. **NOVO TESTAMENTO**
    Huberto Rohden

39. **O CORCUNDA DE NOTRE DAME**
    Victor Hugo

40. **ARTE DE FURTAR**
    Anônimo do século XVII

41. **GERMINAL**
    Émile Zola

42. **FOLHAS DE RELVA**
    Walt Whitman

43. **BEN-HUR – UMA HISTÓRIA DOS TEMPOS DE CRISTO**
    Lew Wallace

44. **OS MAIAS**
    Eça de Queirós

45. **O LIVRO DA MITOLOGIA**
    Thomas Bulfinch

46. **OS TRÊS MOSQUETEIROS**
    Alexandre Dumas

47. **POESIA DE ÁLVARO DE CAMPOS**
    Fernando Pessoa

48. **JESUS NAZARENO**
    Huberto Rohden

49. **GRANDES ESPERANÇAS**
    Charles Dickens

50. **A EDUCAÇÃO SENTIMENTAL**
    Gustave Flaubert

51. **O CONDE DE MONTE CRISTO (VOLUME I)**
    Alexandre Dumas

52. **O CONDE DE MONTE CRISTO (VOLUME II)**
    Alexandre Dumas

53. **OS MISERÁVEIS (VOLUME I)**
    Victor Hugo

54. **OS MISERÁVEIS (VOLUME II)**
    Victor Hugo

55. **DOM QUIXOTE DE LA MANCHA (VOLUME I)**
    Miguel de Cervantes

56. **DOM QUIXOTE DE LA MANCHA (VOLUME II)**
    Miguel de Cervantes

58. **CONTOS ESCOLHIDOS**
    Artur Azevedo

59. **AS AVENTURAS DE ROBIN HOOD**
    Howard Pyle